上海国际问题研究院50周年院庆丛书

日本新保守主义战略研究

A Study on Japan's Neo-Conservatism Strategy

李秀石◎著

时事出版社

图书在版编目（CIP）数据

日本新保守主义战略研究/李秀石著．—北京：时事出版社，2010.7
ISBN 978-7-80232-341-4

Ⅰ.①日… Ⅱ.①李… Ⅲ.①新保守主义—研究—日本 Ⅳ.①D731.3

中国版本图书馆 CIP 数据核字（2010）第 106195 号

出版发行：时事出版社
地　　址：北京市海淀区万寿寺甲 2 号
邮　　编：100081
发行热线：（010）88547590　88547591
读者服务部：（010）88547595
传　　真：（010）68418647
电子邮箱：shishichubanshe@sina.com
网　　址：www.shishishe.com
印　　刷：北京百善印刷厂

开本：787×1092　1/16　印张：21.25　字数：318 千字
2010 年 7 月第 1 版　2010 年 7 月第 1 次印刷
定价：52.00 元
（如有印装质量问题，请与本社发行部联系调换）

目　录

前言 ……………………………………………………………… (1)

第一章　日本新保守主义概论 ……………………………… (1)
第一节　日本新保守主义的界定 ……………………………… (1)
第二节　新保守主义的鼻祖——中曾根康弘 ……………………… (11)

第二章　新保守主义的政治理想与执政实践 ………………… (25)
第一节　中曾根与战后保守主义修宪运动 ……………………… (26)
第二节　中曾根的政治理想与执政实践 ………………………… (35)

第三章　“战后政治总决算”与靖国神社 ……………………… (48)
第一节　靖国神社“祭祀政治”的历史渊源 ……………………… (50)
第二节　神道“国教”化与靖国神社“造神” ……………………… (55)
第三节　战后围绕靖国神社的政治斗争 ………………………… (62)

第四章　20世纪90年代的新保守主义 ……………………… (70)
第一节　《冷战以后》的战略设想 ……………………………… (70)
第二节　海湾战争与“负责任的和平主义” ……………………… (76)
第三节　90年代的修宪与“论宪” ……………………………… (82)

第五章　日本的历史问题与世界人权运动 …………………… (88)
第一节　“历史认识”的进步及其反动 ………………………… (89)
第二节　联合国组织追究日本政府责任 ……………………… (94)

第六章　日本新保守主义政治群体组织化 ………………… (105)
第一节　政界势力重组与右倾化…………………………………… (105)
第二节　集结在新保守主义的旗帜下…………………………… (114)

第七章　冷战后日本加强防卫力量 ………………………… (123)
第一节　探求日本自主防卫之路………………………………… (123)
第二节　打造“合理、高效、精干”的自卫队……………………… (130)

第八章　小泉、安倍内阁的新保守主义战略 ……………… (142)
第一节　小泉内阁整备国内战时法制…………………………… (142)
第二节　安倍内阁构筑多层次安保框架………………………… (150)

第九章　“资源外交”加强综合安全保障战略……………… (166)
第一节　构建“三位一体”资源战略体制………………………… (166)
第二节　日本对中亚地区的资源外交…………………………… (170)
第三节　日本对中东地区的资源外交…………………………… (178)
第四节　日本对亚洲地区资源外交的特点……………………… (184)

第十章　“新福田主义”应对地缘政治难题 ………………… (191)
第一节　四大地缘政治难题困扰日本列岛……………………… (191)
第二节　“新福田主义”的可行性及局限性……………………… (202)

第十一章　麻生内阁与“多层次安全保障战略”…………… (211)
第一节　“国际新秩序”与“中美共治”博弈……………………… (212)

第二节　构筑“多层次安全保障战略体系”……………………（219）

第十二章　21 世纪靖国神社问题的演化与中日关系 ……（229）

第一节　靖国神社问题的结构性变化……………………………（229）

第二节　解决靖国神社问题的方案及展望………………………（246）

第十三章　新保守主义首相的“历史认识”与国际制约 …（258）

第一节　“历史认识”导致东亚外交困境…………………………（258）

第二节　“西方”反击“历史修正主义”……………………………（263）

第十四章　“行使集体自卫权”的战略抉择 …………………（277）

第一节　行使集体自卫权的战略意义……………………………（279）

第二节　在“宪法禁区”前徘徊……………………………………（285）

第十五章　新保守主义战略与中日战略合作 ………………（299）

第一节　非自民党内阁“樋口报告”的启示………………………（299）

第二节　中日战略合作任重道远…………………………………（304）

第三节　民主党选战前的“模糊”战术……………………………（310）

引用文献资料目录 ……………………………………………（319）

前 言

著者用辩证唯物主义和历史唯物主义方法撰写《日本新保守主义战略研究》一书。为了科学、实事求是地阐述冷战以后日本的新保守主义，著者努力追溯源头，研究事物发展的全过程，由表及里，由此及彼，去伪存真，梳理分析庞杂的政治现象，提炼内在规律。

日本新保守主义势力提出构筑“后战后国家体制”的战略目标，意欲从国家体制的脊檩——《日本国宪法》中彻底清除战败的痕迹，将彰显“值得骄傲的历史与传统”的“爱国主义”和“国家主义”作为“后战后国家体制”的精神支柱——靖国神社是它的载体。为此，日本政坛的新保守主义力量致力于摆脱“战后国家体制”的束缚，重构“后战后国家体制”振奋“民族精神”，在修改“美国占领当局指导制定”的现行宪法以解除限制军事领域的制约，恢复被占领日本的盟军最高总司令部（GHQ）废除的国家扶持和管理靖国神社的特殊关系这两个重大问题上发起挑战。这类挑战始于20世纪50年代持续至今，在许多新老保守主义领军人物的战略设想和竞选纲领中都有表现，但能否落实在执政实践中则是新老保守主义政治家、20世纪的新保守主义政治家与21世纪的新保守主义政治家的分水岭。著者通过论证20世纪日本新保守主义的鼻祖——中曾根康弘与21世纪日本新保守主义的领军人物小泉纯一郎、安倍晋三、麻生太郎等人之间的思想继承关系及差异，努力揭示日本新保守主义政府的台前幕后，分析日本新保守主义领导人的政治理想与执政模式及其特点。

著者关于日本新保守主义翘楚的分析，包括其掌权以前、执政期间和卸任以后，从这个角度分析其推动修改宪法的政治轨迹，提出历任新保守主义内阁首相在修宪、尤其是修改关于禁止日本“行使集体自卫权”的“政府宪法解释”这一事关日本国家发展方向的重大问题上，无一不是上台前积极、上台后消极、下台前后积极的结论，并由此判断美国主导下的日美同盟的升级目标——“美英同盟化”不会在短期内顺利实现。

21世纪以后历届日本新保守主义政府的国家战略规划及其实施情况是本书的主要内容之一。著者论证了2009年下野前的自民党政府制定并实行对华“亦友亦敌”的战略定位及其对华“合作、竞争、防范、遏制”并举的战略布局。即：与中国在经济上开展互惠合作；在外交上肯定中日两国之间的竞争关系，在进行个案合作的同时“争夺地区主导权”；在安全战略上把中国作为“假想敌”进行防范和战略遏制；试图在亚太地区构建“国际新秩序”约束以中国为首的新兴大国不能“采取非协调性行动”。为了全面考察日本国家战略，除日本安全和外交领域外，本书还涉及经济领域，论述了近年日本朝野大力推行“资源外交”的战略性举措。

鉴于日本有望建立自民党与民主党竞争上岗的两党执政体制，著者将考察冷战后日本新保守主义战略的视野扩大到冷战后上台的第一届非自民党内阁——1993年8月组建的以日本新党代表细川护熙为首相的八党派联合内阁，从政治经验丰富的老牌执政党的自民党政府、没有执政经验的非自民党政府两个角度，分析对比细川内阁的战略规划与自民党新保守主义内阁的战略规划之间的异同，为思考日本国家安全与外交战略的总体趋势，以及目前民主党政府逐步明示的国家战略提供启示。

严重损害中日关系的政治基础、动辄掀起外交风波的靖国神社问题也是本书阐述的重点之一。为解读靖国神社问题的政治结构，弄清靖国神社在不同历史时期的变化及其与政治、宗教、外交及防卫等领域的关联，著者追溯至靖国神社与日本“近代祭祀政治”的源头，从长达一个半世纪以上的政治现象中，梳理出靖国神社在战前军国主义国家体制中的地位及作用，战后在新老保守主义势力争夺政权及巩固政权的斗争中，特别是在新保守主义构筑“后战后国家体制”的过程中扮演的角色与政治功能，通过分析21世纪后靖国神社问题的结构性变化，论证解决靖国神社问题的各种方案及其展望。在此基础上，进一步解读20世纪新保守主义思想的鼻祖中曾根康弘、21世纪后掌权的小泉纯一郎、安倍晋三、麻生太郎三位首相既利用又受制于靖国神社问题的复杂关系，以及他们在处理靖国神社问题上的现实主义手法，充实新保守主义执政模式的佐证，提出日本领导人是否参拜靖国神社并不是衡量其“历史认识”的唯一尺度，“历史认识”也不是判断中日政治关系的唯一标准的观点。

列宁称为“辩证法的奠基人之一”的古希腊哲学家赫拉克利特指出：“人不能两次走进同一条河流”。日本战败后，“吉田保守主义”翻过“日本军国主义”的历史的一页。21世纪后，聚集在日本新保守主义旗帜下的政治精英又翻过了“吉田保守主义”的历史的一页。历史不会重演，剖析日本新保守主义构筑“后战后国家体制”的奋斗历程，令人深思。现在，既不能用“复活军国主义”来评估当前日本加强军事力量和日本安全保障战略的扩张，也难以用“鸽派”和“鹰派”、“左翼”与“右翼”的范畴来划分日本的各种政治势力。衷心希望此书有助于读者与著者共同认识21世纪的日本，共同思考日本将在国际社会尤其是在亚太地区发挥的作用及其给中国全面推进中日战略互惠关系带来怎样的挑战和机遇。

著　者

于农历庚寅年正月十五

第一章

日本新保守主义概论

第一节 日本新保守主义的界定

何谓日本新保守主义？先行研究关于日本新保守主义的定义作出以下阐述。新保守主义势力以自由党、自民党鹰派和 2000 年 4 月从自由党脱离出来的保守党、垄断财团、防卫厅、外务省、文部科学省官僚及一批战后成长起来的新生代政治家为骨干，力主以“政治新思维”取代旧的冷战思维，实行“平成政治维新”，重塑日本的“国家像”，最终目的是实现日本继明治维新和战后民主化之后的所谓“第三次开国”，新保守主义的代表包括“笃信新保守主义的中曾根内阁”，“鹰派”政治家桥本龙太郎和小泽一郎。1995～1996 年桥本龙太郎和小泽一郎先后当选自民党首相和自由党党首，“标志着‘鹰派’新保守主义势力正式接管日本政权”。小泽的思想主张是“新保守主义的一面旗帜”。[①] 也有学者从意识形态的角度出发，认为新保守主义是影响 21 世纪日本的掌舵

① 张广宇：《冷战后日本的新保守主义与政治右倾化》，北京大学出版社，2005 年版，第 93～94，100 页。

人——新生代政治家的主流思潮。[①] 此外，还有不使用新保守主义用“新右翼”界定日本政界力量的观点：“新右翼是介于传统右翼和极右翼之间的政治派别，它比传统右翼更右，却比极右翼温和。”[②] 持这种观点的学者认为，“以石原伸晃为代表的日本新生代政治家”是崛起的“新右翼”，小泉纯一郎等倡导和实施修宪、政治大国和军事大国化战略、顽固坚持参拜靖国神社和否定历史，也是“推动日本右倾化的右翼力量”。有的学者从研究日本社会政治思潮的角度提出“民族保守主义”是目前日本社会的主流政治思潮，安倍晋三是“民族保守主义”在政界的“最高代言人”。[③] 也有学者从日本政治结构变化的角度提出，安倍政府“具有战略派属性并推行‘新现实主义’”，给日本政治带来“权力模式与决策机制重心的转移”等三个转变。[④] 先行研究都曾提出，中曾根康弘、桥本龙太郎等政治家在日本实现政治、军事大国化和提升日美军事同盟的过程中，小泽一郎在冷战后推动日本军方参与国际活动的过程中，皆发挥了划时代的重要作用。[⑤] 在上述代表人物中，21世纪掌权的小泉纯一郎、安倍晋三、麻生太郎三人多被冠以“鹰派”、“右翼”或“极右翼”的头衔。

日本方面界定新保守主义主要有广义与狭义两类观点。广义的界定把“与传统保守主义政治相异”的小泽一郎的思想主张，以及90年代包括所有新老政党在内的各种涉及“改革”宪法、政治和安全保障的理论，一并划归新保守主义，浅井基文所著《日本新保守主义》即持有这一观点。[⑥] 狭义的界定把80年代中曾根政府提出战后政治总决算、政治大国化、日本作为美国不沉的航空母舰发挥作用等规定为“新保守主义”，将90年代自民党下台，“五五年体制”崩溃后，日本政治“总体

① 吴寄南：《日本新生代政治家》，时事出版社，2002年版，“导言”。

② 张广宇：《冷战后日本的新保守主义与政治右倾化》，第100页。

③ 杨伯江：“决定安倍政权与中日关系走向的关键点”，《现代国际关系》2007年第1期。

④ 高洪：“安倍政权的政治属性与政策选择”，《日本学刊》2006年第6期。

⑤ 刘江永：《彷徨中的日本》，天津人民出版社，2000年版。

⑥ 浅井基文：《日本新保守主义》，新华出版社，1999年中译本。

保守化”所表现出来的主流政治思想规定为“新民族主义”，认为90年代的新民族主义与80年代的新保守主义有很大不同：第一，新民族主义尝试通过回归民族和传统来重建日本的认同感，为此就需要“对历史加以修正”。第二，对和平宪法、民主主义教育等一系列“战后”进行改写。[①] 还有参照美国界定新保守主义的划分方法，把参加2001年11月成立的“确立新世纪安全保障体制年轻议员之会”的超党派国会议员，统称为“日本版新保守主义”，《朝日新闻》2003年7月3日发表题为“‘修改专守防卫、集体自卫权’，超党派议员声明扩大影响”的评论，即是日本媒体代表性的观点。不过，日本学界关于日本新保守主义的论述不如媒体多。学者大多评论具体的政治现象或人物，似乎避免对仍然活跃在政坛的分析对象勾勒全貌。如东京大学教授田中正彦曾在学术研讨会上提出，安倍晋三是“历史修正主义”，而认为麻生太郎除去与家族有关的问题外，基本没有否定历史。

著者认为，日本新保守主义作为主导日本政治的思想潮流，已经走过20余年的成长道路。这个过程常常被解读为日本实现政治大国或军事大国化的过程，以及日本的右倾化。较早提出新保守主义思想的政治家，往往被称为“鹰派”和“右翼”，比他们更“右”的政治家则称为“极右翼”。但是，这样的界定不能全面反映其政治面目，需要作进一步的区分：（1）新保守主义作为政治思想，已由少数政治家的思想观点扩散为新生代政治家群体的政治主张，他们拥有基本一致的战略目标和政治抱负。（2）21世纪的新保守主义已经在政界占据相对稳定的地位。而在20世纪80—90年代，新保守主义政治家掌权还只是昙花一现。中曾根自民党内阁与后来执政的多党派联合政权细川护熙内阁、村山富士内阁之间存在政治断层。（3）20世纪80年代，新保守主义思想在自民党内尚未形成主流，以中曾根康弘为代表的新保守主义政治家难以与以宫泽喜一等人为代表的稳健的保守主义相抗衡。二者对立冲突的结果是，新保守主义在修改宪法和“公务参拜靖国神社”等重大政治问题上

① 毛里和子：《中日关系——从战后走向新时代》，徐显芬译，社会科学出版社，2009年版，第151～152页。

受挫。(4) 21世纪后的新保守主义政治家不再书写历史片段，而是在制定、实施日本的国家战略。仅仅7年多的时间，新保守主义战略已经发展到稳健的保守主义政治家福田康夫主政后只能搁置不可逆转的稳固程度。(5) 新保守主义政治家从个体发展壮大为群体，无论是主要执政党自民党还是第一大在野党民主党内，都活跃着一个新保守主义政治群体，这些横跨朝野各党的新保守主义者拥有近乎同样的奋斗目标和基本一致的政治主张。他们除了努力实现本党和本人的政治理想、跻身或夺取权力中枢的政治利益外，还在为实现新保守主义构筑“后战后”国家体制的政治目标而奋斗，他们在国会内外遥相呼应，形成一股思想互动性极强的超党派的政治力量。因此，有必要根据日本国内外形势特别是日本政界力量的变化，结合日本国家战略的演变，对日本新保守主义进行缜密分析。

著者认为，新保守主义思想的核心是去除战败国的痕迹，构建“后战后”国家体制，为此制定或修改法律法规，调整国内政策与外交安全战略，重建军事力量及相关国家体制。日本新保守主义的主要目标与战后的保守主义——“传统”或“老”保守主义之间既有共性也有特性。新保守主义是对保守主义的继承和发展，而非离经叛道。

(一) 关于新老保守主义之间的异同作简要概述

1. 新老保守主义的主流都在日本自由民主党，他们必须遵守自民党的政治纲领。这一组织系统决定他们必须与党纲规定的大目标保持一致，但二者在如何实现政治目标的途径和具体方法上存在较大区别。例如：自民党自建党伊始就把修改战后制定的《日本国宪法》列入党纲中。许多老保守主义政治家经历数十年的修宪与护宪的政治斗争后，已经变成党内稳健派，采取事实上维护宪法特别是宪法第九条的政治立场，另一部分党内右翼组建了推进修改宪法第九条的议员联盟。与此相对照，新保守主义者则在通过渐进方式架空宪法的同时，全力推动修宪所需的法制建设。

2. 新老保守主义在意识形态方面有很多共性：否定和美化日本过去殖民侵略的历史；振兴与天皇制意识形态相结合的神道祭祀——恢复国家庇护并管理靖国神社的特殊关系；反对贯彻反省战争错误、普及提高民主主义意识的教育路线，确立宣杨日本民族的优越性和国家至上主义的教育方针等，几乎囊括广大日本民众视为保守或右倾的全部政治问题。但是，新保守主义的主张更为激进且具有更大的可行性，落实主张的实际行动能力远远超过老一代保守主义政治家。

3. 基于意识形态上的共性，新老保守主义翘楚都是加入党内右翼团体、参与制定自民党各项政策和战略的主力。通过本书的实证与分析可以验证一个事实，新保守主义团体的组织者，无一例外担任过老保守主义组建的右翼政治团体的重要职务，他们在老一代右倾政治家团体的母体内羽翼丰满后，脱颖而出创建自己的政治联盟。

（二）考察新保守主义群体的政治特性

1. 新保守主义政治家在台上和台下的政治表现不同，担任内阁大臣尤其是首相职务后，其实际作为往往不能兑现或完全兑现竞选承诺。例如，21世纪的新保守主义领军人物都在竞选之际提出了打破“行使集体自卫权”禁区的口号。小泉纯一郎在选举造势中尤其强调日本必须行使“作为国家主权”一部分的“集体自卫权”，但在上任后并未实现诺言，仅仅通过发表讲话的方式迂回推进，表示“应该保卫在日本周边活动的美军舰艇”。又如，执政仅一年的安倍晋三首相，在距离辞职2个月前设立首相私人咨询机构“重建安全保障法律基础恳谈会”，指示研究日本自卫队能否在四种情形下行使与美军间的集体自卫权问题。再如，麻生太郎首相一上任就在纽约表态说：“基本上应该改变”政府关于不行使集体自卫权的解释，[①] 但一周后又在参议院答辩说：“尊重以往的政府解释”，关于政府的宪法解释应该进行充分的讨论。[②] 以上列举的新保守主义政治理想与执政目标之间出现断层的共通现象，可以追溯至新保守主义鼻祖——前首相中曾根康弘。

2. 与老一代为了政治主张不惜辞职丢官不同，新保守主义政治家

---

① 「麻生首相：集団的自衛権『憲法解釈変えるべきだ』見直しを明言」、『毎日新聞』2008年9月26日、東京夕刊。

② 「麻生首相：集団的自衛権『政府解釈を尊重』」、『毎日新聞』2008年10月3日。

具有审时度势、及时调整政治姿态的灵活性和应变性。作为首相和外相是否参拜靖国神社即是一个典型事例：小泉首相在任期间每年参拜靖国神社恶化与邻国的关系，与其说是本人的一贯立场，莫如说出于营造有利于构建日本战时法律法规体系的政治氛围的需要。安倍出于扭转日本与亚洲邻国间的外交僵局的考虑，采取不明确参拜与否的姿态，通过奉献盆栽祭品，一方面表达对靖国神社的特殊关照，表明其并未改变右翼政治立场，另一方面也避免与战争受害国之间产生新的摩擦。因此，新保守主义政治家在处理参拜靖国神社这个敏感问题上，表现出优先解决首要执政目标，暂时搁置长期性的政治目标及政治理想的灵活姿态，执政手法彰显实用主义。这与以奥野诚亮为代表的右翼政客一意孤行激怒邻国、然后辞职或被罢免的行为模式完全相反。小泉首相访韩时参观纪念日本侵略历史罪行的南大门（监狱遗址）纪念馆，访华时前往卢沟桥抗日战争纪念馆，回国后则一如既往参拜靖国神社并声称这是“个人感情问题”，如此上演“国际政治秀”和“外交秀”的日本首相，在老一代保守主义者中无人能比。

3. 新老保守主义最大的不同是，老保守主义者不愿根本转变重经济、适度发展军事力量、依靠日美同盟体制而不愿承担更多军事义务的“吉田保守主义”路线。新保守主义的政治目标则是扭转吉田保守主义，追求日本的政治大国和军事强国化，在提升日美同盟的同时，实现日本安全战略自主自立，确立日本在亚太地区的主导地位。新保守主义思想鼻祖中曾根康弘描绘的政治蓝图，在小泉、安倍、麻生三位首相执政期间不断增添新内容。

与战后日本政治的出发点“吉田保守主义”相对照，中曾根康弘的思想主张及其实践活动是日本新保守主义的起点。二战后，日本首相吉田茂制定首先实现战后经济复兴，拒绝投入巨额资金重整军备力量的保守主义路线，奠定了日本战后较长时期内走重经济轻军备的和平发展道路的政治基础。

20 世纪 50 年代初，吉田茂在日美缔结旧金山和约的交涉过程中，拒绝接受美国特使杜勒斯要求日本重建军事力量的媾和谈判条件，选择了优先发展国内经济的道路。“关于日本的安全保障问题，杜勒斯认为从当时的国际局势来看，日本继续保持没有军备的状态，这是无论如何也不能允许的，因此，作为媾和条件，主张重整军备。但是，我公开反对了这种重整军备论”。吉田茂提出四个反对的理由：其一，日本在经济上还没有复兴，而且为了实现经济独立，日本正处于不得不强迫国民过艰苦生活的困难时期，为非生产性的军备花费巨额资金，将会严重推迟日本的经济复兴，“这种作法就好像让瘦马负重载一样”。其二，“现代的军备需要花费巨额资金”。重整实际有用的军备就会破坏日本经济，否则，“只能建立无济于事的军备”。其三，日本已经失掉了作为重整军备的后盾的心理基础，对于曾经被迫参加毫无道理的战争的国民来说，战败的创伤依然存在。其四，“日本如果重整军备，也许会刺激亚洲的邻国”。吉田茂始终坚信，重经济轻军备的决策在当时是唯一可行的政策，而且是明智的政策。即使在日本已经摆脱战后初期的困难、建立陆海空自卫队之后，面对美国要求日本重整军备对抗中国的“共产主义威胁”，他仍然表明日本在国际关系上应尽的责任并不是大幅增加军备，“只是增加军备，也许不是最好的政策。最根本的策略似乎是使东南亚稳定下来，然后通过东南亚对中共进行工作”。[①] 所以，优先发展经济、建立最低限度的自卫力量的“吉田保守主义”，成为日本战后和平发展的思想基石。美国国家档案馆 2006 年 8 月解密的驻日盟军总部（GHQ）的一份秘密备忘录表明：1951 年，前日军中将 Torashiro Kawabe 等人创立的“地下政府”决定建立日本新陆军。1952 年 2 月，Torashiro Kawabe 等人提出建立拥有现代化装备的“宪兵部队”的计划，该部队由一个毒气单位、一个机枪单位和一个坦克单位组成，由宇垣一成和 Torashiro Kawabe 分别担任总司令和总参谋长。二人曾考虑赴美解释他们的设想。这个计划虽然得到盟军总部的同意但并未被采纳，其原因可能是遭到美国政府领导人和时任日本首相吉田茂的反对。有分析指出，日本地下政府是指由前日军高级将领创立的组织，意在从各方面对日本和美国政府施加影响。当时，日本自卫队的前身“国民警

---

① 吉田茂：《激荡的百年史——我们的果断措施和奇迹般的转变》中译本，世界知识出版社，1980 年版，第 69、92 页。

卫队”尚未成立。朝鲜战争爆发后不久，1950年7月驻日盟军总部司令麦克阿瑟将军命令日本政府建立了日本国民警备队。[①] 上述史实再次证明吉田茂政府反对重整军备的坚定立场。1957年5月20日，日本制定《国防基本方针》规定四项基本方针：（1）支持联合国的活动，谋求国际间的协调，实现世界和平。（2）安定民生，发扬爱国主义，建立保障国家安全所必要的基础。（3）根据国力和国情，在自卫所必需的限度内，逐步发展有效的防卫力量。（4）对于外来侵略，依靠同美国的安全保障体制予以阻止，直至将来联合国有能力有效地制止这种侵略时为止。在《国防基本方针》的指导下，历届日本政府奉行“联合国中心主义”，不但追随美国、依靠美国占主导地位的联合国应对国际纷争，而且期待联合国未来能够提供安全保障，全力引进欧美国家的先进技术和资金，增强经济实力。重经济轻军备的吉田保守主义路线为日本战后摆脱贫困和混乱状态，迅速接近发达国家的经济发展水平作出了贡献。

“吉田保守主义”路线长期影响日本国家发展轨道，有其深刻的政治和社会原因：

首先，日本战后制定的和平宪法第9条不仅限制日本重整军备，而且规定日本不得使用武力手段解决国际争端。其次，战后强大起来的在野党阵营——日本社会党、共产党、民社党、公明党都在其党纲和基本政策中提出：拥护和平宪法，反对重新武装日本，分阶段解散或改编自卫队，反对美军基地，废除或修改日美安保条约，反对军国主义复活，走和平中立的非武装道路，这对日本政府的政治、外交和安全政策形成强大的制约。吉田茂内阁通过扩大解释宪法，于1954年与美国缔结了《相互安全保障协定》（MSA），决定3年内建立18万人的用于自卫的军队，并于当年正式成立防卫厅和自卫队，因此受到在野党和广大民众的强烈反对而被迫辞职。其后掌权的岸信介内阁修改《日美安保条约》，引发各界民众史无前例的大规模反对运动。由社会党、工会总评议会、护宪国民联合、恢复日中邦交会议等100多个市民团体组成的“阻止修改安保条约国民会议”，从1959年4月15日到1960年6月22日总共

① 中新网2006年8月21日电。

发动19次统一斗争行动，仅在1960年6月22日的第19次统一行动中，就有600万人参加了示威游行和抗议罢工活动，33万各示威群众包围国会。伴随着流血的反对运动迫使美国总统艾森豪威尔取消访日活动。6月23日岸信介首相（安倍晋三首相之外祖父）与美方交换条约批准书后被迫辞职。[①] 反对修改日美安保条约的群众运动规模之大、动员人数之多、参加地区之广泛、各界人士斗争精神之顽强，在日本民众斗争史上前所未有。在民众运动的强大压力下，池田勇人内阁提出了《国民收入倍增计划》来缓解社会矛盾，日本国民出于反对重蹈战争覆辙的和平愿望，反对重新武装日本的政策。日本民众维护和平民主主义的强烈意愿与大规模的国民运动，制约日本政府不得不避免严重偏离吉田保守主义的国家发展战略。

1963年日本政府为了在东京举办奥运会大幅增加公共事业投资，促进钢铁、造船、汽车、石油和电力工业飞速发展，钢铁产量几乎与美国持平，炼钢设备和技术超过美国，成套设备出口到英国、意大利等发达国家。1968年日本超过英、法、西德等资本主义先进国家，成为仅次于美国的世界第二大经济强国，而且直至1973年前后基本保持经济高速增长。日本政府自豪地宣称，占世界总人口3%的日本人，创造了占世界GDP的10%的“经济增长的奇迹”。1973年以后，经过两次石油危机的打击，日本经济增长速度明显下降，1973年～1978年的年平均增长率为3.35%，大大低于60年代年均10.7%的发展水平。为了刺激经济增长，日本大企业希望通过发展军备力量振兴军工产业摆脱困境。与此同时，美国等西方阵营对日本埋头发展经济“白乘安全车”的批评也越来越严厉。日本统治集团需要制定新的国家发展战略，要从经济大国向“自由世界”所希望的政治大国迈进，必然需要承担更多的国际义务，并且为此扩充军备力量。

1965年2月10日，社会党议员冈田春夫在众议院预算委员会上公布了自卫队秘密拟订的作战计划“三矢计划”（“三矢研究”）。然而，2

---

① 藤原彰編：『民衆の時代へ』、『日本民衆の歴史 11』、三省堂1976年、第45～49ページ。

月16日，防卫厅长官小泉纯也（小泉纯一郎首相之父）竟主张“三矢计划”，虽然在用词等方面有些过激，但“研究合法”，[①] 顿时舆论大哗。“三矢计划”的正式名称是“1963年参谋联席国防研究（联席参谋3号文件，第30～38卷）”，是1963年2月至6月间秘密进行的军事作战计划研究。这项研究由参谋长联席会议组织并资助，陆海空自卫队的84名中级军官参加研究。众议院成立特别委员会进行调查，3月3日至5月31日期间，众议院预算委员会围绕这份秘密作战计划展开多次激烈争论。

“三矢计划”假设朝鲜半岛爆发第二次战争之际自卫队可能做出的三种选择，得出日本自卫队与美军联合行动保卫日本是最佳选择的结论。美国学者谢尔塔·A. 史密斯评论说：“今天看来，这似乎是一个对日本军队指挥官们无害的结论，但由于那个时代自民党和反对党派之间政治上的差异，这个结论是爆炸性的，尤其对于社会党。”据说佐藤荣作首相接到这一计划时“大吃一惊”，这是对文官节制领域的侵犯，也是给社会党批评家们的一种暗示，暗示政府已经不能成功地靠文官来监督自卫队了。[②] “三矢计划”有五个重大问题引人瞩目：第一，在捍卫和平宪法的主要政治势力日本社会党看来，“三矢计划”具有双重违法性质。其一，社会党一贯坚持自卫队的存在违反宪法。其二，违法的自卫队竟然在没有履行任何民主程序的情况下，独自研究作战计划，因而构成对议会政治的侵犯。第二，即使对于自民党总裁佐藤首相来说，这也是出乎意料的爆炸性事件。“首相大吃一惊”的说法如果属实，意味着自民党并不知情，完全是军方在擅自行动。第三，军方的独自行动危害战后确立的“文官节制”的基本原则，说明文官监督自卫队的制度形同虚设。第四，作战计划确定日美军联合行动是最佳选择，但在当时

---

① 児玉幸多：『日本の歴史』别冊、年表・地図、中央公論社1972年、第462ページ。

② ［美］迈克尔·格林（Green M.J.）等主编：《美日联盟：过去、现在与将来》（U.S.－Japan Alliance：Past，Present，and Future Copyright © 1999 by Council no Foreign Relations，Inc.）华宏勋等译，新华出版社，2000年版，第89、101～102页。

修改后的新日美安保条约并不具备与美军联合作战的有效机制，安保体制在很大程度上限于纸上谈兵，缺乏具体运作的措施。因此，自卫队通过“三矢计划”不仅得出应该采取日美军联合行动的结论，更重要的是，提出了日美两军如何联合作战的具体办法，并在现有的法制框架内找到法律依据。第五，该计划的政治含义则在于，自卫队的作战领域纯属职业军人的职责，无需政党和国会插手，表明军方蔑视国会和政党。“三矢计划”在美国开始轰炸越南北部的数月前曝光，向日本政界特别是和平民主势力敲响了警钟。1965 年 2 月 19 日，《人民日报》就此发表评论：“这是日本军国主义势力妄图卷土重来，重温帝国主义旧梦的大暴露，”“表明日本军国主义势力进一步抬头的趋势”。“三矢计划”曝光事件造成多方影响：一方面，加强日本国防的趋势与关于日美同盟合作政策的讨论进一步分离，日本军备建设进入一个不断加速的新时期；另一方面，由于事件暴露军人违反文官节制原则的事实，如何确保文官节制不被架空一直成为在野党关注的重点，从而延缓了建立日美安保协调机制的进程。更重要的是，暂时受挫的日本政界右翼力量不但没有放弃扩充军备的目标，反而将矛头直接指向和平民主力量的法律依据——《日本国宪法》，意欲通过修改宪法第 9 条实现重整军备的目的，反复发动政治攻势。

第二节　新保守主义的鼻祖——中曾根康弘

20 世纪六七十年代国际格局发生很大变化。美国在结束越南战争后进行战略收缩，1970 年驻扎亚太地区的 60 万美军在此后的 6 年间减少到 13.6 万人，驻日美军也从 1970 年的 9.8 万人减至 4.6 万人。1969 年 7 月尼克松总统在“关岛宣言”中明确宣布，美国不再为盟国承担提供核保护以外的军事义务，希望盟国独立担负防卫国家的责任。另一方面，在“尼克松主义”确定脱离亚洲战略的同时，苏联却加紧与美国争夺世界霸权，在远东地区扩张军事存在。1978 年后，苏联军舰通过日本对马、轻津、宗谷海峡的数量不断增加，5 年间平均每年达 430 艘，在日本周围活动的军用飞机达 240 架次。日本对来自苏联的军事压力愈发感到不安，1977 年～1981 年出版的《防卫白皮书》都在强调苏军增加对日本安全特别是海上通道安全的潜在威胁。但是，美国对苏联扩大远东军事存在的攻势并未表明强硬态度。直至伊朗发生扣押美国人质事件、苏军入侵阿富汗以后，卡特政府才改变对苏缓和矛盾的政策，开始强调美国在中东地区拥有重大经济利益，积极部署军力阻止苏军南下，应对苏联的挑战，驻扎在西太平洋的美军第 7 舰队也将在发生战争时派往中东地区。西太平洋可能出现的军事空白进一步加深了日本军方的担忧。在美苏争霸、美军收缩亚太驻军要求盟国增强军备力量独立防卫国土的形势下，日本政府内部出现了要求走自主防卫道路的新保守主义思想主张。此外，60 年代中期日本经济增长步伐渐缓，1964～1965 年处于相对萧条时期，亦军亦民的大企业集团渴望增加武器装备订单获取利润，也在极力推动保守政党实现“自主防卫”战略。中曾根康弘的新保守主义思想是上述国内外形势变化的时代产物。

中曾根康弘成为日本新保守主义的代表，与其独特的经历不无关系。1941 年他从东京帝国大学法律系政治学专业毕业后参加海军成为一名军需少尉，经历了日本发动太平洋战争、战败投降以及日本被盟军占领的岁月。战败后，身为日本海军军需少校的中曾根康弘退役，到内务省和警视厅工作，随后，又经历了日本经济高速发展进入发达国家行列的全过程。1947 年中曾根投身政界首次当选众议院议员，此后，他不仅在自民党及其前身日本民主党内担任过民主党宪法调查会小组委员会委员长、自民党外交调查会亚非小组委员会委员长、自民党干事长等许多重要职务，而且在岸信介、池田勇人、佐藤荣作内阁担任过国务大臣、科技厅长官、众参两院原子能委员会委员长、运输大臣、防卫厅长官、通产大臣等要职，出访足迹遍及欧洲、北美、拉美、苏联和中国，甚至到过南极考察。中曾根战后初期从政，具有警视厅的任职经验及其审视国内形势和民众动向的眼光，以美军为主的盟军占领和民主改革，50 年代末 60 年代初日本轰轰烈烈的民族民主运动，特别是 70 年代日本实施“国民收入倍增”计划的致富过程，在其执政理念和政治思想上打下了鲜明的烙印，使他成为能够以宽阔的视野构思日本国家发展战略的政坛领袖。1959 年，41 岁的中曾根康弘首次担任岸信介内阁的国务大臣、科技厅长官和原子能委员会委员长，1967 年出任佐藤内阁运输大臣时的年龄是 50 岁，3 年后担任防卫厅长官，64 岁担任自民党总裁和首相，丰富的任职经历和成熟的思想条件，使他的战略思维远远超过战后其他政坛翘楚。21 世纪掌权的新保守主义领军人物的思想主张，或多或少都源自这棵政坛“常青树”。

中曾根康弘的新保守主义思想从保守主义思想演化而来，担任防卫厅长官的经历是其首次思想实践过程，由于佐藤首相顾及政局动荡等因素未能获得足够的支持而受挫，直至担任首相后才真正具备施展政治抱负的条件。中曾根的新保守主义思想在冷战结束、海湾战争以后的动荡时期更加成熟。日本保守与革新两大阵营之间复杂的政治斗争，美国远东战略的变迁，从美苏争夺世界霸权到苏联解体，包括以中国为首的亚洲国家在国际政治中提高影响力等国际格局的变动，都对中曾根的新保守主义思想产生了重要作用。适应国内外形势的发展变化，循序渐进构建“后战后”国家体制成为中曾根新保守主义思想的主要特征。

60 年代中期，“三矢计划”曝光以后，自民党保守主义者试图通过修改宪法达到重整军事力量的目的，这也是中曾根思想的起点。他在回顾自己的政治生涯时曾说：“我长期以来即主张应当修改对拥有自卫能力留有疑问余地的宪法。其后我的想法也没有改变。”“对一部分人来说，我的这个愿望被理解成了要求增强自卫力，修改日美安全条约，使其带有双边性、撤退驻日美军，达成两国间的新关系，从而把我看成一个不受欢迎的国家主义者。但是归根结底，我的立场只不过是这样一个自然的愿望——是独立国，就应该根据同盟国间相互依存、相等分工的原则，发展自己的适当的防卫力量。”① 坚信日本只有实现自主防卫，才能实现国家独立，要实现这个目标必须修改宪法第九条，“使自卫队的存在以法律形式正当化”。日本应拥有核武器除外的中等水平的军事

① 中曾根康弘：《我的政治生涯》，1982 年版，转引自斋藤荣三郎：《中曾根首相的思想与行动》，商务印书馆，1984 年中译本，第 115、116 页。

力量，建立日本自主防卫的国家体制，是中曾根康弘 70～80 年代的政治主张。

早在 20 世纪 50 年代，中曾根康弘提出争取实现超越“旧金山体制”的政治目标——日本应在创造“国际协调时代”的过程中，担负起足以为世界信赖的责任。1966 年中曾根在美国外交关系评议会上发表讲话：“尤其就日本而言，美军军事基地的存在，只会加重日本人民对于外国的依赖性，妨碍培养独立自主的国民精神，使其忘却在防务方面的自主努力。”① 60 年代，中曾根康弘的思想进一步发展。1968 年 9 月，运输大臣中曾根康弘再次表达重整自主军备的意图：“看准变化着的国际形势，灵活运用日美安全条约，也可以考虑将来予以废除。安全保障不应依赖美国，而应靠自己的力量加以确保。”② 1969 年 7 月尼克松发表收缩亚洲驻军的“关岛宣言”前后，以中曾根康弘为代表的自民党右翼势力积极谋划修改日本防卫战略的原则。自民党国防部会和安保调查会 6 月间联合召开会议，决定把自主防卫作为日本的长期基本战略。中曾根康弘作为众议员、“新政同志会”的会长积极向国内外媒体宣示其一贯主张。例如 1969 年 8 月，中曾根康弘作为讲师，在日经联举办的经营者高端讲座上呼吁：多数国民应该提高自己保卫国家的气势，同时，在不影响经济增长的范围内，加强防卫力量的效率。③ 他提出日本应该在 70 年代转变防卫方针，以本国的防卫力量为主体，以集体安全保障为补充；同年 9 月甚至提出自卫队在美军基地整合的过程中，必须替代美军的任务，一旦日美安保条约遭到废弃，就应该建立新的日美亲善关系等。中曾根一贯鼓吹自主防卫，积极推动修改宪法的政治作为产生很大影响，得到自民党右翼势力的信任，被佐藤荣作首相委以重任。1970 年 1 月～1971 年 7 月，中曾根出任防卫厅长官期间，在佐藤首相的支持下全力转变吉田保守主义重经济轻军备的国家发展路

---

① 中曾根康弘：《美国近况》，政策科学研究所，1966 年版，转引自《中曾根首相的思想与行动》，第 26 页。

② 《中曾根首相的思想与行动》，第 112 页。

③ 大嶽秀夫：『日本の防衛と国内政治』、三一書房 1983、第 55ページ。

线，构建自主防卫体制，并且发布了第一期《防卫白皮书》增加透明度争取国民支持增强军备。他提出在国会设立安全保障委员会，充分利用民间人士关于防卫问题进行咨询，积极向国民宣传自我防卫的重要性等等，都为国际形势从缓和发展到军备竞赛时日本国内加强军备的舆论打下了基础。可以说，中曾根打破了战后以来视防卫问题为禁区的现状。[①] 他在制定《第四次防卫力量整备计划大纲》（“四次防”）的过程中，极力推行构建以本国军力为主、日美同盟为辅的自主防卫思想。

四次防的军备扩张规模较之前三次军备计划实现大幅增长，进一步提高了自卫队武器装备的国产化水平。从日本自卫队武器装备的国产化比率，不难看出“四次防”对于提高自主防卫水平的重要意义。自卫队建军初期，由美国无偿提供第二次世界大战中使用的武器装备，因此历届内阁都很重视提高武器装备的国产化水平，日本在1958～1960年度实施“一次防”期间着手装备国产化，将被服、车辆等装备的国内订货比例提高到62%，但主要武器仍然依靠美国的无偿援助。1960年修改日美安全保障条约以后，日本加强军备建设进入新时期。从1960年起，“二次防”把逐步建立自主的军需生产体制作为重点，将武器装备国产化与军事技术及产品的现代化相结合，在提高防卫能力的同时推动军事工业复兴，日本企业界接到大批武器装备订单。从“二次防”确定的采购原则，不难看出用于“正面作战”的主要武器装备的国产化及半国产化进程：坦克、装甲车和轻武器等陆军装备全部由国内厂家提供；国内生产舰艇的主体部分；空军选用下一代主力歼击机F－104J和预警系统，引进技术由日本企业生产。通过执行“二次防”计划，自卫队武器装备的国产化比率提高到81.6%，形成了一批同时生产军工和民用产品的大企业集团。它们在日本经济增长乏力、企业利润下降的情况下，为争取自卫队的武器装备订单，积极支持和推动自民党实现“自主防卫”战略。美国停止对日无偿军事援助以后，1967年日本开始实行“三次防”，将武器装备的国产化比率提高至91.6%，“奈基”、“霍克”地对空导弹、反潜快艇、反潜巡逻机、雷达、自动防空预警系统等装备

---

① 大嶽秀夫：『日本の防衛と国内政治』、第50ページ。

全部由日本企业制造供货。不过，其大部分仍为引进技术本国生产，日本自行研发的比重很低。[①] 日本大企业为争夺军需产品订单展开激烈竞争，1966 年 8 月川崎飞机、富士重工、日本飞机为了与三菱重工竞争获得“三次防”的订单，决定联合研发新产品。佐藤首相为进一步提高武器装备的国产化比率，不仅鼓励企业之间展开竞争，而且无视日本禁止武器出口三原则，在众议院决算委员会上声称：“如果是用于防卫的国产武器，就是出口也无妨。”[②] 防卫厅长官中曾根康弘在建立“自主防卫”体制的呼声达到高潮时制定“四次防”，把国产化的重点放在武器装备的自主研发与生产上。1970 年，防卫厅提出生产和研发武器装备的基本方针，要求在维持现有的防卫力量的同时，形成具有潜力的军工生产体制，建立平时与战时相结合的产业基础，保证民用企业在紧急情况下迅速转产军用品。“四次防”不但把日本军备的国产化比例提高到 93%，而且从此跨入日本自行开发武器装备的新阶段，在建立自主的军工生产体制方面取得显著成果。1978 年日本共有军工企业 94 家，1988 年增加到 115 家，其中大部分研发高科技含量的装备。导弹系统是其研究开发的重点，仅 1987 年用于导弹部分的研发费用就占全部研究开发费的 40%。[③] 日本军工生产体制所带来的最大的益处是，企业用于研发军事技术的费用不计算在军费开支中，日本军费支出的实际支出额与账面开支额之间存在很大差距。更重要的是，自民党奠定了支持其重整军备力量的社会基础，掌握了稳定的政治（选票）资源。

必须指出，中曾根的自主防卫思想，在一定程度上与右翼政治势力的主张重叠。50 年代在旧军人出身的政治家中，大多主张废除日美安保条约，建立自主的防卫力量保卫国家。“自主防卫”思想在 60 年代末至 70 年代初美国尼克松政府收缩东亚战略、要求日本承担更多的同盟义务的情况下形成一个小高潮，得到自民党内右翼力量的支持。“四次

① 参考中国军事科学院外国军事研究部相关研究成果。

② 児玉幸多：『日本の歴史』別冊、年表・地図、中央公論社 1972 年、第 464、466ページ。

③ 日本《工业新闻》1988 年 8 月 3 日，转引至吴廷璆主编：《日本史》，南开大学出版社，1994 年版，第 1143 页。

防”的制定，即他们企图扭转吉田保守主义国家战略的一次攻势，然而他们虽然得到大企业集团的支持，但却无力与国民普遍支持的在野党阵营相抗衡。

日本执政党及军方清楚地认识到和平民主思想深入人心。1974年12月，田中角荣内阁因“金权政治”丑闻宣布辞职，三木武夫组阁执政。深得二木首相信任的坂田道太就任防卫厅长官。在此后的两年中，坂田道太积极推行独特的防卫政策并引导社会舆论发挥了重要作用。坂田道太一上任就把舆论工作定为防卫厅长官的最大课题：“我首先思考的是，防卫问题如果不能得到国民的理解、支持与合作，无论拥有怎样精干的自卫队和优越的装备都不顶用。”所以，“必须认真思考怎样做才能得到国民的一致同意”。坂田道太提出四项具体政策：第一，设立由民间有识之士组成的“思考防卫会”听取建议；第二，充实国防会议；第三，在国会内常设“防卫委员会”；第四，将中曾根康弘担任防卫厅长官时期一度出版发行的《防卫白皮书》规定为每年发行一次。

1975年4月，坂田太道组成一个由民间人士参加的私人咨询机构“思考防卫会”，声称就防卫问题广泛听取社会意见。其成员包括《朝日新闻》“天声人语”栏目的专栏作家荒垣秀雄、评论家兼妇女代表角田房子、NHK评论员平泽和重、日本前驻美大使牛场信彦、原内阁法制局第三部部长荒井勇、原参议院秘书长（事务总长）河野义克、综合研究所所长佐伯喜一、京都大学教授高坂正尧等日本企业、媒体、卸任政府官员、经济和国际政治学者共11人。经过2个月的讨论，9月中旬“思考防卫会”向坂田道太提交研究报告《我国防卫的思考》。报告认为，若要在防卫问题上取得国民共识，必须综合考虑国民感情、国家环境和日本的特殊国情。现在，国民在怀疑核武装在军事上的效果、防卫费限制在GNP的1%的水平上，“不知何时得到国民的一致同意”。报告的“讨论总结”部分提出：“我国拥有防卫力量发挥保持国际平衡的作用，有益于维护和平。……倘若我国处于完全非武装的状态，因此而惧怕某个国家即使无意把我国置于统治之下，但也许会侵略另一个国家，反而引起国际社会的不安和混乱，为了不造成这样的要因，必须保持必要的最小限度的防卫力量，尽到维护国际和平的责任。”① 这份报告由朝云新闻社出版发行，按照坂田道太的指示发至自卫队高级军官手中，同时大量散发到各种政治后援团体、妇女团体、青年社团，宣传普及“国防教育”。坂田道太每次讲演必提及这份报告，把它作为“国民声音”的代表加以利用。正如日本学者大岳秀夫指出：“坂田路线继承和发展了中曾根路线。《防卫白皮书》、‘思考会’、充实国防会议、要求设立国会的防卫委员会等，都是中曾根着先鞭。但是，坂田实现这些远比中曾根要慎重并且巧妙得多。”②

70年代中期以后，美苏之间军事力量的差距缩小，日本认为苏联威胁其国家安全。另一方面，日美两国的经济实力的对比发生较大变化，日美贸易摩擦加剧，日本企业经历两次石油危机的冲击，重新审视国家发展战略，认识到美国难以维护远东地区的稳定，也不可能保障日本经济发展所必须的能源、资源的稳定供给。因此，日本在维护日美同盟的同时，有必要扩大日本在亚太地区的存在，发挥更大的政治作用，“综合安全保障”战略设想应运而生。

自卫队退役将领奥宫正武最早提出综合安全保障的观点，此后野村综合研究所从经济角度进行研究，1977年9月发表题为《适应国际环境和国内经济、社会的变化实行综合战略》的研究报告，提出建立危机管理体制，确立“综合安全保障”，构筑“环太平洋经济合作圈”的设想；12月野村综合研究所又发表一份研究报告《国际环境变化与日本的对策》，提出在当今世界政治经济作用增大，相互依存关系加强的情况下，日本应该主要依靠外交和经济等非军事手段保障国家安全。1978年11月，以制定政策见长的大平正芳在竞选自民党总裁的选举纲领中，提出“综合安全保障构想”——一元化管理军事力量、经济力量、“和平外交和文化创造力量”，为日本国家安全提供综合保障。综合安全保

① 防衛を考える会事務局編：『わが国の防衛を考える』、朝雲新聞社1975年、第41～42ページ、转引自大嶽秀夫：『日本の防衛と国内政治』、第126～128ページ。

② 大嶽秀夫：『日本の防衛と国内政治』、第382ページ。

障的主要内容是充实和发展军事力量，为日本的生存与发展创造一个和平的国际环境，应对日益增加的苏联威胁。大平正芳在当选首相后发表施政演讲中强调：实行综合安全保障政策是“当前最主要的课题之一”。1979年4月，大平首相召集防卫大学前校长猪木正道等20余名学者、相关政府部门的官员、军事问题专家组成内阁咨询机构——综合战略研究小组展开研究。研究小组按照大平首相提出的基本框架，经过一年多的研究讨论，1980年7月提交《综合安全保障战略》研究报告，系统地阐述了日本官方的观点：世界正在进入综合运用武力、思想、政治、外交、经济力量进行博弈的新时代，对日本构成威胁的不仅有军事因素，还有能源、粮食等经济因素，所以日本国防应该实现两个目标——军事安全保障与经济安全保障，为此必须综合运用政治、军事、外交、经济、文化等各方面的力量，在亚太地区掌握主导权，从政治上担负起稳定地区的使命。报告还建议设置“国家综合安全保障会议”。1980年12月，铃木内阁决定设立“综合安全保障相关阁僚会议”，以此统一经济、外交等方面的政策，协调各有关政府机构。1986年日本第104届国会通过《安全保障会议设置法》，决定设立内阁首相任主席，防卫、经济、大藏、外务、内阁官房等各部最高负责人组成的“安全保障会议”，作为国家安全问题的最高审议机构和首相的咨询机构取代“国防会议”。从此，综合安全保障战略正式成为日本国家安全保障战略。①

“综合安全保障”从民间政策研究到形成国家战略的6年间，国际形势出现新变化。1979年12月，苏军入侵阿富汗，美苏争霸愈演愈烈。1981年1月，里根就任美国总统，对苏联采取强硬政策，在制定美国扩军计划的同时，要求日本增加军费分担远东防卫责任。中曾根康弘适应国际潮流的变化，在竞选自民党总裁的选举纲领中提出修改宪法扩充防卫力量，“实行战后政治总决算”，建立“国际国家”等口号，当选自民党总裁。此前10年间，日本政局持续动荡，5届内阁更替平均执政时间2年。中曾根康弘从1982年11月27日组阁至1987年11月5日辞职，连续5年稳定执政，并且基本维持50％－60％的高支持率，

① 参考中国军事科学院外国军事研究部相关研究成果。

成为仅次于吉田内阁和佐藤内阁之后的第三个战后日本的长期政权。至此，中曾根终于具备了实现其新保守主义战略目标的必须条件。

中曾根提出的“战后政治总决算”分为国内改革和突破战后“禁区”、构筑“后战后”国家体制两个方面。进行行政、财政和教育改革是其国内改革的主要内容，增加军费扩张防卫战略，提高日本在国际政治中的发言权，从经济大国发展为政治大国和军事强国，则是其突破战后“禁区”构筑后战后国家体制的主要目标。1982 年中曾根掌权时，铃木内阁试行“安全保障会议”制度，一元化管理涉及国家安全的各类问题仅一年有余。中曾根竞选自民党总裁时甚至主张，应该“把包括国家间的文化交流、经济合作、石油和粮食储备以及一部分科学技术的开发等项目在内的占国民生产总值 3%的费用，作为综合安全保障费来计算。”① 就任首相以后，中曾根在汲取前任经验的基础上，从更广阔的视野审视安全战略，把“综合安全保障”政策完全融入国家战略。1982 年 11 月，中曾根首相在第 97 次临时国会上首次发表施政方针讲演：“我国有关安全保障的基本态度是维护日美安全保障体制，在为自卫所必要的限度内，设法建立和充实高质量的防卫力量。同时要注意不当军事大国，不向相邻国家施加威胁。并坚持和平外交方针，对国际性的裁军努力作出贡献。同时，为确保我国的和平和安全，还有必要从全面的安全保障出发，综合性地推进各种措施，如进一步发展自由贸易，确保资源、能源和粮食的稳定供应，扩大经济合作等等。”② 中曾根内阁在维护和灵活运用日美同盟体制的同时，推行质量建军路线，发展优质、高效、精干的防卫力量，在外交上奉行“联合国中心主义”，一是为了弥补日本“防务能力甚弱”的缺憾，因为日本军力的发展不会达到无视联合国这个国际协商舞台的程度，二是对于实施综合安全保障战略的日本而言，美国发挥决定性作用的联合国是不可或缺的国际组织。日本汲取两次石油危机的教训，为保障资源、能源和粮食的稳定供应，加强自

① 1978 年 10 月中曾根康弘在自民党总裁公选前归纳的“政权展望”，转引自《中曾根首相的思想与行动》，第 115 页。

② 《中曾根首相的思想与行动》，第 90 页。

由贸易扩大经济合作，与中东国家改善关系保障能源稳定供给成为综合安全保障的重点，所以参与联合国活动是日本实施综合安全保障的重要途径。

中曾根内阁的综合安全保障政策包括防卫海上通道安全这一涉及日美同盟应对“苏联军事威胁”的双边合作领域。1983 年 1 月中曾根首相首次访美与里根总统会谈。5 月，中曾根再次访美。11 月，里根总统访日。中曾根首相在日美首脑互访中一再表明日本积极分担防卫责任，“整个日本列岛或日本本土像不沉的航空母舰那样”发挥作用，随时对抗苏联轰炸机的入侵，并防止苏联潜水艇和其他海军舰艇通过。① 显然，中曾根不再坚持担任防卫厅长官时提出的“自主防卫为主、日美同盟为补充”的主张，而是在日美安保体制的框架内发展自主防卫力量，拓展日本的战略空间，彻底转变重经济轻军备的吉田保守主义路线。

中曾根政府在制定和实施新防卫战略的过程中，把发展自主防卫力量与综合安全保障战略相结合，从保卫本土安全的“专守防卫”，扩大到在“海上击败来犯之敌”；为保障能源和资源的稳定供给，将自卫队的活动范围从领海延伸到西太平洋，协助美国遏制苏联的军事扩张，维护日美两国的共同利益。中曾根将其防卫战略称为“海洋型列岛防卫战略”。1982 年中曾根首相在会见中国军队领导人时这样表述“海洋型列岛防卫战略”：“日本应坚持海洋型列岛防卫战略构想。随着武器和战术构想的进步，防卫战略体系也应该进步。但是，其基本是日美安全条约。美国是矛，日本是盾，攻击性的使命由美国担负，防卫性的使命由日本承担。”中曾根所说的“海洋型列岛防卫战略”并不意味着仅仅防卫日本列岛。1982 年他还在国会回答质询时强调说：“多年来，我们一直致力于在沿海周围数百海里、海路航线一千海里的海域内，在自卫的范围内建设一支海上防卫力量。固然美国尚希望我们进一步努力搞好防务也是事实，但终究由我国自主判断来处理。虽说是一千海里，并不是在一千海里距离内所有海域的意思。”这就是 80 年代日本将“关岛以

---

① 藤原彰：《日本军事史》下卷（战后篇），社会批评社，2007 年版，第 185、202、1142 页。

西、菲律宾以北的一千海里的海域”作为日本的“自卫范围”的战略安排。日本在不改变“专守防卫”原则的名义下实现战略扩张，用新保守主义国家战略取代吉田保守主义的防卫战略。中曾根内阁执政期间，1983～1986年日美军方展开“保卫海上通道”的研究，签订一系列共享情报、通信、装备、技术，以及调配军用物资和劳务的协定；日美联合军事演习的频率和规模超过以往，日本自卫队在演习中扮演越来越重要的角色。

为适应“保卫海上通道”的需要，中曾根政府将实现军备现代化和作战能力远程化作为《1983～1987年度防卫力量整备计划》的重点，突破军费不得超过国民生产总值1%的限制。在中曾根看来，1976年11月5日国防会议和内阁会议通过的《关于当前防卫力量的整备》的决定，即“各年度的防卫经费总额不得超过当年国民生产总值1%”的决定，不过是一个“努力的目标”。1983年2月，中曾根首相在参议院表示，日本防卫费可能超过1%的限制，1984年5月，中曾根政府修改《1983～1987年度防卫力量整备计划》，打破限制防卫费的规定。

实际上，由于日本国民生产总值的基数不断扩大，即使占GDP的1%，1986年的日本军费已经增长了1.2倍。70年代末至80年代初，日本每年防卫费的增长率均为7%左右，而同期日本每年的财政赤字有15万亿日元之多。与美国相对照，美国的预算开支是日本的4倍，但财政赤字仅为日本的2倍，日本在每年缺乏15万亿日元经费的窘境中，仍然维持防卫费居高不下，中曾根明确表示：“从对美关系考虑，这是一条要维护的线”。1981年制定的防卫力量中期发展计划的下限为15.6万亿日元，上限为16.4万亿日元，按照这一计划，姑且不论上限，1984年度的防卫开支的下限总额已经超过GDP的1%。① 1982年12月30日，中曾根内阁决定第一次国家财政预算方案，1983年度的财政支出为503796亿日元，比1982年度增加1.4%，财政拨款为207029亿日元，增加幅度为2.0%。但是，在这个自1955年以来28年间未曾有过的超紧缩预算案中，防务费的增长率却高达6.5%，仅略低于1982

① 《中曾根首相的思想与行动》，第114，94～95，100页。

年度的增长率 7.8%。[①] 1985 年 9 月 18 日，国防会议与内阁会议通过《1986 至 1990 年度中期防卫力量整备计划》，总额高达 18.4 万亿日元，占 GDP 的 1.038%。空前规模的军费支出主要用于购置武器装备，加强自卫队的海空作战能力，实现军备现代化。如此加强军备建设的政策与维持最低限度的自卫力量的吉田保守主义之间存在本质区别。

中曾根首相提出日本应该成为“国际国家”的目标，实现日本“政治大国”化，是综合安全保障战略的重要组成部分，中曾根内阁比较注重与亚洲各国交流合作，向邻国积极输出日本文化，努力营造有利于日本经济发展与国家安全的外部环境。中曾根除访问美国、加拿大等欧美发达国家外，还出访韩国、东盟 5 国、巴基斯坦、印度、澳大利亚、中国、前东德、南斯拉夫、波兰、芬兰、泰国。中共中央总书记胡耀邦、国务院副总理田纪云、外交部长吴学谦、印度总理拉基夫·甘地、菲律宾总统阿基诺、阿根廷总统等先后访问日本。日本作为世界第一大债权国，发展日美、中日、日本与东盟之间的合作关系具备十分有利的条件。继 1972 年实现中日邦交正常化之后，1978 年中日两国签署《中日和平友好条约》，中日关系与日美、日本与东盟之间的关系成为“日本外交的三个支柱”。中日关系在中曾根执政期间取得较大进展，1983 年 11 月中共中央总书记胡耀邦访问日本，两国政府确认中日关系的四原则：“和平友好、平等互利、相互信赖、长期稳定”，并决定建立由中日两国各界代表参加的“中日友好 21 世纪委员会”。1984 年中日双边贸易额达 131.6 亿美元，比 1983 年增加 30%，中国成为仅次于美国和韩国的日本第三大贸易伙伴国。1984 年日本为中国提供 17 亿美元的贷款，此外日本进出口银行和 31 家民间银行也向中国贷款，在中国实行“六五”期间，日本政府的贷款约占我国外资贷款签约总额的 70%。中日合资、共同开发及加工装配等经济合作加快发展速度。中日民间友好交流活动，特别是以缔结友好城市关系为标志的中日地方交流活动迎来新高潮，1978 年 12 月～1985 年 9 月，在原有的 5 对中日友好城市的基

① “昭和 58 年度（1983 年度）政府预算方案一览”，转引自《中曾根首相的思想与行动》，第 100 页。

础上，新增了78对友好城市。1984年日本访华人数比1883年增加约41%，中国人访日同比增长约92%，[①] 中日经济合作和友好交往关系对于中国实现“四个现代化”，实行改革开放政策，增进两国民众之间的友好感情发挥了重要作用。

中曾根政府还大幅改善日本与韩国之间的外交关系，向韩国提供40亿美元的贷款，通过中曾根与韩国总统全斗焕的互访活动，建立日美韩三边合作机制。中曾根政府还加强对东盟及亚洲其他国家和地区的直接投资，1986年位居日本产销额排行榜前100名的设在外国的制造业企业中，有37家集中在亚洲。日本提出“东亚经济圈”的设想，形成以日本为头雁、亚洲四小龙（韩国，新加坡，中国台湾、香港地区）随其后，东盟5国紧跟的“一、四、五雁行式”经济合作发展结构。此外，中曾根政府重视与苏联缓和紧张关系，1984年后，日苏双方都表示希望改善贸易关系，推进经济合作。日本与政治体制和意识形态不同的国家之间的交流与合作进入一个互通有无，增进友好关系的新阶段。

① 转引自吴廷璆主编：《日本史》，南开大学出版社，1994年版，第1115～1116页。

第二章

新保守主义的政治理想与执政实践

如前所述，以中曾根为代表的新保守主义与吉田保守主义之间存在共同点，二者的领军人物同属自民党右翼。但是，领导自民党与领导政府的职责并不相同，如何区分党务与政务，考问每位自民党首相的政治智慧。换言之，对自民党首相而言，经常需要在妥善执行党纲与兑现竞选公约，适应国内外的形势变化维护政权稳定这两大职责之间进行选择或作出优先排序，这是区别新老保守主义的重要指标之一。

中曾根康弘新保守主义思想的核心是构建日本的“后战后国家体制”。国家体制的脊檩是宪法，国家体制的精神支柱是爱国主义、民族主义。摆脱“战后国家体制”的束缚，构建“后战后国家体制”，必然在修改战后制定的和平宪法，确立新的精神支柱两个方面破旧立新。中曾根向战后日本政治的两大核心问题——修改盟军占领日本时期制定的宪法，恢复被盟军占领日本总司令部废除的国家支持靖国神社的特殊关系——发起挑战。这类挑战从 80 年代断断续续延至今日，在许多新老保守主义领军人物的战略设想和竞选纲领中都有程度不同的表现，但能否落实在执政目标上，则是新老保守主义政治家的分水岭。本章选取修宪和恢复国家支持靖国神社的特殊关系两个问题进行分析，阐明中曾根康弘与小泉纯一郎、安倍晋三、麻生太郎等人之间的思想联系，归纳其处理政治理想与实践之间的矛盾的执政模式，以加深对日本新保守主义政府的认识。

第一节　中曾根与战后保守主义修宪运动

中曾根倡导修宪的挑战与战后日本保守主义的修宪活动有着紧密关联。现行《日本国宪法》是在以美国为首的盟军对日占领时期制定的，1946年11月颁布，1947年5月3日实行。《日本国宪法》与近代日本的第一部宪法《大日本帝国宪法》（又称明治宪法）有着根本区别。宪法的三大原则是“国民主权、尊重基本人权、和平主义”。“国民主权”即“主权在民”，与规定“主权在君（天皇）”的明治宪法有本质区别。宪法虽然规定天皇的象征性地位以及若干形式的“礼仪性国事行为权”，但天皇不再是主权者。“基本人权被视为永久的不可侵犯的权利”。国民原则上通过国会反映自己的要求，但在修改宪法的国民投票、国民审查最高法院的院长等问题上也实行直接民主制。宪法规定“国家有必要积极考虑国民的生存权和劳动权”。与其他国家否定侵略战争或部分否定战争的宪法相比较，日本现行宪法载入独特的“和平主义”原则：规定放弃一切战争，否认一切战力。① 为了防止军国主义死灰复燃，宪法第9条规定：“日本国民真诚希求基于正义与秩序的国际和平，永远放弃以国家权力发动战争、以武力威胁或行使武力作为解决国际纷争的手段。为达到前项之目的，不保持陆海空军及其他战力。不承认国家的交战权。”② 因此，日本民众将现行宪法视为“和平宪法”。

---

① 日本历史大辞典编辑委员会：《日本历史大辞典》第七卷，河出书房新社，1971年版，第533页。

② 《日本国宪法》，引自日本参议院网站（http：//www. sangiin. go. jp/japanese/guide/houki. 1. htm）。

战后，政界右翼势力不断掀起修宪运动，中曾根康弘虽然自从政以来一贯积极倡导修宪，但在其担任防卫厅长官和首相期间除外。朝鲜战争爆发后，美国转变对日政策，从实现日本的非军事化，转变为重新武装日本协助美国推行反共战略，日本从被战后民主化政策改造的对象，摇身一变成为美国的政治伙伴和军事盟友。驻日盟军总司令麦克阿瑟提出：日本应该成为“拦住共产主义东进和阻止其南进的防壁”。[①] 为了把日本培植成美国在亚太地区遏止共产主义的壁垒，美军占领当局从1950年开始解除盟军总司令部对积极鼓吹和参加侵略战争的法西斯军国主义骨干分子的“整肃”——禁止这类人在政党、社会团体、新闻出版和财界任职——包括战争期间的政要，如犬养内阁和斋藤内阁的文部大臣鸠山一郎（1883～1959，鸠山由纪夫首相的祖父）、被远东国际军事法庭判处甲级战犯的东条内阁外相重光葵等人在内，大约30万受到“整肃”的对象重返社会。此后，“东亚联盟同志会”、“大日本爱国党”、“大日本生产党”、“新日本国民联盟”、“协和党”、“全日本反共联盟总部”等右翼团体相继死灰复燃，至1952年右翼团体多达270多个，[②] 右翼和保守势力迅速壮大。1952年9月12日，鸠山一郎在重返政界后的首次演说中，把修改宪法提到“事关日本独立和重建日本”的高度，表明推翻“占领法规”的政治抱负。在这种形势下，50年代中期日本出现第一次修宪高潮。

借助美国的大力扶植，1954年日本正式成立防卫厅和自卫队。1953年末～1954年，日美两国缔结《相互安全保障法》（Mutual Security Act，1951年制定，缩写为MSA协定）的谈判提上日程。由于接受美国《相互安全保障法》援助的国家有义务加强国家防卫力量，为了解除宪法的羁绊，日本内阁法制局着手进行修宪调查。1954年1月，主要执政党之一日本改进党召开大会通过决议，把修宪列入党纲。3～4

① 秦郁彦、袖井林二郎：《日本占领秘史》下卷，朝日新闻社，1977年版，第34～35页。

② 高增杰主编：《日本的社会思潮与公民情绪》，北京大学出版社，2001年版，第141页。

月改进党和另一个保守政党日本自由党分别成立“宪法调查会”，不久，两党各自发表了大体相同的修宪草案。以 11 月 5 日自由党宪法调查委员会发表的《日本国宪法修改案》为例，其“前言”的第一条提出：“阐明根据我国恢复独立，确立尊重我国的历史与传统，基于国民意志制定自主宪法的宗旨。”修宪草案规定，天皇的地位为“日本国元首”，在宪法草案的“前文”中写明“放弃战争”，“同时得以设置与国力相称的最小限度的军队”。军队的最高指挥权由代表内阁的总理大臣掌握，设置最低限度的规定，约束军人不得干预政治、宣布战争与非常事态的权利和义务等。宪法各条款不仅规定国民的权利及义务，而且规定为了“维持社会秩序、增进公共福利”的目的，“可以用法律限制基本人权”，国民有“国防的义务、遵守法律的义务、对国家忠诚的义务”等等。[①] 自由党修宪的最大口实是，宪法是占领军强加的法律，不适合获得独立后的日本。自由党的修宪草案几乎全面否定现行宪法的三大原则：企图通过修宪部分恢复天皇的主权地位，削弱国民主权原则；推翻不保持陆海空军及其他战力的和平原则，设立“与国力相称的最小限度的军队”，并确立内阁总理直接指挥军队的最高指挥权；违反基本人权是“永久的不可侵犯的权利”的原则，在限制国民权利的同时增加义务。可以认为，美国扶植日本成为反共防共战略的盟友，直接引发了修宪热潮。日本右翼力量通过修宪解除发展军事力量的“紧箍咒”，限制国民的民主权利，用天皇的传统权威重新凝聚日本民族尤其是军队，是 50 年代中期第一次修宪运动的主要特征。

在保守党的修宪高潮中，1947 年 4 月吉田内阁执政时期，中曾根康弘首次参加众议院选举当选为议员，1949 年 1 月他第二次当选众议院议员，1950 年 3 月担任“国民民主党”（由日本民主党和国民协同党合并而成）筹建委员会的委员，在此期间积累了政党组织工作的经验。在“国民民主党”、“新政俱乐部”、“农民协同党”酝酿合并为“立宪改

---

① 自由党宪法调查会：《日本国宪法修改案》（1954 年 11 月 5 日），转引自国民教育研究编：《教科书问题——今日的焦点及其历史》资料教科书问题 100 年，劳动旬报社，1982 年第 5 版，第 154 页。

进党”之际，1951年12月中曾根又被任命为改进党筹建委员会的委员。改进党是一个仅存在2年（1952～1954年）的政党，由1948年12月被远东国际军事法庭宣判为甲级战犯的前东条英机内阁外相重光葵担任总裁。改进党在“修正资本主义”、“协同主义”的口号下倡导重整日本军备力量。两年后，改进党与日本自由党内的反主流派鸠山一郎等人合并，组成日本民主党。于是，1954年11月，有着两次筹备政党工作经验的中曾根康弘被任命为日本民主党组织局的局长。一个月后，鸠山一郎成立民主党单独执政的政府，中曾根担任了众参两院原子能委员会的委员长。1955年11月15日，民主党和自由党正式合并为自由民主党（自民党），当月中曾根担任了自民党的副干事长。以上列举的中曾根在政界分化重组过程中的活动，证明其政治生涯中一个非常重要的阶段——中曾根康弘作为战后保守主义力量的中坚骨干，积极参与了修宪和推动重整军备的活动。

在保守政党掀起修宪高潮之际，1954年1月15日反对修宪的“革新”政党和群众团体成立“拥护宪法国民联合”（护宪联），以劳农党、分为左右两翼的社会党、工会总评议会为首的64个工会组织，以全学联为首的144个民众团体的代表参加了成立仪式。护宪联由日本共产党总书记片山哲担任主席，坚决捍卫宪法坚持和平民主主义原则。2月15日，护宪联在东京日比谷公园召开国民大会，号召全国一齐举办讲演会等活动，掀起轰轰烈烈的护宪运动，与保守政党的修宪运动展开针锋相对的斗争。①

在日本国内修宪与护宪斗争的高潮中，1954年12月10日组建的民主党单独执政的鸠山内阁迈出第一步，于12月22日发表关于宪法第9条的“政府统一解释”：日本拥有自卫权，建立自卫队符合宪法规定。此举确认了日本重整军备的合法性，而革新政党认为自卫队的存在违反宪法规定，朝野双方的主张相互对抗。中曾根此后一直以上述政府解释作为扩充军事力量的法律依据。即，保守政

① 日本历史大辞典编辑委员会：《日本历史大辞典》第四卷，河出书房新社，1971年版，第287页。

党在宪法问题上设置了双重目标：其一，作为党纲和政治理想倡导推进修改宪法，实现“自主制定宪法”；其二，将迅速扩充军备作为优先于修宪的执政目标。1955 年 11 月 15 日，民主党和自由党正式合并为自由民主党后，修宪载入自民党的党纲。自民党在众议院拥有压倒多数议席，在参议院占据举足轻重的地位；日本经济界为保守主义势力提供财力保障，革新与保守两大政治势力的对比发生逆转，形成修宪的有利条件。自民党在“提高日本国际地位”的口号下，否定日本占领初期建立的各项法律法规，竭力铲除战后民主化改革的成果。第 24 届国会期间，鸠山政府先后通过为修宪而制定的《宪法调查会法》，重新武装所必须的《国防会议组成法》。1956 年 6 月 2 日还指使警察部队开进参议院，排除在野党议员的激烈抵抗，强行通过《关于地方教育行政的组织及其运营的法律》，废除教育委员会的“公选制”，改为官方“任命制”。此后，自民党企图通过 1955 年 2 月举行的第 27 届众议院选举、1956 年 7 月 8 日举行的第 4 届参议院选举，夺取修宪所必需的 2/3 以上的国会议席。然而，在野党高举护宪旗帜发动群众坚决抵制，选举后社会党议席显著增加，革新政党在众参两院都夺取了 1/3 以上的席位，挫败了执政党的修宪攻势。

鸠山内阁因在野党和民众反对而辞职，1957 年 2 月 25 日，岸信介出任首相组阁。岸首相一上台就主张修改宪法第 9 条，曾邀请日本社会党参加宪法调查会而遭到拒绝。4 月 25 日，岸内阁再次发表“政府统一见解”称：拥有攻击性核武器违反宪法。但是，5 月 7 日岸信介首相又在国会答辩说：如果在自卫权的范围内，可以拥有核武器。① 同月，岸信介主持召开首次国防会议，制定了《国防基本方针》，即“根据国力和国情，在必要的自卫限度内，逐步发展防卫力量”。岸信介政府通过 1958～1960 年度的第一次防卫力量整备计划，要求在 3 年内耗资 4530 亿日元，建成拥有陆上自卫队 18 万人，海上自卫队舰艇（排水

① 児玉幸多『日本の歴史』別冊、年表・地図、中央公論社 1972 年、第 446～447ページ。

量）12.4万吨，航空自卫队飞机1300架的陆海空三支军事力量。[①] 5月20日，岸信介借访问东南亚国家和中国台湾地区之机，四处宣传“中共威胁”；在与蒋介石的会谈中声援其“反攻大陆”，宣扬“共产主义对日本的渗透，来自中国比来自苏联更可怕。”岸信介甚至在与美国总统艾森豪威尔共同发表的《日美联合公报》（6月21日）中，也写入“中国共产党要向整个亚洲渗透”的内容。[②] 在岸内阁为对付“中共威胁”同步推进修宪和重整军备并扬言发展核武器的活动中，中曾根康弘扮演了重要角色。中曾根深得岸信介首相的信任，1957年5月随同岸首相出访东南亚、中近东和东欧各国后，7月被任命为岸内阁宪法调查委员会的委员，8月，岸首相亲自主持召开首次“宪法调查会”的全体会议推动修宪。1958年6月，中曾根获得自民党总裁岸信介的提名，担任自民党的总务和自民党总务会的副会长，一年后又被任命为国务大臣、科技厅长官。1960年7月，中曾根又被任命为日本原子能委员会的委员长。中曾根作为在修宪、内政、原子能机构等岸内阁极欲打开突破口的重要部门的骨干成员发挥了重要作用。但是，岸信介执政期间将修改《日美安全条约》作为首要目标，从同年10月至1960年1月，历经25次谈判才达成最终协议，无暇顾及修宪。另一方面，日本民众掀起一浪高过一浪的反对修改《日美安保条约》的斗争浪潮。1959年3月～1960年6月各界群众发动了23次全国性大规模统一行动，与警方发生数次流血冲突。1960年6月15日游行群众冲进国会之际，还发生一名东京大学的女学生桦美智子被打死、千余名游行示威者被打伤的流血事件。中国外交部和苏联外长通过发表声明和递交备忘录的方式对日本人民的斗争表示声援。在这种状况下，岸内阁更无余力推动修宪，被迫于1960年6月23日结束《新日美安保条约》的批准书换文仪式后宣布辞职。这场旷日持久的反对修改《日美安保条约》的民众运动，使和平民主思想更加深入人心，有关防卫的问题变得非常敏感，自民党主流

---

① 井上清：《日本军国主义》第四册，商务印书馆，1985年中文版，第106页。

② 吴廷璆主编：《日本史》，第938页。

势力为避免激化矛盾，从此选择了将主要精力用于发展经济的方向。1960 年 7 月 19 日，与财界关系密切、“冷酷地贯彻垄断资本逻辑的经济合理主义者”池田勇人，在经济界的一致支持下出任首相。12 月 27 日，池田内阁通过了 1960～1970 年度《国民收入倍增计划》，把发展经济提上国家发展战略的首要日程。

虽然自民党的修宪活动转入低潮，但内阁宪法调查会并未停止活动。1961 年 1 月，中曾根康弘受内阁宪法调查会之命，去北美和拉丁美洲各国考察宪法，4 月又担任自民党宪法调查会小组委员会的委员长，在自民党内外继续促进修宪，与在野党及各界工会组织结成的国民护宪联盟进行对抗。上述中曾根的从政足迹表明，其一贯充当修宪运动的急先锋，是岸信介推行反共、反和平民主运动的得力干将。从另一个角度来看，中曾根自投身政界后，经历了两种截然不同的国家发展战略的沧桑巨变——一种是吉田内阁推行的重经济轻军事的保守主义路线，另一种是全力推进日本军事大国化的岸信介内阁的重新武装日本的军事路线。中曾根在吉田内阁执政时当选众议院议员，并担任民主党的组织局局长，在鸠山内阁时担任自民党的副干事长，在岸内阁担任国务大臣等职，身居权力中枢和自民党的领导核心，在池田内阁则担任自民党宪法调查会小组委员会的委员长、自民党外交调查会亚非小组委员会的委员长等重要职务，亲历了两种不同的政治实践，这些都有益于中曾根深刻认识在野党特别是广大日本国民中间蕴含着的政治能量，认识到和平民主主义在战后日本深入人心，反对重新武装的力量足以冲决保守政权的根基，这些政治经历为他在后来的执政生涯中审时度势、处理政治理念与维护政权稳定之间的矛盾，积累了极其宝贵的经验教训。丰富的人生阅历和政治经验，是中曾根成长为新保守主义思想鼻祖的重要原因。

80 年代初，日本战后第二次修宪运动开始反映到政界层面。经过 60 年代日本经济的高速增长时期，日本确立了经济大国的地位，振奋了民族主义精神。1960 年成立“日本北方领土对策协议会”以后，不断出现各种民间和官方组建的要求苏联归还北方领土的团体，1965 年 1 月 5 日，日本政府设立“北方领土问题各省联席会议”。1968 年 3 月 14 日，“北方领土问题各省联席会议”决定，自 1968 年起将北方四岛划入日本版图，将其面积计入国家总面积。3月18日和31日，众参两院还先后设立“冲绳及北方领土问题特别委员会”，官民齐心合力要求美国和苏联归还二战结束时被占领的冲绳及北方四岛，开展外交活动和群众运动。1965年5月，佐藤荣作首相执政半年后访问冲绳，在那霸机场宣布：“只要冲绳归还祖国的愿望还未实现，对于我国来说，战后阶段就不能算是真正结束。”[①] 1969年11月21日，佐藤首相与尼克松总统发表共同声明，美国最后同意有条件归还冲绳行政权。1972年5月15日，日美双方分别在东京、华盛顿和那霸同时举行归还冲绳的仪式，结束冲绳战后二十余年作为美国殖民地的状态。在这一民族主义高涨的社会背景下，修改“美国强加的宪法”再次提上自民党的政治日程。

1972年10月6日，自民党宪法调查会发表《日本国宪法修改大纲草案》，在“独立的民主国家都拥有自主制定的宪法”的前提下，提出“现行日本国宪法，是在占领下国民尚无主权、也不允许自由表明意志的时候，在盟国占领军强有力的指导下，用极其短暂的时间制定的。所以，虽然其中具备许多长处，但有不完备不合理之处，有不少内容不符合我国的国情。而且，因为宪法的表现欠缺明确，存在解释上的疑义，存在难以适应我国及世界发展的缺憾”。自民党一如既往把“美国强加的宪法”不符合日本国情作为修宪理由。修宪草案的第一章为“天皇”：“天皇作为国民统合的中心，代表国家”。第二章第一款是“放弃战争”：保留现行宪法第9条的第一款，即不以武力作为解决国际争端的手段的规定。但在第二章的第二款增加“日本安全保障的终极理想是依靠联合国普遍性的集体安全保障机构，但在到达此目的之前，保持自卫力量和依靠集体安全保障机构”。第二章第三款规定：“关于保持自卫力量，规定文官节制的宗旨”。相对而言，草案在加强限制国民的基本权利方面比较突出。草案第三章第二款规定“国民的权利，应该根据社会连带的理念发挥之，因此，明确国民应该尊重他人的权利、自由以及社会秩序。”第三章第三款还有“规定国家保护家庭”的内容。草案第四章“国会”提出修改现行宪法规定国会由众、参两院构成、两院几乎拥有

① 中野好夫、新畤成晖：《冲绳战后史》，岩波书店，1976年版，第148页。

同样权限的内容，主张“为了能够发挥参议院的特殊性，研究从根本上改变参议院的结构和性能”。草案还有“赋予内阁在紧急状态下特别立法以及采取财政措施的权限”（第五章）。草案第十章为“最高法规”：“关于参加国际和平机构的合作及其情况下主权限制的关系，有必要新立规定”。另外，草案的“附记”部分提出，为了使国民充分理解和赞成修宪的必要及修宪的方向，在适当的时期设立宪法调查委员会，按照宪法条款制定国民提议的修改方案。①

自民党1972年的修宪草案带有鲜明的时代烙印。草案强调天皇作为国民精神支柱和代表国家的作用，提出以依靠联合国普遍性的集体安全保障机构为最终理想，以拥有自卫力量和集体安全保障（日美同盟）为现实选择的国家安全保障理念。这是与保守政党在宪法问题上设置的双重目标相对应的政治手法，即在坚持政治理想或“终极理想”——修改宪法的同时，作为实际选择，采取部分否定政治理想的方式，为实施执政目标寻求合法性。换言之，在坚持倡导修宪的党纲和政治理想的同时，肯定并遵循“允许扩充军备的宪法规定”；在实现依靠联合国集体安全保障机构的“终极理想”之前，首先发展“自卫力量”和日美军事同盟关系。保守政党通过这个运作模式，解决其长期性的政治理想与短期内具备可行性的施政目标之间的矛盾。把自民党1972年的修宪草案与自由党50年代发表的修宪方案相比较，自民党草案关于天皇的地位的规定比较温和，但却要根本改变国家政治体制——加强内阁应对突发事变的立法权和财政支配权，使参议院发挥“特殊功能”。此外，自民党的修宪草案还提出，参加国际机构的合作需要另立新法这一全新的立法观念；在要求国民服从社会秩序、甚至明文规定国家保护社会的组成细胞——家庭方面，凸显疏导群众运动的政治意图，反映出近代以来日本家长制的封建意识。现行宪法规定，国民的基本人权不可侵犯，这是10年前民众发起安保斗争的精神支柱，而自民党认为这一规定损害日

① 自由民主党宪法调查会：《日本国宪法修改大纲草案》（1972年10月6日），转引自国民教育研究编：《教科书问题——今日的焦点及其历史》，第177～179页。

本统治集团的利益，必须加以纠正。第二次修宪高潮到来之际，中曾根康弘被佐藤首相任命为防卫厅长官。作为国家军事部门的最高掌权者，中曾根在处理其政治理想与执政目标的矛盾的过程中首次遭受挫折。这次受挫的教训，对于中曾根摸索出既有别于吉田茂和池田勇人，又与岸信介和佐藤荣作不同的新保守主义的执政模式具有重要借鉴意义。

第二节　中曾根的政治理想与执政实践

中曾根康弘曾把在美国占领时期制定的日本宪法称为“麦克阿瑟宪法”，修改宪法尤其是宪法第 9 条，实现日本军事力量自主、全面发展，是其一贯的政治理想。据参议员斋藤荣三郎介绍，中曾根身为“青年议员”时曾写过一首“修宪之歌”，歌词写道：“有此宪法，日本将永远处于无条件投降的状态下。保卫麦克（阿瑟）宪法，就是要为麦克元帅作下仆……”。中曾根的这些主张囊括了日本政界右翼的要求，在吉田保守主义路线主导国家战略的情况下，是不折不扣的“右翼”、“鹰派”言论。从中曾根此后的言行来看，“隐约”可见三条基本精神：“反美”，“没有安保条约的自主防卫”，“修改宪法”。①

1950 年 6 月朝鲜战争爆发，美国表明重新武装日本的意图，1951 年 1 月美国特使达勒斯访问日本推动媾和。23 日，中曾根向盟军驻日总司令麦克阿瑟递交了一份申诉书，明确表达日本媾和后建立自主的国防力量及其运用范围的要求：(1) 及早结束占领。(2) 在和平条约中不特别规定关于政治体制、外交和国防方面的限制。(3) 缔结媾和条约时，在领土和赔偿方面采取宽大措施。限速遣返扣留在海外的日本旧军人。(4) 同意建立由陆海空三军组成的完全自主的国防体制。(5) 美国明确表示对日本实行防务责任分工，缔结平等的相互防务协定。从现在起，一年之内组成日本自卫军，在此期间军队继续留驻日本。驻留军撤

① 《中曾根首相的思想与行动》，第 74 页。

退后，日本仍同意美军使用特定的基地，美军和日本自卫军共同负责日本的防务。（6）美国在当前的一段时间内，以武器借贷等形式给予财政援助。（7）同意日本恢复军需工业。此外，中曾根还提出，运用兵力应置于国会的控制之下。而且，有必要采取诸如原则上不对国外使用兵力等保障措施。“万一出现需要重新武装的情况，就要为重建国民精神花费相当长的时间，为此着想，迅速改善战争牺牲人员的待遇，至关重要。”① 这份资料反映出中曾根从政后一贯坚持建立自主的国防体制，以及日本国防与日美关系的思想主张，特别是他要求在媾和条约内写入“原则上不对国外使用兵力等保障措施”，对于判断中曾根重整军备的目的十分重要。资料表明，中曾根设想日本获得独立后应该拥有“陆海空三军”，日美共同负责日本的防务，但日本不会与美国联合采取针对第三国的军事行动，从而与“复活军国主义”划清了界线。

中曾根在《我的政治生涯》中，这样表述修宪与建立自主国防的关系：“在我国还处于被占领的状态下，我就坚信只有自己能统治和保卫自己的国家，并以某种形式对他国的安全和福利做出贡献，日本才算独立。获得独立后，我又立即提出要求修改宪法和建立基于文民治军（文官节制——著者）原则的独自的防卫组织。现在我仍认为这些主张是完全合理的。然而，美国人却把我看成是一个受过激的国家主义影响的危险人物。”由此可见，中曾根强调日本只有实现防卫独立，才能实现国家独立；只有修改限制日本拥有自卫力量的宪法，才能实现防卫独立。中曾根主张修宪的原因包括以下几点：第一，宪法的制定方式不民主。“问题并不仅仅在于内容。民主的重要因素在于制定的方法。这部宪法是占领军当局用英文起草的，而日本人出于想尽快从外国军队占领下获得独立的愿望，囫囵吞枣地接受了它。从宪法这一词汇的真正含义来说，这个文件是不能称之为宪法的。如果‘人民的政府’这句话是真理，那么日本人的宪法就应由日本人亲手制定。”第二，针对在野党等认为自卫队的存在违反宪法的现状，中曾根提出修改限制日本拥有自卫

① 神保昌弘：《中曾根康弘其人》，东洋公论社，1978年版，转引自《中曾根首相的思想与行动》，第17～18页。

力量的宪法第九条，“要加进自卫队乃国民同意这样的词句”——使自卫队的存在以法律形式正当化。[①] 第三，“应将与第二次世界大战后世界上的新条件和当今人类所面临的文明危机相对应的新原理纳入宪法”。例如全面管理核武器问题等。

1970 年 1 月～1971 年 7 月中曾根担任防卫厅长官期间，是他力图转变战后吉田保守主义路线的一次非常重要的实践。当时，佐藤内阁的主要难题之一是制定空前规模的第四次防卫计划大纲。在日本各界人士积极推动中日邦交正常化的情况下，日本外部环境不断改善，在野党批判佐藤政府在美国收缩东亚军力之际趁机填补空白。防卫厅自 1969 年春开始准备制定 1972～1976 年实行的《第四次防卫力量整备计划大纲》（四次防）的指导方针，并与外务省就这一五年军力整备计划所需经费超过国民生产总值的 1%初步达成一致意见。在时任防卫厅长官有田喜一的指示下，“四次防”重点加强海空防卫力量，提高武器装备的国产化比率，最初制定的预算总额超过第三次防卫计划的 2 倍以上。1969 年 10 月中旬，“四次防”的相关情况被媒体公布于众，遭到国内舆论的强烈反对。由于中美建交前后两国关系发展势头良好，亚洲局势趋向缓和，1970 年日美安保条约自动延长，美军继续承担保卫日本的同盟义务，国际环境不利于日本大规模扩充军备。在野党和广大民众认为日本没有理由投入巨额军费。在这种形势下，1970 年 1 月佐藤首相改组内阁，启用担任过日本自民党副干事长、宪法调查会小组委员长、国务大臣、运输大臣等职务的重镇人物中曾根康弘担任防卫厅长官，充当转变吉田保守主义路线的先锋，强行突破战后保持最低限度的自卫力量的壁垒。

在佐藤首相的支持下，中曾根一上任立即下达指示，修改前年夏季防卫厅有关部门已经完成的《防卫白皮书》草案，表明修改 1957 年制定的《国防基本方针》，扭转国家战略建设自主防卫体制的意图。为避免再次引发在野党的护宪斗争，中曾根改变一贯积极推动修宪的姿态，

① 中曾根康弘：《我的政治生涯》，1982 年版，转引自《中曾根首相的思想与行动》，第 115～116 页。

在“维护宪法”的前提下，修改1957年5月制定的贯彻吉田保守主义路线的《国防基本方针》，提出新“五条防卫方针”：第一条，维护宪法，贯彻防卫本土的原则。第二条，保持外交和防务的一体化，防务和各项国策应协调一致。第三条，遵守文民治军的原则。第四条，维持无核三原则——不制造、不拥有、不运进核武器。第五条，以日美安全保障体制作补充。中曾根之所以在五条方针中的第一条规定“维护宪法”，是在当时国际条件不利、国内不具备修宪的必须条件的情况下，为实现其自主防卫的一贯主张而采取的现实主义策略。中曾根主张宪法第九条“承认必要的最小限度的自卫权，以及与贯彻自卫权相称的自卫能力”，① 现行法律框架并不妨碍日本发展军事力量，为制定突破军费总额占GNP的1%的四次防计划寻求法律支持。新五条方针旨在于全面修改《国防基本方针》——用“保持外交和防务的一体化”，修改吉田保守主义以联合国为中心争取世界和平的“对外协调”路线，否定吉田茂重点发展经济的基本方针，在“遵守文民治军的原则”的前提下，推翻以“安定民生”作为“建立保障国家安全所必要的基础”的规定，强调日本应该自主防卫，用“以日美安全保障体制作补充”否定依靠日美安保体制保卫日本、将来依赖联合国阻止外来侵略的国防方针，将佐藤荣作首相提出的“无核三原则”作为日本发展军事力量的上限，否定“在自卫所必需的限度内，逐步发展有效的自卫力量”的国防路线。上述新五条国防方针充分体现了中曾根的新保守主义思想核心——构建以本国军力为主、日美同盟为辅的自主防卫体制。

1970年3月，中曾根防卫厅长官在国会答辩时公布了四次防的基本框架：提出建立“海上破敌”的防卫体制，即以在海上击溃入侵敌军为目标发展防卫力量，为此日本应掌握一定范围的制空权和制海权，配置攻击敌军的飞机和舰对舰导弹等攻击型的武器装备，所需军费总额为5万亿日元以上，引起在野党及国内舆论的强烈质疑。1971年4月，防卫厅发布四次防计划概要，军费总额为5.2万亿日元，比“三次防”增

---

① 中曾根康弘：《综合安全保障论——关于宪法九条和和平的生存权》，政策科学研究所，1978年版，转引自《中曾根首相的思想与行动》，第92页。

加约2倍。如果包括增加工资的部分，四次防军费的总额高达5.8万亿日元，充分体现中曾根“日本发展拥有核武器除外的中等水平的军事力量”的战略目标。但是，这个年增长率为18.8%的超级军费开支计划根本无法编入大藏省的国家预算，如果实现这个计划，日本军费将从世界排行的第12位一举提升至第6位。1971年7月，航空自卫队的战斗机在岩手县上空与全日空民用飞机发生相撞事件，民航机坠毁造成162名乘客死亡。同月，佐藤首相改组内阁撤换了中曾根的防卫厅长官职务。8月，美国政府采取保卫美元的金融政策导致日本经济萧条，在此不利因素的影响下，四次防大举扩张军备的军费开支遭到在野党和国内舆论更加强烈的反对。1971年12月，防卫厅长官江崎真澄在防卫相关阁僚会议上提出，四次防延期到1972年3月再作决定。但是，编入中曾根原定方案的自卫队主要装备所需军费，却在未经政府正式决定的情况下纳入了国家财政预算。此举立即引发在野党的猛烈抨击，在野党采取停止国会审议的对抗措施，佐藤政府迫于压力不得不撤销中曾根制定的四次防，重新拟定新方案。

1972年2月8日，国防会议与第三次佐藤改造内阁举行会议通过四次防计划。同年10月9日，四次防的主要项目通过田中角荣新内阁的审议。四次防从发表最初方案到国防会议与内阁会议正式通过，共花费1年半时间。在各种风波的影响下，军费总额从中曾根原案提出的5.8万亿日元，减至4.67万亿日元。当初预算总额是5年合计5.6684万亿日元，按照普通财政预算的构成比例计算，5年的平均值为6.46%，对GNP的比例为年均0.856%。四次防军费开支的重点是为海上自卫队和航空自卫队大规模增加搭载导弹和直升机的大型舰艇、先进战斗机等正面装备。1971年防卫厅长官走马灯般地更换了四次——中曾根康弘、江崎真澄、增原惠吉、西村直已，其中，增原惠吉因撞机事件引咎辞职，西村直已因发表应该允许自卫队海外派遣、反对中华人民共和国加入联合国等言论被迫辞职……。以中曾根为代表的新保守主义举措出师不利，未能根本改变日本依靠美国防卫本土的状态。

就这样，中曾根通过制定新国防方针转变吉田保守主义路线的实践，因为没有得到政界的普遍支持而失败，日本政府通过的《第四次防卫力量整备计划大纲》再次确认贯彻执行1957年制定的《国防基本方针》："我国的国防将按照《国防基本方针》，确立与邻近各国的友好合作关系，实施缓和国际紧张的外交政策，以及促进社会经济、政治发展的各种必要的政策。与此同时，以日美安保体制为基础，整备抑制侵略的防卫力量"，"我国应整备的防卫力量，要以能够最有效地应对常规武器条件下的局部战争为目标"。四次防虽然在文字上否定了中曾根倡导的三项战略目标——其一，建立"以日本防卫为主、日美安保体制为补充"的防卫体制；其二，实现"海上破敌"的战略转变；其三，整备"海上破敌"所必须的"拥有核武器除外的中等水平的军事力量"——但在实际的建军路线和军力配置中并未偏离中曾根提出的战略目标。必须指出，中曾根从未考虑废除日美安保体制，而是试图构筑北约般的防卫体制；中曾根大刀阔斧地修改吉田保守主义的国防方针，也不是为了复活军国主义体制。在他提出的新五条防卫方针中，有两条尤其应该重视：第三条"遵守文民治军的原则"，是中曾根基于战前参加侵略战争的教训而作出的慎重选择。1970年3月，中曾根在防卫大学的毕业典礼上，关于文民治军原则训示说："文民治军，并非单指在防卫厅内部穿西装者优于穿军装者，而是政治理念优先于军事理念，是以国民或作为国民代表的政治家及国会为中心来统制军事。这种文民治军的原理如果崩溃了，日本的民主将会重新陷入危机，军事即会变成非为国民所有。"[①] 另一条应该重视的是第四条"维持无核三原则"，中曾根并未限于重复佐藤首相的主张。1970年3月5日，上任两个月的中曾根防卫厅长官在外国记者俱乐部发表关于日本是否应该持有核武器的讲话："首先，国家的防务必须建筑在国民同意的基础之上，在我国现在的情况下，拥有核武器问题根本不可能得到全体国民的同意。不仅如此，而且在国内还要引起大混乱。其次，在日本这样一个狭长的岛国，又没有第二次打击的能力，这样的国家即使拥有核武器，也不可能有效地发挥作用。第三，从国际形势来看，美、苏、中三国的核对峙僵局非常严

① 《在防卫大学毕业典礼上的训示》昭和45年3月，转引自《中曾根首相的思想与行动》，第114页。

重，最终将避免核战争的爆发。在这种情势下，我国加入有核国家的行列是无益的。”[①] 中曾根的上述观点，至今仍然是绝大多数日本国民和政界人士的共识。尽管如此，中曾根扭转吉田保守主义的努力仍然遭到在野党阵营的强烈批判，这次挫折为他在后来担任内阁首相期间处理政治抱负与执政目标之间的矛盾积累了宝贵的政治经验，是他日后作为自民党总裁和内阁总理大臣不再言及修改宪法第 9 条，而在在权力可及的范围内，采取舍其名而求其实的政治手法实现战略目标的重要原因。

80 年代初，日本综合国力大增，进入战后经济增长的巅峰时期。据日本广播协会 1983 年的舆论调查，认为“日本是一流国家”的日本国民从 1973 年的 41％上升到 57％，1973 年有 60％的人认为“日本人比其他民族优秀”，1983 年这一比例增至 71％。高达 96％的日本人感到“生活在日本比生活在其他国家好”。经济大国应成为政治、外交大国乃至军事大国的民族主义意识日渐抬头。1982 年 11 月中曾根康弘组阁后，乘势提出“战后政治总决算”的口号和日本成为“政治大国”的国家发展目标。所谓战后政治总决算主要包括两个方面：一是改革行政、财政、教育等领域；二是向战后设置的禁区挑战，改变日本单一的经济大国形象，增加防卫费，实现“国际国家”——政治大国的战略目标。[②] 在苏联推行霸权主义政策的情况下，远东地区美苏军事力量的对比发生转变，美国一再要求日本在日美安保同盟体制内分担更大责任。日本国内“苏联威胁”论甚嚣尘上，加强本国防卫力量的呼声越来越大。另一方面，70 年代以来日本谋求与美国建立平等自主的双边关系，开展“多边自主外交”和“全方位外交”，70 年代末提出“综合安全保障战略”。1978 年 11 月，美国根据亚洲战略的变化与日本政府修订《日美防卫合作指针》，把“远东形势威胁日本安全时的日美合作”作为两国军事合作的主要任务，将日美顺利实施联合作战作为日美安保体制的发展方向。因此，80 年代初日本防卫战略呈现扩张趋势。1982 年中

---

① 池田久克：《长官行空》，1972 年版，转引自《中曾根首相的思想与行动》，第 113 页。

② 吴廷璆主编：《日本史》，第 1146～1147 页。

曾根内阁执政以后，将“综合安全保障战略”与“战后政治总决算”的政治目标、“国际国家”的外交战略结合起来，扩大日美两国间的全面合作，增加防卫经费扩张军事力量，向美国总统里根承诺“日本列岛或者是日本本土将像不沉的航空母舰一样”，在对苏军事行动中发挥作用，“分担世界安全责任”。1983 年 11 月，日美签署了关于武器技术转让的备忘录，突破了历届内阁坚持的“武器出口三原则”。此后，1984 年 12 月和 1986 年 12 月又签署了日美《联合作战计划》和《保卫海上通道研究报告》，提高日美安保条约的“相互运用性”。

日本实施防卫战略扩张的桎梏仍然是宪法。80 年代初，以自民党为主的政界右翼势力再次掀起修宪浪潮。1981 年 8 月 27 日法务大臣奥野诚亮在众议院发起进攻，号召修改“根据占领军的指示制定的宪法”，“希望在国民中间展开自主制定宪法的讨论”。自民党的“宪法调查会”大造声势，前首相岸信介决心完成修宪夙愿，不但担任政界修宪团体“促进自主宪法议员同盟”的会长，还亲自作为民间修宪组织“制定自主宪法国民会议”的会长四处奔走，鼓动各地方议会通过要求修改宪法的决议，力图自下而上创造有利于修宪的政治环境。然而，当时的国内形势对修宪力量十分不利。自民党与大企业集团联合发动对“左翼偏向教科书”的攻击运动，遭到日本教职员工会和教育界的猛烈反对，强大的产业工会组织、市民运动团体领导各界民众发动了声势浩大的反对斗争。1982 年铃木内阁执政时，日本媒体公布高中《日本史》和《世界史》教科书关于近现代日本与亚洲各国关系的表述及文部省的审定意见，中国（包括台湾地区）朝鲜、韩国、越南等亚洲国家强烈谴责文部省篡改日本过去殖民侵略的历史，引发外交风波。日本民众维护和平民主教育，反对篡改历史教科书的斗争与反对修改宪法、“复活日本军国主义”相结合，起到牵制修宪活动的重要作用。另一方面，右翼力量鼓噪修宪不仅遭到在野党的反对，也因为有悖于自民党多年坚持的以经济增长为重的“现实主义路线”，没有得到党内稳健派的支持。在这样的社会背景下，中曾根康弘 1982 年 11 月 27 日至 1987 年 11 月 6 日担任日本第 71～73 届内阁首相期间，为了避免与护宪力量对抗，决定任期内不把修宪提上政治日程。[①] 自民党在教科书与靖国神社问题上也不得不考虑邻国的立场，在文部省的教科书审定中追加“邻国条款”。结果，这次修宪活动不了了之。

从上述自民党修宪活动的脉络，不难看出新老保守主义领军人物执行党纲规定的差异。岸信介不论台上台下，为实现修宪理想不遗余力，是保守主义政治家的代表。相比之下，为修宪而奔走多年的中曾根康弘，进入权力中枢特别是掌握国家政权之后，反而搁置修宪主张，台上作为与台下表现截然不同。中曾根为何能够采取现实主义的态度处理党务与政务之间的矛盾？第一，宪法在战后数十年的实施过程中，其中许多限制日本发展防卫力量的原则已经被架空，正如中曾根所言，宪法“经过国会和法院的严格斟酌，在很多方面，都朝着与日本社会不相矛盾的方向解释”，因此“这部宪法早已不再是一个外国文件了。我今天仍然想看到一部由本国国民亲手制定的新宪法。但我不想在这个问题上分裂日本社会。我想看到一部全体国民看法一致的新宪法。我最终的目的就是一部具体包容了日本国民固有的堂堂正正理想的宪法”。[②] 第二，中曾根出于维护政局稳定的现实考虑，暂时搁置修宪目标。例如，1982年他在众议院预算委员会回答社会党议员稻叶诚一关于是否修宪的质询时说：“我是个改宪论者，如你所说。但一个议员和一个总理大臣的立场不同。”稻叶诚一又质询中曾根：“你认为有必要修改宪法第九条吗？”中曾根回答：“中曾根康弘作为一个议员的话有可能说。但我现在是首相，所以不讲这种话。”[③] 第三，出于推行国家战略的需要不谈修宪。日本修改不用武力解决国际争端的和平宪法，引起亚洲邻国的严重关切，不利于日本推行综合安全保障战略。中曾根担任防卫厅长官时提出外交与防务保持一致的新防卫方针，修改吉田保守主义路线受挫。中曾根内阁执政时期，日本政府外交回归“联合国中心主义”。中曾根首相

---

① “首先决断集体自卫权——期望首相的宪法发言”，《读卖新闻》社论，2001年5月3日。

② 中曾根康弘：《我的政治生涯》，转引自《中曾根首相的思想与行动》，第117页。

③ 《中曾根首相的思想与行动》，第143～144页。

认为："对于很多问题需要解决而且防务能力甚弱的日本来说"，在联合国阐述日本主张的方法是"最有效、适宜的方法"。继吉田茂首相将主要精力倾注于对美政策、鸠山首相为发展日苏关系竭尽全力之后，中曾根康弘拾遗补缺，把迄今日本外交的薄弱环节——东南亚和中近东地区作为重点，主张日本在建立和充实高质量的防卫力量的同时，注意不当军事大国，在亚洲不向相邻国家施加威胁；在国际社会"坚持和平外交方针，对国际性的裁军努力作出贡献"；在能源保障上，重点与中东国家改善关系。[①] 应该说，这是为了实现政治大国目标而采取的现实主义选择，以此缓和日本实施战略扩张导致邻国担忧"复活军国主义"。这是中曾根处理理想与现实之间矛盾的执政模式，也是区别于老保守主义的重要标志之一。第四，日本国宪法第 96 条规定，修改宪法需要三分之二以上国会议员、半数以上国民投票赞成。在条件尚未成熟的情况下，中曾根采取了务实的态度。1978 年中曾根在《综合安全保障论——关于宪法九条与和平的生存权》一书中，这样阐述其修宪立场："我以为，第九条存在于日本是一个自我抑制的、并持有有限防卫力的和平国家这一定义上。就是说，日本是一个有限制的能够自我抑制的和平国家。我们不想成为一个自我抹杀的无条件的和平国家。我想，那不仅与国际形势的现状不符，而且将变成一个不负责任的国家。"但是，"考虑到第九条成立的来龙去脉"，我确信如下解释——"那就是，条款本身是承认必要的最小限度的自卫权以及和贯彻自卫权相称的自卫能力的"。[②] 即中曾根主张"护宪"论的实质是，在宪法所允许的"自卫权"和"自卫能力"的词句上做文章，为了日本的综合安全保障，需要保卫海上通道安全，建立具备远程投放能力的军事力量，日本由于依赖美国的核保护伞，因此承担日美军事同盟的义务是日本防卫必须遵守的原则。中曾根之所以一担任防卫厅长官就从推动修宪转变为维护宪法，其原因就在于此。中曾根通过这种方式回避在野党及民众护宪力量的抨

---

① 《中曾根首相的思想与行动》，第 34～35 页。

② 中曾根康弘：《综合安全保障论——关于宪法九条和和平的生存权》，政策科学研究所，1978 年版，转引自《中曾根首相的思想与行动》，第 92 页。

击，在保持政局稳定和内阁高支持率的同时，加速构建“自主防卫”体制，竭力增强军事力量，作为美国的“亚洲反共堡垒”发挥对抗“苏联威胁”的重要作用。与此同时，中曾根内阁在促进日本与亚洲各国的外交关系方面也取得一定进展。中曾根首相认为，在不具备修宪必须条件的情况下，通过灵活解释宪法第九条，发展独立的防卫力量，仍然能够构建“后战后国家体制”。所以，中曾根权衡利弊，在现行宪法的框架下，实现了“有实无名”、由“量变”积累“质变”，构建后战后国家体制的阶段性目标。

对比以岸信介和中曾根康弘为代表的新老保守主义两代政治家的修宪足迹，不难看出，新保守主义推行的现实主义政治模式，与迄今自民党政府的执政模式并不一致，后者为改善日本与亚洲邻国之间的外交关系增添了弹性，在一定程度上减少了意识形态在国际关系中的负面作用，体现了处理棘手的内政问题和国际关系中的敏感问题的务实性思维，有利于缓和日本保守主义执政党与日本政府、日本政府与不同社会制度的国家之间在重大原则问题上的矛盾冲突，从而有利于稳步推进其既定的国家战略，不同于上台后竭力实现其政治理想的前者。所以，新保守主义执政模式具有政治操作性强，注重实用主义价值判断的的特点，说到底，是巧妙地处理政治理想与执政实践、宏观与微观、政党与政治家个人、全局与局部、兑现竞选纲领与执政条件等矛盾的政治智慧。

20 世纪 80 年代的修宪运动不同于 50 年代的修宪运动。美国对日政策的转变是引发 50 年代修宪运动的主要外因，战前政客或战争犯罪嫌疑人重返政坛执政，要求抹去战败国的痕迹重整军备，是发生修宪运动的重要内因。美苏两大阵营对立、加强日美安保体制，是 80 年代修宪活动再兴的直接原因，部分政治势力企图通过修宪转变国家发展方向，实现日本的政治大国化及军事大国化。推动修宪的政治势力鉴于护宪意识深入人心，汲取从前修宪不成反而减少自民党国会议席的教训，没有采取激化国会政治斗争的形式，而是在各地的议会机构内进行各个击破通过要求修改宪法的决议，在地方自治政府的层面上壮大社会基础，渗透修宪意识，达到地方包围中央推动国会讨论修宪的目的。80

年代以后的修宪活动改头换面另辟新径——用重新解释宪法，即通过内阁法制局发表“政府宪法解释”的方式，蚕食或架空宪法规定，进行事实上的修宪。因此，虽然日本战后半个多世纪没有修改过宪法，但并不等于现行宪法条文一丝不苟地贯彻至今，在一些重大问题上日本历届内阁所遵循的是“政府宪法解释”，而不是宪法，其原因在于战后至今不断积累的“政府宪法解释”已经在很大程度上挖空了宪法的根基。

以中曾根康弘为例，其修宪与“防卫自主”思想在不同时期有不同的表现——20 世纪 50 年代，中曾根提出争取实现超越“旧金山体制”的政治目标；60 年代，开始进入权力中枢的中曾根越来越强硬地主张安全保障要“依靠自己的力量确保”，担任运输大臣后进一步提出“灵活运用日美安全条约，也可以考虑将来予以废除”。70 年代初，中曾根担任防卫厅长官后，因提出日本进行自主防卫“以日美安全保障体制作补充”，制定大举扩充军备的四次防被佐藤首相撤职，此后开始转为采取现实主义政治立场。80 年代，中曾根把“在为自卫所必要的限度内，设法建立和充实高质量的防卫力量”作为就任首相后的施政方针。90 年代，中曾根提出“以日美安全保障条约为基轴构筑东亚政治的框架”，即“日美安全保障条约不仅仅是使日本周围国家感到放心的稳定装置，也是日本和各国合作在地区为和平与稳定构筑政治框架的基地”。为此，日本“应该承担包括人力贡献在内的代价”。不难看出，中曾根发展日本自主防卫力量的战略目标没有改变，但对待修宪和日美安保体制的态度却出现明显的反复——从排斥美军基地甚至降低日美安保体制在日本自主防卫中的作用，转变为日本作为美国“不沉的航空母舰”承担同盟义务，在日美安保体制的框架内走质量建军之路。中曾根担任要职前后，在修宪问题上的转变可谓判若两人。中曾根在入主防卫厅和首相官邸之后，从修宪的积极推动者转变为宪法的维护者。90 年代，中曾根重新举起修宪大旗，重提“宪法并不是由主权主体的国民根据自己的意愿制定的。……现行的日本国宪法是由占领军司令部拟定草案，在日本国民还没有主权的情况下，仅有很小一部分采纳了日本国民的意见而使之成立的。况且，当时还有数百万国民或被整肃或被扣留在海外，不可能参加制定宪法”，“现在，有必要解冻有关宪法的议论”，“在全民范围内对宪法重新进行审查”。[①] 这些事实充分证明新保守主义政治家中曾根康弘不受竞选承诺的束缚，在现行宪法的框架内，稳步推进“后战后国家体制”的现实主义执政模式。另一方面，中曾根善于审时度势，抓住国际政治潮流变化的有利时机，以前首相的身份极力倡导修宪。中曾根台上台下大相径庭的政治表现，堪称日本新保守主义政治家的鼻祖。

① 中曾根康弘：“序言，日本的使命”，中曾根康弘等著《冷战以后》，东方编译所编译，上海三联书店，1993 年版，第 9、11～12 页。

第三章

“战后政治总决算”与靖国神社

日本新老保守主义的共同政治目标之一是恢复国家与靖国神社之间的特殊关系，一些右翼团体也把它作为政治纲领或运动方针。不过，政界右翼在靖国神社问题上的立场及其行动不能一概而论。因为新老保守主义政治家在如何看待日本过去发动的侵略战争的“历史认识”上，不但因人而异，而且因事而异，对于日本军国主义国家机器的组成部分——靖国神社的态度尤其如此。概括性的阐述很难如实、全面反映新老保守主义政治家的思想立场。在战后半个多世纪围绕靖国神社展开的政治斗争中，中曾根康弘独特的新保守主义政治模式占据十分重要的地位。

靖国神社是被占领日本的盟军最高总司令部（GHQ）指定为“军国主义神社”从国家体制中剥离出来的，因此中曾根提出“战后政治总决算”的口号竞选自民党总裁，必然包括这一日本战败的标志。在中曾根的新保守主义思想中，天皇的地位既重要又微妙。中曾根有一句名言，即“最妥当的办法是，让天皇成为这样的存在：超脱一切，两手空空却霞光四射；一无所有然而却取之不尽”。“现今的天皇，仅作为象征而存在，恢复了往昔的形象”。[①] 中曾根拥护“站在民族传统之上”的天皇作为国家的象征，凝聚日本国民精神。“超脱一切，两手空空”则表明中曾根认同战后天皇从“神的子孙”、“现人神”还原为“人”，从陆海空三军的“最高统帅”变为“国家的象征”，从而与自民党把“天皇作为国家元首”的修宪方案拉开了距离。但是，中曾根主张天皇是“取之不尽”的精神源泉，将天皇置于国家主义思想意识的核心。所以，恢复国家与靖国神社之间的特殊关系，作为重整军备的精神支柱，是中曾根实现其修宪和建设自主防卫体制的政治需要，而不是他的宗教信仰。中曾根的新保守主义思想与梦想恢复天皇至高无上的权力和地位的保守主义乃至军国主义思想之间存在着本质区别。甄别新老保守主义在靖国神社问题上的思想立场，需要从天皇制意识形态、天皇与神道、神道与靖国神社、靖国神社与军国主义侵略战争的关系的角度进行深入解读。

天皇制意识形态宣扬日本天皇是“万世一系的神的子孙”。但是，天皇的“神权”权威并非自古就有，而是1867年日本明治维新以后才制造出来的。从事天皇制意识形态“扩大再生产”的靖国神社是其主要载体。直至第二次世界大战结束，崇拜与忠于天皇的思想意识是贯穿日本近现代历史的一条主线。它从近代统一国家的意识形态的需要，发展为法西斯军国主义的思想核心，成为对外侵略扩张，对内实施法西斯统治的工具。解剖祭祀与政治从开始结合，直至发展到颠倒“祭祀伦理”的极端形态——天皇参拜靖国神社的演变过程，以及策划和操作这一思想的祭祀政治，有利于理解靖国神社与天皇的宗教权威、军国主义之间的关系，认清鼓吹参拜靖国神社是“日本特有的文化习俗”和“宗教传统”的观点的本质。

① 中曾根康弘：《听得到海啸——日本文化论》，政策科学研究所，1978年版，转引自《中曾根首相的思想与行动》，第106页。

第一节 靖国神社“祭祀政治”的历史渊源

概括靖国神社问题的实质如下：靖国神社当局通过神道祭祀活动、文字、声讯、影像、实物等宣扬军国主义思想，纪念表彰在日本侵略战争中的阵亡者，歪曲篡改日本过去对外进行殖民侵略的历史事实，否定远东国际军事法庭对日本战争罪犯的审判，是以侵略者亡灵为“祭神”实施“祭祀政治”的机构。内阁首相、内阁官房长官、外相等政要人物，以参拜靖国神社的方式表明其政治立场和价值取向，表明对特定国家的外交姿态：(1) 支持靖国神社为侵略罪行翻案，宣扬军国主义思想意识的活动；(2) 促进恢复被盟军占领当局废除的、以靖国神社为顶点的“军国主义神社”体系与国家之间的特殊关系；(3) 表明其代表右翼保守主义的政治立场争取这部分政治力量的支持；(4) 宣泄其对抗议日本政要参拜靖国神社的国家和地区的不满，明示其不惜继续恶化与战争受害国之间的关系的政治立场。

祭祀作为日本传统习俗之一本来不具有近代政治意义。祭祀成为政治斗争的工具，始于德川幕府封建统治时代末期。在幕藩体制下，被幕府严格限制在宫廷活动中的日本第121代天皇——孝明天皇（1831～1866年），通过祭祀活动表明他作为“最高统治者”的忧患意识和政治立场，登上政治斗争的舞台。

按照江户时代的惯例，天皇只在与皇室有关的事情上才能命令伊势神宫等7大神社、仁和寺等7大寺院进行祈祷。1846年在英、法、美、丹麦等国舰队相继撞击日本锁国门户的形势下，孝明天皇破例敕谕幕府加强海防，同时要求幕府同意石清水八幡宫于1874年举行临时祭祀活动“平息叛逆”，并且派遣敕使在神前宣读“击退异国船”的诏书。

1850年4月8日，孝明天皇又命令7社7寺祈祷“调伏夷狄，击攘异国”。① 1853年6月15日，天皇得到幕府通报美国培理舰队来日要求开国后，立即下令7社7寺祭神祈祷驱除外患。此后，不仅类似的天皇命令明显增加，而且命令祈祷的神社也从7社7寺增至31社。除在伊势神宫、贺茂上下社、石清水八幡宫的例行祭礼上祈祷国事外，天皇还要求神社及寺院增加多次临时祈祷仪式并使之常态化，这些活动表明孝明天皇对来自外国的武力威胁以及地震、霍乱等“天变”、“地妖”的担心和恐惧，祈求“天下太平、万民安居”的襟怀，② 产生了一定的社会影响，也使幕府对天皇的作用有所认识。孝明天皇惧怕和反对外国压迫的姿态，在1858年6月德川幕府被迫签订不平等的日美通商条约前夕发展到顶峰。外来危机意识激发了孝明天皇作为“最高统治者”的责任感，他向伊势神宫派遣“奉币使”并带去了亲笔诏敕，以“罪己”的方式，强调其皇位拥有最高统治权“合乎神虑”，谴责“堂上公卿、武家乃至下民谋奸计不报国恩的不忠之辈，可令神罚”，把矛头直指对外妥协退让的德川幕府，表明自己才是决心“一生不秽圣迹，行于道，扬美名于后世”③ 的治国君主，是全国上下尽忠的对象。

祭祀不仅是孝明天皇宣布其不同于对外妥协退让的幕府、坚决“攘夷”的方式，也是其参与幕末政治斗争的途径。例如，1864年天皇为了表示对长州藩倒幕派发动“禁门之变”的憎恨，祈求“神明冥助”征讨长州藩的幕府和各藩军队取得胜利；为了寻找扩大朝廷政治势力的军事靠山，拉拢在“8·18”政变中效忠天皇的会津藩主、担任京都守护职的松平容保，④ 天皇密令神祇伯白川资训，让内侍所祈祷松平容保“疾愈”。1866年7月4日，天皇为表达“公武合体”——朝廷决心与幕府齐心合力、共克时艰，还指示内侍所祈祷德川家茂将军“脚肿”痊

---

① 藤田宽：《幕末的天皇》，讲谈社1994年，第147～152页。

② 宫内厅藏版《孝明天皇纪》第二，吉川弘文馆1968年，第190页。

③ 羽贺祥二：“明治神祇官制的成立与国家祭祀的重编”（上），《人文学报》，1981年2月第49号，第43页。

④ 宫内厅藏版《孝明天皇纪》第一七八，第46～48页。

愈。[1] 上述借祭祀请求神灵“冥助”的政治行为，在天皇周围的公卿中间也有所见。

孝明天皇通过祭祀活动，向全国表明在民族危机的紧急关头，他不仅是顺应神意继位的天皇，而且是唯一能够动员神灵帮助国家的最高祭主，因而也是正统的国家统治者，忠于天皇即忠于国家。因此，祭祀是天皇宣传自身存在意义的最佳方式，也是政治上受制于幕府制定的“公家诸法度”且经济上毫无余力的天皇参与幕末政治斗争的有效途径。通过为武家祈祷的祭祀活动，达到在宫中排斥异己、建立天皇独裁体制、加强幕藩体制的政治目的，由此开创了祭祀与政治相结合的祭祀政治。

1858年幕府违背敕谕签订日美通商条约，孝明天皇表明辅佐幕府的立场之后，高举“尊皇攘夷”旗帜的倒幕派看清了天皇朝廷的本质。此后，他们高喊的“尊皇”口号不再意味着尊崇孝明天皇按其旨意行事，“尊皇”变成借助天皇的权威对抗幕府的斗争策略。倒幕派的核心人物毫不讳言其“夺玉”——控制天皇的策略，与此同时，加紧塑造天皇“攘夷”的形象，作为其倒幕的大义名分。神化“尊皇攘夷”人物加以祭祀，作为宣传动员民众的思想武器的思想应运而生。这一思想以长州藩志士吉田松阴为代表，后来被其门人继承发展，开祭祀尊皇人物之先河，进而演化为靖国神社。

吉田松阴在多方策划的“尊皇开国”屡遭挫折、被幕府处以死刑的前夕，提出将“尊皇攘夷”的杰出人物祭祀成“尊皇攘夷之神”的思想。1859年10月20日，他在写给门生入江衫藏的信中，要求衫藏兄弟中务必有一人“成就吾志”，实现在京都设立“尊攘堂”的意愿：尊攘堂内“应立尊攘人物之神牌。但神代诸神、（延喜）式中的诸神亦应斟酌时宜，祭于院中。诸神之下菅公、和气公、楠公、新田公、织田公、丰臣公，乃至近来诸君子，凭功德立神牌”，“以为尊攘堂之本山”。此外，“高山、浦生、对马之雨森伯阳、鱼店八兵卫之类，实为大功之

---

① 宫内厅藏版《孝明天皇纪》第五，第353，785～788页。

人，应各设神牌。[1] 吉田松阴提出应该神化的人物都是他眼中的“有功之人”：公卿菅原道真，曾建议朝廷停止派遣遣唐使，撰写《日本三代实录》、《类聚国史》等著作，为弘扬日本文化做出了贡献。公卿和气清麻吕，在公元769年道镜试图夺取皇位的危急关头，带来“神的嘱托”，粉碎了道镜的篡位阴谋。日本南北朝时代的武将楠正成，参加后醍醐天皇讨伐镰仓幕府的战斗，为“建武中兴”献出了生命。织田信长和丰臣秀吉，因统一国家并发动对外侵略也被视为功臣。不仅高山彦九郎和浦生君平的尊皇行为得到肯定，批判幕府对外自称“日本国王”的雨森伯阳、向朝廷上奏恢复天皇土葬旧制的鱼店主奥八兵卫，也由于维护天皇的权威，被列入吉田松阴的功德榜。不能忽视的是，以上“尊皇攘夷”人物的神格化，是借助日本神道经典中的“诸神”的权威进行的。如果没有古籍《古事记》和《日本书纪》中的神话及《延喜式》中诸神的衬托，上述俗人的牌位显然无法变成“神牌”。

吉田松阴提出祭祀神化尊皇攘夷人物的政治主张有两个目的：其一是通过召还他们的亡灵，普及维护日本国家权益，反抗外来压迫的尊皇攘夷思想；其二是制造大义名分，扩大倒幕派在民众中的政治影响，证明只有他们才是民族利益的捍卫者，实现“定天下人心”的目的。可以说，吉田松阴是把祭祀政治应用于幕末政治斗争的第一人，并且将其传授给他的门生。1864年2月，为了利用民众敬畏死者的“流行神”宗教信仰，挽回“8·18”政变后长州藩倒幕派被逐出京都的不利局面，与得到天皇信任的萨摩藩势力抗衡，接受松阴临刑前嘱托的入江衫藏之弟、野村和作率领多名松门弟子，逼迫2名曾经杀死与外贸有关的萨摩藩人的本藩下级武士，在大阪东本院寺东御堂门外剖腹自杀，导演了长州藩武士是武士道的典范、尊皇攘夷的“大忠臣”的一幕。于是，这两名死者在民众心中成为能够消除病痛的“流行神”，出现了前去参拜的大阪市民拥挤不堪，“京摄数万人失声流泪”，称颂“剖腹之人乃古今未

---

① 山口县教育会编：《吉田松阴全集》第6卷，岩波书店，1935年版，第411～413页。

曾有之大忠臣”的盛况。[1] 1865年5月25日，长州倒幕派掌握藩政权后，在藩校山口明伦馆举行“楠公祭”，把被幕府处死的罪犯吉田松阴的牌位与长州藩的功臣村田清风的牌位并列在一起，陪祭天皇的忠臣楠正成。同年，幕府与数藩军队发动第二次征伐长州藩的战役，10月25日，在征长大军压境的紧急关头，高衫晋作、山县有朋、伊藤博文等松门弟子，在下关樱山招魂场举行先师吉田松阴的“慰灵祭”，召还松阴之灵鼓士气壮军威。吉田松阴的弟子们不断演绎祭祀政治并且赋予它愈来愈鲜明的政治使命。下关樱山招魂场是长州藩的第一个招魂场，是为长州藩倒幕武装的精锐“奇兵队”的全体成员建造的墓地，其中既有埋葬牺牲者的坟墓，也有为生存者预留的空墓。高衫晋作等人率队在此为阵亡者招魂礼赞，宣誓前赴后继推翻幕府的封建统治。在击退幕藩联军、讨伐幕府的战斗中，长州藩军付出了巨大牺牲，死者毫无例外祭祀在各地建造的招魂场内，发挥着鼓舞激励后来者为倒幕献身的作用。这种培养“忠诚”和“牺牲”精神的招魂场，至“王政复古”时共有16处，每个相当于郡的行政区内都有一处。后来，指挥击败第二次幕藩联军征长战役，并在击败德川幕府军队的戊辰战争中发挥卓越作用的长州藩倒幕派领导人之一、日本近代军队的创始者大村益次郎，仿照樱山招魂场在东京九段建造了招魂社，这就是后来的靖国神社。[2] 上述史实表明，利用民众的宗教信仰，运用造神、参拜、祭祀的政治模式，已经成为长州倒幕派的常用政治手段，在德川幕府统治末期，成为倒幕维新派的马基雅弗利主义政治的重要组成部分。[3] 随着长州藩倒幕派进入明治政府的权力中枢，这一经过实践检验、效果显著的祭祀政治模式在明治新政府的手中继续发挥重要作用。

---

① 井上胜生：“幕末统治民众思想的特点——关于日本的马基雅弗利主义”，《历史学研究》，1982年3月第502号。

② 村上重良：《靖国神社》，岩波书店，1986年版，第8页。

③ 详见李秀石：《日本倒幕维新时期的马基雅弗利主义》，《日本研究》博士论文专号，1996年第3期，第41～48页。

第二节 神道“国教”化与靖国神社“造神”

在造神祭祀的政治模式中，神道的特殊地位和天皇的绝对权威是最主要的两个方面。然而，1867年发布“王政复古”大号令时，天皇对于日本普通民众而言并无多少权威。不仅天皇的所在地——京都的百姓把天皇唱作“错过时机的凤凰”，“像被野火烧得乱跑的野鸡”，[①] 就连天皇身边的公卿也在担心“虚弱年幼”的天皇受到惊吓，必定像当年听到“禁门之变”的炮声时那样，“吓得不省人事”。天皇制能够成立主要是因为封建权威天皇，由于周围政治因素的变化而转化为权力主体，所以，天皇始终未能具备经政治斗争陶冶的、“绝对主义君主应该具备的政治能力”，[②] 民众当然不可能对身居深宫只会命令神社和寺院祈祷的天皇感恩戴德。

天皇被置于国家权力金字塔的顶峰完全出于近代政治的需要。1868年明治新政府成立时面临极为严峻的国内形势，建立政府权威刻不容缓。要建立由西南强藩的倒幕派和改革派公卿组建的新政府的权威，只有使全国上下无条件地服从天皇。而要达到天皇拥有高于一切世俗权威的神权权威的目的，首先必须把神道排在诸多宗教派别之首。服务于德川幕府的佛教首当其冲被从国教的地位上驱逐下来。佛教在江户时代不仅是宗教信仰，“寺院证明制度”还规定，佛教寺院担负着管理户籍、证明百姓是寺院施主而非天主教徒，证明百姓的婚姻、旅行、移居、服差役等情况。寺院的证明与村吏出具的证明同样重要，缺一不可。因此，明治政府必须削弱佛教势力，限制其在民众中的影响。

于是，明治政府用神道取代佛教，建立明治初年“祭政一致”的统

---

① 井上清：《天皇制》，东京大学出版会，1977年版，第16页。

② 藤田省三：《天皇制国家的统治原理》，未来社，1978年版，第190页。

治体制。最重要的政策是，迅速建立将天皇与《古事记》、《日本书纪》中的神话相结合并加以宗教化的全国性组织——由地位不同的大小神社构成的神道宗教体系。为此，新政府彻底清除全国神社中普遍存在的“神佛混淆”现象。1868年3月，政府命令神社中的兼职僧侣蓄发；从神社中除去佛像、佛教用具及用语；4月又将“八幡大菩萨”改称“八幡大神”。天皇宫中的佛教例行活动也统统改用神道。在国家制度上，1868年1月明治政府第一次颁布官制，神祇科位居太政官下辖7科之首；1869年7月改革官制后，神祇官超过太政官占据最高地位。所有神社及神道相关机构皆附属于神祇官。政府颁布布告曰：“此次王政复古基于神武创业之始，诸事一新，恢复祭政一致之制度”，“恢复神祇官，兴诸祭奠”。[①] 在祭政一致制度下，16岁的明治天皇不仅是治理国家的亲政君主，而且是神道的最高祭祀者。然而，迄今为止神道是信仰多神的宗教，祭祀哪位神灵才能有效地赋予天皇绝对的神权权威？1869年3月，明治政府设立教导局，7月又设立宣教使，着手解决神道信仰中的诸神无序问题，为诸神“排座次”。在著名国学家平田銕胤、长谷川昭道等人的参与下，教导局首先议决了日本祖先诸神的居住地——“高天原之所在”；其次，确定《古事记》、《日本书纪》所载神话中地位最高的太阳女神“天照大神”为“皇祖神”，[②] 编造天皇绝对的神权权威。在神祇官的统辖下，各府、藩、县成立“神祇曹”，后又增设“宣教员”，构成自上而下的神道宣教体制。

明治天皇的即位仪式是向世人宣示“皇国神裔之所以为神裔者”的绝好机会，在改革派公卿岩仓具视的要求下，明治政府排除宫廷守旧势力的干扰改革即位仪式，为彰显天皇为“万国之总帝”的维新精神，在献礼案上放置一个“大地球仪”，象征天皇是统治全世界的君主。上奏天皇的“万民贺词”明示天皇源于《古事记》、《日本书纪》神话的“皇统”：经过“天神诸”→“伊奘诺、伊奘冉”→“天照大神”这三个阶

① 《日本近代思想大系5》，宗教与国家，岩波书店，1988年版，第495页。

② 羽贺祥二：“神道国教制的形成——宣教使与天皇教权”，《日本史研究》第264号，第19页。

段的治国“神敕”，“天照大神”赋予皇孙琼琼杵国土统治权。这就是被称为“宝祚无穷的神敕”，证明天皇为神之子孙的“宗谱”。实际上，这不过是担任明治政府“内国事务局权判事”、“神祇事务局权判事”的国学家大国隆正（1792～1871年）的思想，即，“伊奘诺、伊奘冉”二神既然是创造世界之神，天照大神授予皇孙的必须是世界万国。所以，经过以上三次神敕，天皇就被赋予了“万国之总帝”、“整个地球的君主”的地位，向天皇敬献地球仪的寓意就在于此。1870年1月3日，明治政府为诸神举行“安魂祭”，颁布“宣布大教”的天皇诏书，从理论和形式上初步建成标榜“神道乃尊皇之道”的祭政一致体制。此后，由国家祭祀、神殿供奉的诸神，改为由天皇宫中三殿——“贤所”、“皇灵殿”、“神殿”祭祀，其中“贤所”祭祀“天照大神”。就这样，通过诸神的遴选与祭祀，明治政府为天皇确立了具有神权权威的“皇统”，使天皇作为最高祭主凌驾于国家之上。

明治政府实行“神社乃国家之宗祀，非一人一家之私有”的宗教统制政策，除天皇宫中祭祀“皇祖神”——“天照大神”外，还对民间祭祀“天照大神”加以改革：剥夺了世袭祭主藤波氏负责祭祀伊势神宫的权利，改由政府委派的祭主实施管理。伊势神宫分外宫和内宫，在民众的伊势信仰中，外宫远远超过内宫，但内宫供奉的是“国家之神”天照大神。经过改革，内宫“祭主”和“大宫司”的等级明显高于外宫神职人员。1871年5月，明治政府发布一份建立神道宗教体系的重要文件——《官社以下定额及神官职员规则》，统一规定神社的级别：祭祀历代天皇、皇室成员及其功臣的神社，为神祇官掌管的官币社和国币社，享有宫内省供给祭神“衣食费”等特权；各府、藩、县、乡村分别指定一所神社，由地方官厅管辖；上自伊势神宫，下至各村的“守护神社”的神职人员禁止世袭，由政府“精选补任”。神社就这样具有国家统治宗教的性质，各级神社形成一座金字塔，天皇宫中三殿和伊势神宫位于神社体系金字塔的顶端。1871年7月，明治政治颁布“守护神洗礼”政策，用神社彻底取代佛教寺院过去承担的户籍管理工作，将所有民众置于神社的控制之下。这些举措排除了民众中信奉的许多神、佛及灵验之物，把对祖先灵的宗教崇拜与对天皇“祖神”的官方祭拜强行结合在一起。例如，1871 年 3 月政府命令“海内一同”举行神话传说中的第一代天皇的“神武天皇祭”，不仅地方官员举行“遥拜”仪式，而且命令各乡村的神职人员及村民也要向大和方向遥拜。此外，天皇宫中的祭祀活动也凭借行政命令成为民众的节日，如天皇的诞辰——天长节，神武天皇的即位日等。相反，许多民众的欢乐节日，如人日、上巳、端午、七夕、重阳等统统被明令废除。政府还创立了不少祭祀活动加强天皇的神权权威，在宫中举行的 13 项大祭中，除 2 项外皆为 1870 年新设。

明治政府需要民众崇拜和服从天皇，实现民众忠于以天皇为顶点的国家的目的。所以，天皇不但是权威的象征，而且必须具备“仁慈”的君主形象。明治天皇在位 45 年间，巡幸全国各地（山阴、四国除外）达 96 次，史无前例。天皇频繁外出巡幸主要有两个目的：一是向各地民众表示天皇的恩惠和仁慈，表彰孝子、节妇，对老人和受灾者施以小恩小惠；二是为了检阅陆军大演习、海军军舰等。[①] 与此同时，明治政府统一推行“国民教化”，注重服从天皇、忠君爱国的思想道德教育。1871 年 8 月，神祇官改为神祇省，1872 年 3 月又改为教部省，废除宣教使，新设 14 个等级的教导职和大教院，规定三条教规：“1. 体敬神爱国之旨；2. 明天理人道；3. 奉戴皇上遵守朝旨”，[②] 向民众大力宣传普及。

明治政府的神道国教化政策给广大民众的宗教信仰带来巨大冲击，引起佛教、基督教等教派的抵制。在文明开化的社会变革浪潮中，以净土真宗僧侣岛地默雷为首，各宗教派系要求信教自由的呼声越来越强大。岛地默雷等人强烈反对“政教混淆”、佛教从属于神道的大教院制度，1875 年本愿寺、东本愿寺、西本愿寺等 4 大宗教派别脱离大教院，明治政府不得不解散大教院。1882 年 1 月明治政府又废除了神官兼补“教导职”的规定，1884 年 8 月废除教导职。迫于国内外特别是欧美国家抗议日本迫害天主教徒的压力，明治政府于 1875 年 11 月决定，在

① 井上清：《天皇制》，第 71～72 页。

② 《日本近代思想大系》5，宗教与国家，第 527 页。

“辅弼治化”的前提下允许“信教自由”。1889年颁布的《大日本帝国宪法》第28条规定：“日本臣民在不妨碍安宁之秩序及不违背臣民之义务的范围内，有信教自由。”① 但是，这条宪法规定有一个前提——神道国教制，不过没有写明而已。按照政府公认的解释，神道不是宗教，因此不存在信与不信的问题。1932年4月26日，靖国神社为侵略中国东北和上海的日军亡灵举行合祭仪式时，东京都内大中小学的学生一律被强令前去参拜，拒绝者被攻击为“不忠”、“不爱国”的事实，② 就是明治宪法所保障的“信教自由”与神道国教制关系的最好证明。

明治政府在强制民众信奉天皇“祖神”的同时，还造出许多忠于皇室的“神”来祭祀，作为教化民众的工具。造神运动的第一步，是用太政官等下赐的费用，1872年建成以头号功臣楠正成为祭神的凑川神社。此后，又为后醍醐天皇、护良、宗良、怀良3位亲王，新田义贞等为“建武中兴”③ 作出贡献的天皇忠臣，以及南朝历史上为振兴皇室发挥重要作用的历史人物修建了神社，使这些忠于天皇死于非命的“冤魂”得到“成神”的褒奖，继续发挥尊皇榜样的作用。

1868年5月，在长州藩、萨摩藩等倒幕派领导人的主导下，明治政府发布法令决定在京都东山建造祠宇，责令各藩调查死者，合祭自美国海军提督培理率舰队逼迫日本开国后为国捐躯的志士之灵，“表其操志于天下，慰忠魂”，“使天下庶众更贵节义奋勉之”。④ 1868年6～7月，明治政府分别在东京和京都为天皇政府与幕府进行戊辰战争时政府军一方的牺牲者举行“招魂祭”，1869年6月由“军需官”（后改称兵部省）仿效长州藩下关樱山“招魂场”，在东京九段下设立“招魂社”，1879年改称靖国神社，升格为“别格官币社靖国神社”——即靖国神

① 安丸良夫：“近代转折期的宗教与国家”，《日本近代思想大系》5，解说，第550～553页。

② 大江志乃夫：《靖国神社》，岩波书店，1986年版，第42页。

③ “建武中兴”：护良亲王和武将楠正成等举兵打垮镰仓幕府，后醍醐天皇从流放地返回京都，于1333年建立天皇亲政的新政府。

④ 《法令全书》明治元年5月10日，转引自靖国神社编：《靖国神社百年史》资料篇下，原书房，1984年版，第48页。

社是拥有特殊资格的国家支出祭祀费用的神社。直至日本战败，靖国神社是日本陆海军省管辖的特殊神社，国家神道体系的核心。靖国神社的建造和春秋两季例行的“大祭”同样援用长州藩的祭祀经验。在举行春秋大祭时，天皇派遣“敕使”参拜。在靖国神社增加新“祭神”——为侵略中国的战死者举行“临时大祭”时，天皇亲自前来祭拜，此举称为天皇“御驾亲拜”。例行大祭由陆海军的将军担任祭主，宪兵队负责神社警备。由此可见，靖国神社是不折不扣的军队设施。合祭在那里的“祭神”是为天皇尽忠而死的“忠君爱国”者，反对天皇和政府的内战亡灵，如戊辰战争中德川幕府军队一方的战死者、有着明治维新功臣头衔、但在西南战争中充当叛乱武士首领的西乡隆盛等人都被排除在外。日本军方通过靖国神社为效忠天皇国家的死者“慰灵”、“招魂”、表彰，号召国民前赴后继，是日本军国主义国家机器中极其重要的组成部分。

上述事实证明，靖国神社对于培养忠君爱国思想发挥着极其重要的作用。日本传统的宗教观认为，人死后成佛，作为祖先祭祀。非极其杰出之人不能成“神”。但是在靖国神社内，战死者获得了镇护国家之神的神格，甚至受到天皇的亲自祭拜，这是普通民众可望而不可及的礼遇。对于战死者的亲属来说，一人成“神”全家殊荣。在举行合祭之际，所在地方官府特别下发郑重通知，亲属前来参拜靖国神社时，“首先引导至正殿颁发神酒神果及纪念品，并且给予常人难以得到的拜观滨离宫御苑、东宫御苑御所之荣，并观览其他名园、陈列馆、戏剧电影等，数十名办事员为之指导斡旋，款待无微不至”。这种“沐浴皇恩”的待遇对于那些足不曾出村的死者亲属来说，成了光宗耀祖的荣幸。靖国神社的祭祀把失去丈夫、儿子的悲痛化为光荣，把天皇、战争和人民联结在一起；为民众必须服从天皇的宣教内容提供国家与神道的诠释；使奉天皇之命而战的忠君爱国思想得到升华。这就是靖国神社持续一个多世纪的祭祀政治的实质。

日本军部统治时期，靖国神社自上而下发展成为战争服务的神社祭祀体系——中央有陆海军直接掌管的靖国神社，各地设立了地方分祠，1934 年由官方祭祀的招魂社有 104 社，民间祭祀的招魂社有 34 社，

1936年各地招魂社统一改称护国神社，靖国神社作为国家战争机器的重要组成部分，其造神和祭神活动有着特殊的意义和作用：第一，在祭祀的死者中除3300余名是天皇政府成立前的尊皇攘夷志士外，绝大部分都是在以天皇的名义发动的对外侵略战争中战死的。因为日本内战中敌对一方的死者不是祭祀的对象，所以，在此祭祀的是陆海军当局制造出来的为天皇和国家而死的“战神”。第二，以1874年为侵略台湾而死的10名军人举行合祭，天皇亲自前往祭拜为开端，此后历次对外战争的牺牲者都经过天皇的亲自批准合祭于此。随着日本扩大战争“祭神”数量骤增，天皇“御驾亲拜”的次数也越来越频繁。以昭和天皇为例，1929年为出兵中国山东的死者举行合祭时，天皇首次亲拜。1930年、1932年为“9·18”和“1·28”事变中死亡的侵华分子举行合祭时，天皇两次亲拜。1938年为侵华战争全线展开后的死者合祭时，天皇再次亲拜。此后，每年春秋两次临时合祭，天皇每次必到。从1925年至1945年战败，昭和天皇共亲拜20次。相比之下，明治时代45年间，明治天皇亲拜7次，大正时代15年中，包括摄政时期在内，天皇亲拜3次。[①] 天皇亲拜次数的增加与天皇制军国主义扩大对外侵略战争的规模成正比。天皇通过“御驾亲拜”给予死于异国他乡的侵略者以最高褒奖，使其发挥教育国民的模范作用，在这个过程中靖国神社进一步加强了“国家祭祀战死者”的特殊地位。

靖国神社祭祀的亡灵在表面上是天皇钦定、亲拜的“战神”，实际上是军部掌握的国家战争机器的重要组成部分。靖国神社的祭祀政治形成了天皇制国家为臣民之灵造神、祭神→臣民为天皇效忠→战死臣民增加→扩大造神规模的恶性循环，“皇恩”以侵略者的亡灵为媒介洒向全国各个角落。从靖国神社合祭的统计，不难看出享受国家祭祀的基本上是侵略和掠夺中国的战争亡灵。按照1984年10月的统计数字，合祭总数为246.4151万人，其中死于对外侵略扩张的达244.9429万人，高达内战死者的166.4倍，内战死者仅占受祭者的5.6%！对外战争死者中的大多数都与侵华战争有关。因此，靖国神社祭祀和表彰的是侵略和掠

① 大江志乃夫：《靖国神社》，第113、133～135页。

夺中国的战争亡灵。可以断言，靖国神社扩大再生产的忠君爱国思想是对外侵略扩张的思想，是对侵华掠华的战争的表彰与宣教。中国人民强烈反对日本首相等政要人物参拜表彰屠杀中国人民刽子手罪恶的靖国神社。

如果说天皇钦定祭祀名单体现的是对“臣民”的“皇恩”，那么天皇亲自参拜靖国神社是无论如何在祭祀“伦理”上说不通的。在国家神道体系中，天皇是“现人神”，只能祭拜“祖神”和祖宗之灵。天皇从祭祀祖神和祖宗之灵，到祭拜臣民之灵的伦理混乱，反映出日本天皇制法西斯的战争疯狂。

第三节　战后围绕靖国神社的政治斗争

1945 年 8 月 15 日，日本天皇宣布投降后，盟军占领日本实施民主化改革。驻日盟军最高总司令部（GHQ）进驻日本，于 12 月 15 日发出“神道指令”，废除日本政府对国家神道、神社神道的保障、支援、保全、监督和推广。日本政府据此于 1946 年 1 月 16 日废除包括国库供给祭祀费制度在内的神宫祭祀、官币和国币神社的祭祀令，并关闭相关政府机构。11 月 13 日，驻日盟军最高总司令部发布关于处理宗教团体使用国有土地的备忘录，把靖国神社、护国神社及招魂社定为“军国主义神社”，不能适用国有土地无偿贷与和让渡的规定（第 3F 项）。此外，驻日盟军最高总司令部还命令停止自 1942 年以来为阵亡的日本军人和军队勤杂人员授勋的活动。这些与彻底解除日本武装的盟军对日占领政策相配套的指令，对限制国家神道起到重要作用。

然而，1950 年朝鲜战争爆发，美国转为重新武装日本。9 月 4 日，驻日盟军最高总司令部宣布限制靖国神社等使用国有土地备忘录的第 3F 项无效，28 日日本政府决定，靖国神社适用国有土地无偿转让的规定。1951 年 9 月，日本签订《旧金山媾和条约》实现独立。1952 年 8

月1日，靖国神社发布公告，根据《宗教法人法》成为宗教法人。① 此后，日本右翼力量便力图恢复为战争死伤者授勋和祭祀活动，1964年1月7日，池田内阁通过恢复授勋的决议。日本自民党、遗族会和靖国神社当局积极推动“国家护持”靖国神社的政治运动，试图实现首相直接管辖靖国神社，把靖国神社的“特殊法人化”、“国营化”提上政治日程。据著者统计，从1952年第13届国会至1975年第76届临时国会，自民党先后18次提出“国家护持”靖国神社的法案，相关议案多达49件，② 竭力推动重建国家管理靖国神社的体制，都遭到在野党和神道以外的宗教团体的强烈反对而失败。此后，自民党又将目标定在实现天皇和首相“公务参拜”靖国神社上，同样遭到在野党和宗教界的强烈反对，成为日本国内革新与保守两大阵营之间政治斗争的焦点之一。1978年福田赳夫（福田康夫首相之父）内阁的官房长官安倍晋太郎（安倍晋三首相之父）在国会答辩时，关于首相和内阁成员参拜靖国神社问题阐明“政府见解”：第一，如果参拜时登记职务，不能认为脱离私人立场；第二，使用公车要看警卫的具体情况。

1978年10月17日，东条英机等14名甲级战犯被秘密合祭在靖国神社，1979年4月19日媒体将此事公布于众。合祭甲级战犯后，靖国神社问题成为日本内政和外交的重大问题。靖国神社将东条英机等甲级战犯作为“国事殉难者”合祭表彰，不仅违背该社制定的仅合祭乙、丙级战犯的规定，而且有悖于明治天皇亲自宣布的“靖国”乃“安国”的建社旨意，同时也为右翼势力实现公务参拜靖国神社增加了难度。昭和天皇从1945年11月20日至1975年11月21日8次参拜靖国神社，合祭甲级战犯后停止参拜。靖国神社及其支持者一再通过宫内厅请求天皇恢复参拜，但始终未能如愿。失去天皇亲拜支持后，自民党右翼势力于1980年3月成立“大家都来参拜靖国神社国会议员之会”推进“公务参拜”。

---

① 靖国神社编：《靖国神社百年史》资料篇下，第16～22页。

② 国立国会图书馆调查立法考察局编：《靖国神社问题资料集》，东京1976年版，第27～29页。

中曾根康弘担任首相之前，自民党出身的首相已经开始通过渐进方式积累既成事实实现“公务参拜”。从1951年10月吉田茂首相首次参拜，到1985年8月15日中曾根康弘首相进行“公务参拜”，其间，除鸠山一郎和石桥湛山首相以外，历届首相几乎每年在靖国神社举行春秋两次例行大祭时前去参拜。首相参拜成为政治问题受到世人关注始于三木武夫首相。当时，遗族会和自民党右翼要求“鸽派”首相三木武夫在1975年日本战败30周年纪念日这一天开创“8·15”参拜的先例。另一方面，在野党阵营批判此举违反宪法原则，三木首相面临左右夹击。为了回避参拜违反宪法“政教分离”原则的批判，三木内阁法制局制定“私人参拜四原则”：（1）不用公费支出“玉串费”；（2）不登记公职职务；（3）不使用公车；（4）没有公职人员随行。因此，三木首相参拜靖国神社是私人性质，没有违反宪法规定。三木内阁在界定私人参拜条件的基础上，强调三木首相参拜属于“私人”性质，但在社会公众和政治层面上仍被视为“首相公务参拜”鼓舞了右翼力量。此后，自民党首相采取渐进积累方式突破“私人参拜四原则”。1976年6月，靖国神社宫司筑波藤麿、京都大学名誉教授大石义雄等人以日本遗族会为中心，发起成立新的“国民英灵显彰组织”——“回报英灵之会”，原日本最高法院审判长石田和外出任会长一职。此后，“回报英灵之会”掀起了促进日本首相公务参拜的“国民运动”，并且在所有都道府县设立了支部，积极向各地方议会开展活动，力促议会通过要求公务参拜的请愿书和意见书，通过草根串连地方包围中央。1978年12月15日，三重县议会第一个通过了“强烈要求政府为公务参拜付出特别努力”的请愿书和意见书，将意见书递交首相等人、同一内容的请愿书则提交众参两院的议长。至1984年，共有37个县和1548个市町村议会通过了同类请愿书和意见书。①

在这种情势下，接替三木执政的福田赳夫首相1978年声称以“私人”身份进行参拜，除了遵守不用公费支出“玉串费”的原则以外，突破四原则中的其他三项——乘坐公车；登记内阁总理大臣职务；由安倍

① 田中伸尚：『靖国の戦後史』、岩波書店，2002年版、第143～145ページ。

晋太郎官房长官陪同。于是，是否属于“公务参拜”的标准只留下公费支付“玉串费”一项原则。为了阻止这个势头，1980 年 11 月，内阁官房长官宫泽喜一发布众参两院和内阁法制局共同决定的“政府统一见解”：公务参拜靖国神社违反宪法。此后，1982 年铃木善幸首相便采取不明确公务或私人参拜的战术，所有内阁成员一同前往靖国神社参拜。在这一政治背景下，能否彻底突破公务参拜的政府规定，成为日本各界右翼政治势力的主要奋斗目标之一，引起日本国内外媒体和民众的高度关注。

新保守主义政治家中曾根康弘首相实现了公务参拜。1982 年中曾根竞选自民党总裁时提出“战后政治总决算”的口号，恢复国家与靖国神社之间的政治关系是其主要目标之一。鉴于国会立法活动屡遭失败，中曾根退而求其次，采取现实主义态度，改为通过首相“8·15”公务参拜靖国神社，体现国家与靖国神社之间的特殊关系：首先，中曾根四次以“内阁总理大臣”的身份参拜靖国神社。在此基础上，1984 年 4 月 17 日，中曾根内阁总务长官中西一郎在参议院答辩称：“难以理解用公费供奉‘玉串’是援助靖国神社或者压迫其他宗教”，引起舆论哗然。这是中曾根首相为突破禁止公费支付“玉串费”的原则实现公务参拜而发起进攻的信号。解释宪法的权威机构——内阁法制局再次明确规定：靖国神社是宪法第 89 条规定的宗教组织或宗教团体，公费支付“玉串费”违反宪法。于是，中曾根内阁官房长官专门设立私人恳谈会进行研究，提出规避违宪的具体方案：不用神道祭拜仪式——二鞠躬、二击掌、然后一鞠躬，仅在正殿一鞠躬；不用公费支付“玉串费”，用公费支付“献花费”，这样，“即使公务参拜也不违反宪法”。于是，中曾根首相根据恳谈会的报告，采取变通措施，于 1985 年 8 月 15 日第 5 次参拜靖国神社，公费支付“献花费”代替“玉串费”，全体内阁成员同行，实现了首相公务参拜靖国神社的政治目标。此举招致国内外特别是中国和韩国的批评，1986 年中曾根首相停止参拜。中曾根内阁文部相藤尾正行参拜靖国神社后会见记者，发表否定东京审判的言论并拒绝辞职，被中曾根首相罢免。内阁官房长官后藤田正晴在众议院内阁委员会上表态说：尽管关于东京审判有各种意见，但是，“按照旧金山和平条约第

11条，在国与国之间的关系上，我国接受了东京审判的结果，这是事实。”中曾根内阁在靖国神社问题上考虑到战争受害国民众的感情采取慎重态度，日本遗族政治联盟甚至以其所属的16万名自民党党员退党相威胁。右翼政客仍在元旦、春秋两次“大祭”，“8·15”战败日纠集内阁成员、国会议员及其代理人大张旗鼓地参拜靖国神社。[①] 自民党为了维持遗族会及右翼团体的支持曾设法摆脱困境。据《读卖新闻》1986年1月6日报道，1985年10月下旬和11月上旬，自民党领导人通过前首相岸信介担任会长的“自主宪法期成议员同盟”事务局，两次向靖国神社探询能否停止合祭甲级战犯，靖国神社当局皆以“一旦作为神祭祀的人，不能从中分离出来”为由加以拒绝。[②]

日本右倾保守势力之所以未能实现国家管理靖国神社的目的，来自国内的强大阻力是决定性原因。长期以来，日本佛教、基督教、天主教、真宗、创价学会等宗教团体，日本教职员工会、日本工会总评议会、国民文化会议等各界民间组织，特别广大教育界人士进行坚持不懈的斗争，反对自民党极力实现靖国神社立法侵犯宗教自由，违反战后和平宪法，企图以靖国神社作为自卫队的精神支柱，推进日本军事大国化，[③] 用维护和平民主的实际行动挫败了政府保护利用靖国神社的立法活动。正如日本学者大江志乃夫指出：“从事这种祭祀的靖国神社，如果由国家保护或国家的代表进行公务参拜，将受到世界上的谴责——日本国民用自己的双手公开免去了第二次世界大战的战争责任与战争犯罪。”[④]

靖国神社的历史证明：战争、祭祀、扩大战争、扩大祭祀的恶性循环，给遭受侵略奴役的中国及其他国家人民的生命财产造成了难以估量

---

① 「特集：靖国問題を考える（その1）追悼のかたち、模索、打開策にもハードル」、『毎日新聞』2006年8月15日。

② 田中信尚等：『遺族と戦後』、岩波書店 1995年、第219、164、229～231、235ページ。

③ 国立国会图书馆调查立法考察局编：《靖国神社问题资料集》，第272～301页。

④ 大江志乃夫：《靖国神社》，第19页。

的损失，也给日本民族带来了深重灾难。靖国神社的祭祀政治所体现的是对侵略罪恶的肯定和颂扬，是对被侵略国家人民的敌视与侮辱。支撑战败前日本国家体制的是唯我独尊，无视国际道义，侵略奴役弱小民族的法西斯军国主义思想，靖国神社是最重要的思想载体。把靖国神社作为“国家英雄纪念碑”，用祭祀政治作为凝聚民族精神工具的企图，必然遭到日本国内外民众的强烈批判。战后半个多世纪，日本政府及自民党在靖国神社问题上的所作所为，都是围绕日本的政治、军事大国化的目标展开的，参拜靖国神社成为“验证”右翼或右倾势力政治立场的仪式。对照德国政府对纳粹战争罪恶的反省和法律制裁措施，日本政界的上述行为不能不遭到国际道义的谴责，遭到日本侵略战争受害国民众的强烈反对。

日本新老保守主义政治势力之所以在恢复国家与靖国神社的特殊关系上不遗余力，除国家主义思想意识方面的原因之外，还有更为迫切的政治需要。参拜靖国神社具有为巩固政权而争取右翼或右倾力量支持的重要意义，在大选前夕尤其是“拉票”的重要手段。“宗教法人神社本厅”统辖着全国各地的 8 万个神社，组织率高达 90%。日本战争阵亡者家属的组织——日本遗族政治联盟也拥有 16 万名自民党员。神社本厅于 1969 年建立神道政治联盟，翌年自民党众参两院议员成立“神道政治联盟国会议员恳谈会”，其组织纲领的第一条即“以神道精神确立日本国政基础”，大约 60%的自民党国会议员加入其中。此外，与自卫队、防卫产业有关的各类机构，以及形形色色的右翼社团历来站在靖国神社一边，也是自民党长期倚重的社会基础，在选举投票率长期低迷的状况下，这类社团投票与否是影响选情的关键。因此，自民党领军人物参拜靖国神社，特别是推进公务参拜，有利于争取以靖国神社为中心的神道祭祀政治势力的支持，巩固和扩大其在政界的地位。由此可见，以靖国神社为中心的神道祭祀势力，与自民党之间有着非常复杂的相互借重、支持的合作关系，靖国神社问题无论在思想领域还是在政治斗争中，都是牵涉各方利益引发连锁反应的重大问题。所以，无论反对参拜靖国神社的少数自民党政治家，还是势单力薄的非自民党首相，几乎无法改变这种状况。

中曾根首相推进“公务参拜”靖国神社的政治作为并非出于宗教信仰，似乎有一个不便说明的原因，这就是需要变相兑现竞选自民党总裁时的修宪承诺，用他在推进公务参拜问题上的政治作为，平衡其竞选前“修宪”，上任后“护宪”的立场转变，给支持者一个交代。尽管中曾根的表现与企图通过靖国神社宣扬效忠天皇精神的极右翼分子本质不同，但是在客观上，二者的主张与行动存在很多重叠之处。自中曾根首相1985年“8·15”公务参拜，至小泉纯一郎首相2001年4月上台为止，除宫泽喜一和桥本龙太郎首相以外，日本首相、内阁官房长官和外相停止参拜靖国神社。由于宫泽首相秘密参拜不为世人所知，桥本首相选择自己生日那天，以亲属和开理发店的邻居供奉在靖国神社为由参拜靖国神社，受到邻国批评之后，桥本首相也停止了参拜。应该说，自中曾根政府理解中方批评日本领导人参拜供奉甲级战犯的靖国神社特别是在“8·15”实施参拜的立场及原因以后，日方在大多数情况下能够维护双方达成的共识。

为了全面认识靖国神社问题，需要补充受祭者的若干情况。由于战前国家管理靖国神社，靖国神社祭祀阵亡者的特殊性质，在日本民众中形成国家祭祀战争亡灵的意识。战后，日本始终没有解决在何处追悼和怎样追悼战争死者的问题。20世纪50年代中期，盟军结束对日占领，部分日本民众要求已经成为宗教法人的靖国神社，“祭祀可怜的原子弹爆炸死者”和战时从事军需生产的中学生等。当时，日本民众几乎不了解日军在侵略战争中的残暴罪行，而且几乎无人意识到靖国神社与“政教分离”的宪法原则之间的关系问题。就总体而言，日本民众经过60年代反对修改《日美安全保障条约》的和平运动的洗礼之后，在70年代初期才通过日本新闻界人士的正面报道，对侵华日军的罪行有所认识。在此基础上，经历政界保守与革新势力围绕“公务参拜”问题的激烈斗争，普通民众才逐渐了解政要人物参拜靖国神社与宪法、与邻国之间的关系等政治和外交问题。1965年，靖国神社在神社内新建了一处“镇灵社”，据称是“祭祀没有供奉在本殿的日本战死者和世界上的战死者”，其中包括在内战“戊辰战争”中战死的德川幕府的军队、西乡隆盛等反抗明治新政府的“贼军”的军人，即与天皇政府军队为敌的战争亡灵。但是，“镇灵社”除每年7月13日例行祭日外不开放，[1] 也从未有首相等政界人士前去参拜，当然也无人把它视为靖国神社问题的一部分。

① 「特集：靖国問題を考える（その1）追悼のかたち、模索、打開策にもハードル」、『毎日新聞』2006年8月15日。

第四章

20世纪90年代的新保守主义

1991年1月海湾战争爆发后，日本政府向以美军为首的多国部队提供了130亿美元的巨额军费。战争结束后又派遣自卫队海上扫雷艇到波斯湾扫雷。然而，日本慷慨的付出不但没有得到充分的评价，反而被美国舆论批评为“支票外交”，未能均沾战后的经济利益。更令日本不满的是，科威特在《纽约时报》上刊登巨幅广告，感谢所有出兵帮助它的国家，包括派出医护人员的捷克和斯洛伐克，唯独没有日本。这笔海湾战争的“负面遗产”促使日本新保守主义反思日本国家战略。

第一节　《冷战以后》的战略设想

1992年2月，前首相中曾根康弘、学者佐藤诚三郎、村上泰亮和著名评论家西部迈合著的《冷战以后》一书问世；1993年5月，时任自民党干事长小泽一郎出版著作《日本改造计划》，从不同角度分析海湾战争的“负面遗产”，提出日本国家对外战略设想，集中代表冷战后日本新保守主义的思想主张。

中曾根等人的《冷战以后》是颇具前瞻性的战略思考，囊括了著者适应冷战后国际格局变化倡导改革日本内政外交的对策。中曾根10年前提出的“战后政治总决算”，在此书中表现为“后冷战时期”的政治总决算。《冷战以后》提出如下战略设想。

第一，根据需要修改宪法。中曾根在其撰写的序言部分，这样阐述“日本的使命”：迄今为止，日本在与美国及北大西洋公约组织（NATO）的安全保障关系中“充当免费乘客”，日本作为经济大国，作为和欧美同样的自由民主主义国家，“我们要分担国际责任。日本不应该走孤立的和平主义道路”，必须对联合国的集体安全保障体制分担责任作出贡献，为此，“宪法应视需要进行修改”，在继续坚持以自卫（包括个别自卫和集体自卫）为中心的国防基本方针、遵守无核三原则的同时，“要贯彻自卫和维护世界和平的原则”。第二，实施日本政治改革。改变“造成首相领导能力不足的状况”，“根据对宪法的解释，在不拥有政治权力的象征性的天皇之下，首相也有可能成为‘总统式的首相’”。即，即使在不修宪的前提下，也应该而且能够实现加强首相集权、提高首相的统治能力。第三，日本应该从物质和精神上为在亚洲推广民主主义做出贡献。日本应该“把在世界范围内尊重自由以及建立与之相适应的秩序，作为自己崇高的事业。而且作为持有同样价值观的自由主义国家的一员，参与构筑给予自由民主主义的世界秩序的共同事业。在亚洲地区，有很多国家由于日本的经济合作而提高了生活水平，并由此向民主主义迈进。日本应该慷慨援助邻居们的这种努力。日本要作为亚洲民主主义的灯塔和发电机，为推广民主主义而在物质和精神两方面都做出贡献，这应该作为日本的一项国策”。第四，以《日美安全保障条约》为基轴构筑东亚政治框架。在欧安会建立欧洲新政治框架，制定巴黎宪章等新情况下，日本必须在充实政府开发援助，促进经济合作的同时，在亚洲特别是在东亚地区，以建立互信为基础构筑政治框架。《日美安全保障条约》不仅是使日本周围国家感到放心的稳定装置，也是日本和各国合作在这一地区为和平和稳定构筑政治框架的基地。日本为建立这一地区的和平秩序，应该承担包括人力贡献在内的代价。第五，将马来西亚总理马哈蒂尔曾经倡导的东亚经济会议，扩展为建立“太平洋经济文化大厦”——把亚洲、北美、大洋洲和欧洲聚拢在同一座大厦内，促进各方谈判并签订经济和文化技术合作协议，“以使中国和美国靠拢太平洋国家，使之得以摆脱孤立主义和保护主义”。为建立中美能进行制度化协调的场所提供合作对日本也有好处，因为苏联崩溃后，“中国便成为地球上共产主义的大本营……消除中国和美国之间发生意识形态对立的危险，是日本今后一项长期的重要政策”。[①]

以中曾根为代表的新保守主义反思日本在海湾战争中的作用，提出通过修改宪法，改革国内决策机制，在亚洲推广民主主义价值观，“以日美安全条约为基轴构筑东亚政治框架”，积极分担参加联合国集体安全保障体制的责任，在国际维和活动中做出贡献的战略设想，产生了较大的政治影响。90 年代前半期日本掀起修宪热潮，21 世纪后以小泉内阁为代表的高度集权体制；以安倍内阁为代表的标榜在欧亚大陆外围打造“自由与繁荣之弧”的“价值观外交”；“构筑亚太合作网络”的“新福田主义”——在促进东盟民主化的同时，将日美同盟作为“亚太地区的稳定装置”等基本没有超出中曾根等人新保守主义战略设想的范围。可以说，目前主导日本政治的新保守主义思想的主要源流来自中曾根康弘。

实现日本主导地区政治的战略设想，不能绕过二战期间日本国家战略和国家形象的问题。10 年前中曾根提出并付诸实践的“战后政治总决算”的目标之一，是铲除 GHQ 领导的战后民主化改革的成果——废除国家与靖国神社的直辖关系，在首相任期内推进“公务参拜”。其“后冷战”时期的政治总决算则把清算历史作为起点。中曾根等人通过玩弄文字和范畴的手法提出需要用“平衡的方法”重新思考日本过去的历史。中曾根等人在四个层次上运用“平衡的方法”否定侵略战争的性质，为日本开脱侵略战争的责任。

第一个层次是从宏观角度，从两次世界大战的结果平衡侵略战争与反侵略战争。《冷战以后》主张，“以往的战争，没有战争审判的先例，因为没有到无条件投降战争就结束了。战争由于仲裁而停止。可是，第

---

① 中曾根康弘：“序言，日本的使命”，中曾根康弘等著《冷战以后》，第 4、9～12 页。

二次世界大战并不是那样，不但彻底打倒对方直到无条件投降为止，而且还要进行审判”。东京审判的基本观念是把日德看作是“文明之敌”和“罪魁”，“离开了罪刑法定主义的审判原则，以滥用没有制裁规定的‘非战公约’的形式，强行进行了东京审判”。[①] 即，第二次世界大战一直进行到日本无条件投降并且审判战犯，在人类战争史上并无先例可循，与第一次世界大战的结局对比，德国和日本受到了不公正的待遇，只字不提日本法西斯军国主义顽抗到底是战争不能结束的根本原因，战后审判德国和日本战犯具有消除欧洲和亚洲的两个制造战争的源头——德日法西斯主义的重要意义。

第二个层次是从“动机”与“效果”的范畴出发，平衡日本在“大东亚战争”（即太平洋战争）与第二次世界大战中的行为。《冷战以后》主张，日本在东亚的战争动机和行为，不同于进行种族灭绝的德国，也不同于进行“帝国主义战争”的欧美国家。因为从“日本原来的动机”来看，“日本人对作为欧洲诸国殖民地的亚洲各国民族解放运动的认同感”是“真实”的，“日本也想巧妙地利用这种民族独立运动的能量建立大东亚新秩序或大东亚共荣圈”。当然，“当同样的独立运动的矛头指向日本侵略中国，或者指向日本镇压东南亚占领地的独立运动时，大东亚新秩序的意义只能是欺骗的”。但是，“许多日本人私下里都认为‘日本和德国有所不同。日本军国主义和纳粹德国的纳粹主义有本质的不同’有人抓住大东亚战争的结果使许多亚洲国家获得了独立这个事实，鼓吹‘日本的努力使亚洲得到了解放’”。“日本也确实在美国的殖民地菲律宾、英国的殖民地马来西亚、新加坡和缅甸、荷兰的殖民地印度尼西亚和法国的殖民地印度支那进行了战争。其交战对方也主要是白人。所以，才有了像印尼和缅甸那样打算利用日本侵略来实现民族独立而协助讨日军侵略的国家。但在另一方面，当日本败局已定时，民族独立运动就演变成反日运动，所以，很难一概而论。从结果来看，不能否定的是东亚从欧美发达国家的殖民地状态获得解放的势头加强了。也就是说，在日本人当中即使是朦胧的，也有一种潜意识，大东亚战争是否也

① 中曾根康弘等著：《冷战以后》，第51页。

有好的一面。”[①] 该书以客观描述许多日本人“私下”看法的方式，宣扬日本法西斯军国主义发动大东亚战争的动机并不完全是欺骗，还有同情亚洲殖民地人民的成分在内，日本建立大东亚新秩序的结果是“帮助了亚洲各国的独立”。所以，“不能因为效果不错就认为日本原来的动机也没错，这样太牵强。但也不必过于低三下四地认为只是日本的罪过”，反复强调不能用“效果不错”来肯定动机也没错，反之，也不能用动机中有错误，抹杀“不错”的效果，——中曾根等人转弯抹角地在动机与效果的层次上寻求“平衡”的技巧，成为此后日本形形色色的“大东亚战争肯定”论的原版。

第三个层次是在第二次世界大战的性质与道义上平衡法西斯侵略国与反法西斯战争国。《冷战以后》强调：“第二次世界大战是一场圣战色彩很强的战争，是不同正义观点的不同体制的国家之间的战争”，“包括太平洋战争在内的第二次世界大战实际上是异教徒之间的战争”，“东京和纽伦堡的战争审判很恰当地反映出了第二次世界大战这种圣战论的性格”。“和德国及意大利一样，作为后起的帝国主义国家，日本只不过是要赶超领先的帝国主义国家罢了。但既然那是一场帝国主义战争，日本所发动的战争，在形式上就是向美国、英国、法国和荷兰这些帝国主义列强开战。”日本的确在美国的殖民地菲律宾、英国的殖民地马来西亚、新加坡和缅甸、荷兰的殖民地印度尼西亚和法国的殖民地印度支那进行了战争，但是“交战对方主要是白人”。[②] 中曾根等人极力表明两层意思：其一，欧美与日本之间的战争是帝国主义之间的战争，只有先后之分，没有善恶之别，不过是“五十步笑百步”；其二，日本帮助亚洲国家摆脱了白人的殖民统治，与殖民地宗主国相比，日本占据“道义”高地；否定第二次世界大战是反法西斯正义战争的性质，把发动战争的日德意三国与反法西斯同盟国之间的战争歪曲为“帝国主义战争”。

第四个层次是在德日两国的屠杀罪行的层面上寻求“平衡”，美化日本侵略战争的反人道主义罪行。中曾根等人提出：“日本当时在亚洲

① 中曾根康弘等著：《冷战以后》，第 50～51、115～116 页。
② 中曾根康弘等著：《冷战以后》，第 126、51、115～116 页。

各国不乏暴行，但并没有像德国那样有计划地企图毁灭一个民族。当然也有一些突发事件，如南京大屠杀就使中国人血流成河。但毕竟日本没有对一个民族进行有系统、有计划、并且冷酷无比的杀戮。许多日本人私下里认为日本军国主义和纳粹德国的纳粹主义有本质的不同。”这种平衡方法将南京大屠杀归结为“突发事件”，避而不谈日本在中国犯下的“731”部队的人体实验、“二光”政策、日军所到之处的残暴屠杀和掠夺行为、以及把包括中国在内的多国妇女强征为日军性奴隶，将战俘和青壮年作为劳工使用等战争犯罪，更不提日军在中国使用化学武器和生物武器的规模之大在世界战争史上绝无仅有，给包括普通民众在内的中国军民造成巨大伤亡的事实，竭力美化日本的反人道主义战争罪行。

中曾根等人通过以上四个层面的平衡得出这样的结论：“对包括大东亚战争在内的历史做出一个不偏不倚的结论。……对于日本的历史，重要的是要重新用平衡的方法来考虑问题，但遗憾的是在战后以来的日本，这种思想并未充分为人们所接受。”[①] 必须指出，以上列举的谬论后来被右翼阵营作为否定远东国际军事法庭审判的理论，诸如“大东亚战争解放亚洲”论，“黄种人打败白人殖民者”论，“战胜者审判战败者”论，德日战争犯罪不能同日而语，对日本的审判比德国严厉……，大多可追溯到《冷战以后》。从这个角度上说，新保守主义者冷战后的政治总决算从清算历史起步，此后，上述否定历史的理论从自民党中央本部渗透至地方机构及其他政党，90年代中期前后在日本形成以篡改历史为目标的“历史修正主义”高潮。这些理论不但成为新保守主义政治势力构筑“后战后国家体制”的精神食粮，甚至指导民间右翼学术团体新“历史教科书编撰会”出版美化侵略历史的教科书，通过“教授”、“学者”的著述治动进一步扩大社会影响。

1992年《冷战以后》出版之际，自民党保守主义政府已经关于第二次世界大战的性质及日本政府对慰安妇问题负有责任等问题作出公开道歉。1990年5月21日，海部俊树首相在参议院预算委员会答辩时表示：太平洋战争是侵略战争。1991年12月5日，宫泽喜一首相在参议

---

① 中曾根康弘等著：《冷战以后》，第126页。

院特别委员会答辩说：日本深刻认识到，日本在第二次世界大战中给亚太地区的国家和人民造成了莫大的痛苦和损害，今天，日本决心不再重复不幸的历史。在韩国民众团体强烈抗议、慰安妇受害者出面作证、日本学者和社会党议员相继向媒体公开事实证据的压力下，1992 年 1 月 12 日，宫泽内阁官房长官加藤纮一承认：日军参与设立慰安所，第二天又发表讲话公开表示道歉。1 月 17 日，宫泽喜一首相访问韩国，又在日韩首脑会谈中向卢泰愚总统正式道歉。宫泽内阁自 1991 年 12 月着手调查慰安妇问题，听取部分韩国受害者的证言，并于 1992 年 7 月公布了 127 项资料和调查结果，承认政府负有“参与”随军慰安妇的责任。在上述背景下，中曾根提出应对历史“做出一个不偏不倚的结论”，“重新用平衡的方法”来考虑日本的历史问题，试图反击自民党保守主义当权派代表日本政府发表的“历史认识”，宣扬与保守主义主流相对立、与完全否定历史错误的右翼不同的新保守主义历史观。

第二节　海湾战争与“负责任的和平主义”

海湾战争的“负面遗产”诱发了 90 年代日本的修宪思潮。中曾根康弘、小泽一郎是其主要代表。以何种形式解决日本“海外派兵”和“海外用兵”的问题涉及宪法观念和修宪思想。中曾根等人合著的《冷战以后》集中清算战后和平主义思想意识，提出日本应该积极参加国际维和活动确立国际领导地位的修宪理论。

《冷战以后》提出，海湾战争已经证明，由于民族和宗教对立，包括恐怖主义在内的复杂的地区冲突频频发生，日本不能对此无动于衷，战后的和平主义或“一国和平主义”已经过时，仅致力于发展经济的“商人国家”受到质疑，日本要在国际社会中发挥应有的作用，“只有将经济和军事密切结合”。中曾根等人这样解读冷战后日本与世界的关系：第一，冷战后发展中国家与发达国家、南北关系、贫困问题、东亚的“开发主义发展模式”，与欧美市场模式之间矛盾增加，发展下去“可能激化区域性争端”。第二，今后国际社会的发展将会在很大程度上依赖于美国和日本是否为形成国际新秩序承担相应的责任，是否实行与之相适应的国际政策——美国应该恢复经济力量，日本应该自觉地意识到国际责任。第三，“日本应该尽快放弃对国际社会不负责任的和平主义”，主要是在有关经济的国际协调问题上发挥主导作用。日本虽然已经成了经济大国，但在政治和文化方面却在被动地应对国际变化，这种“小国意识”甚至成了国际社会中的一个混乱因素。第四，为使日本国内能够产生“优秀的政治领导意识”，有必要全面重新认识战后形成的和平主义和民主主义观念，必须认识到“大众民主主义”以重视民意为幌子，妨碍日本掌握国际领导权意识的成长，严重妨碍确立“健全的民主主义”。[①] 通过本章第一节的分析不难看出，中曾根等人所谓的重新认识历史等战后观念的主张不外乎倡导历史修正主义，“重振日本知识界刻不容缓”的紧迫感则反映出新保守主义对战后体现和平民主思想的历史观与主流政治思想的敌视，从此后自民党极力支持民间右翼学术团体编写严重歪曲史实的历史教科书的情况来看，《冷战以后》实际上吹响了围剿战后和平民主主义思想的载体——历史教科书的进军号。

在中曾根等人拟定的日本国家发展战略中，今后美国和日本能否积极合作努力回避各种危险是决定世界局势的决定性因素。问题是“美国会怎样”？“日本准备做什么”？美国面临的重大问题是各种国内矛盾，日本面临的最大问题是不能对国际社会作出能动的反应。中曾根等人并不看好美国的未来，认为“美国的前途似乎并不乐观”；而日本对于“取得国际领导权却显得格外踌躇和没有准备”，这“对于战后一直作为小国走过来的日本”来说，是关乎“被世界所抛弃”的极其重要的问题。所以，“对于今后的日本来说，最大的课题是领导权的问题。要成为主要国家，不用说经济力量和军事力量是必不可少的，而更重要的决定性因素是观念”。为了修正不合时宜的观念，中曾根等人把矛头指向战后和平主义，宣称“‘反战宣言’是思想上的破产”，批判和平主义是日本“缺乏领导权意识的表现”，不应该一味地把行使武力看作不好的

① 中曾根康弘等著：《冷战以后》，第120～123，156～157页。

东西，日本缺乏从维持国际秩序和日本的国家利益的观点来理解、判断需要怎样行使武力的态度，“使日本具备领导权意识的第一步就是要反省和平主义的态度”，[①] 必须清算战后日本国民根深蒂固的宪法观——“绝对和平主义”。中曾根等人认为，日本民众的和平主义在很大程度上来源于宪法，错误地把宪法第 9 条“放弃作为解决国际争端手段的武力威胁或行使武力”，解释成应该放弃一切战争，但是宪法条文“仅仅是禁止作为解决国际争端的”武力行使，即禁止日本侵略其他国家，自卫行动毋庸置疑应被视为正当防卫。何谓“正当防卫”？中曾根等人解释说，正当防卫有两种方法：一种是集体自卫，即若干国家结成联盟，其中任何一国受到侵略即认为自己国家也受到了侵略，日美安保条约就是如此。但是，现在日本政府却还拘泥于行使集体自卫权是违反宪法的旧解释。第二种是联合国宪章第 7 章所规定的集体安全保障，海湾战争时期多国部队采取的行动属于第二种。正确地说，美军的行动基于与阿拉伯国家之间的军事同盟关系，是集体自卫行动，此后多国部队基于联合国决议攻入科威特采取的是集体安全保障行动。无论怎样说，海湾战争对多国部队而言，是行使正当防卫的武力。“所以，如果说这违反日本宪法，那就应该修改宪法。”结论是，“对于威胁和平的行动，根据实际情况采取包括行使武力在内的行动，也是一种维护和平的行动”。中曾根等人在《冷战以后》中大声疾呼：“该是时候了。日本必须放弃绝对和平主义，而提倡面向国际社会的‘负责的和平主义’，并应该发挥其领导作用。”“对于日本人来说，最危险的是从心理上向独善其身的不负责的和平主义的逃避”，日本应该“在负责的和平主义”的前提下构筑“维护和平的抑止体制”：这一抑止体制分为惩罚性抑止和奖励性抑止。惩罚性抑止即在事前让对方知道如果发动攻击必然受到更大的反击，以此来防止对方的攻击。奖励性抑止即以不从事某项活动为前提提供经济援助。归根结底，即主张应该在必要时不惜以行使武力（或警告）来维护保持和平的国际规则，并为避免武力冲突的危险而做出经济上的牺牲。总括中曾根等人的观点：第一，根据日美安保同盟关系，日本宪法

① 中曾根康弘等著：《冷战以后》，第 120、139～142 页。

允许日本采取称为正当防卫的自卫行动，与美国进行“集体自卫”。第二，为了维和可以行使武力，例如根据联合国决议采取集体安全保障行动。第三，修改宪法限制以上两种行动的规定。[①]

显而易见，中曾根的新保守主义思想发生了转变，70～80年代注重在宪法的框架内发展自主防卫力量，转变为进一步在宪法规定的解释上做文章，扩大解释“宪法允许的自卫行动”，在扩大解释不成立的情况下主张修改宪法，以达到日本参加“包括行使武力在内”的国际维和活动的目的；主张日本通过武力干预和提供经济援助两种途径消除武力冲突的危险取得国际领导权。中曾根曾在80年代提出实现日本政治大国化的目标，90年代则提出日本应该使用包括武力干预在内的维和手段“取得国际领导权”，并且将矛头直指日本宪法及“政府宪法解释”所禁止的“行使集体自卫权”问题，比2001年小泉纯一郎竞选自民党总裁时提出应该解除“行使集体自卫权”的限制整整提早9年，不仅如此，以中曾根为代表的新保守主义者将日本行使与美国之间的“集体自卫权”，说成是日本“采取称为正当防卫的自卫行动”，这才是其最离谱的独特之处。

另一方面，为了批判战后和平主义，中曾根等人提出应该正面肯定“民族主义”，“从理论和实践上承认民族主义的存在”，限制战后过度强调的人权，重新为和平主义和“国家至上主义”定位：“当然国家也有和人权互不相容的因素。一旦国家至上主义走到极端的话，就可能要个人做出牺牲。尽管如此仍必须认识到，没有国家就不可能保护个人的人权。就日本而言，战前极端的国家至上主义将国家的位置放得太高，而战后的民主主义又过于加重了个人的砝码。……如今日本已成为经济大国，应当直率地认识到民族和国家的不可回避性和必要性。倘若这种思想方法被视为国家至上主义的话，那就应该给国家至上主义以应有的地位”。与此同时，“政府作为国家的行政领导机关，应当放宽对个人的自由活动的行政指导和通过其他各种方式的管理。……取消一些不必要的限制，应尽可能给人们以行动的自由。如果这被视为自由主义的话，那

① 中曾根康弘等著：《冷战以后》，第142～144页。

也应给自由主义以一个合适的地位”。[①] 上述主张似乎在力求平衡国家与人权的关系，但是，仅用取消一些不必要的限制的抽象词句难以掩饰倡导国家至上主义的实质。

1993年5月，自民党干事长小泽一郎出版《日本改造计划》一书，提倡修宪。小泽批评日本在海湾战争中支出巨额费用带来的负面效果是“使美国的亲日派失望，滋长了‘批判日本派’对日本的敲打”，“日本是自己希望成为自动提款机的”，这是“作为一个国家不能协助国际安全保障只用资金敷衍”的必然结果，日本甚至不如派遣要员的韩国和菲律宾，无论怎么出钱也不会受到尊敬。更为重要的是，“海湾战争以来，在美国，符合‘同盟’概念的国家，是在海湾战争中一赌生死进行战斗的28个国家”。“日本背离了美国在感情上思考和描述的‘同盟’的概念。不可忘记，对于应该以日美同盟关系为基轴的日本来说，海湾战争留下了巨大的‘负面’遗产。”[②] 小泽一郎提出以下设想：第一，日本政府应该改革成“党政合一”的强有力的领导体制，为确保日本的和平与繁荣，必须“为国际和平与安全作贡献”；第二，积极参加联合国包括军事活动在内的国际维和活动，成为“新时代的创业者”和“普通国家”；第三，为实现上述目标，必须“弥补宪法的空缺部分”——“现行宪法中没有关于应对国际环境的明确规定”。第四，“把自卫队作为联合国的待命军队”提供给联合国，遵照联合国的方针，在联合国的指挥下在海外进行活动。小泽一郎主张在修改宪法时增加上述内容，即保持宪法第9条第1款和第2款不变，新增第3款，“但是，前二款规定不妨碍为创建和平活动拥有自卫队，并且拥有接受请求、在联合国指挥下活动的联合国待命军，不妨碍在联合国的指挥下该联合国待命军的活动”。[③] 由此可见，小泽一郎主张修宪论的实质是在宪法中增加新内容，即倡导与修改宪法文本不同的“加宪”论，以适应日本在联合国的框架内参与国际安全保障活动的需要，通过在宪法第9条内新增第3款解决

① 中曾根康弘等著：《冷战以后》，第124～126页。

② 小沢一郎：『日本改造計画』講談社1993年、第36～37、33ページ。

③ 小沢一郎：『日本改造計画』、第122～124ページ。

海外派兵和海外用兵问题，实际上将日本自卫队在海外行使武力的难题上交联合国处理。

综上所述，中曾根康弘与小泽一郎不但提出修改宪法的主张，而且都从汲取海湾战争的教训出发，倡导日本必须积极承担联合国集体安全保障的责任，在国际维和活动中发挥重要作用。但是，中曾根与小泽的最大不同在于，小泽始终没有脱离联合国的框架，没有逾越集体安全保障的界线，修改宪法第 9 条的目的在于增加新内容——给予自卫队合法地位，为建立和运用“联合国待命军”提供法律保障。中曾根却力主日本应在美国难以保持迄今干预国际问题的力度的情况下，构建日本能够进行武力干预的“维护和平的抑止体制”掌握国际领导权，其修宪的目的是为了铲除限制日本动用武力手段参加集体自卫和集体安全保障活动的限制，修宪的重点在于解除与美国之间行使集体自卫权的限制，而且，与修宪相并行，极力鼓吹重构日本国家安全保障战略，重建新保守主义价值观。中曾根与小泽分别代表了 90 年代初期日本新保守主义思想两种不同的战略取向，无论在“历史认识”、继承自民党保守主义修宪思想的问题上，还是在对待日本战后以联合国为中心的外交方针的立场上，中曾根所代表的新保守主义思想都比小泽更符合日本右翼势力的政治要求。21 世纪以后日本新保守主义政治家当政后的所作所为，基本没有偏离中曾根提出的战略目标。不过，中曾根与小泽的思想主张之间存在一个重叠的空间——日本应该积极参与国际维和活动，自卫队必须依法走出国门。1992 年 6 月，日本国会通过《联合国维持和平活动（PKO）协助法》，3 个月后，日本派遣 1200 名日本自卫队员参加联合国的柬埔寨维和活动，“重建柬埔寨政权”，从此日本走上了战后“海外派兵”之路。但是，中曾根等人并不满足于派遣文职人员监督选举、协助战后经济重建、承担修路一类的任务，而是着眼于突破海外派兵后的“海外用兵”问题——日本必须参加能够行使武力的国际维和活动，舍此不能掌握国际社会的领导权。

第三节　90年代的修宪与“论宪”

在中曾根康弘的政治实践中，存在一个自我否定的矛盾：一方面用扩大宪法解释的方式，为发展壮大防卫力量提供合法性；另一方面，以宪法限制日本拥有并运用自卫力量为由，主张修改宪法第九条，并将全面管理核武器等问题纳入宪法。这个矛盾在20世纪70年代至80年代中曾根的政治生涯中尤为突出。中曾根在台上和台下的修宪主张判若两人。中曾根离开首相职位后，随着新保守主义思想的发展，上述矛盾的两个对立面趋向接近。中曾根一方面继续用扩大解释宪法所允许的自卫权的方式，证明包括行使武力在内的海外派兵不违反宪法规定；另一方面，鼓吹清算战后和平主义的宪法观，批判宪法的规定使战后的日本“过分美国化”，倡导展开“修宪价值”的讨论。[①] 由此可见中曾根在下台后不再有兑现竞选承诺的紧迫感，不但可以毫无顾忌地主张修宪，而且有了修改宪法精神彻底清除“美国痕迹”的余地。中曾根从直接修宪的倡导者，转变为先“论宪”后修宪，力图解决国民思想观念中深层次的问题，与他人共同撰写《冷战以后》一书的意图就在于为推动“大兴议论之风气”做贡献，这也是他不像许多人那样喊口号造声势而仅仅进行政治运动的独特之处。

中曾根等人提出“从观念上讨论修宪”的课题：第一，宪法在和平主义的名义下表述了“脱离国家的梦想”——不保持陆海空军及其他战斗力，不承认国家的交战权，“这种和平主义”不但招致日本的国家观念薄弱，更会影响到对国际社会的贡献”“不考虑国际秩序，影响了日本作为一个国家的自立性”。第二，宪法“对民主主义过于乐观”：宪法所规定的“基本人权”，“是对以人本主义为基调的人类欲望的赞颂”，因此，“通过强调基本人权可能破坏传统”。例如，宪法用民主主义的观

① 中曾根康弘等著：《冷战以后》，第170页。

点将天皇的地位解释为“根据拥有多数的全体国民的意愿行事”，那么由多数人制定的决议是否决定天皇制存在？天皇制象征的日本传统，可能被当代日本人“轻易破坏或改变”，“这种状况无疑是对传统的继承者全体国民（包括过去和未来的公民的历史总体）的侮辱”。第三，宪法过分强调“政教分离的世俗化原则”，“以至于无仪式及无宗教反而被认为是一种进步的表现”，宪法还“过分强调表现自由”。第四，为了寻求“自由主义和民主主义之间的平衡，以及个人主义和国家主义之间的平衡”，需要展开争论，保守政党需要“恢复对舆论的指导能力”。迄今为止的修宪议论过于政治化，“讨论的对象也过分地特定在第9条”，简单化到“要战争还是要和平的非此即彼的选择”，变成执政党与在野党政治对立的工具，这个时代即将过去。日本必须自己思考日本应成为怎样一个国家，为此需要怎样的宪法秩序等问题，“首先应正式成立一个宪法调查会”，① “不断评论宪法的目的，在于重新确认日本人的传统，和作为共同遵守的良知的体系”，在“重建良知”的基础上，确立“国家的根本规范”。换言之，评论宪法是非的“论宪”的目的，在于重构“国家至上主义”的意识形态，为在条件成熟的情况下修改宪法，确定新的宪法原则和宪法精神，为“后战后国家体制”提供新保守主义宪法脊檩。这就是中曾根从直接修宪论的倡导者，转变为先“论宪”后修宪，彻底改变日本战后国家发展轨道的战略意图。在20世纪90年代前半期，以中曾根为代表的这一新保守主义主张仍然位居日本政治思想的前沿，较之赤裸裸的扩张军备的修宪主张，以维护民族传统“重建良知”，在清除美国化痕迹的基础上建立“国家的根本规范”为理由的修宪观点，更具有混淆是非，凸显民族主义思想意识的特点。维护日本的“传统”成为此后新老保守主义篡改和美化侵略历史，培养自豪的民族精神的最佳口实。例如，1992年民间右翼团体“保卫日本之会”发表《新宪法大纲》，也标榜其修宪的目标是，日本人必须自主制定一部“基于我国的历史和传统的理念、符合新时代的宪法，而不是外国制造的宪法”。

---

① 中曾根康弘等著：《冷战以后》，第171～173，126～128页。

另一方面，小泽一郎的《日本改造计划》问世后，2个月内印刷5版畅销100多万册，产生了很大社会影响。此后，还有多名政界人士发表修改宪法或宪法前文的方案。以中曾根为代表的先“论宪”后修宪的主张，与小泽一郎在《日本改造计划》内提出的“加宪”论——在宪法第9条内增加第3款的方案——从不同角度促进修宪舆论形成高潮。

1993年初，自民党前干事长梶山静六表示，应该把修宪作为中长期课题研究。前外相渡边美智雄也公开赞成修宪。20世纪90年代以前的护宪阵营——在野各党发生动摇，社会党前委员长山花贞夫认为，修改宪法虽然有大国主义之嫌，然而在重视宪法为日本带来和平与繁荣的基点上，也有讨论修宪的必要。公明党前书记长市川雄一强调，应该首先讨论日本在冷战后的国际社会中如何生存，然后再讨论宪法是否符合时代潮流才有价值。民社党的态度则与自民党相仿。一些工会领导人敦促他们所支持的在野党顺应时代潮流参与讨论，不要一味反对修宪。经济界的代表人物也纷纷就宪法问题表态，不少学者积极发表意见，各方关于“论宪”取得共识。就连一向拥护宪法的保守主义“稳健派”政治家、前首相宫泽喜一也公开表示，多数人参加宪法讨论很有必要，[①] 讨论修宪的社会舆论趋向一致。在这种形势下，社会党（后改称社民党）外交与防卫政策的转变为修宪活动提供了新动力。1994年社会党与先驱新党、一度下野的自民党成立联合政府，社会党党首村山富市当选首相。同年7月村山首相在初次国会答辩中，放弃社会党战后一贯批判自卫队违反宪法的政治主张，肯定自卫队的存在“符合宪法”，从而将战后持续40年能否扩充军备的争论，提高到仅仅围绕军备规模与技术水平的层次上。修宪论者从社会党的转变中看到了希望，在20世纪90年代前半期掀起修宪高潮。读卖新闻社90年代初的调查结果表明，赞成修宪的国民在受访者中仅占20%～30%，而在日本在海湾战争中的表现引起激烈争论以后，1993年赞成修宪者首次达到50%，形成多数意见。[②] 日本民间右翼团体为推动修宪大造声势，渲染修宪为大势所趋。

---

① 《颠簸的日本》，第50页。

② 《读卖新闻》2002年4月5日。

1997年5月30日，两个志在修改宪法、篡改侵略历史和教科书的右翼团体“保卫日本之会”和“保卫日本国民会议”合并成立了“日本会议”，合并后的宗旨立场鲜明：“东京审判史观蔓延，招致对外国卑躬屈膝的谢罪外交，致使担负新时代的青年丧失了国家自豪感与自信感。”“现行宪法已经实施50年。我国宪法是占领当局用一周时间制定并强加的，带来了种种弊端。诸如将本国的防卫委托给他国而丧失了独立之心、权利与义务不均衡、轻视国家制度、国家与宗教过于分离等……我们想通过日本人自己的手来创造可以自豪的新宪法。”[①] 不难看出，其修宪的理由几乎全部援引中曾根等人的新保守主义观点。

日本发行量最大的平面媒体《读卖新闻》在掀起修宪舆论高潮的过程中发挥了积极促进作用。这份明显右倾的主流媒体从1992年开始关注修宪问题，1994年11月以“读卖新闻宪法研究会”的名义发表《读卖修改宪法试行方案》，在新闻出版界独树一帜。在各主要新闻媒体公布的民意调查结果中，《读卖新闻》调查的“修宪民意”比率最高，持续增加的幅度也最大，因此是修宪论者频繁引用的依据。在每年的5月3日“宪法纪念日”到来之际，《读卖新闻》都要配合自民党等修宪派发表社论。例如，2001年5月3日的社论是“首先决断集体自卫权——期望首相的宪法讲话”，指责中曾根前首相在任期内将修宪束之高阁的做法是“不求有功，但求无过，是扩大现实与宪法之间距离的一个原因”。鉴于历届首相都尊重内阁法制局做出的宪法解释，社论鼓动小泉纯一郎首相说：“内阁应该从国家利益的观点，做出综合的最高水平的政策判断，内阁法制局只不过是政府的一个机构，没有理由说三道四。”2002年4月5日，《读卖新闻》在公布民意调查结果的同时发布题为“现在是政治响应希望修宪呼声之时”的社论，指责“与国民的声音相比，政治方面的动作迟钝。自民党的责任特别重大，标榜修改宪法却几乎没有具体方案”。社论催促：“各政党、政治家应该看准国家应有的面貌，认真地投入修宪……政治不能落后于国民意识的变化。”社论还希望各党合作，在2002年的国会日程内实现修宪手续的立法——制

① 《彷徨中的日本》，第188页。

定并通过国民投票法。[1] 可以说，《读卖新闻》扮演了激励和声援朝野双方修宪势力的重要角色。

有媒体认为，在日本经济多年萎靡不振的现状下，通过修宪可以振奋民族精神为日本开辟一条新路。《日本经济新闻》2000年5月3日提出“立法改革”和“明文修宪”即这种观点的代表。为了摆脱修宪还是护宪的对立局面，部分经济界人士和学者组成了“创造新日本国民会议”（“21世纪临调”）。2002年5月，该团体在中期报告内提出：日本在“失去的10年”中，减少了资产价值，丧失了政治信任，照此下去国家无望，必须转换局面。日本需要从三个方面发动变革：“1. 外交、安全保障、危机管理；2. 国家统治机构；3. 国民的权利与义务。”报告认为有两种解决方式：第一种在宪法框架内修改制度和政策，进行“立法改革”；第二种讨论是最好将修宪纳入展开讨论，“修改宪法成文”。[2]

这场修宪热至20世纪90年代末期不断升温。前首相中曾根先“论宪”后修宪的主张也在与时俱进，随着修宪讨论的不断扩大越来越向修宪倾斜，并且增添了许多针砭时弊的内容，他将90年代日本的低迷与混乱状态概括为“政治泡沫”、“经济泡沫”和“教育泡沫”的破灭，大声疾呼日本患上了一种“文明病”：“因为意大利的功利主义、法国的个人主义、美国的现实主义以及俄罗斯的共产主义在战后一齐涌入日本，扰乱了日本的社会秩序。无论是日本教职员工会还是社会或新闻媒体似乎都有些极左。……因此，如今我们要修改宪法，当然也就应该修改教育基本法。由于目前的教育基本法是美国人制定的，因此无论是在巴西还是在墨西哥，这个基本法都适用。我们必须把这样的基本法修改成日本独自的教育基本法。宪法也是一样，必须制定日本独自的宪法。”[3]在自民党修宪派议员的推动下，1997年5月政界成立了促进修宪的超党派国会议员团体“成立宪法调查会推进议员联盟”，网罗了358名国

① “现在是在政治上响应希望修宪声音的时候”，《读卖新闻》社论2002年4月5日。

② 《日本经济新闻》2002年5月3日。

③ 中曾根康弘：“如今正是构筑国家战略之时”，《先驱者》月刊2001年7月号。

会议员，在众参两院议员总人数756名中占47.4%，社民党和共产党所属国会议员没有加入这个团体。1998年5月，社会党与先驱新党退出与自民党组成的三党联合政权，1999年1月自民党接受时任自由党党首小泽一郎的建议，在国会设立“宪法调查会”问题上达成一致，此后又取得公明党和民主党的支持。3月，日本海出现“可疑船只”，自卫队首次发布海上警备行动命令。5月，国会通过《周边事态法》。7月29日，国会通过《国会法修正案》，为设立宪法调查会铺平道路。8月9日，国会通过《国旗国歌法》。9月，小泽一郎在《文艺春秋》杂志上发表《日本国宪法修改试行方案》，推动修宪论向纵深发展。2000年1月20日，第147届国会决定在众参两院设立宪法调查会，前外相中山太郎和村上正邦分别担任众参两院宪法调查会的会长，计划在2005年之前向国会提交有关调查报告。尽管自民党、民主党、公明党、自由党都同意讨论修宪问题，但修宪立场与方案却各不相同。2000年1月，小渊惠三首相设立咨询机构“21世纪日本设想恳谈会”，在关于日本未来的设想方案中增加了首相公选制的内容，并将其作为中长期的课题。[①] 4月5日，森喜朗接替病重的小渊惠三首相执政以后，立即着手修改《教育基本法》和建立“有事法制”，准备打响修宪的“前哨战”。以上列举的政界与国会推进修宪、加强“国家主义”意识形态的立法步骤越来越接近中曾根提出的后冷战时期日本国家发展战略的设想。事实证明，以中曾根为代表的新保守主义思想，是21世纪日本新保守主义国家战略的主要思想源流。

① 《日本经济新闻》2001年5月3日。

第五章

日本的历史问题与世界人权运动

冷战结束前后，日本政局动荡，竹下登内阁被利库路特公司行贿丑闻搞垮，宇野宗佑首相因桃色丑闻辞职，自民党成为在野党和社会舆论攻击的众矢之的，自民党内百余名国会议员组成“净化政治联盟”试图摆脱危机。1989 年 8 月 8 日，404 名自民党国会议员与 47 名全国都道府县的代表一起举行无记名投票选举，海部俊树成为 17 年来经公开选举产生的第一位首相。海部内阁执政后积极开展“国际协调”外交，对外加强与亚洲新兴工业国家和地区发展合作关系，对邻国提供经济和技术合作，通过频繁出访改善国际环境。此后诞生的宫泽喜一内阁虽然在内政和外交上不乏建树，但却接连受到受贿丑闻的重创，国民强烈谴责政府和自民党政治腐败，加速了自民党内部分裂。

1993 年 7 月，自民党在第 40 届众议院选举中惨败，自民党终因“权钱交易”等弊病激化内部矛盾而分裂，失去战后连续 38 年长期执政的地位，让位给由日本新党、新生党、先驱新党、社会党、公明党、民社党、社民联和参议院民主改革联盟八党派组成的执政联盟。1993 年 8 月 9 日，日本新党代表细川护熙担任首相的八党派联合内阁宣告成立。虽然八党派联合内阁于 8 个半月后分裂，接替其掌权的非自民党政权羽田孜内阁仅仅存在64天，日本政治格局从此彻底改变了以保守的自民党与革新的社会党之间“保革对立”为特征的“1955年体制”。自民党经历10个半月的下野，进入与昔日的政敌社会党等联合执政的新时期，自民党以让出首相职位为交换条件，与社会党联合夺取了政权。1994年6月29日，社会党委员长村山富市出任首相，建立社会党、自民党和先驱新党联合政府。从此，日本政界进入“保守与革新联合”的新时期，非自民党政治家当政为日本政坛带来新气象。

第一节　“历史认识”的进步及其反动

20世纪90年代以后，世界许多国家的意识形态领域发生剧变，曾经遭受日本殖民侵略的亚、欧、美各国民众的和平民主意识空前提高，“清算历史”要求战争赔偿的人权运动蓬勃发展，对日本政府形成很大的国际压力。日本则在冷战后加强日美军事同盟的过程中，调整外交与安全政策，改善邻国外交，注意消除周边国家对日本海外派兵的疑虑。在上述动因的作用下，自民党内稳健的保守主义政治家当政，非自民党首相上台，日本官方的“历史认识”出现明显进步。特别是在1992年6月，日本国会通过《联合国维持和平活动协助法》，9月自卫队首次走出国门参加柬埔寨国际维和活动前后，这一时期日本政府为消除邻国疑虑而表明的“历史认识”，具有为反对日本“海外派兵”的国内外民众提供“口头担保”的政治含义。从另一个角度说，20世纪90年代前半期日本官方历史认识的进步，既是冷战后日本对外战略的需要，也是政局重组的结果。

首先，从自民党稳健派政治家的执政足迹进行分析。在舆论界素有“鸽派”之称的海部内阁和宫泽内阁执政期间，日本政府在历史问题上的表态明显进步。1990年5月21日，海部俊树首相在参议院预算委员会答辩时表示：太平洋战争是侵略战争。1991年12月5日，宫泽喜一首相在参议院特别委员会答辩说：深刻认识到日本在第二次世界大战中给亚太地区的国家和人民造成了莫大的痛苦和损害，今天决心不再重复不幸的历史。这是宫泽内阁在韩国民众团体及日本国内舆论的推动下，在一个月内做出的第二次表态。1990年5月韩国总统卢泰愚访问日本时，韩国妇女团体联合发表声明，要求日本在“挺身队”① 问题上进行道歉和赔偿，当时并未引起日方重视。1990年6月6日，海部政府的一位官员在参议院预算委员会上回答社会党议员的追问时说：“关于随军慰安妇……终归好像是这样一种状况，民间经营者带着这种人与军队一起走，坦率地说，我们不能调查实际情况并拿出结果。”日本官方的答辩激怒了韩国妇女团体，10月17日，以“韩国妇女团体联合会”为首的37个妇女团体向日韩两国政府递交公开信提出6项要求：（1）日本政府承认将朝鲜妇女作为随军慰安妇强行带走的事实；（2）对此进行正式道歉；（3）自行弄清日本的一切野蛮行径；（4）为牺牲者建立慰灵碑；（5）补偿幸存者及其遗属；（6）在历史教育中持续传授事实。②1991年8月，韩国慰安妇受害者金学顺第一个站出来揭露日军罪行。此后，包括原慰安妇在内的多名韩国战争受害者，在日本民间团体的支援下向东京地方法院提出索赔诉讼。③ 在具备人证的基础上，日本中央大学教授吉见义明又发掘出物证。1992年1月11日，吉见义明在《朝日新闻》上首次公布日军指示设立部队“慰安所”的公文等6项重要证据。1992年1月12日，宫泽内阁官房长官加藤纮一承认：日军参与设立慰安所；第二天又发表讲话进行道歉。1月17日宫泽首相访问韩国，在日韩首脑会谈中向卢泰愚总统正式道歉。2月6日，日本社会党众议院议员伊东秀子向记者公布新史料：“侵略中国的日军驻南京部队第15师团，大约有940名随军慰安妇，其中40%是中国妇女。”④ 许多日本学者、教育工作者、普通市民志愿者进行调查研究，发掘出许多重要的

---

① 90年代初期韩国的有关研究曾认为，“挺身队”与慰安妇是同一事实。

② 吉见义明：《随军慰安妇》岩波书店，1999年第11版，第3～4页。

③ 木佐芳男：《何谓“战争责任”——德国未被清算的的过去》，中央公论社，2001年版，第79～80页。

④ 紫水、效时：《警惕日本军国主义》，金城出版社，1997年版，“战后中日关系大事记”。

人证和物证，用出版论著和资料集等方式公布于众，日本法西斯军国主义对人道主义的犯罪受到国际社会的强烈谴责，在日本国内引起强烈反响。

在国内外舆论的压力下，宫泽内阁自1991年12月着手调查慰安妇问题，听取部分韩国受害者的证言。1992年7月，日本政府公布了127项资料和调查结果，承认政府负有"参与"责任，但仍然主张没有证明强行带走平民妇女充当慰安妇的证据。1993年8月4日，日本政府第二次公布调查结果，[①] 终于承认强掳妇女作为日军慰安妇的事实。内阁官房长官河野洋平发表谈话说："此次调查结果认定，在广大地区内长期设立慰安所，存在数量很多的慰安妇。慰安所是按照当时日军当局的要求设立的。"河野公布日本政府查清以下事实：第一，"关于慰安所设置、管理以及慰安妇移送，军队直接或间接参与其中"；第二，在"召集慰安妇问题上，有许多用花言巧语、高压手段等违背本人意愿的事例，更有官宪直接参与召集"；第三，慰安妇"在慰安所中的生活，是强制状况下的悲惨生活"；第四，"关于移送战地的慰安妇的出身地，日本另当别论，朝鲜半岛占据很大比重。当时，朝鲜半岛在我国统治之下，慰安妇的召集、移送、管理也是用花言巧语、高压手段等违背本人意愿进行的。"第五，随军慰安妇问题是"在当时军队的参与下，深深伤害多数女性的名誉与尊严的问题"。河野明确表示："在此之际，政府再次表示，不问出身地如何，向所有作为所谓随军慰安妇经历很多痛苦，身心承受难以愈合的伤害的人们，表达发自内心的道歉与反省"。"我们不回避这种真实的历史，要作为历史教训加以正视。我们再次表明坚定的决心：通过历史研究和历史教育，将这种问题永远留在记忆中，决不重复同样的错误。"[②] 至此，日本政府最终承认日军和警察等强制征集并奴役慰安妇的事实，明确表示日本政府认识到这是严重损害广大妇女名誉和尊严的问题，痛感负有道义上的责任，对此进行道歉和

① 吉见义明：《随军慰安妇》，第5页。

② 日本外务省："内阁官房长官河野洋平关于发表慰安妇调查结果的谈话" 1993年8月4日 http：//www.mofa.go.jp/area/kikin/kono.heml。

反省。宫泽内阁调查并反省日军“慰安妇”问题的举措，在战后日本自民党政府反省加害他国的历史错误的过程中具有非常重要的里程碑意义。除了自民党政府以外，1993 年 8 月执政的非自民党首相细川护熙也在组阁的第二天发表谈话说：太平洋战争是侵略战争，错误的战争。然而，上述日本内阁首相在历史认识问题上的进步，无一例外遭到政界右翼团体的猛烈攻击。

日本即将迎来战败 50 周年之际，围绕如何总结历史经验教训，政界掀起了一场轩然大波。1994 年 6 月，日本社会党与自民党等联合执政后，村山富市首相上任后出访菲律宾、越南、马来西亚和新加坡四国，谋求与各国密切经济合作关系。为了进一步促进日本与亚洲邻国交流合作，表示对过去侵略战争的反省，村山首相决定由政府出资 1000 亿日元建立亚洲交流中心，支援亚洲留学生和青年来日本学习交流。这项长达 10 年的“和平友好交流计划”从 1995 年开始实施，在亚太地区开展“未来导向型事业”，[①] 对日本与邻国化解历史隔阂产生了积极影响。在 20 世纪 90 年代前半期历届政府不断深化“历史认识”的基础上，村山首相设想通过一项区别于自民党政权的国会决议，在日本战败 50 周年之际总结日本半个世纪走过的道路，作为昭示日本不再进行战争的和平宣言，向国际社会表明日本站在新的起点上，在国际社会中发挥政治大国的作用，为今后密切日本与战争受害邻国的关系奠定坚实基础。1995 年 3 月 3 日，日本社会党在众议院“战后 50 周年特别委员会”上提出“不战决议”草案，表明应该反省日本自甲午战争以来对亚洲国家进行的侵略和统治；由偷袭珍珠港开始的“亚洲太平洋战争”不仅是同欧美国家之间的战争，而是发动了新的侵略战争。但是，社会党虽然在国会内外占据优势，却处处受到自民党的牵制。如何总结历史成为进步与保守力量争执的焦点。各派政治势力围绕对日本侵略历史的认识问题展开了新一轮的较量。自民党发表一份完全没有“反省”、“侵略”、“殖民统治”和“不战”词句的“反省决议”草案与社会党对抗，

① 王振锁：《日本战后五十年（1945～1995）》，世界知识出版社，1996 年版，第 384～385 页。

政界与民间各类右翼团体则发起反对“不战决议”运动。村山富市首相、河野洋平外相、海部俊树新进党首脑等虽然付出积极努力，但在保守势力的强大阻力面前，联合执政三党不得不妥协让步。1995年6月9日，众议院通过了联合执政三党共同提出的《以历史为教训，重表和平决心的决议》。这是一个比社会党原定方案大幅倒退的妥协产物，决议没有正面承认日本发动过侵略战争，反而刻意淡化日本进行侵略和殖民统治的历史责任。例如，决议关于日本的战争责任作出如下表述：“想到在世界近代史上许多殖民地侵略和侵略的行为，我国认识到过去的这一行为给其他国家的国民特别是亚洲各国国民带来痛苦，表明深刻反省的心情。”这句话意味着日本的侵略行为不过是欧美各国都曾有过的、许多殖民侵略与殖民统治行为的一环，日本在这个意义上进行反省。它表明日本政界主流不愿无条件承认侵略战争的责任。在众议院表决中，在野党新进党的171名议员缺席抵制，共产党的14名议员投票反对，执政党之一、新党先驱党首武村正义等73名议员未到国会，淡化战争责任的决议勉强获得过半数赞成票通过。[①] 8月15日，村山首相发表纪念战后50周年讲话：“我国在刚刚过去的一段时期里，因国策错误而走上战争道路，使国民陷入了存亡危机，殖民统治和侵略给许多国家特别是亚洲各国人民带来巨大损害和痛苦，应该谦虚地承认这个历史事实，由衷表示道歉。”此后，“村山讲话”成为日本政府对外阐述历史认识的标准答案。然而，就在村山首相发表讲话的同一天，政界重镇人物桥本龙太郎率领10名内阁成员和100余名自民党、新进党国会议员集体参拜靖国神社，原定于投降纪念日召开的“纪念战后五十周年集会”也不得不推迟至12月18日举行。其间，8月9日，村山内阁文部相岛村宜伸声称：过去的战争“是不是侵略战争，属于思考方法问题”，“一再重提过去并逐一道歉的做法到底好不好？”10月11日，总务厅长官江藤

---

① 当时众议院议员总数为511人，缺员9人，实际人数502人，表决时的出席者仅有251人。日本舆论对此持批评态度，《每日新闻》指出该决议“在手续上不合格”，《东京新闻》认为决议“只能反映不足半数议员的意志”。参见陆忠伟主编：《颠簸的日本》，第58页。

隆美因表示“日本统治朝鲜时期也并非没有做过好事”，日本吞合并朝鲜“合法”，迫于外交风波辞职。[①] 村山政府试图正面总结反省历史教训的努力遭遇自民党等保守势力的顽强抵抗并未收到预期效果。

20 世纪 90 年代前半期日本历届政府“历史认识”的进步，是国际社会追究第二次世界大战时期的战争犯罪责任维护人权运动推动的结果。冷战结束后，长期受到各种意识形态因素制约的人权运动喷涌而出。在战后媾和与国家赔偿的双边条约内未能解决的平民战争受害问题，成为人权运动的主要目标，它集中表现为德日两国战时强制奴役平民、战俘与对妇女进行性奴役两大问题，在“随军慰安妇”问题上对日本政府形成巨大压力。“慰安妇”问题与部分国家局部武力冲突中对妇女实施性暴力等现实问题结合在一起，引起各国际组织和各国非政府组织（NGO）的强烈关注。当时，正值前南斯拉夫联盟内战中军队集体强暴妇女事件受到广泛关注，要求在国际法庭上审判战犯的呼声高涨，日军“慰安妇”问题因此倍受各国重视。

第二节　联合国组织追究日本政府责任

1992 年 2 月联合国人权委员会首次提出日军慰安妇问题，此后，各国际组织纷纷要求日本政府应该正视并解决这个人道主义犯罪问题。日本法律界人士最先行动起来，1992 年 12 月成立了“思考战后补偿问题律师联络协议会”，研究战后补偿问题。十多年来，该团体与联合国机构、各国非政府组织以及其他要求战后补偿的日本律师团体进行合作；与在日内瓦的联合国人权小委员会内工作的日本人士互相沟通，为

① 参见陆忠伟主编：《颠簸的日本》，第 58～61 页；刘江永：《彷徨中的日本》，第 65～90、166、134、124～125 页；苏智良：《日本历史教科书风波的真相》，人民出版社，2001 年版，“日本教科书大事记”，第 239～240 页；紫水、效时：《警惕日本军国主义》，“战后中日关系大事记”，第 403 页。

联合国人权委员会1993年、1996年、1998年通过的有关报告提供支持；另外，还与大韩律师协会、中华全国律师协会形成紧密合作关系；实际参与1999年8月以后美国方面针对日本国家及企业的战后补偿诉讼，配合美国律师团在日本开展活动。1993年6月在维也纳举行的联合国世界人权大会发出号召，有效应对所有武力冲突中侵犯妇女人权的性奴役行为；1994年11月22日，国际法律家委员会（ICJ）通过劝告书指出：慰安妇受害者有请求个人赔偿权，日本战争犯罪对个人的补偿并没有在双边条约中解决，日本政府应该首先向高龄受害人暂时支付4万美元，在此基础上研究如下解决方法——（1）设置行政机构；（2）采取立法措施；（3）设立仲裁法院。在国际法律家委员会的影响下，1995年1月24日，日本律师联合会提议，日本应通过立法和国际机构仲裁进行个人赔偿；3月非政府组织"准备战后补偿立法律师之会"公布《外国人战后补偿法草案》。此外，日本律师联合会还于1997年7月至2001年10月向日本政府先后递交三次劝告书：指出日本政府应对中国台湾地区、印度尼西亚以及所有慰安妇受害者进行正式道歉和赔偿，通过立法途径彻底解决。1995年9月5日，在北京举行的第四届联合国世界妇女大会通过行动纲领，关于日军慰安妇问题明确提出，必须查清事实真相，提起公诉，补偿受害者。日本律师户塚悦朗在会上发表《随军"慰安妇"受害者个人赔偿法案》。1996年联合国人权小委员会提出《库玛拉斯瓦米报告》，认为日本政府应该承认法律责任，向被害者正式道歉支付补偿金。这一报告首次使用了"军用性奴隶制度"一词（military sexual slavery），[①] 此后"日军性奴隶"成为国际社会的通用词。

在日本政府迟迟不采取根本性解决措施的情况下，原慰安妇受害人所在国家的议会纷纷通过决议对日施加国际道义压力。1999年2月11日，菲律宾下院人权小委员会首次通过对日决议，要求日本政府制订对慰安妇受害者的补偿法。此后，中国香港立法会（2000年1月12日）、英国议会（2001年3月21日）、菲律宾下院（2001年12月3日）、中

① 木佐芳男：《何谓"战争责任"》，第81～83页。

国台湾立法院（2002 年 10 月 15 日）先后通过决议，要求日本赔偿战争犯罪受害者，支持日本在野党立法解决。韩国政府则发表政府声明（1998 年 4 月 21 日）及政府意见书（2001 年 7 月），表明韩国政府反对日本半官方的“为了妇女的亚洲和平国民基金”提供所谓补偿，指出 1965 年签订的《韩日请求协定》“没有解除个人请求权”。2003 年 2 月 26 日，韩国议会通过决议：要求日本国会追究真相，公开资料，正式道歉和赔偿，采取恢复受害者名誉的必要措施，迅速制定、审议《关于促进解决战时性强制受害者问题的法律》，承认慰安妇问题是国际法上反人道的罪行，写入教科书正确传授给后人。

但是，随着日本修改教科书审定制度，日本文部省公然审定存在严重美化侵略历史问题的右翼教科书“合格”，各方右翼力量污蔑攻击敢于反省历史错误的广大教育界和学界人士坚持“自虐史观”，合力围剿正视史实的教科书，导致表述日本殖民侵略历史事实的教科书销量锐减，初中教科书从不同程度地表述“慰安妇”问题绝大部分倒退至避而不谈。日本政府及民间右翼或玩弄文字游戏回避责任，或赤裸裸地叫嚣推翻定论，修改承认日本对“慰安妇”负有责任的“河野洋平官房长官谈话”。至新保守主义政治家安倍晋三执政，日本政府官员接连否认“强征慰安妇”，历史修正主义发展到顶峰，激起欧美各国政界的反感。2007 年美国众议院、荷兰下院等先后通过要求日本政府对第二次世界大战期间强征“慰安妇”正式道歉的决议，对日本官方的一贯做法进行谴责（详见后述）。

受害妇女为尊严与人权而战的正义事业得到联合国人权委员会的大力支持。联合国人权委员会自 1992 年 2 月第一次提起慰安妇问题以后，一直不断督促日本政府采取有效解决措施：1993 年首次通过芬·葆本报告；1996 年 2 月 6 日通过库玛拉斯瓦米报告，指出慰安妇制度是性奴隶制度，是“对人道主义的犯罪”，在国家双边条约中并未解决，日本政府负有法律责任；报告还对日本政府提出 6 项劝告。1998 年 8 月 12 日，联合国人权小委员会通过决议，欢迎盖伊·迈克德伽尔的题为《日本政府关于“慰安所”的法律责任的分析》的报告，明确劝告日本政府承担法律责任，尽快采取赔偿措施，设立专门机构与联合国合作，共同“追究加害者的刑事责任”，向联合国秘书长每年报告二次工作结果并公布于众；1999 年 8 月 26 日，又通过《关于武力冲突下的性暴力的决议》，承认 1907 年的海牙条约作为国际习惯法，确认权利与国家、个人的责任在缔结和平协定、条约、实施赦免等情况下并未消失。促进在国内法领域引进国际刑事法立法，应用国际刑事法庭。联合国的这一决议明确否定了日本政府赖以顽抗的根据——日本的战后赔偿在旧金山和约及各双边条约内已经解决。2000 年 8 月 17 日，联合国人权小委员会通过决议，欢迎迈克德伽尔特别报告追加的最新报告《战时下的奴隶制》，批判日本政府没有履行国际法的义务；2001 年 8 月 16 日又通过决议：要求惩罚战时性暴力的负责人和赔偿受害者，解决精神创伤问题，重新审视历史教育中记载历史事实的教育课程。这项决议虽然没有点名，但实际上是针对日本进行批判。2003 年 1 月 6 日，联合国人权委员会发表《对妇女的暴力》库玛拉斯瓦米特别报告的最终报告，指名批判日本政府。同年 7 月 28 日至 8 月 15 日，联合国人权小委员会在日内瓦召开第 55 届联合国促进人权保护小委员会会议，再次提出慰安妇问题。会上，朝鲜政府、亚洲妇女资料中心、日本友和会、荷兰对日道义补偿请求财团、国际友和会、亚洲妇女人权评议会等非政府组织的代表纷纷就慰安妇等问题发言，会议通过了佛朗索娃·菡普森委员提出的决议——2004 年向人权小委员会的工作会议提交迈克德伽尔特别报告（1998 年《关于武装冲突中有组织的强奸、性奴隶制以及奴隶类似惯例的报告》）的续篇。与会代表还于 8 月 14 日一致通过要求各国对《有组织的强奸、性奴隶制以及奴隶类似惯例》进行惩罚、促进补偿和人权教育的决议，并确认 2004 年继续研究这一问题。

除联合国人权委员会外，联合国国际劳工组织（ILO）也进行了积极干预：1996 年 3 月 4 日，ILO 适用条约劝告专家委员会发表见解：日军慰安妇违反 ILO29 号条约相当于“性奴隶”；ILO 下属专家委员会在 1996 年、1997 年、1999 年、2001 年、2003 年共向日本政府提出五次劝告。在强大的国际压力面前，日本宫泽政府于 1992 年 7 月至 1993 年 8 月二次公布了调查结果，承认了日军强掳并奴役慰安妇的事实；1995 年村山内阁执政时期，由日本民间人士出面号召社会捐款，设立半官方的“为了妇女的亚洲和平国民基金”，准备向慰安妇受害者提供补偿、道歉并向联合国报告。1996 年 8 月 14 日，日本首次向 4 名菲律宾原慰安妇每人支付 200 万日元的“补偿金”，同时将日本首相的道歉信一并交给受害者。同年 10 月 22 日，中国台湾地区当局明确表示，拒绝接受日方的所谓补偿，自行救助日军慰安妇的受害者；韩国政府也对受害妇女采取了救济措施。最后，共有韩国、菲律宾和中国台湾地区的 285 名慰安妇受害者接受了总额为 5.7 亿日元的“补偿金”。而至 2005 年 6 月，韩国政府登记的 215 名慰安妇受害者中已有 97 人去世。① 2001 年 8 月 31 日，联合国社会权规约委员会针对日本“为了妇女的亚洲和平国民基金”向日本政府提出“劝告”：鉴于各个国家及地区均有受害者拒绝接受基金的补偿，要求日本政府正式道歉的实际情况，该基金未被当事人承认，也不可能被当事人接受，因此劝告日本政府迅速采取措施。2003 年 7 月 18 日，在纽约举行的联合国取消妇女歧视委员会第 29 次会议审议了日本政府提交的第三次报告，会议通过对日本政府《关于随军慰安妇问题努力寻找持久性解决方法的劝告》，认为日本政府采取暂时性的行动不能彻底解决问题，必须通过立法途径加以根本解决。

在上述国际背景下，1999 年 9 月，日本内阁官房长官野中广务在参议院决算委员会答辩说：制定解决慰安妇问题的法律，不违反已有的条约和宪法。2000 年 4 月以后，日本民主党、共产党、社民党的女议员相继在参议院提出关于战时性强制受害者问题的提案，2001 年 3 月上述三个在野党的部分议员联合向参议院提出《关于促进战时性强制受害者问题的解决法案》。至 2003 年提案人从 4 位增加到 13 位，得到 86 名参议员的赞同，占参议院议员总数的 1/3，并且完成“参考人”听证程序。然而，至今日本国会仍未实现补偿慰安妇及其他战争受害者个人的立法。

---

① “战后赔偿问题的现状”，《朝日新闻》2005 年 6 月 20 日。金英姬：“‘国民基金’的‘补偿事业’是什么?”《战争责任研究》第 38 号（2002 年冬季号）第 9 页。

与日本相对照，德国处理战后遗留问题的实际行动得到国际社会的普遍肯定。1956年西德颁布《联邦赔偿法》，开始对纳粹战争犯罪的受害者及其遗属进行赔偿，至1964年德国与第12个国家签订赔偿协定，对西方国家的赔偿告一段落。20世纪70年代初，勃兰特政府赔偿纳粹人体实验的波兰受害者，向东欧四国支付1亿多马克。德国统一后，1991年德国与波兰政府成立“和解财团”，德国政府为此支付5亿马克，至1997年约52万纳粹受害幸存者先后得到两次补偿。1998年以后，尚未获得赔偿的纳粹强制劳工受害者接连不断地在美国向德国企业提出集体诉讼；1998年秋，施罗德领导的左翼联合政府取代戈尔的保守中立联合政府后，把对德国军需企业战时强制劳工幸存者的补偿问题提上日程。2000年7月德国建立总额100亿马克的“记忆、责任、未来”财团，对纳粹德国占领下的前苏联、东欧以及居住在美国的大约150万名犹太和斯拉夫民族的强制劳工幸存者进行经济补偿，至2001年11月29日，共有6522家德国企业加入“记忆、责任、未来”财团，无论其是否曾经奴役劳工。至2000年，德国政府总共支付了1084.68亿马克的补偿金，德国企业付出50亿马克。[①] 与此相比，前述日本半官方的“为了妇女的亚洲和平国民基金”，仅仅支付了5.7亿日元，约折合1017.8571万马克。在德国的对照下，日本的战后赔偿问题自然成为国际社会关注的焦点。

美国克林顿政府积极回应战争受害者发起的人权运动。1996年12月3日，美国司法部公布禁止731部队、“慰安妇政策负责人”入境的“监视名单”，首批禁止入境者为16人，1997年3月20日追加17人。美国务部发表《人权报告》，其中“日本项”用24页的篇幅介绍日本政府关于慰安妇和强制劳工问题的立场，日本司法判决的现状，联合国组织对日本反复进行“劝告”及对日本政府的要求等等。1999年7月31日，美国加利福尼亚州议会通过《关于延长第二次世界大战强制奴隶劳

① 著者根据佐藤健生：“德国这样对待‘历史’”，《国际问题》NO501，2001年2月号第52，55页提供的数字计算，德国至1998年总共支付了1034.68亿马克的补偿金，2000年又出资50亿马克，合计1084.68亿马克。

动诉讼时效州法》，规定第二次世界大战强制劳动受害者及家属至2010年可以向州法院起诉纳粹及其同盟国的有关企业。2000年12月27日，美国《日本帝国政府情报公开法》生效。按照该法规定，1931年9月～1948年12月间发生的因种族、宗教、国籍、政治信仰等理由，受到日军人体实验迫害的所有资料可以公开查阅，为查清日本战争犯罪事实提供方便。

加州延长起诉时效州法公布后，包括亚洲受害者在内，在美国起诉纳粹德国及其同盟国日本相关企业的诉讼不断增多，至2000年1月，在加州和新墨西哥州法院提出索赔起诉的案件有15宗。[①] 三井物产、三菱商事、川崎重工、新日铁、昭和电工及其系列企业以及这些公司在美国当地的法人都被告上法庭，某日本大企业甚至成为5宗索赔案的被告。部分起诉案发展为集体诉讼案件，2000年2月22日，原美军战俘和华裔美国人等数千名原告向加州上级法院提起集体诉讼，要求“继承当时的财阀”的三菱商事等日本企业赔偿数十亿美元。在各种索赔案件中，集体诉讼无论对在美国促成的片面媾和中，与部分国家“了结”赔偿问题的日本政府，还是对当时强制奴役劳工的日本企业的后身，都构成巨大的经济和社会压力。分别来自荷兰和澳大利亚等地的3.5万名当时居住在印尼的受害荷兰人成立了“对日道义债务基金”（SJE），将总部设在美国佛罗里达州；“被扣押者权利中心”（CFIR）则是代表5万名被日军俘虏的盟军战俘及平民的团体；英国战俘和平民设立“日军强制收容所生存者协会”（JLCSA）；这些组织的成员都向曾经强制奴役他们的日本企业提出索赔诉讼。各诉讼案的原告包括美国、英国、澳大利亚、荷兰等国的原战俘、平民及其遗属。1999年9月18日，15名慰安妇受害者在美国华盛顿地方法院起诉日本政府，[②] 至12月中旬，慰安妇受害者要求日本政府道歉和赔偿的诉讼案至少有8宗。韩国、中国大陆及台湾地区、菲律宾等国的受害妇女也在国际舆论和日本市民团体

---

① 另有报道说至2000年2月与强制劳动有关的诉讼案件增加到20余桩。《产经新闻》2000年1月13日。

② 《新民晚报》新华社供稿，2000年9月20日。

的声援与支持下纷纷起诉日本政府。1992—1993 年间，4 名韩国慰安妇受害者先后在日本山口县地方法院起诉；46 名菲律宾慰安妇受害者则在东京地方法院起诉，要求日本政府赔偿。先后在东京地方法院起诉的还有：1993 年旅日韩裔慰安妇受害者 1 人，1995 年中国慰安妇受害者 4 人，1998 年中国山西省日军性暴力的受害者 10 人，1999 年中国台湾慰安妇受害者 9 人，2001 年中国海南岛战时性暴力受害者 8 人……上述案件大多被东京或各地方法院驳回，即使个别案件在一审判决中获胜，随后也在地方高等法院的二审阶段、日本最高法院的三审阶段被驳回，无一胜诉。[①] 2005 年 6 月，代表 25 个团体的“马来西亚日据时期殉难同胞工委会”成立律师团起诉日本政府，提出以下要求：第一，要求赔偿“俸纳金”。工委会收集到包括日本殖民统治时期日本人向当事人强行索取的俸纳金的证据——当年强索“俸纳金”的收据。第二，赔偿未付工钱：一个来自登嘉楼和吉兰丹的当年有 1500 人的马来团体，在日军逼迫下去缅甸和中国云南一带修建死亡铁路期间，日军仅支付过一次工钱。[②]

以中国强制劳工受害者为首的亚洲平民受害者加入诉讼索赔运动，使日本企业面临更大的困境。2000 年 5 月，居住在中国的两位二战时期的中国劳工，向美国加州落杉矶州上级法院起诉日本企业，至 8 月 22 日发展为居住在中美两国的 9 名原告，代表“1929 年至 1945 年被三菱、三井公司强制进行未支付工资劳动的所有中国人”的集体诉讼，要求被告支付工资并进行赔偿，[③] 有 4 家美国律师事务所出任这一诉讼的法律代理，其所属律师曾为纳粹受害者代理索赔诉讼。[④] 对此，日本企业决心“全面抗争”，主张“赔偿问题在日美政府之间已经解决”。日本

① 梁澄子：「日本で行われている日本軍性暴力被害者裁判一覧」、『季刊戦争責任研究』第 43 号（2004 年春季号）、日本の戦争責任資料センター出版、第 77ページ。

② “马来西亚二十五个团体组成律师团起诉日本政府”，中新社吉隆坡六月十九日电，http：//www. chinanews. com. cn/news/2005/2005—06—20/26/588485. shtml。

③ 《朝日新闻》2000 年 8 月 23 日。

④ 《新民晚报》2000 年 8 月 24 日落衫矶电。

政府出面支援本国企业。2000 年 6 月，日本驻美大使柳井俊二代表日本政府在华盛顿会见记者，明确表示赔偿问题“在旧金山条约中已经解决”，并且表示：“如果说起那些事，日本方面也想说出各种事情。”[①] 言外之意是，广岛和长崎的原子弹受害者是不是也应该起诉美国政府？[②] 但是，日方的努力未能阻止索赔诉讼案增加的趋势，2001 年 2 月 27 日，8 位曾经遭受日本企业奴役的韩国劳工，代表“1929 至 1945 年期间被三井、三菱公司强征奴役的数千名韩籍劳工”，在落杉矶州初级法院提出集体起诉，要求支付工资并赔偿。[③] 同时，中国受害者在日本国内起诉日本政府要求道歉与赔偿的案件也在增多。除黑龙江省 731 部队受害者的部分遗属提出起诉外，[④] 浙江省江山岛和宁波地区的农民也向东京地方法院提起诉讼，指控侵华日军细菌战部队通过向农民提供食物、投掷细菌炸弹杀害无辜平民的罪行，要求日本政府赔偿。[⑤] 据不完全统计，1990 年至 2003 年 9 月 18 日，在日本各地法院起诉日本政府与企业的索赔案共 65 宗以上，1941 年末至日本战败期间的受害索赔案 5 宗，1027 名原告要求赔偿的金额高达 149 亿日元。其中有 1/3 已经结案，韩国、朝鲜的原告大多败诉，与日本企业达成和解者只有 4 宗，而且，日本政府拒不承认负有责任；状告日本政府的案件，即使在一审、二审取得“部分胜诉”，也由于日本政府不服判决仍在进行漫长的审理。[⑥] 另据报道，日本侵华战争期间强掳中国劳工的日本企业现存 20 多家，大部分在华有业务，其中大多数被中方劳工受害者起诉，但原告大多败诉。[⑦] 其间，相当一部分风烛残年的各国受害者在提起诉讼后含

---

① 《朝日新闻》2000 年 6 月 28 日。

② 引自木佐芳男：《何谓“战争责任”——德国未被清算的过去》，第 184 页。

③ 《新民晚报》2001 年 2 月 28 日落衫矶电。

④ 《朝日新闻》1999 年 8 月 5 日。

⑤ 《新民晚报》新华社供稿，2001 年 3 月 22 日。

⑥ “战后补偿网络代表”有光健等：《战争、战后补偿审判一览表 1～5》，季刊《战争责任研究》第 40 号（2003 年夏季号）。

⑦ “中国劳工向日企业送交劝告书　要求日企道歉赔偿”，《北京晨报》2005 年 11 月 1 日网络版。

恨去世。

日本国内外媒体关于受害者个人索赔案进行追踪报道形成一定的社会影响，联合国也没有对日本政府不愿承担责任的做法不闻不问。2008年10月30日，联合国B规约（市民及政治权利）人权委员会时隔10年发表了对日本政府废除私刑的审查报告，其中，关于慰安妇问题再次劝告日本政府“应该承认法律责任，以多数受害者能够接受的方式进行道歉”。至此，继废除妇女歧视委员会、禁止刑讯委员会之后，联合国与人权条约有关的全部机构无一例外都向日本政府发出了应该处理慰安妇问题的劝告。

2009年7月23日，“联合国废除歧视妇女委员会”在审查日本政府2008年4月提交的关于实施《废除歧视妇女条约》的现况的报告时，11位委员向以前法务相南野知惠子为代表的日本代表团提出严厉质问：“日本是否理解这个条约具有约束力?”日本在慰安妇问题上“欠缺具体对策”。日本代表团照旧以不变应万变，面对委员们的质问反复数次重申同样的回答。“联合国废除歧视妇女委员会”曾在2003年对日本政府提出过“劝告”，时隔6年再次质问日本在慰安妇问题上“拖延采取对策”，要求日本采取措施。日本代表团依旧老调重弹，声称日本“已经解决道歉”问题，“活用亚洲妇女基金”、“废除歧视妇女委员会”将在8月下旬再次向日本政府提出“劝告”。共有84位从事废除歧视妇女运动的日本民间团体（NGO）的成员在此次审查会上旁听，他们对日本政府的这种做法表示不满。①

综上所述，联合国与人权条约有关的所有机构、与劳动问题有关的联合国机构、国际法律界、妇女团体等非政府组织（NGO）都介入追究日军慰安妇的责任问题，这无疑对争做政治大国特别是联合国安理会常任理事国的日本形成道义与经济赔偿的双重压力。因此，20世纪90年代前半期认真调查史实并反省历史错误的历届日本内阁，被右翼分子列入“日本战后最恶劣的五届政权”排行榜——村山内阁1995年用

① 「日本の対策なお不十分　国連の女性差別撤廃委」2009.7.24《产经新闻》网络版。

“突然袭击”方式发表“村山讲话”，“束缚此后日本的亚洲外交，至今在教育领域残留巨大恶劣影响”；宫泽内阁“斗胆生出并不存在的‘慰安妇问题’”；细川内阁“随随便便进行道歉，发表‘侵略战争’的言论”。[①] 上述历届政府表明的“历史认识”是右翼力量共同攻击的靶子。

① 西尾干二、中西辉政“战后最坏的五届内阁”，《Voice》2003 年第 9 期，第 114～117 页。

第六章

日本新保守主义政治群体组织化

20 世纪 90 年代以后历史问题成为日本政治斗争的晴雨表。自民党右翼保守势力、超党派的新保守主义力量、民间右翼、以社会党为首的在野党等四个方面的政治力量，围绕“历史认识”问题在以下四个层次上展开激烈较量：第一，自民党下野后，以历史问题为借口向非自民党政权发起进攻；第二，自民党内右翼力量阻止自民党与社会党、新党先驱三党联合内阁通过社会党提出的战后 50 周年决议；第三，自民党内的新保守主义力量攻击稳健派保守主义政府在慰安妇问题上承担责任并进行道歉，以此为契机集结力量，意欲打破论资排辈的党内人事安排，与老一代政治家争夺政权；第四，包括新老保守主义在内，日本朝野右翼势力通过美化和歪曲历史事实对抗国际人权运动“清算历史”的压力。

第一节　政界势力重组与右倾化

自民党下野后，以历史问题为借口向 1993 年 8 月 6 日出任非自民党联合内阁首相的日本新党党首细川护熙发起进攻。8月10日，细川首相上任后发表第二次世界大战是侵略战争的谈话，11日，自民党内与靖国神社关系密切的三个国会议员团体“回报英灵议员之会”、“遗族议员之会”、“大家都来参拜靖国神社国会议员之会”联合召开紧急会议，向内阁官房长官武村正义提出抗议，迫使细川首相在8月23日发表施政讲演时，把“侵略战争”淡化为“殖民统治和侵略行为”。[①] 此后，上述自民党三团体号召国会议员反对通过村山富市首相倡导制定反省侵略历史，宣示永久和平的“不战决议”。自民党右翼于1993年8月23日成立“历史研究委员会”，前防卫厅长官、积极鼓吹修宪的山中贞则担任委员长，制造“9·18”事变的关东军高级参谋、陆军大将、战后被处决的甲级战犯板垣征四郎的次子板垣正担任事务局长；1988年5月在众议院明言“日本从来不是一个侵略国家”而被迫辞职的前国土厅长官奥野诚亮、前文部相藤尾正行、政界举足轻重的政治家樱内义雄、田村元、原田宪、桥本龙太郎、武藤嘉文、斋藤十朗担任“顾问”，一批自民党重要干部如石桥一弥、江藤隆美、梶山静六、盐川正十郎、铃木宗男、中山太郎、额贺福志郎、保利耕辅、三塚博、片山虎之助、森喜朗、村上正邦等历届文部相和派阀领袖等担任委员职务，共有76名众议院议员和29名参议院议员参加了这个团体，其中包括中川昭一、安倍晋三等新保守主义少壮派，参加该团体的105名国会议员几乎都是自民党的“鹰派”议员。[②] 历史研究委员会从1993年10月至1995年2月共举行20次会议，共召集19名学界或曾经参加过侵略战争的右翼人物作报告，从不同角度全面否定日本在第二次世界大战中的侵略罪行，每次报告会都有50多名国会议员听讲。1995年8月15日，日本投降50周年纪念日到来时，展转社将历史研究委员会的活动报告出版为长达450页的《大东亚战争的总结》一书，发给每个自民党议员作为否定日本侵略历史的理论武器。板垣正在此书的“后记”中写道：“即将迎

---

① 《朝日新闻》1993年8月24日。

② 自民党“历史研究委员会”委员名单，转引自俵义文：《彻底验证危险的教科书》，学习之友社，2001年版，第154页。

来终战五十周年……不仅政治家，日本人本身的历史认识正处于危险状况。同时，人们也看到了战后占领政策的影响力，以及向左翼倾斜的教育的影响力有多么强大。”“我们必须指出：这种教育是错误的，因为它不能使下一代青年和儿童为本国历史感到自豪，为生为日本人感到喜悦。更何况它是片面地断定日本有罪，并把自虐式的历史认识强加于人，即使说这是犯罪也不过分……我们期望本书成为日本人的精神史料。”① 《大东亚战争总结》提出4个重要观点，为日本过去的侵略战争及其受到的惩罚全面翻案：（1）日本在亚太地区发动的战争是“自卫战争”；（2）1941年以后的战争即“大东亚战争”，是从欧美殖民统治下解放亚洲的战争；（3）“南京大屠杀”、“随军慰安妇”等日军加害罪行完全是捏造的；（4）远东国际军事法庭对日本战犯的审判，是战胜者对战败者的审判。此外，《大东亚战争总结》污蔑反省侵略的历史观为“自虐”和“犯罪”，发出“为新教科书而战”的宣言，提出3项具体对策：第一，有必要编写新历史教科书；第二，需要使用学者掀起国民运动；第三，向学者提供“新教科书之战”的资金。② 不难看出，这本书吸收了中曾根等人美化大东亚战争的观点，是战后否定日本侵略罪行的观点和对策之集大成，为篡改历史、进攻记载日本侵略战争加害史实的教科书提供理论指导。

临近战败50周年纪念日，围绕如何总结历史经验教训的斗争越来越尖锐。1994年12月，自民党161名国会议员成立“终战五十周年国会议员联盟”（前国土厅长官奥野诚亮担任会长），宣称不能忘记“直面昭和国难、期望日本自存自卫与亚洲和平，献出宝贵生命的二百万余战殁者”，“决不允许通过使我国在国际社会留下祸根的国会决议”。1995年2月21日，新进党30余名国会议员成立以小泽辰男为会长的“传授正确的历史国会议员联盟”，呼吁战后50周年日本应做的第一件事就是

① 历史研究会编：《大东亚战争的总结》中译本，新华出版社，1997年版，第613页。

② 砂川劳：“不许美化侵略战争的国家主义抬头——历史教科书必修诉讼与‘编撰会’”，《市民传媒》2002年2月号，第63页。“给教科书真实与自由”联络会编：《彻底批判〈国民的历史〉》大月书店，2000年版，第5页。

“为上次大战中倒下的将士慰灵并慰问负伤者及战争遗属”，这些团体不断召开反对国会通过“不战决议”的集会，举行示威游行大造声势，并且向全国各地扩大影响，至 1995 年 3 月共有 18 个县议会通过“追悼感谢战殁者决议”向村山首相施加压力。其中，宫城县盐竈市议会已经在 3 月 13 日通过了一项“关于要求反省过去的侵略战争，表明对未来和平决心的国会决议的决议”，受此逆流影响不得不在两周后撤回决议，改为通过“对三百万战殁者表示衷心追悼和感谢的决议”。① 1994 年由前日本驻联合国大使加濑俊一担任会长、前首相福田赳夫出任“最高顾问”，组建了民间团体“终战五十周年国民运动实行委员会”。这个团体纠集“保卫日本国民会议”、神社本厅、“报答英灵之会”、“新日本协议会”、明治神宫、靖国神社、神道政治联盟、“纠正教科书家长会”等一批右翼团体，在自民党和新进党国会议员团体的支持下，于 1995 年举行反对国会通过“谢罪决议”的“国民大会”，进一步向各地方议会施加压力。结果，共有 26 个县和 90 个市町村的议会通过了反映其政治意图的决议，并且征得 456 万个支持签名。在政界与民间右翼团体的配合下，日本众议院最终通过的决议与最初拟定的宗旨大相径庭，几乎完全没有反省日本进行侵略战争的词句。②

各路右翼势力在破坏村山内阁的“不战决议”初战告捷之后，乘势投入围剿教科书的政治攻势。如前所述，日军“慰安妇”问题是国内外舆论高度关注的焦点。一些国家的议会通过决议要求日本政府正式道歉和赔偿受害者，联合国机构频繁对日本政府发出劝告，慰安妇、强制劳工的受害者掀起要求日本政府进行个人赔偿的诉讼浪潮，对日本形成空前的舆论压力。右翼势力把日军慰安妇问题视为“国耻”发动了旷日持久的否定、淡化史实的运动，企图推翻日本政府协助军方强征奴役各国妇女的历史定论，将联合国人权委员会定性的“日军性奴隶”，歪曲为

① 田中伸尚、田中宏等：《战后遗族》，岩波书店，1995 年版，第 236～239 页。

② 俵义文：“资料小泉第二次内阁的超鹰派大臣（2003 年 11 月 20 日）”，“儿童与教科书全国网络 21”网站（http：//WWW. ne. jp/asahi/kyokasho/net21/）。

公娼一类的“商业性行为”。他们选择表述随军慰安妇史实的初中历史教科书作为突破口。

在标榜言论出版自由的日本，由文部省审定的代表政府观点的教科书占据重要地位。初中社会科（历史课）教科书不仅反映20世纪90年代前半期日本政府不断进步的“历史认识”，而且汲取历史科学研究的最新成果，表述了南京大屠杀事件，“随军慰安妇”等代表性的日军加害事实，在1983年的审定中被文部省删除的“731部队”也重现于部分教科书。1994年开始使用的高中日本历史教科书，毫无例外地表述了“随军慰安妇”问题。1996年正值教科书中数量最多的初中教科书提交文部省审定的关键节点，文部省审定合格的教科书将从1997年4月开始使用。1996年5月，日本媒体报道7家教科书出版社提交审定的初中历史教科书无一例外表述“随军慰安妇”的史实之后，各类右翼团体立即群起而攻之。

从组织系统看，1996年6月4日，“终战五十周年国会议员联盟”蜕变为“‘光明日本’国会议员联盟”，网罗116名自民党议员，奥野诚亮、板垣正担任会长和副会长，其宗旨是反对“自虐的历史认识和卑躬屈节的谢罪外交”，“找回战后失去的宝贵的东西，争取培养健全的日本人”,① 普及篡改历史的理论，与新进党“正确讲授历史国会议员联盟”一起发挥围剿教科书的“发信中心”的作用，否定教科书表述日本在侵略战争中的加害史实，特别是为日军慰安妇问题翻案是其活动的重点。会长奥野诚亮向媒体散布“慰安妇属于商业行为”的言论，否认日本官方通过欺骗和强制手段强征妇女充当日军性奴隶的罪行，攻击历史教科书表述史实。7月16日，自民党举行总务会议，召来文部省官员说明教科书的审定经过，斥责教科书中关于“随军慰安妇”、“南京大屠杀”的内容“根据不足”、“表述片面”，提出“现行教科书审定问题是政治问题”，面对面地施加压力。

以出动宣传车在街头喧嚣、扰乱正常社会秩序为生的街头右翼团体，与借助右翼媒体放大活动能量的极少数右翼学者文武并用，起到政

---

① 《朝日新闻》1996年6月5日。

客难以发挥的破坏作用。这两股力量在1996年夏至1997年夏异常活跃，上自审定教科书合格的文部省、文部相小衫隆，下至发行教科书的出版社，不但承受来自新闻、电视等媒体的舆论压力，而且遭到街头暴力性右翼团体使用高分贝噪声的宣传车围攻、闯入、骚扰、打电话发传真、投掷文件等方式的恐吓威胁。1996年9月13日，右翼团体组织全国游行活动，叫嚷从教科书删除“随军慰安妇”，“要求即刻回收反日教科书”。29日正午，以“全日本爱国者团体会”、“关东协议会”为首的右翼团体出动40多辆宣传车，首先在东京日比谷公园集结示威，然后一路喧嚣从文部省前面驶过以示抗议，最后分六路闯入东京的6家教科书出版社，将伴随暴力威胁的攻击活动推向高潮。

与此同时，极少数学界右翼人物前往政界和民间的各类集会发表演讲；为《产经新闻》、《正论》等右翼媒体撰写文章；频频出现在电视屏幕上扰乱视听、蛊惑人心。7月20日，以藤冈信胜为首的“自由主义史观研究会”发出“紧急呼吁”，要求从初中教科书内删除“随军慰安妇”、“南京大屠杀”等内容，决定在全国展开批判历史教科书运动。此举立即得到右翼媒体《产经新闻》的积极响应。不久，污蔑教科书的文章连篇累牍地刊载出来。9月5日，藤冈在自民党参议员的政策研究会上发表演讲；12月3日，又在新进党“正确传授历史国会议员联盟”的全体大会上作报告，描绘1997年以后儿童受到文部省审定合格的教科书“自虐”性历史教育的情景。在包括暴力性右翼团体在内的右翼力量总动员的攻势中，1995～2000年前后，先后出现了数十个形形色色的民间右翼或右倾团体。它们或以教授、学者领衔，如“自由主义史观研究会”、“新历史教科书编撰会”等右翼学术团体；或者聘请前政要人物担任领导。例如：由前文化厅长官三浦朱门担任会长的“纠正偏向教科书国民会议”（2000年4月8日成立）；老牌右倾团体则重新整合——成立于80年代初的“保卫日本国民会议”和“保卫日本之会”，于1997年5月30日改组合并为“日本会议”，决定在复活天皇权威、编撰右翼历史教科书、修宪等问题上开展更大规模的“国民运动”；还有专为扭转和平民主教育组建的团体，如“要求纠正历史教科书之会”，“给儿童好教科书——改善教科书联络协议会”等等。民间右翼力量的猖狂活动为自民党攻击教科书创造了更加有利的社会环境。自民党内其他与历史问题有关的各类新老政治组织——旨在于恢复天皇的权威及权力、修宪、修改教育基本法、参拜靖国神社、追悼并优待战争死伤者等政治团体——也汇集到反对和平民主教育的逆流之中，成为篡改历史运动的同盟军。这些团体集结了大部分国会议员，其中包括多名曾经担任首相、内阁成员、防卫厅长官、内阁官房长官、自民党干事长等要职的重镇人物，他们通过组建超党派议员团体的形式集结右翼力量，形成直接影响政局趋势的国会议员的横向网络。

1996年9月13日，自民党"'光明的日本'国会议员联盟"召开全体大会通过决议：要求文部相删除教科书中关于"随军慰安妇"、"南京大屠杀"的表述；要求自民党将"教科书正常化"明确写入众议院大选的竞选纲领；继续在国民中推进"教科书正常化"。随后，冈山县大原町等3个町议会通过删除教科书"慰安妇"表述的意见书。12月3日，美国司法部公布禁止慰安妇政策负责人等入境的名单，美国务部在《人权报告》中公布日本政府对慰安妇和强制劳工的态度以及联合国方面的相关对日要求以后，12月11日，自民党参议员、"'光明的日本'国会议员联盟"副会长板垣正在参议院预算委员会上宣称：强征慰安妇并非事实，但却记载教科书内，文部大臣应该使用职权删除。19日，冈山县议会、青森县的黑石市议会和金木町议会、山形县南阳市议会纷纷通过教科书必须删除"慰安妇"一词的意见书。12月25日，曾经代表日本政府承认"强征慰安妇"事实并进行道歉的前外相河野洋平表态说：坚决反对"从教科书中删除'慰安妇'等内容"。然而，河野的讲话淹没在一片"删除"、"取消"的叫嚣声中。日本右翼势力猖狂否定历史事实的进攻浪潮引起中国政府和民众的密切关注。9月20日，钱其琛副总理兼外长在联合国总部会见日本外相池田行彦，表示希望日方"言而有信"，不要在历史问题上再做出伤害中国人民感情、损害两国关系基础的事情。

1997年新春来临，右翼势力频繁发起攻击，直接向文部省审定教科书施加压力。元月21日，日本电气通信大学教授西尾干二等6名"新历史教科书编撰会"的代表与文部相小衫隆面谈，要求文部省在审定教科书时删除“慰安妇”的记载。24日，内阁官房长官梶山静六会见记者批评初中教科书“不讲授当时的公娼制度等社会背景，只讲慰安妇问题不可思议”。1月30日，西尾干二就任“新历史教科书编撰会”的会长，当晚参加朝日电视台举行的现场直播节目——彻夜讨论“随军慰安妇问题与历史教育”。2月4日，藤冈再次在“‘光明的日本’国会议员联盟”发表演讲为政界右翼充实“理论”。街头右翼团体“大行社”出动宣传车，一周内3次闯入教科书出版社进行骚扰。2月12日，新进党“正确传授历史国会议员联盟”向文部相递交关于历史教科书问题的声明。在这种形势下，政界新保守主义议员乘势实现组织化。1997年2月27日，自民党少壮实力派议员从老一代议员成立的团体脱颖而出，建立独自的活动平台——当选5次以内的107名众参两院议员成立“思考日本前途与历史教育年轻议员之会”，由农林水产相中川昭一担任代表，安倍晋三担任事务局长，干事长为平沼赳夫。他们频繁开展攻击教科书的活动，短期内举办10次学习会和3次全体大会，宣称在“讲师”的帮助下“弄清了我国的历史教育存在怎样深刻的问题；慰安妇问题如何被歪曲传播；日本外交的道歉体质等事实”。1999年“思考日本前途与历史教育年轻议员之会”先后召来文部省教科书科长等官员、教科书出版社的董事长及教科书的著者，严厉追究教科书内关于日本发动侵略战争和慰安妇的表述，谴责河野洋平1993年承认日本政府对慰安妇问题负有责任的讲话“没有确凿的证据”，“按对方的要求原封不动地承认了（慰安妇的问题的）‘强制性’”，而且把河野洋平召到该会要求他“撤回或修正”当时的讲话。这批新保守主义政治家在所谓的研究报告中提出以下8项指导意见作为进攻教科书的理论武器：（1）20世纪80年代国际教科书风波中制定的“邻国条款”，使教科书审定制度“空洞化”、“有名无实化”；（2）在现行教科书选用制度下，“日本教职员工会‘统治选用教科书的现场’”，不选用背离其思想意识的教科书；（3）教科书表述慰安妇问题的原因是，“河野讲话是教科书通过审定的根据”；（4）关于慰安妇问题的“强制性”，在“日韩超越国界支援慰安妇团体开展猛烈运动的背景下，日本综合判断支援运动对外交或对两国内政的影响，认定了（慰安妇的问题的）‘强制性’”，这是当时的日本政府"考虑政治和外交而采取的解决方法，"没有进行任何证据调查"；(5) 虽然军队参与慰安所的设置是事实，但大部分是对慰安妇和军队"出于保护立场的参与"，若干名讲师都曾指出，日军参与设置慰安所是"保护慰安妇和军队"的措施；(6) 河野讲话"始终是外交和政治的产物，作为教科书表述的根据有问题"；(7) 教科书引发国际风波后，文部省"关于近现代史部分的审定采取'与其考虑事实不如考虑外交'的姿态，需要紧急修正"；(8) 关于处理战后遗留问题：已经在旧金山媾和条约以及后来缔结的双边条约中"最终而且完全解决"。[①]"思考日本前途与历史教育年轻议员之会"决定按照上述指导意见"精力充沛地展开生机勃勃的国民运动"，全面支持民间右翼团体美化历史的活动，与新历史教科书编撰会紧密合作，把以自民党新保守主义为首的朝野右翼势力攻击历史教科书运动推向新高潮。

但是，朝野右翼力量掀起前所未有的反对浪潮并未起到扭转文部省审定的作用。在 20 世纪 90 年代前半期日本历届政府首脑的"历史认识"的基础上，日本各界有良知的民众既不为右翼学者的言论所惑，也未屈服街头右翼团体的骚扰。东京高等法院在审理家永三郎教授起诉文部省的"第三次教科书诉讼案"的二审判决中，判处文部省关于"南京大屠杀"、"日军强暴妇女"、"草莽队"的 3 项审定意见"违法"，家永教授获得"部分胜诉"的战果，日本历史学界和教育界深受鼓舞。文部省特别是文部相履行职责执行既定的法律法规，按照政府的"历史认识"和学界的研究成果审定教科书，所以 1997 年 4 月审定合格的 7 种教科书都表述了南京大屠杀事件，除 1 种教科书使用暧昧词句外，6 种教科书均表述"随军慰安妇"的史实。同年 8 月 29 日，日本最高法院对家永三郎第三次教科书诉讼案作出终审判决，判处文部省关于"南京大屠杀"、"日军强暴妇女"、"七三一部队"等 4 项审定意见"违法"，家永阵营扩大"部分胜诉"的战果。日本最高司法机构的判决，对于长期以来通过文部省的教科书审定制度篡改

① "日本历史教科书问题"，"思考日本前途与历史教育年轻议员之会"中期报告，引自安部晋三网站（http：//www. s—abe. or. jp/）。

历史教科书的各界右翼势力发出了严正警告。这意味着迄今为止执政党向政权中枢施加压力，借文部省之手实现篡改教科书的模式从此作废。事实证明，在家永教科书诉讼运动所代表的历史学界和教育界与文部省之间的长期斗争中，文部省胜少败多，始终处于不利地位，在社会舆论中名声扫地。在政界、官僚、少数右翼团体及个别右翼文人对学界和众多市民团体的“史实之争”的层次上，右翼力量处于绝对劣势。自民党新保守主义力量为了在下一个教科书审定周期的节点——2001 年 4 月实现其既定方针，“思考日本前途与历史教育年轻议员之会”加强活动并改换手法，对教科书出版社施加来自“首相官邸”的压力，修改文部省审定制度、更换政府主管部门的负责人，迫使教科书“自主”删改日军加害史实的表述，不出一年，一贯攻击和诽谤历史教科书的重要人物町村信孝出任文部相一职。

第二节　集结在新保守主义的旗帜下

围绕慰安妇和教科书问题的政治斗争已经远远超出意识形态范畴，成为加速日本政治力量重组的重要动力，成为动员从中央到地方的有组织的政治资源争夺国家政权的重要手段。首先，自民党与民间右翼团体建立更加紧密的互动关系。“保卫日本国民会议”与“保卫日本之会”改组为“日本会议”的前一天，1997 年 5 月 29 日，支持其活动的超党派国会议员成立了“日本会议国会议员恳谈会”，发起人为自民党重镇人物小渊惠三、森喜朗和新进党的小泽辰夫，自民党议员不仅是这个团体的主力，而且还担任主要领导职务。前文部相岛村宜伸担任“日本会议国会议员恳谈会”的首任会长，此后时任总务相、自民党政调会长麻生太郎担任会长。“思考日本前途与历史教育年轻议员之会”的会长、前经产相中川昭一担任代理会长，前经产相平沼赳夫担任干事长，参议院议员小山孝雄担任事务局长（后因 KSD 贪污事件被逮捕），主要成员有卫藤晟一、中村灿、名越二荒之助等约 200 名众参两院议员，至

2002年4月增加到242人。“日本会议国会议员恳谈会”打着“继承在悠久的历史中孕育的传统与文化，期待健全的国民精神”旗号，[①] 否定争取和平民主的国民精神，公开宣布弘扬以天皇为核心凝聚国民的传统，彻底否定战后对天皇制法西斯主义的批判；在“保持国家的光荣”的口号下批判反省侵略历史；用“独立自主”、“相互尊重文化”，对抗邻国谴责日本政府篡改历史教科书、领导人参拜靖国神社等美化侵略历史的行为。此外，“日本会议国会议员恳谈会”还设立三个小组开展政策研究活动：“历史、教育、家庭问题”小组（前经产副大臣、众议员高市早苗任主席）、“防卫、外交、领土问题”小组（时任自民党干事长、副官房长官安倍晋三任主席）、“宪法、皇室、靖国神社问题”小组（前防灾相、参议员鸿池祥肇任主席），并在各县成立了地方议员恳谈会。[②] 2000年10月13日，“日本会议国会议员恳谈会”召开全体会议通过“关于教育基本法修改问题的决议”，向教育改革国民委员会施加压力，要求其尽早提交“改正教育基本法”的报告。[③] 这个集结各党派的右翼国会议员的团体与“日本会议”在政界和民间互相配合，民间右翼团体的主张得以直接反映至政治中枢，政界右翼也有了贯彻其政治意图的“直辖部队”。

其次，自民党内的新保守主义政治家完成集结之后向其他党派扩大势力。2001年6月26日，“思考日本前途与历史教育年轻议员之会”的代表中川昭一，创设超党派议员团体“思考历史教科书问题超党派议员之会”，以32名自民党议员为主，民主党、自由党、保守新党、“无党派议员之会”所属部分国会议员加入其中，中川昭一又担任了这个超党派议员团体的会长。超党派议员团体的成立在日本政治史上具有十分重要的意义，它标志着新保守主义政治势力实现跨党派的横向集结。超党派议员团体也将文科省官员召去提出种种要求，如

---

① “日本会议国会议员恳谈会纲领”，“日本会议”网站 http://www.nipponkaigi.org/

② 俵义文“‘编撰会’、‘日本会议’等‘修正’历史的新动向”《市民传媒》2002年4月号第67页。

③ “儿童与教科书网络21” www.ne.jp/asahi/kyokasho.net.21。

教科书必须记载“南京大屠杀的牺牲人数近乎于无限零”，“‘南京大屠杀虚幻论’也是学术观点，应该两论并记”，“取消审定标准中的‘邻国条款’”等等。

再次，日本各地方政府内的右翼力量开始组织化。地方议会中的自民党议员积极行动，各县纷纷成立有关教科书问题的议员联盟，自下而上地通过决议，公开支援以新历史教科书编撰会为首的民间右翼团体，仅2000年一年间就有9个地方自治政府的议员成立了教科书议员联盟，另有14个地区积极筹备成立（见下表）。[①]

县市教科书议员联盟一览表

地　区	成立日期	会　长
千叶县	2000年3月18日	宍仓清藏　市议员
滋贺县	2000年6月17日	滝一郎　县议员
宫崎县	2000年6月17日	高桥胜夫　县议员
北海道	2000年7月7日	小野寺勇　道议员
神奈川县	2000年10月13日	梅泽健治　县议员
大分县	2000年10月23日	谏山秀夫　县议员 阿部顺治　县议员
山形县	2000年11月8日	今井荣喜　县议员
和歌山县	2000年11月14日	岩井和视　县议员
石川县	2000年12月10日	北村茂男　县议员

正在筹备成立教科书议员联盟的14个地区

宫城县	福岛县	埼玉县	东京都	新泻县
富山县	爱知县	大阪府	鸟取县	广岛县
山口县	爱媛县	高知县	熊本县	

① 统计时间为截止2001年4月。俵义文：《彻底验证危险的教科书》，第176页。

在一些没有这类团体的地区，自民党及其他党派的右倾地方议员也站在支援右翼教科书的立场上，集中攻击20世纪80年代日本政府在国际教科书风波中承诺的国际公约。2000年11月23日，千叶县“教科书议员联盟”向森喜朗首相和大岛理森文部相递交“立即在教科书审定中删除‘邻国条款’”的“要求书”。12月7日，北海道议会以多数赞成票通过自民党议员与“北海道道民会议”共同提出的“关于修改教科书审定标准的意见书”，意见书批判现行历史教科书“自虐”、“反日”，要求政府删除“邻国条款”。

自民党地方议员把右翼团体的要求化为地方自治政府的决议，在教科书攻势中发挥了重要作用，与社会右翼组织形成互动。2000年春至2001年春，右翼团体不断向各地议会机构递交攻击教科书的请愿书，部分议员团体或议员也向议会提交意见书，推动议会审议，政界与民间右翼势力相互配合力促各级议会表决通过，掀起攻击历史教科书的高潮。递交请愿书和要求书的右翼团体主要是“新历史教科书编撰会”（编撰会）、“改善教科书联络协议会”（改教协）和“日本会议”，也有其他较小或临时性团体（见下表）。

地方议会通过有关教科书问题的情愿书、要求书、意见书的情况

日　期	地方议会	文件名称
2000.12.7	北海道议会	删除“邻国条款”意见书
2001.3.28	北海道议会	其他
2000.12.15	青森县议会	编撰会请愿书
2001.3.27	岩手县议会	其他
2000.12.19	山形县议会	编撰会请愿书
2000.6.19	宫城县议会	编撰会请愿书
2000.10.6	枥木县议会	其他
2000.12.18	群马县议会	编撰会请愿书
2000.12.22	茨城县议会	日本会议请愿书
2000.12.22	埼玉县议会	改教协请愿书

续表

2000.7.11	千叶县议会	“能引以为荣的教科书”意见书
2001.3.23	神奈川县议会	编撰会请愿书
2000.12.22	新泻县议会	其他
2000.9.20	富山县议会	改教协请愿书
2000.12.19	福井县议会	其他
2000.12.19	静冈县议会	编撰会请愿书
2000.12.14	岐阜县议会	其他
2000.10.9	滋贺县议会	改教协请愿书
2000.10.17	和歌山县议会	编撰会请愿书
2000.7.13	鸟取县议会	改教协请愿书
2000.12.13	岛根县议会	通过编撰会请愿书的大部分内容
2000.9.27	冈山县议会	编撰会请愿书
2000.9.29	广岛县议会	改教协请愿书
2000.12.18	香川县议会	其他
2000.10.23	德岛县议会	编撰会请愿书
2000.7.14	爱媛县议会	编撰会请愿书
2000.10.13	高知县议会	编撰会请愿书
2000.12.20	福冈县议会	编撰会请愿书
2000.10.4	佐贺县议会	其他
2000.10.6	长崎县议会	编撰会请愿书
2000.6.20	熊本县议会	编撰会请愿书
2001.3.28	大分县议会	改教协请愿书
2000.12.20	宫崎县议会	改教协请愿书
2000.10.3	鹿儿岛县议会	编撰会请愿书

继续审议情愿书的地方议会

<table>
<tr><td colspan="2">地方议会</td><td colspan="2">文件名称</td></tr>
<tr><td colspan="2">富山县</td><td colspan="2">意见书</td></tr>
<tr><td colspan="2">福岛县</td><td colspan="2">3月议会讨论</td></tr>
<tr><td colspan="2">长野县</td><td colspan="2">编撰会请愿书</td></tr>
<tr><td colspan="2">岛根县</td><td colspan="2">审议编撰会请愿书四分之一部分</td></tr>
<tr><td colspan="2">山口县</td><td colspan="2">再次审议编撰会请愿书</td></tr>
<tr><td colspan="4">其他地方议会处理情愿书的情况</td></tr>
<tr><td>保留</td><td>放弃</td><td>撤销</td><td>接受请愿的议会</td></tr>
<tr><td>东京都议会
(事实上撤消)</td><td>山口县议会</td><td>大阪府议会撤消
编撰会请愿书</td><td>秋田县议会</td></tr>
</table>

在全国47个都道府县级议会中，有33个议会通过或者部分通过右翼团体的请愿书，还有更多市、町、村级别的基层自治机构也出现闻风而动的状况，共有222个市、町、村议会通过了民间右翼团体或议员联盟提出的请愿书或陈情书，其中，广岛、熊本、滋贺、茨城各县辖下的市町村数量最多。在日本的“政治心脏”东京都，有5个市和14个区通过同样的请愿书等。不过，仍有258个市町村议会没有通过任何请愿书，事实证明并非所有基层议会都支持右翼团体。其中，有87个市、町、村议会采取了“继续审议”的措施，44个市、町、村议会决定“保留”、“不提上日程”、议会主席或者议会主持者用“搁置”或仅仅“散发资料”等办法搪塞，另有24个市、町、村议会决定撤消右翼团体的请愿或意见书。此外，岛根县的出云市议会迫使右翼团体放弃要求；岩沼市等3个市议会没有通过请愿书作为“废案”处理；47个市、町、村议会明确表示反对通过请愿书。右翼团体还曾向另外52个市、町、村议会进行或反复进行请愿活动，但最终未能成功。[①] 如此大规模的地

① “儿童与教科书全国网络21”事务局：“在教科书问题上地方议会通过请愿、意见书等情况”，俵义文：《彻底验证危险的教科书》，第176～177页。

方情愿活动，在半个多世纪的日本政治生活中实属罕见。上述情况充分表明，否定教科书和抵制反省历史错误的右翼势力已经在地方各级议会中占据重要地位，对市、町、村基层自治机构发挥着不可低估的影响，其中既有自民党长期以来自上而下控制各级议会的原因，也有20世纪90年代中期以后成长壮大起来的否定日本对外侵略历史的右倾政治力量。必须指出，中川昭一、安倍晋三等新保守主义政治家领导下的年轻议员团体，在各类否定和修正历史的活动中发挥了极其重要的作用，其组织活动能量之大，攻击活动的针对性之强，远远超过老一代保守主义议员团体。

在朝野右翼势力的合围之下，2001年4月通过文科省审定的7种新版初中历史教科书内，关于对外侵略史实的表述出现大幅度倒退：二战期间日军侵略暴行的表述及其照片或被删除或被篡改；表述“随军慰安妇”内容的现用教科书从7种减至3种，而且只有1种使用“慰安妇”一词；表述在中国实行“三光政策”的教科书从5种减至1种；表述“南京大屠杀”人数的教科书从6种减至2种；“731部队”的内容则全部消失。① 日本市民团体随即开展运动，揭露右翼学术团体新历史教科书编撰会编写的美化日本历史错误的教科书的实质，阻止各所学校选用。2001年5月31日，市民团体阻止学校选用右翼教科书的斗争进入白热化阶段，自民党本部以政调会长麻生太郎的名义，向各都道府县的自民党本部发出通知：市民要求不选用编撰会的教科书，是“干预政治的不正当”活动，各地自民党本部必须进行“监视”，要求全国自民党员必须站在支持教科书美化历史的右翼力量一边。2001年8月，全国各所初中学校选用教科书的结果揭晓，编撰会的教科书在广大市民的坚决反对下遭遇惨败，扶桑社出版的《新历史教科书》选用率仅为0.039%，在2002年学校所需初中历史教科书总量132万余册中占521册。中川昭一代表的“思考历史教科书问题超党派议员之会”向文科省施加压力，迫使文科省向都道府县教

① 《日本经济新闻》2001年4月4日；俵义文：《彻底验证危险的教科书》，第181～183页。

委下发通知：在市民运动团体向教委展开请愿活动等情况下，与“警察取得联系”加以应对。

综上所述，20 世纪 90 年代中期以后，围绕承认和否定日本政府对“日军慰安妇”负有责任、教科书表述“慰安妇”和“南京大屠杀”等代表性加害史实的“历史认识”问题的演变，已经远远超过意识形态领域矛盾冲突的界线，成为反映日本政治形势变化与各派政治力量消长的晴雨表。在日本右翼教科书通过文科省审定，其他教科书表述日本殖民侵略的加害史实出现严重倒退的过程中，自民党内的新保守主义力量发挥了极其重要的作用：实现自民党内新保守主义国会议员的组织化，建立了比老一代稳健的保守主义政治家更为强硬的少壮派议员团体。这部分新保守主义国会议员在攻击能够正视日本历史错误的政治家、围剿和平民主教科书的过程中成长壮大，膨胀至运用自民党中央本部的权力向基层分支机构下发通知的程度。他们从自民党向在野第一大党民主党及其他党派扩大影响，组织横向政治联盟，建立以自民党新保守主义议员为领导核心和中坚力量的超党派国会议员团体，从而产生更大的政治影响。

2000 年 4 月 5 日，森喜朗在小渊惠三首相病危之际组阁，自民党“文教帮”国会议员从此得势，修正美化日本侵略历史的政治势力执掌权力中枢，在推动编撰会教科书通过文部省审定方面发挥了决定性作用。从 2000 年 12 月 5 日组建的森喜朗改组内阁的成员结构，不难看出一贯美化侵略历史的政治家在政权中枢占居优势地位：森喜朗内阁中共有正副大臣及副官房长官总数 37 人，其中加入“历史研究委员会”和“思考日本的前途与历史教育年轻议员之会”者占 40.54%。[①] 如果包括没有参加上述团体的文部相町村信孝，否定历史的内阁成员比例占 43.24%，这一比例尚未包括政府机构改编后新增设的 5 名大臣政务

① “儿童与教科书网络 21”事务局长、出版工会联合会教科书对策部副部长俵义文：“森喜朗改造内阁与教科书问题的新动向”，《市民传媒》2001 年 2 月号，第 65 页。

官。[①] 从这一右翼势力占据政权中枢的实际状况不难理解日本政府右倾化的总趋势，以及相当一部分地方议会支援编撰会等右翼团体的原因。2001 年 4 月 26 日，新保守主义政治家小泉纯一郎组阁，自民党新保守主义力量迎来执掌政权的全盛期。

① 俵义文：《彻底验证危险的教科书》，第 140 页。

第七章

冷战后日本加强防卫力量

日本新保守主义修正历史的主要目的是，转变战后日本的国家发展方向，走军事大国化道路——摆脱战败后束缚日本军力发展的法律法规体系，恢复“普通国家”所拥有的包括对外战争的权利，加强日本军事力量。

第一节　探求日本自主防卫之路

战后日本军事力量的发展至少受到以下六种因素的限制：(1) 发动侵略战争的负面历史遗产，不利于日本大张旗鼓地扩充军备。(2) 在相当长的时期内，日本只能在美日同盟的框架内发展军力。(3) 长期单独执政的自民党与社会党、共产党等在野党之间的斗争，在一定程度上牵制自民党政府扩张军备。(4) 广大民众对战争的反省与强烈的和平反战意识，形成不利于日本大幅提升并运用军力的社会环境。(5) 日本过去侵略战争的受害国高度关注日本军力的发展及其运用。(6) 近年日本经济发展表现欠佳，制约日本维持庞大的军费开支。冷战期间美国既限制日本自由发展军力以防其再次成为强大的挑战对手，同时又鼓励日本弥补美国在远东驻军的结构性不足，将日本陆海空自卫队打造成一支听命于美军的精悍的军事力量。美日同盟曾被比喻为根据美国利益需要开启或旋紧“瓶塞”，对冷战前后日本军事战略及军备建设发挥决定性的影响，日本在美日同盟体制中的地位及作用随着日美同盟的提升发生改变。

1951 年缔结的《日美安全保障条约》规定，日美同盟的主要任务是“维护远东国际安全”与镇压日本内乱，其中甚至没有关于保护日本安全的规定。1957 年日本制定《国防基本方针》，规定日本以联合国为中心，谋求建立国际协调关系；在自卫的限度内渐进整备防卫力量。直到 1960 年 6 月《日美相互合作及安全保障条约》生效，日本才得以遵循宪法规定维持和发展自己抵抗武力攻击的能力。第一个指导军力建设的纲领性文件《日本防卫计划大纲》（1976 年 10 月 29 日）提出自卫队的建军理论是“基础防卫力量设想”。其核心思想是，在武器装备、战斗能力、组织机构和兵力部署、后勤、官兵素质等方面实现质量建军。[①] 建立“基础防卫力量”的目标是，为了防止在日本周边地区形成不稳定因素，日本拥有“最低限度”的“和平时期的防卫力量”，即不使日本自身出现“力量真空”，同时可以“为稳定周边国际政治做出贡献”。1976 年完成“第四次防务力量发展计划”以后，日本军力的发展水平已经能够充分应对局部武力冲突。不过，日本直至 1990 年仍旧声称处于“基础防卫力量”的建设时期。1978 年 11 月 8 日，日美签订《日美防卫合作指导方针》，正式提出日美陆海空军共同作战的设想，加强自卫队与美军在作战、情报、后方支援等方面的合作关系，确定日美在三个领域进行军事合作：（1）平时的合作；（2）应对攻击日本的合作；（3）日美在远东共同应对攻击的合作。此后，日美在平时和对日攻击领域进行了多项共同研究，但在远东“有事”情况下的对美支援问题，因牵涉行使集体自卫权，日本自民党顾忌当时强大的在野党势力始

① 参考中国军事科学院外国军事研究部相关研究成果。

终没有满足美方的要求，[①] 美国军方对此尤为不满。

冷战期间，远东地区是日美军事同盟的威慑范围，美国要求日本封锁对马、轻津、宗谷三个海峡，阻止苏联潜水艇出入太平洋；遏制苏联"逆火"轰炸机出击太平洋，确保美军第七舰队航空母舰的安全。[②] 日本自20世纪80年代初分担西太平洋防务范围。1981年3月，美国国务卿沃因勃格向日本伊东外相提出："苏联海军势力大举出现在关岛以西、菲律宾以北的西太平洋海域，……日本也要作为西方的一员进行防卫努力。特别是反潜、防空能力，尤其希望强化对付苏联潜水艇的预警能力。"1981年5月，铃木善幸首相按照美方要求决定日本承担"关岛以西、菲律宾以北"的海上防卫，"把在日本周边数百海里的范围、一千英里海上运输线，作为日本的自卫范围进行防卫的政策"。1983年1月，新保守主义思想的鼻祖——中曾根康弘首相用貌似延伸日本领海防卫的言辞，将上述防卫区域表现为"防卫关岛——东京、台湾海峡——大阪的交通线"。[③] 这两条海上交通线勾画出一个三角形的海域，恰好覆盖"关岛以西、菲律宾以北""一千英里"的海域。在美日同盟把"关岛以西、菲律宾以北的一千海里海域"作为日本"自卫范围"的战略安排下，中曾根顺势提出"海洋型列岛防卫战略"："在沿海周围数百海里、海路航线一千海里的海域内，在自卫的范围内建设一支海上防卫力量。"[④] 日美军方展开"保卫海上通道"的研究，签订一系列共享情报、通信、装备、技术，以及调配军用物资和劳务的协定。20世纪80年代后，日本海上自卫队遵循美方要求，防卫"关岛以西、菲律宾以北"一千海里的海域，从"支援美国海军攻势作战"出发，海上自卫队不但要为美太平洋舰队主力第7舰队提供安全海域，而且与美国海军举行联合演习，特别强化广域对潜战和防护重要目标受到多重威胁的作战能力。1984年9月，日美还关于"相互运用性"进行共同研究，在装

① 樱井敏雄："日美防卫合作的进展与集体自卫权争论"，《防卫法研究》1997年第21期，第39～40页。

② 《朝日新闻》1981年6月24日。

③ 藤原彰：《日本军事史》下，第185页。

④ 《中曾根首相的思想与行动》，第94页。

备、情报、作战等所有领域加强了自卫队的“对美补全性能”。[①] 日本航空自卫队的侦察与运输任务则围绕支援完成美国空军的“主要任务”——“防空”展开，保卫美军驻日基地与空域管制。

冷战结束以后，日本防卫力量的发展大致经过以下四个阶段：第一阶段从 1990 年至 1994 年 8 月，是冷战后日本军事战略重新定位的时期，因此也是日本发展自主防卫战略的起点。1990 年 2 月美国政府向日本表明将削减 5000 名驻日美军，4 月美国防部发表亚洲战略文件提出，部署在亚洲的美军兵力将削减至 9 万人，日本意识到美军可能要进一步撤离亚洲。海湾地区局势紧张，战争一触即发，自卫队原参谋长联席会议主席栗栖弘臣在 1990 年 11 月出版的《军事研究》杂志上呼吁日本政府突破仅为美军提供后勤支援的界线，向海湾地区派遣海上自卫队的主力舰艇：“不要搞相当于美军使役的后方支援，日本政府应该考虑负责在演习的名义下，派遣一部分有（日美）共同训练经验的护卫舰。”自民党干事长小泽一郎在竹下登内阁利库路特丑闻缠身之际，火速准备了一份派遣自卫队参加多国部队的法案。1990 年 10 月，自民党向国会提出《联合国维和活动协助法案》（PKO 法案），试图通过自卫队参加联合国维和行动，以提高日本的政治地位。但是，在野政治势力强烈反对海外派兵，法案最终作废。2 个月后，小泽一郎主持下的自民党宪法调查会公开要求修改宪法解释，引起是否修改宪法第 9 条行使“集体自卫权”的激烈争论。虽然护宪派与修宪派的意见未能统一，但却促成日本应该积极参与“国际合作”做出“国际贡献”的共识。竹下登首相提出“国际合作设想”的三大中心之一，就是为纷争地区构筑和平做贡献，作为“文职”人员（日本宪法用语，指职业军人以外的平民、文职、文官等）在国际社会中积极发挥作用。军方及小泽一郎派兵参加多国军队的企图显然与竹下登的设想背道而驰。1991 年 1 月海湾战争爆发后，日本政府向以美国为首的多国部队提供了 130 亿美元的巨额军费，战争结束后又在执行联合国决议的名义下，于 4 月间派遣自卫队海上扫雷艇到波斯湾扫雷。日本囿于宪法不能直接派兵参战，被美国舆论

① 《军事研究》1999 年 4 月号，第 30、36～37 页。

批评为“支票外交”，日本自嘲是美国的“自动提款机”，国内舆论对自卫队这次参加“国际贡献”的范围也颇有争议。神户大学法学研究科（法学院）国际政治学者五百旗头真教授（现任日本防卫大学校长）批评说，日本未能与海湾战争接轨，“的确是日本的‘失败’”。日本汲取用巨资换来的教训，认识到今后的国际贡献要有法可依，树立日本政治大国的形象不仅要出钱更要出人，参与亚洲问题更符合日本国家利益。

1992年联合国组成以明石康为代表的派驻柬埔寨临时行政机构（UNTAC）后，日本外务省加速进行“对柬工作”。3月柬埔寨局势出现动荡，UNTAC开始活动。日本不愿坐失良机，1992年6月国会通过《联合国维和活动协助法》（PKO法）。3个月后1200名日本自卫队员踏上了柬埔寨领土参加维和活动。这是日本战后在国际外交舞台上首次“亮相”，从“停留于在背后支持东盟”的幕后走到前台“重建柬埔寨政权”。尽管国内媒体不时出现自卫队在柬埔寨究竟发挥什么作用的评论，但重要的是自卫队终于依法走出了国门。五百旗头真教授对此给予高度评价说：日本对柬外交取得“最辉煌的成功”。[①]

PKO协助法的成立过程表明，在苏联解体、美国削减亚洲及驻日美军的形势下，日本国内普遍担心日美安保体制可能因此而被削弱，出现了两种截然不同的动向：一种以军方及自民党右翼政治势力为代表，要求打破宪法禁止行使集体自卫权的限制，实现日本自主防卫体制，派遣防卫力量参与国际军事维和行动；另一种以社会党等在野势力为主，包括部分自民党稳健派在内，主张坚持和平宪法、在经济支援与文职行动范围内实施“国际协作”和“国际贡献”。后者由于得到广大民众的支持较之前者占据优势。但是，二者关于谋求日本政治大国的地位存在共识。可以说，PKO协助法是包括护宪派和修宪派在内的各种政治主张的折衷产物。在此阶段中，日本军方的发展要求以争取自卫队合法地位的形式出现，融入在日本各界谋求政治大国地位的“国际贡献”潮流之中。

① 五百旗头真：“冷战后的日本外交与领导地位”，《国际问题》1999年3月号。

1992年上半年，美国发生抵制日货运动，“日本威胁论”高涨，日美经济摩擦加剧，导致日美关系滑向低谷。美国著名民间智库兰德公司指出，日本的军事大国化、经济力量与宣传能力，将成为冷战后亚太地区最令人担心的因素，日本存在走向“第二次太平洋战争”的可能性，主张遏制日本。石原慎太郎等人著书《日本可以说“不”》，日本舆论中“厌美”情绪大增。1993年度日本与亚洲地区的贸易盈余首次超过对美贸易盈余，经济重心明显移向亚洲。日本政坛也发生了“地震”，七党一派联合政府取代自民党上台执政。朝鲜向日本海方向发射导弹酿成的“朝鲜半岛危机”，美国1993年3月公布的国防战略报告（BUR）决定大幅削减国内外的战斗力量，日本担心美军逐渐撤离亚洲形成“力量真空”。1994年7月东盟地区论坛（ARF）宣布成立后，国际舆论一度乐观地认为它可能在亚太冷战后的国际格局中发挥主导作用，犹如欧洲安全与合作会议组织一般。① 在ARF的首次会议上，成员国提出各种建议——从宣布不诉诸武力，到建立一支地区维和部队来补充联合国维和部队。中国作为ARF的“协商伙伴”与东盟积极展开对话，② 美国则对ARF既讨好又企图渗透。大国与东盟之间的关系变化对摸索自主防卫、积极参加柬埔寨维和行动的日本产生了重要影响。日本外相河野阳平充分肯定亚太地区有着“丰富多彩的价值观”，③ 日本外交的重心开始向亚洲转移。

1994年1月27日，日本前参谋长联席会议主席、防卫厅顾问佐久间一针对美国决定大幅削减国外驻军的状况，在《朝云》报上发表文章，提出自卫队自创设以来就服从于美军的战略部署，防卫作为美军前线基地的日本，确保西太平洋地区的安全。现在，“应该考虑装备现代化和自我完善的军事性能”，文章对海上自卫队被限定在从属美国的反潜与扫雷的状况表示出强烈不满。航空自卫队参谋广中雅

---

① 路透社1994年7月20日曼谷电，英《独立报》1994年7月26日，德《总汇报》1994年7月22日。

② 《每日新闻》1994年7月29日，30日。共同社1994年7月25日，30日东京电。

③ 路透社曼谷1994年7月25日电。

之、海上自卫队参谋堂下哲郎也分别撰文指出：航空自卫队的侦察与运输任务，围绕支援完成美国空军的“主要任务”——防空进行，日本负责保卫美军基地与空域管制；海上自卫队的任务则是为美太平洋舰队主力第7舰队提供安全海域。20世纪80年代后美方要求海上自卫队防卫“关岛以西、菲律宾以北”一千海里的海域以后，海上自卫队在“支援美国海军进攻作战”的目标下，重点加强广域反潜战、防护重要目标受到多重威胁的作战能力。换言之，美国从补充驻日美军的薄弱部分的需要出发，规定日本防卫力量的发展只能拾遗补缺，长期以来形成美军为主、日本为辅的责任分担和相应的军力配置，日本因此未能拥有自成一统的军事力量。军方的意见非常明确：冷战后自卫队的发展方向是实现“均衡的防卫力量”，突破填补驻日美军空白的防空、对潜、扫雷的发展框架。① 几个星期之后，佐久间一成为细川护熙首相设立的私人咨询机构“防卫问题恳谈会”（简称细川恳谈会）中的重量级成员。另一方面，防卫厅内也设立了“防卫力量应有状态研讨会”。细川恳谈会与“防卫力量应有状态研讨会”进行合作，研究日本防卫的重新定位与发展方向。无需赘言，军方在规划日本国家安全战略的过程中发挥了重要的牵引作用。

1994年7月村山富市首相在初次国会答辩中表示，自卫队的存在“符合宪法”，为能否扩充自卫队军备的长期争论画上了句号。8月，细川恳谈会提交题为《日本的安全保障与防卫力量的应有状态》的报告（《樋口报告》）。《樋口报告》是冷战后非自民党政府执政期间研究制定的第一份国家战略设想，试图以东盟地区论坛为中心构筑日本主导下的多边安全机制，显露出自主防卫的倾向。报告在提出加强日美军事同盟的同时，将日本与东盟地区论坛等机构的“多边安保合作”置于“日美安保合作”之先，试图改变迄今依靠日美安全保障体制确保远东安全的战略定位，填补美国降低亚洲军事存在后可能形成的“力量真空”（详见后述）。日本试图转变战略的动向被美方视为具有“对美离心倾向”

---

① 《军事研究》1999年4月号，第30、36～37页。

的变化。[①] 据细川恳谈会成员佐久间一介绍，美方对《樋口报告》的第一反应是，对日本在将来的日美关系中采取何种态度产生疑问。具体问题是，许多美国海军方面的人士直接表示出对日本削减扫雷兵力的忧虑；美方感到未能充分讨论的事项是，在日本或“对日本生存产生重大影响的地区内”，日美如何合作的问题。[②] 细川恳谈会的另一位成员、青山学院大学教授渡边昭夫透露，《樋口报告》“在现行宪法的范围内探求可能实现的防卫极限”，对付“周边事态”被认为违反宪法，所以没有讨论。[③] 直到 1994 年 11 月，在美国国防部、国务部主导加强日美安保体制的过程中，上述问题才提上日美共同协商的日程。其间，美国计划削减亚洲驻军的动向，与媒体大肆渲染的“朝鲜威胁”互相影响，进一步强化日本军方的发言权，削弱了在野势力及自民党内反对走军事大国道路的力量。村山内阁实现自卫队“合法化”，改变在经济支援与文职行动的范围内实施“国际贡献”的和平发展力量与谋求军事大国的军方及右翼势力之间的力量对比。另一方面，发展自主防卫的要求也在一定程度上得到对日美安保体制持否定态度的在野党的支持，越来越多的日本人认为，日本作为经济大国必然成为政治大国，政治大国就不能继续依赖美国保护，必须拥有自主防卫国家的能力。

第二节　打造“合理、高效、精干”的自卫队

1994 年 9 月至 1996 年 4 月是冷战后日本防卫力量发展的第二阶段，自卫队假裁员换来装备现代化，美国停止削减亚太驻军重视亚洲战略，通过日美安保“重新定义”把日本重整军备的发展趋势纳入日美安

① 防卫省防卫研究所：《东亚战略概观 1986～1997》，第 155 页，《世界周报》1995 年 10 月 17 日。

② 《军事研究》1999 年 4 月号，第 30 页。

③ 《This is 读卖》1997 年 5 月增刊。

全保障联合宣言规定的框架之中。这是冷战后日美同盟关系的重要转折点。日美确定了新防卫指针，将日本发展自主防卫、填补“力量真空”的防卫政策与美国提出的对付“周边事态”统一起来。

1995 年 2 月美国防部发布《东亚战略报告》(EASR)，决定维持亚太地区 10 万驻军不变。同年 9 月美国在日美安保协商会上向日本提出，《新防卫计划大纲》要与《东亚战略报告》“在衔接上明确重叠”。[①] 同月，发生驻扎冲绳基地的美军士兵强暴当地少女事件，驻日美军当局发表不当言论，进一步激怒日本民众。冲绳县知事大田昌秀向日本政府递交要求在 2015 年前逐步撤消美军基地的报告，给美日两国政府造成很大压力。反对美军基地的群众运动再次为日本发展自主防卫力量创造了有利条件。1995 年 11 月，日本内阁制定新《防卫计划大纲》，在坚持发展自主防卫力量的同时，满足美方提出的应对周边事态的要求。这一纲领性文件提出，在失去苏联这个“敌对角色”之后，“为了不使日本成为力量真空，成为地区的不稳定因素，需要拥有必要和最低限度的防卫力量”。新大纲同时规定，日美除共同研究、演习、互换情报及政策协商外，在日本周围发生冲突的情况下，将谋求运用日美安保体制解决事态，或者在联合国维和行动中开展日美合作，[②] 日本完全接受了美国的东亚战略安排。为了减少国内阻力，《新防卫计划大纲》在附表中规定，为“谋求小型化”的防卫力量，实施裁减自卫队兵员及武器装备的计划，将陆上自卫队的定员从 18 万人削减到 14.5 万人等。实际上，这不过是“装作跌了一跤”而已。据当时陆上自卫队最高指挥、前参谋长联席会议主席渡边信利透露，在“削减 3.5 万人”的计划中，1.5 万人由预备自卫队和陆上自卫队的退役但从事有关工作者充当，另外 2 万人则为削减空额，因为当时的实际兵员刚刚超过 15 万人；削减“弹数”更为荒唐，因为原本就没有弹数定额。作为“平成裁军的回报”，在新大纲决定后立即编制的新《中期防卫力量整备计划》中，写入了陆上自

---

① 奈伊副国务卿助理 1995 年 10 月 25 日议会证词，引自《军事研究》1999 年 4 月号，第 30 页。

② 《朝日新闻》1995 年 11 月 29 日。

卫队所要求的装备现代化。[1] 这一时期，日本军方在裁军的名义下实现装备现代化，重整高质量的日本防卫力量在国内基本畅行无阻。

1996 年 4 月，美日关于全面归还普天间美军机场达成一致意见，同时缔结了《日美物资劳务相互提供协定》(ACSA)，用法律形式确认平常状态下自卫队向美军提供物资和劳务支援的既成事实。桥本龙太郎首相与克林顿总统共同发表《日美安保联合宣言——面向 21 世纪的同盟》和《致日美两国国民书》。联合宣言决定重建三个层次的同盟关系：(1) 日美双边军事合作；(2) 亚太地区防卫情报互换及政策协商；(3) 全球范围的政治与外交合作。联合宣言反映冷战后日美安保体制的变化，日本接受美国的东亚战略，美国承认日本新防卫计划大纲提出的“基本防卫政策”。在最重要的条款“日美同盟关系与相互合作及安全保障条约”中，“总理大臣重申了日本的基本防卫政策。这项政策明确地记载在 1995 年 11 月制定的、强调在冷战后的安全保障形势下日本防卫力量应该发挥适当作用的新防卫大纲中。总理大臣和总统一致认为，日本防卫的最有效的力量是日美两国之间紧密的防卫合作。这种合作是立足于自卫队的适当的防卫力量与日美安全保障体制的结合”。[2] 上述表述的实质是，美国同意冷战后日本防卫力量“应该发挥适当作用”，改变冷战中单方接受美军保护及安排的被动状态，自卫队应该拥有“适当的防卫力量”，美方满足了日本军方拥有健全的军事能力的要求，日本将发展自主防卫与日美安保体制相结合，日美共同应对“周边事态”。日本通过日美安保体制的“重新定义”，不但实现“自成一统”的建军意图，而且开通了日美共同干预地区冲突、在全球问题上加强合作的道路。日美同盟的主要功能从在远东地区遏制苏联，转变为威慑亚太地区。

此后，日本《防卫白皮书》越来越多地强调，日本必须针对“多元威胁”建立全方位的防御体系，在强调“朝鲜威胁”的同时，把“中国导弹远程化”、“国内形势不稳”作为“中国威胁”的主要依据。1996

① 《朝日新闻》1998 年 4 月 2 日。

② 《日美安全保障联合宣言》，时事社 1996 年 4 月 17 日报道。

年度的《防卫白皮书》首次将中国作为防范对象，提出“鉴于中国正推行核武器及海空军的现代化，其海洋活动范围正在扩大，加之在台湾周边举行军事演习造成台湾海峡局势紧张”，因此对中国“必须予以密切关注”。自卫队的军力部署随之进行调整，从以俄罗斯为主要防御目标转变为“根据日本的地理特点均衡部署”，尽管出于实力对比上的考虑，俄罗斯的远东兵力仍然是日本主要的对手和防范对象，但日本在继续保持在北部地区部署一定作战能力的同时，开始有计划、有针对性地加强西部和西南部的兵力，重点提高反导能力、快速反应能力和机动作战能力，在注重均衡部署的同时，在确保不出现疏漏区域的前提下，重点加强了西部和西南部地区的海空力量。①

从1996年4月到2000年前后是日本防卫力量发展的第三阶段，美国催促日本落实日美联合宣言关于加强日美双边合作立法的规定，1997年9月日美制定《新日美防卫合作指针》，1999年5月日本国会通过《周边事态法》等相关三法。日美安保体制成为美国亚太军事部署中最主要的战略支撑。

首先，从联合宣言的落实情况来看，1997年9月23日日美安全保障协商委员会关于《新日美防卫合作指针》达成协议，规定日本受到武力进攻和发生“周边事态”之际的日美合作问题，在自卫队迄今担负的防空、保护港口和海上通道任务不变的前提下，增加自卫队保卫日本周边海域船舶作战的新任务。所谓周边事态的“定义”是“对日本安全造成重大影响的非地理性概念”，日本在事态发生时为美军提供“后方支援”，如搜索、救援和提供新设施等。《新日美防卫合作指针》规定，日本在遭到武装攻击时“要以本国为主”，与美军合作，“尽快排除武装攻击”。日方的作战及防卫行动包括如下内容：“防空作战”、“保卫日本重要港湾和海峡、保卫日本周围海域的船舶及其他”，对付潜入日本的游击队和特种部队的进攻。在“对付入侵日本领空的作战”、“保卫日本周围海域和保卫海上通道的作战”、“对付针对日本的空降和登陆作战”这

① 详见李秀石：“日美安保体制与日本军事走向”，《国际关系与东亚安全》天津人民出版社，2001年版，第376～394页。

三个有关日本海空自卫队的发展方向与质量的关键领域，《新日美防卫合作指针》把“自卫队和美军联合作战”置于首位。不仅如此，新指针的日美联合作战条款还规定：“自卫队主要在日本领域及周边海空领域进行防御作战，“美军支援自卫队作战”。[①] 简言之，美军在发生“周边事态”之际的作战中发挥主要作用，日本限于“后方支援”；日本在本国领域及周边海空领域作战中发挥主要作用，美军支援自卫队作战；“保卫日本周围海域和保卫海上通道的作战”则由日美联合担当。至于美军承担的“周边事态”的作战，与日美共同负责的“周边海空领域作战”地区之间的界线是什么？日美联合保卫海上通道的范围在哪里？日美双方都没有明确说明。这一故意模糊日本自卫队担负作战任务的地理范围，为日本军力开辟出更为广阔而且能够灵活把握的作战空间。更重要的是，无论“周边事态”还是“保卫日本周围海域和保卫海上通道的作战”，都涉及中国的核心利益——台湾海峡的安全与稳定。按照新防卫指针，一旦美国武力干预台海冲突，日本自卫队将在保卫美军舰艇及提供后勤支援等方面承担更多的任务。

《新日美防卫合作指针》受到日本军方的欢迎。因为承担日美共同应对“周边事态”的同盟义务，产生新的武器装备需求，能够有效改变自卫队以防空、反潜、扫雷为中心配置装备的状态；日美军力“在运用方面合作”，尤其受到自卫队高层的重视和欢迎。第一，扩大了日本自卫队的行动范围，自卫队能够伴随美军从日本列岛走向“周边事态”地区、“周边海域”和“海上通道”的所在地区，而且这是三个完全没有地理界限的区域。日美安全保障体制随着美军亚太战略的调整扩大了覆盖范围；第二，在现代化战争中，后方支援与前线作战已经没有严格区别，从提供后勤支援出发，为保障后勤支援的安全而与敌方交战，完全可能发展为自卫队参战或自卫队与美军并肩作战；第三，美方虽然扩大了日本自卫队的行动范围，但把自卫队的行动限定在日美联合作战或提供后勤支援的范围内，限制日本擅自采取军事行动。换言之，《新日美

---

① 《新日美防卫合作指针》，《日美关系资料集 1945—1997》，东京大学出版会，1999 年版，1370～1374 页。

防卫合作指针》虽然为自卫队与美军在日本领土之外采取联合作战行动开通了道路，但仍然企图用军事同盟关系牢牢控制日本。

自民党向联合执政党提出防卫新指针相关三法的立法方案后，朝鲜半岛局势趋向紧张。1998 年 8 月，朝鲜“有可能用于开发核武器的地下设施”曝光。8 月 31 日朝鲜发射一颗飞越日本上空落入太平洋的“大浦洞”导弹。1999 年 3 月，朝鲜“特工船”侵入日本能登半岛领海，日本政府战后首次向海上自卫队下达“海上警备行动命令”进行追击。一时间，如何有效应对“朝鲜威胁”成为日本各家媒体报道的热点。1999 年 5 月 24 日，日本国会通过《周边事态法》、《自卫队法修正法》和《日美相互提供物品劳务协定修正法》三项法律，贯彻落实《新日美防卫合作指针》规定的内容。《周边事态法》规定，在日本周边地区发生危及日本和平与安全的“周边事态”时，日本将采取措施运用日美安保条约确保日本安全，日本政府为应对“周边事态”应迅速实施后方地区的支援、搜救等活动，要求地方公共团体和民间提供必要的合作，自卫队在担任上述任务时可使用武器保卫人身安全。《周边事态法》等 3 项法律部分解决了新防卫指针规定的发生“武装攻击日本及其周边事态”与平常状态下的日美合作问题。从旧防卫指针的焦点“日本有事”扩大到“周边事态”的变化，扩大了自卫队的活动范围，拓展了自卫队的责任和任务，日美同盟关系完成了一个质的飞跃。这在自卫队的建军路线上是一个重大的战略转折：第二次世界大战后日本自卫队“从属美军”，经过与驻日美军互补的建军阶段，进入自主发展、自成一统的新时期。在“朝鲜威胁”论甚嚣尘上的状态下，日本国会关于新防卫指针相关 3 法的审议十分顺利，甚至突破了新防卫指针规定的“对付弹道导弹的进攻”从情报收集到动用部队打击都由美军负责的限制。日本军方在日美对朝鲜发射的是“导弹”还是“卫星”的判断分歧上大做文章：美方认为是一颗发射失败的卫星，而日本坚持主张朝鲜发射了一枚导弹。结果，日本决定自行开发 4 颗侦察卫星，掌握判断“周边事态”的主动权，向发展独立自主的军备力量又迈出了一大步。1998 年 12 月，日本在“朝鲜导弹威胁”的借口下，决定与美国共同研究战区导弹防御系统（TMD）。1999 年 8 月通过日美谅解备忘录换文，启动为期 3

年的 TMD 研究，联合设计研制配备在“宙斯盾”防空导弹驱逐舰上的、高层拦截弹道导弹 NTWD，其内容包括红外线弹道导弹识别和跟踪装置；反弹道导弹的弹头等 4 个重要部分。据估算，研制与配备 TMD 需要 2 万亿日元以上的费用，在日本国家财政中是一笔不小的开支。于是，“中国弹道导弹威胁”论出现在《日本防卫白皮书》中。

由于 2000 年度防卫白皮书的编写时期与制定下一个 5 年防卫计划大纲，即 2001—2005 年度《中期防卫力量整备大纲》的时期重叠，因此这是关乎日本防卫力量发展的重要节点：

第一，这是日美为期 3 年的联合设计研制 NTWD 研究，能否进入继续研制并载入新 5 年军备计划的关键。当时，朝鲜半岛局势一度出现缓和，南北和解取得进展，“朝鲜威胁”论有所淡化，不利于军方继续投入巨资研制和配备反导系统。

第二，反导系统的研制与配备，事关自卫队完成军事技术革命进程——需要制定加强情报收集处理及指挥通讯系统的标准，通过引进高科技的中央指挥系统，实现情报收集处理一元化，指挥、通讯装备计算机化，快速反应化。在新 5 年军备计划中，舰艇和飞机等“正面装备”的信息通讯部分将首先实现高科技化。除了把地面雷达和“宙斯盾”舰的探测能力提高到反弹道导弹的精度外，研究在早期预警机等装备上加装红外线探测仪，① 还计划引进美国海军高科技指挥舰——指挥在全球活动的美军部队不可缺少的尖端装备。② 此外，陆上自卫队也要加强情报指挥系统，重点引进瞬间掌握部队展开状况、提高炮击效率的“基干连队指挥控制系统”。实现指挥官在装甲车上通过“全球定位系统”（GPS）随时调整兵力部署，确保打赢高科技战争的情报和指挥通讯能力。

第三，日本军方试图在新 5 年军备计划内塞进另一个重点项目——组建日本的特种部队。日本陆上自卫队平时就在部队中开展反游击战和反恐训练。在 2000 年度的政府预算中相关拨款达 23 亿日元，比上一年

① 《朝日新闻》2000 年 6 月 1 日。

② 《产经新闻》2000 年 1 月 9 日，《日本经济新闻》1999 年 1 月 9 日。

度增加 3 倍，作为整备训练设施和自卫队在美军特种部队的培训费用。防卫厅计划在陆上自卫队专门组建一定规模的特种部队，执行“防卫出动”或“治安出动”任务。新 5 年计划还准备正式启动侵入敌方计算机扰乱和破坏指挥通讯系统的“电子战”研究，而且在 2000 年度已经投入了 13 亿日元的“计算机安全对策费”。防卫厅次官佐藤谦表示，日本将组建新的电子战部队，防卫厅决定在 2001 年度的预算中拨款 1481 亿日元。另外，防卫厅还将在陆上自卫队现有的“化学防护队”的基础上，成立具备对付核武器、生物武器和化学武器（NBC）作战能力的新部队。① 不难看出，确保打赢高科技现代化战争的情报和指挥通讯能力，具备进行特种战争的能力，是陆上自卫队效仿美军实现军事技术革命的主要目标。

第四，在防止“朝鲜特工船事件重演”的借口下，防卫厅实行一系列强化海上自卫队作战能力的措施，强调中国海军的活动则为此后进一步提高海上遏制能力创造条件。《1996～2000 年度中期防务力量整备计划》在实现陆上自卫队现代化的同时，重点建设远洋型海上自卫力量。2000 年海上自卫队的拨款预算，从 1991 年的 79 亿美元提高到 180 亿美元。为了建设远洋截击型空军，装备 F－2 战斗支援机，引进 E－767 空中预警机，实现二个机种之间数据联网，一举将空中拦截能力提高数倍，并且装备了空中加油机和远程运输机。这些措施标志着日本海空军力朝着大型化、导弹化、远洋化的方向发展。② 防卫厅计划耗资 2500 亿日元，把从美国引进的大型固定翼螺旋桨反潜巡逻机 P－3C（1996 年前后已经部署 80 架）的改进机型，改装为喷气机，加装 4 组发动机，提高快速反应速度。海上自卫队除已装备高性能雷达电子战数据收集机 EP－3 外，2000 年度还在岩国基地新设 OP－3C 部队，这种当时最先进的飞机能够将海上“可疑船只”的画面数据瞬间传送给陆上基地，划时代地加强海上情报收集处理能力。从部队的部署来看，至 2001 年 3

---

① 《日本经济新闻》2000 年 6 月 25 日、1 月 23 日、2 月 13 日、2 月 18 日、8 月 23 日、4 月 16 日。

② 参考中国军事科学院外国军事研究部相关研究成果。

月，防卫厅在京都府舞鹤基地附近新设（护卫）舰载 SH－60J 反潜预警直升机部队，提高海上自卫队在日本海海域的快速反应能力。[①] 在广岛县，海上自卫队新设“特别警备队”，执行检查和解除可疑船只武装的任务，[②] 据称这种专门对付“可疑船只”的部队还将继续增加。[③] 防卫厅意欲在新 5 年军备计划内在“救助海外国民”和参加联合国维和活动的名义下，引进 3 架续航距离约 1 万公里、运输人数达 200 人的远程运输机。在防卫厅提出的 2001 年度防卫预算概算总额 49916 亿日元（年增幅 1.4%）中，引进空中加油机等更新装备的费用占 8488 亿日元。[④]

不难看出，上述日本媒体透露出自卫队军事技术革命的内容，对于执行《新日美防卫合作指针》具有极其重要的意义。日本军方为保证自卫队与美军联合作战，适应从“反恐”到“弹道导弹攻击”的“多元威胁”，大幅度提高武器装备的尖端科技含量。

防卫厅 2000 年度出版的《防卫白皮书》为解决上述重大课题提供了“威胁根据”：第一，彰显“中国弹道导弹威胁”。苏联解体后，1992 年以来日本每年出版的防卫白皮书都在淡化“苏联威胁”的同时，逐渐加强渲染“中国威胁”。1998 年度的防卫白皮书列举领土、民族对立、地区纷争及核武器等大规模破坏性武器和导弹扩散等“不透明、不确定的因素”，以此作为日本军事力量升级换代的理由。1999 年度的防卫白皮书首次提出，中国的中程导弹“将亚洲地区纳入射程”。在 2000 年度的防卫白皮书中，“中国弹道导弹威胁”赫然登场。中国成为日本军方“关注”的主要对象：中国发射“东风 31 型”洲际导弹并拥有约 70 枚中程弹道导弹，“将包括日本在内的亚洲地区置于射程之内，台湾对岸出现建设新导弹基地的动向”；有必要关注台湾问题和平解决的动向——台湾大选后“中台之间基本立场存在距离”；“中国海军舰艇在我国

① 《日本经济新闻》2000 年 2 月 20 日、2 月 6 日。
② 《产经新闻》2000 年 1 月 27 日。
③ 《朝日新闻》2000 年 2 月 16 日。
④ 《日本经济新闻》2000 年 5 月 5 日、8 月 23 日。

周边活动频繁”……，这类表述远远超出有关“朝鲜威胁”论的炒作，力图通过刻意渲染“中国弹道导弹威胁”，继续推进NTWD的研制，意在促使政府批准下一阶段的研制计划。第二，在应对“中国弹道导弹威胁”的借口下，将日本军事技术革命进程推入新阶段，在新5年军备计划中实现自卫队的舰艇和飞机等“正面装备”的信息革命——情报与通讯系统的一元化和高科技化。中国将被作为日本在海空领域最主要的假想敌。第三，防卫白皮书强调，朝鲜除“开发与配备大量破坏性武器和弹道导弹”外，“同时拥有大规模的特种部队，对东亚安全保障而言是重大不稳定因素”。作出如此夸张评价的目的是，以应对“朝鲜特种部队”为借口，推出日本的“特种部队”。第四，《防卫白皮书》内写入“中国海军舰艇在我国周边活动频繁”等字样，为提高自卫队军力的远程化、尖端化、独立化，发展海外用兵所需的远程攻击能力制造口实。

事实上，20世纪90年代中期以来，日本陆海空自卫队已经按照“合理化、高效化、精干化”的建军方向迅速发展，适合90年代现代化战争特点的海空综合作战能力空前提高。例如，陆上自卫队“平成裁军”后实现装备现代化，拥有13个师、1200辆坦克，人数超过美国，主战坦克数量超英、法；已完成24套“爱国者”地对空导弹部署；还装备了连美国也不会制造的新型防化车。海上自卫队从20世纪80年代开始增加最新武器装备，1988年—1998年3月下旬，配置了4艘新型“宙斯盾”防空导弹驱逐舰。驱逐舰队的规模在亚洲首屈一指，自卫队的海上战斗力量被众多军事专家认定“亚洲最强”。航空自卫队的F—15歼击机数量仅少于美国，1995年下半年开始生产的新一代主力战斗机FSX，性能大大优于F－15和F－16战斗机。1998年3月配备的最新型AWACSF－767预警机，除美国外在亚洲仅日本拥有。1991～1995年度日本军费开支总额为1710亿美元，居世界第三位。1996～2000年的军备总额为21.15万亿日元，约合2575亿美元，仅次于美国。拥有亚洲最先进武器装备的自卫队，在“中国威胁”的借口下不断加快发展威慑中国及其他亚洲国家军力的步伐。2000年5月，美国国防情报中心与全美科学者协会分析了亚洲沿海的卫星照片后，公开发布

"中国的军事力量很难说是威胁",① 就是一个很有说服力的证明。世纪之交，日本决定继续朝着远程化、尖端化、独立化的建军方向发展，在重点加强控制周边海域能力的同时，加强海外派兵能力，提升远程投放力量，以几乎与美军的军事技术革命同步的速度，发展打赢高科技现代化战争的作战能力。

具备"亚洲最强"海空军力的日本自卫队能否依法投入战争？

1994 年以来通过修改法律法规等方式，自卫队完全可以依据现有法律与其他国家交战。包括允许杀伤性"危害射击"的"有事法制"，给和平解决日本与周边国家之间的非蓄意性冲撞带来不确定性。按照《周边事态法》等新指针相关 3 法，自卫队能够在发生"周边事态"的地区与敌方交战：自卫队能够随同美军开赴"远东"及日本周边的任何地区，无论从事何种类型的后方支援，无论其遭受"破坏"的物品种类——从舰艇到液体燃料，一旦受到"损害"都将成为自卫队交战的合法根据。自卫队按照内阁决议执行周边事态基本计划时，可以从事 3 种行动：（1）对美军进行后方支援；（2）搜索救助活动；（3）检查船舶。自卫队扩大了在（2）（3）行动中使用武器的权限，为保护舰艇能够使用重型武器应战。根据《自卫队法》第 95 条，执行公务的自卫队员被赋予无论在何种情况下为了防护武器等而使用武器的权限（《联合国维护和平协助法》规定，参加维和的自卫队员不适用《自卫队法》第 95 条）。在上述"海上警备"和"周边事态"中，为防护船舶、飞机、车辆、通信设备、液体燃料等都能够使用武器，在"正当防卫"、"紧急避难"的情况下允许加害于人。上述交战行为完全可能扩大到自卫队执行"防卫出动"命令，参与较大规模的局部战争。因为根据 1954 年 3 月保安厅与内阁法制局经过调整后作出的解释，自卫队"防卫出动"的必须条件——"来自外部的武力攻击"中，包括"对我国周边的国家的船舶及飞机的攻击"。尽管下达"防卫出动"命令原则上需要国会批准和首相指示，但防卫厅长官（现为防卫相）有"自卫队统一运用"的认定批准权，参谋长联席会议主席有"自卫队统一运用"的指挥权，军方手中

① 《朝日新闻》1999 年 8 月 23 日。

的权力将在很大程度上架空“文官节制”的约束。

总之，世纪之交，日本自卫队无论随同美军在“周边事态”地区还是在与他国存在主权纠纷的海域，都能够依法作战甚至可能挑起局部战争。从美国、日本政府和自卫队当局三方之间形成的牵制关系来看：首先，日本政府能否批准实施周边事态计划基本取决于美国。但自卫队如果在周边海域制造武装冲突，美军很难做到完全控制局面。其次，日本首相虽然对自卫队的行动有批准权，但几乎没有控制冲突升级的能力。只要自卫队组成联合作战部队投入战斗，参谋长联席会议就依法取代防卫相指挥，内阁及国会对于联合部队的行动或许只能起到事后认可的作用。所以，美军对与其采取共同行动的日本自卫队发挥重要的约束作用，但日本自卫队存在从后勤支援转为与美军共同作战的空间；日本政府及国会在与美国和日本军方的关系中完全处于被动地位，日本首相对军方的控制能力有限。美国对日本虽然一贯并用鼓励与牵制政策，但1999年5月以后鼓励多于牵制，美国军方希望日本发挥英国盟友般的作用。日本自卫队具备越来越强大的海空作战能力，限制行使武力的法律束缚却越来越少，不能不引起亚洲邻国的高度警惕。

第八章

小泉、安倍内阁的新保守主义战略

日本新保守主义从建立和修改法律法规入手，恢复日本的“正常国家”（或“普通国家”）地位及权利，反对修改宪法第9条的日本民众把“正常国家”诠释为“能够进行战争的国家”，可谓一语中的。21世纪后，新保守主义政治家小泉纯一郎、安倍晋三、麻生太郎掌权执政，在美国引导日美同盟升级的有利环境中，借助“9·11”恐怖袭击事件的强劲东风，以异乎寻常的势头在国内构建战时法制体系，在亚太地区构建“多层次安全保障网”。

第一节　小泉内阁整备国内战时法制

“9·11”恐怖袭击事件后美国发动“反恐”战争，日本首次派遣陆上自卫队进入战火纷飞的伊拉克，派遣航空自卫队承担美军的运输任务。在东亚，日美两国将“朝鲜威胁”等同恐怖主义——2001年12月发生“朝鲜特工船”事件后，2002年9月17日，朝鲜在朝日首脑会谈中承认绑架日本人的事实，美国把朝鲜定为“邪恶轴心国家”之一，日本部分政界人物借朝鲜绑架日本人问题扩大个人政治影响，自民党内成立“尽早救出朝鲜绑架的日本人行动议员联盟”，经济产业大臣中川昭一担任会长，与其他涉及绑架问题的民间组织一道，在应对“朝鲜威胁”的名义下对政府决策施加影响。在安全高于一切的社会氛围中，国家安全保障领域几乎没有“左”“右”界线，涌现出一批超党派的新保守主义力量——年富力强的新“国防帮”，其中坚人物包括武见敬三（自民党）、石破茂（自民党）、小池百合子（保守党）、前原诚司（民主党）等人，具有对中国、朝鲜持强硬立场，亲台特别是亲“台独”势力，既要争取美国支持日本对抗朝鲜并应对中国的强大，又要实现日美关系“对等”，力主日本应解除“集体自卫权”的束缚实现国家正常化等共同特点。

2001年4月，高举“改革”和“修宪”旗帜的小泉纯一郎当选自民党总裁，组成新保守主义内阁。小泉上台之初内阁支持率高达85%，“反恐”一边倒的国际局势对小泉政府推进“有事法制”极其有利。小泉内阁把支援美国反恐与日本构筑“后战后”国家体制的进程相结合迅速构建战时法制。2001年10月5日，小泉内阁向国会提交《反恐特别措施法》、《自卫队法修正案》、《海上保安厅法修正案》，18日顺利通过众议院审议，29日经参议院表决后生效。从提出法案到参议院表决通过仅用了3周时间。1992年6月，国会表决《联合国维护和平活动合作法》，历时21个月；1999年5月国会通过《周边事态法》也经过13个月的酝酿和审议。日本国会以如此异乎寻常的速度为海外派兵紧急立法，前所未有。新保守主义势力实际上把协助美军“反恐”作为日本在朝鲜绑架日本人质、对抗“中国威胁”问题上获得美国支持的交换条件，提至避免重蹈日本海湾战争覆辙、维系日美同盟关系的高度对待。《反恐特别措施法》规定，在法律有效期2年内，自卫队能够在日本国内、公海及得到许可的其他国家，在没有战斗或不会发生战斗的地区，为美军运输武器弹药、提供情报和搜救失踪人员等；派遣自卫队的计划不必事先报告国会，只须首相同意并经过内阁会议讨论，如果20天内国会否决派遣计划则必须撤回自卫队。《自卫队法》、《海上保安厅法》

按照反恐法作出相应修改，进一步放宽自卫队使用武器的限制，自卫队员不仅能够武力自卫，而且能在其管理下的难民营遇袭时使用武器，对拒绝检查逃离的可疑船只使用武器。

2001年11月25日，海上自卫队依照《反恐特别措施法》向印度洋派遣3艘护卫舰，为以美军为主的多国部队运输物资提供燃油补给，同时担任侦察警戒任务。12月，在奄美大岛东海海域，日本海上保安厅的巡逻艇与“朝鲜特工船”展开枪战并击沉朝方船只。这一事件成为小泉内阁构建战时法律法规体系的强大动力。2002年4月，在“保护国民免遭外来武力攻击”的名义下，小泉内阁制定《应对武力攻击事态法案》等“有事”7法案提交国会审议，11月又确定“保护国民法制”的主要内容。2003年6月6日，国会正式通过《应对武力攻击事态法》等相关3法，基本解决国内临战和战时紧急动员的法律问题。迄今为止，这一领域的立法遇到的阻力最大，小泉内阁借助国内外的有利条件攻下这个难关。日本军方对此给予高度评价，认为通过立法过程的讨论，加深了国民对国家安全的理解，形成朝野各党的广泛共识，“在这一点上，可以说对于我国的防卫政策是历史性的转折点”。① 在20世纪90年代实现《联合国维和活动协助法》、《周边事态法》等新日美防卫合作指针相关三法的立法以后，小泉内阁实现《应对恐怖特别措施法案》等三项反恐法案的立法，为日本自卫队“海外派兵”拓宽了道路，实现《应对武力攻击事态法案》等三项应对“日本有事”法案的立法，进一步强化日本国内战时法制。随后，又将目标锁定在解决自卫队海外派遣常态化、扩大“海外用兵”的立法上。

小泉政府首先解决自卫队在境外行动的法律依据问题。为了减少国内阻力，采取将自卫队在公海活动的立法，与“保护国民”、支援美军等法律捆绑立法的方式，作为一揽子“有事法制”处理。2004年3月，小泉内阁通过“有事7法案”提交国会审议，5月间联合执政党和在野党民主党提出修正意见进行协商后，在众议院表决通过，6月14日又

① 「武力攻撃事態対処関連3法成立の意義」、防衛庁：『日本の防衛』（防衛白書）平成15年版、第167ページ。

在参议院以绝对优势赞成票通过表决。“有事7法”包括：《限制外国军用品等海上运输法》、《自卫队法修改法》、《支援美军行动措施法》、《特定公共设施利用法》、《俘虏处理法》、《违反国际人道法行为处罚法》、《国民保护法》。其中，《国民保护法》因涉及战时损害和限制国民“私权”历来被视为禁忌，但是此次国会审议过程却非常顺利。《国民保护法》给予全国知事强制使用私有土地和房屋的权利。按照《特定公共设施利用法》，日本自卫队与美军能够优先使用日本各地的机场、港口、道路、领海、领空和电波等特定的公共设施。《支援美军行动措施法案》规定，日本有义务在“日本有事”之际向美军提供弹药和私有土地用来攻击他国，以达到“保卫日本”的目的。《自卫队法修改法》新增自卫队为参加日本的救灾、运送海外日本人回国以及因训练等原因暂时滞留于日本设施的美军提供物资和劳务的新权限。至此，日本基本完善战时法律体系，确立在“有害于日本安全”的情况下，武力干预地区纷争的法律依据。值得关注的是，《限制外国军用品等海上运输法》规定，日本自卫队能够在“武力攻击事态”中，对航行在公海上的无论敌国还是中立国的所有船只进行强制停船检查；对“运输外国军用品的船只”——包括武器弹药、燃料、粮食、防弹衣等军用品在内的军需物资——能够采取卸货、押送驶往日本港口接受防卫省设立的外国军用品法庭审判等行动；对拒绝停船者实施武力攻击，“为确保停船措施之实效性，允许自卫官在合理的必要限度内使用武器”。这种行动违反《日本国宪法》第九条和1956年“政府宪法解释”所禁止的“国家交战权”，即“缉捕中立国的船舶等权利”，已经远远超越“专守防卫”的自卫范围。将《限制外国军用品等海上运输法》等“有事7法”（简称新法）与1999年5月《周边事态法》（简称旧法）相比较，不难看出二者之间存在本质区别：（1）自卫队与敌国之间“交战方式”发生变化。旧法规定，对美军提供后勤补给的自卫队，可以在燃料、设备等遭到破坏后进行反击，即自卫队通过反击可进入参战状态；新法规定，自卫队舰艇能够主动拦截和攻击包括第三国在内的船只。（2）自卫队行使武力的活动范围进一步扩大。旧法规定自卫队合法的行动范围是没有地理概念限制的“周边”；新法明确规定自卫队的行动范围扩大到公海。（3）自卫队的任务发生质变。旧法规定，自卫队仅对美军提供后勤支援；新法将自卫队的任务扩大到封锁公海，强令所有船只停船检查、禁运军用品、武器弹药、燃料、粮食、防弹衣等，并且根据拒绝停船等情况直接使用武力乃至参战。（4）供给美军的后勤支援物资的内容发生变化。旧法规定自卫队提供燃料等军需物品；新法将此扩大到提供用于攻击敌国的弹药。（5）彻底改变自卫队支援美军行动的性质。旧法规定自卫队的"后方支援"是从事海上搜救一类的辅助性、人道主义色彩浓厚的救援活动；新法将此扩大到切断敌国海上军需补给运输线，并且可能为达到这一目的而采取攻击性行动——局部参战行为，从而把自卫队的"后方支援"与美军的"前方攻击"融为一体。一言以蔽之，新法已经大大超出防御范围，除了自卫队与美军联合发起进攻并肩战斗，"先发制人"打击敌国，为美军提供武器等仍然受到法律约束外，自卫队基本具备了在模糊地理界线的周边、明确地理界线的公海，单独或日美共同应对"有事"的法律保障。

小泉内阁在基本完善战时法制的基础上，制定新国家防卫战略的纲领性文件——2005 年 4 月至 2009 年 4 月实施的新 5 年《防卫计划大纲》。2004 年 4 月，首相官邸为了主导制定新安全保障政策的远景规划，设立首相私人咨询机构"安全保障与防卫力量恳谈会"（简称小泉恳谈会），东京电力公司的顾问荒井浩出任恳谈会的主席，成员是神户大学教授五百旗头真等著名学者、原防卫厅参谋长联席会议主席西元彻也等前军方高官、前驻美大使柳井俊二、前内阁官房副长官古川贞二郎等共 10 人。另一方面，防卫厅自"9·11"事件后也开始研究修改防卫大纲的内容，研究日本受到武力攻击时的应对方法，因此小泉恳谈会的报告实际上认同防卫厅制定的战略构思，提出关于日美之间分担的责任和作用展开战略协商，制定新日美安保联合声明等建议，积极回应布什政府倡导的日美同盟"全球化"。

2004 年 10 月 6 日，小泉恳谈会向小泉首相提交《"安全保障与防卫力量恳谈会"报告——未来的安全保障和防卫力量设想》（简称小泉恳谈会报告）。报告首先对 21 世纪日本的安全保障环境作出评估，认为主要存在三个问题：第一，日本周围有俄罗斯和中国两个拥核国家，以及没有断念开发核武器的国家朝鲜；第二，朝鲜开发大规模杀伤性武器与开发部署弹道导弹的直接威胁相重叠；第三，不能否认台湾海峡两岸发生军事冲突的可能性。其次，小泉恳谈会报告关于今后5年日本防卫力量的发展提出下述建议：(1) 为日本安全保障“重新定义”，从现行防卫大纲规定的建设“基础防卫力量”，转换为应对恐怖、弹道导弹等新威胁的“多功能、有弹性的防卫力量”；(2) 修改日本“专守防卫”的安保目标，将“防卫日本”与“改善国际安全环境”并列为日本国家安全保障的目标；(3) 把自卫队“参与国际活动”提升为自卫队的“本职任务”，完善永久性海外派兵法制；(4) 维护和加强日美同盟，制定新“日美安保联合宣言”；(5) 修改“武器出口三原则”，放宽对美出口武器的限制；(6) 彻底加强“安全保障会议”的功能。① 此外，报告还在“附言”部分建议，尽早梳理关于行使集体自卫权的讨论。②《每日新闻》发表评论说，这份报告完全接受了“9·11”事件后美国提出的重视美军机动作战、实施“先发制人”攻击等转变军事战略的要求，考虑“建立自卫队与美军一起派遣到任何地方处理国际纷争的态势”。日本政府预定按照报告指出的方向修改《防卫计划大纲》，蕴含脱离“专守防卫”国家发展路线的可能性，“将自卫队的活动范围扩大到全世界”。③

2004年12月，小泉内阁通过《2005年以后的防卫计划大纲》(以下简称新防卫大纲)，部分落实了小泉恳谈会报告提出的建议。新防卫大纲在“我国安全保障的基本方针”中提出二个防卫目标：“我国安全保障的第一目标，是防止对我国的直接威胁”，并且在威胁波及我国的情况下加以排除，使危害最小化；“第二目标是改善国际安全保障环境，防止威胁波及我国”。首次将日本的安保目标扩大到没有地理界限和具

① 「安保防衛懇：『多機能弾力的防衛力』を提唱」、『毎日新聞』、2004年10月4日。

② 「安保防衛懇：対テロ『弾力的防衛力を』武器輸出3原則を対米緩和——報告書まとめ」、『毎日新聞』、2004年10月5日。

③ 「安保防衛懇報告書：『極東』から『世界』に、米要請に沿う」、『毎日新聞』、2004年10月5日。

体规定的“改善国际安全保障环境”的范围之内。新防卫大纲规定自卫队的新职责是“能够有效地应对新威胁和多种事态”，自卫队今后的建军重点是，“具备适应性、机动性、灵活性、多用途性，得到建立在军事技术水准变化动向基础上的、高度的技术力量和情报能力的支持，多性能而且灵活有效”，要求“自卫队的任务多样化、国际化、装备高度化”。新防卫大纲将参与国际安全事务作为自卫队的二大主要任务之一，除保卫本国外，防卫力量“有必要能够自主并积极地致力于国际和平合作活动”。[①] 这在1995年制定的旧防卫大纲中曾被定为非基本任务。在现行《自卫队法》中，自卫队参加“联合国维和活动”等“国际和平合作”，与“协助运动会比赛”等“附属任务”并列记载在“杂则部分”。[②] 实行新防卫大纲后，通过修改《自卫队法》，“国际和平合作活动”提升为自卫队的“本职任务”，其重要程度与应对外国侵犯日本领土的“防卫出动”和“治安出动”相等。

与《1996年以后的防卫计划大纲》（1996年4月至2000年4月实施）相对照，不难看出小泉内阁制定的《2005年以后的防卫计划大纲》的战略转变。1996－2000年的防卫计划大纲规定“安全保障与防卫力量的基本方针”是，防卫力量应该担负3项主要任务：（1）以防卫日本为基本任务；（2）充分准备应对大规模灾害等各种事态；（3）日本在积极致力于构筑更加稳定的安全保障环境的过程中，适时适当地承担责任。[③] 这是日本防卫政策的纲领性文件首次将参与国际安全事务作为自卫队的3项职责之一。小泉内阁制定的新防卫大纲，把“改善国际安全保障环境”进一步提升为日本国防的两大目标之一，把参与国际安全事

---

① 「平成17年度以降に係る防衛計画の大綱について」（平成16年12月10日安全保障会議決定、閣議決定）、防衛庁『平成17年版日本の防衛』（防衛白書）資料12、第353－354ページ。

② “自卫队法修正案提上普通国会，将海外活动作为本职任务”，《每日新闻》2005年1月7日。

③ 「平成8年度以降に係る防衛計画の大綱について」（平成7年11月28日安全保障会議決定、閣議決定）、防衛庁『平成15年版日本の防衛』（防衛白書）資料11、第324－325ページ。

务提升为自卫队的主要任务。但新防卫大纲在基本方针中照旧标榜“专守防卫”，[①] 令人感到与其防卫目标不相吻合。

从《周边事态法》等新《日美防卫合作指针》相关三法（1999 年 5 月）的立法，到《应对武力攻击事态法》等“有事三法”（2003 年 6 月），再到《限制外国军用品等海上运输法》等“有事七法”（2004 年 6 月），再加上“9·11”事件后通过的《反恐特别措施法》等反恐三法（2001 年 10 月），在短短 5 年时间内，小泉内阁超高速地整备战时法律体系，顺利实现国家防卫战略的转变，改变了第二次世界大战后日本限制发展和使用军力的状况，在很大程度上解除了海外派兵和海外用兵的法律法规制约，为日美两国“共有力量”奠定了基础。

2004 年 6 月完成“有事七法”的立法程序后，小泉内阁又按照美方的意图，把强化日美军事同盟体制提上政治日程。11 月，日美启动国防部长与外交部长之间的“2＋2”战略协商，2005 年 2 月 19 日发表《日美安全保障协商委员会联合声明》。这一日美联合声明又被称作日美同盟“全球化”的蓝图，划时代地扩大了双边同盟的适用范围，提出两国在“世界”和“地区”的 18 项“共同战略目标”，包括台湾海峡在内的、与中国有关的问题在日美同盟的地区性共同战略目标中占有 3 项。[②] 随后，日美围绕两国军力的合理配置、高效协调运用、同盟与第三方建立合作机制等展开协商，2005 年 10 月发布关于两国军力的“作用、任务、能力”的建议报告《日美同盟：未来的变革与重组》，[③] 至 2006 年 5 月制定出《实施整编的日美路线图》，最后确定包括冲绳普天间机场的替代设施，8000 名美国海军陆战队员从冲绳迁移至关岛，重

---

① 日本政府关于“专守防卫”的正式见解：只能拥有防御所需的最低限度的防御力量；只有遭到武力攻击时才能使用防御力量；防御力量的使用只限于自卫所必须的最小限度。据此，日本防卫力量只能在日本国土及领海内进行防御作战，而不得对他国领土内的基地实施攻击，不得向海外派兵，不得装备进攻性武器。吴廷璆主编：《日本史》，第 1140—1141 页。

② 日本外務省：「共同発表日米安全保障協議委員会」2005 年 2 月 19 日。http：//www.mofa.go.jp/mofaj/area/usa/hosho/2＋2_05_02.html。

③ 日本外務省：「日米同盟：未来のための変革と再編」、2005 年 10 月 29 日、http：//www.mofa.go.jp/mofaj/area/usa/hosho/henkaku_saihen.html。

新部署横田和座间基地等驻日美军重组的细节。[①] 经过2005—2006年的战略调整，日美同盟在小泉与布什的执政重叠期迅速增强，日本终于在战败半个多世纪后，迎来与美国发展“对等的”军事合作伙伴关系的新时代。以导弹防御系统为代表的日美双向防卫合作证明，日本已在法律许可的限度内，改变自卫队辅助美军的附属地位，为“把日本绑在美国战车上”的历史画上句号。但是，在成为“普通国家”的关键——是否解除“行使集体自卫权”的自我约束的问题上，小泉首相并未兑现竞选承诺。

第二节　安倍内阁构筑多层次安保框架

2006年9月，一贯主张对外强硬的新保守主义政治家安倍晋三担任自民党总裁，接替小泉纯一郎出任内阁首相。安倍内阁在继续落实小泉内阁规划的安全保障战略的同时，积极谋划和实施安全保障战略扩张，先后与澳大利亚、印度建立双边安全合作框架，构建日、美、澳、印四国安全合作框架，并且成功地使美国在“2+2”声明中认同日澳安全合作关系，努力创立“亚太地区新秩序”。在加强日美同盟体制，实现“日美共有力量”的战略目标的同时，构建日本的“多层次安全保障”框架。

安倍内阁上台时正值布什政府执政后期。美国发动伊拉克战争不能自拔，东亚国家积极推动东亚共同体建设，中国和印度迅速崛起。此前，小泉政府推行对美一边倒的外交政策，与中韩等国不断恶化外交关系，在东北亚地区陷入孤立，东亚国际政治版图发生了新变化。另一方面，中美关系在布什执政后期出现明显改善，中美在重大国际问题特别

---

① 日本外務省：「ライス国務長官、ラムズフェルド国防長官、麻生外務大臣、額賀防衛庁長官：『再編実施のための日米のロードマップ』」、平成18年5月1日、http://www.mofa.go.jp/mofaj/kaidan/g_aso/ubl_06/2plus2_map.html。

是反对“台独”及“入联公投”这一涉及中国核心利益的问题上加强协调，在包括朝核问题六方会谈在内的国际事务中进一步加强合作。这些变化必然反映到日美关系上。2007 年 2 月 16 日，美方公布理查德·阿米蒂奇、约瑟夫·奈等人撰写的《美日同盟——让亚洲沿着正确道路走到 2020 年》（阿米蒂奇报告Ⅱ），提出：“美国在亚洲的优势并非永久性的”，针对中印两个大国同时崛起、“日本再次觉醒”，台湾和朝鲜半岛等遗留问题和“互相较劲的民族主义”，提出希望日本“建立一种与美国利益相一致的地区架构”的设想，而实现这一设想的关键在于，美、日、中、俄、印度和欧洲之间保持合作关系。阿米蒂奇报告Ⅱ关于中国与美日两国之间的关系表明以下立场：在亚洲地区政策上，美日应力求“对中国采取协调一致的态度”，在中日美利益一致的情况下力求三方合作，即使三方利益不完全一致，也“力求给中国指明一条成为负责的利益攸关者的道路”，在朝鲜半岛等“一些关键问题上要求中国更积极地合作”。[①] 显然，美方认为小泉政府陷于东北亚外交孤立，不符合美国在东亚的战略利益，有针对性地提出了美国对中、日、美三边关系的原则立场。

2007 年 5 月 1 日，日美安全保障协商委员会发表“2＋2”联合声明——《同盟的变革——日美安全保障及防卫合作的进展》。声明宣称：美日同盟需要开放性的变革以应对新挑战，美日与价值观相同的澳、印、北约之间加强安全合作，与中国加强“协调”，使中国成为负责任的“国际利益攸关者”。这项声明调整 2005 年 2 月 19 日发表的（《日美安全保障协商委员会联合声明》）“共同战略目标”，删除与中国有关的 3 项目标，新增 3 项——（1）发展日澳之间的安全保障与防卫领域的具体合作；（2）日美与印度“为了推动共同利益领域的发展加强合作”，“继续加强伙伴关系”；（3）“日本与北约实现更加广泛的合作”，通过“以同盟为基调的合作”，扩大日美同盟的覆盖范围。与 2005 年的日美

① 第 2 次アーミテージ報告：「米日同盟、2020 年に向けアジアを正しく方向付ける」、2007 年 2 月 16 日 http：//www.kyodo－center.jp/ugoki/kiji/070216armitage.htm。

“2+2”联合声明相比较，2007年的声明不但从日美同盟的“共同战略目标”中删除了与台湾有关的内容，而且关于中国的用词更加缓和。例如，“正在认识到中国的贡献对于地区和世界的安全保障的重要性，进一步促进中国作为负责任的、国际利益攸关方采取行动，提高军事领域的透明性，以及维持所表明的政策与行动之间的一贯性”。[①] 不难看出，仅仅时隔两年，中国因素在日美同盟实行开放性变革过程中的地位和作用已经发生新变化。

上述两份重要文件表明，美方适应中国崛起的新形势，调整东亚战略，引起日方的高度重视。日本朝野对此进行了详细分析。安倍内阁对外战略的着力点即在于应对美国的战略调整，构建日本多层次安全保障框架。首先，日方在解读阿米蒂奇报告Ⅱ之际非常重视中国因素。日本防卫省智库人士解读说：阿米蒂奇报告Ⅱ“鼓励中国选择走和平统合于国际社会的道路”，是针对“前途不透明的中国的对策”，认为构筑美国所希望的地区秩序的关键，在于美国与价值观不同的中国的关系；阿米蒂奇报告Ⅱ提出三条解决途径：第一，日美中三国关系左右东亚的稳定，应该努力营造三国之间的良好关系；第二，为保持美国对亚洲的影响力，美国继续参与亚洲事务；第三，为了民主主义价值观和制度在亚洲生根，包括成功实现民主主义价值的印度、澳大利亚在内的亚洲国家在成为各国典范的同时积极参与地区问题；“重要的是，不是疏远中国，而是尽可能维持良好的关系”。日方从这份文件中捕捉到美方唯恐被东亚一体化进程排除在外的危机感，认为在中国国力提升迅速在亚洲扩大影响的情况下，美国被迫重构亚洲战略。[②] 此外，日本民间舆论也从不同角度表明类似见解。如《朝日新闻》2007年5月在题为“谋求新战略第四章：安全保障和经济统合，日美中协调未来”的文章中指出：

---

① 日本外務省：「共同発表日米安全保障協議委員会『同盟の変革：日米の安全保障及び防衛協力の進展』2007年5月1日 http://www.mofa.go.jp/mofaj/area/usa/hosho/2plus2_07_kh.html。

② 防衛研究所統括研究官近藤重克：「『新アーミテージ・レポート一望ましいアジア地域秩序の構築と中国への対応』」、『防衛研究所ニュース』2007年3月号（通算109号）、第3～4頁。

“美国正在进入日美同盟与美中合作两轴并存于东亚的时代”，朝着“产生合伙效果的、胸怀宽广的协作”的方向，美中、美日、日中“三个双边关系紧密化”。[①] 这一乐观分析不但高估了中国，而且“放大”了中美关系，把不断升温的中美关系与日美同盟相提并论，将中国视为美国推行亚洲战略的另一个重要“伙伴”。日本舆论普遍认为，美国的对华战略虽然是“参与和防范”并举，但美国国务院的重点放在“参与”上。日本在高估中国因素的同时低估美国影响。美国深陷对伊战争困境，日本认识到20世纪依靠军事力量解决问题的手法“到达极限”。日本驻联合国副大使神余隆博提出：“‘多极世界’对于战后过度依赖美国的日本来说，是未曾体验过的不安地带。日美同盟作为外交手段具有极高的利用价值，但不如冷战时期那样万能。”这个观点代表日本精英层重新思考日美同盟在日本国家战略的定位。特别是日本主流舆论一向批判日本在外交和安全领域“追随美国”，将小泉、安倍政府构筑后战后国家安保战略视为世界格局“多极化”的结果，赋予日本战后首次实现“战略自立”的积极意义。[②] 就整体而言，日本国内反对扩充军备的和平主义力量，鼓吹军国主义的极右翼势力出现不同程度的弱化，主要执政党自民党与最大的在野党民主党之间关于日本参加美国主导下的国际军事活动的分歧，仅仅在于是否得到联合国的授权，反对加强日本在亚太地区的军事存在的呼声远远不及支持者强大。

与不断改善的中美关系相比，日美之间的外交分歧加大。2006年10月朝鲜进行的核试验“令日本怀疑美国保卫日本承诺的可信度和吓阻平壤的能力”，“日方越来越多的人认为，只要对核扩散的担忧得到解决，美国将接受朝鲜成为核国家”。美印两国最近签署的核合作协议，也被日方认定为“美国支持核不扩散的决心已不那么坚定的证据”。[③]

---

① “谋求新战略第四章：安全保障和经济统合，日美中协调未来”，asahi. com《朝日新闻》网站2007年5月。

② “谋求新战略第六章：日本的安保战略也发挥消除‘世界的弱点’的作用”，asahi. com《朝日新闻》网站2007年5月。

③ ［美］布拉德·格洛瑟慢：“联盟的核基础”，《日本时报》2007年4月19日网络版。

美国对朝核问题六方会谈态度的变化使日本怀疑美国能否继续保卫日本。与极少数右翼人士言及日本有必要发展核武器不同，官方否定日本拥核的可能性，但对继续依赖美国的核遏制力心存疑虑，认为朝核试验后，美国对朝弃核不抱希望，外交重点已转为阻止朝核流入他国造成核扩散。如果美国不明确继续对日提供核遏制力，将引起对日美同盟的存在意义的质疑。[①] 日本军方认为，美方必须明确“如何运用核保护伞”，在讨论是否应该修改“无核三原则”中“不运进核武器”的原则之前，应该由美方证实日本能否继续维持依赖美国核遏制力的政策。[②]

自安倍在小泉内阁任职时期通过处理“朝鲜绑架日本人”问题扩大政治影响，解决朝鲜绑架问题就成为提高政府支持率的一面旗帜。日本对美国解除对朝资金冻结十分不满，更担心美国容许朝鲜拥核。2007年1月，《纽约时报》报道美国默认埃塞俄比亚违背联合国安理会第1718号决议从朝鲜进口武器一事，[③] 日本质疑美国是否在同盟的战略上保持一致。2007年4月，美国国务院发表国别反恐年度报告，关于绑架问题的内容仅有前年的三分之一，美国议会调查局的报告甚至预测说，今后美国将面临优先考虑日美同盟关系，还是朝鲜弃核进程的问题。[④] 4月16日，《日本经济新闻》发表社论紧急呼吁：“美国对朝政策的基本原则绝不能崩溃”，“如果布什政权如此急功近利，美国将损失日美之间的信赖关系和美国的国际威信”。[⑤] 2007年4月，安倍首相访问美国，其首要目的即重新确认日美合作以可核查的方式全面废除朝鲜核

① “随处可见‘同盟变革’，提前部署导弹防卫，美国明确提供遏制力”，《日本经济新闻》2007年5月2日。

② 采访防卫省副大臣次长守屋武昌：“确认与美国运用‘核保护伞’”，《读卖新闻》2007年5月6日。

③ 「米国：北朝鮮の武器輸出を黙認　政府、エチオピアへ配慮——.ⅣYタイムズ紙報道」、『毎日新聞』2007年4月9日。

④ 「テロ報告書：日米同盟重視か、北の核放棄優先か、米迫られる決断」、『読売新聞』2007年5月2日。

⑤ “美国朝鲜政策的基本原则绝不能崩溃”，《日本经济新闻》社论，2007年4月16日。

设施。[1] 然而，当安倍携带延长自卫队支援伊拉克派遣法、促进驻日美军整编法、设立研究行使集体自卫权问题的首相私人咨询机构等厚礼访问美国时，与布什总统的会谈及“2＋2”协商会议却没有深入讨论朝核问题。[2] 安倍首相还不得不解释日本政府关于慰安妇问题的立场，以平息包括“亲日派”在内的美国国会的谴责。日美首脑会谈也没有消除互不信任的因素——美方对日方泄漏宙斯盾舰载反导系统机密表示强烈不满；日本既不信任美国盟友能否维持核遏制力，也不满意会谈没有涉及修复和加强核不扩散体系问题。[3] 日本要求美国在绑架问题解决之前，不要将朝鲜从支持恐怖主义国家的黑名单中除名，美国则在宣布除名决定前 30 分钟才将此事告知日本首相。[4] 日本担心日美外交分歧对其国家利益产生更多的负面效应，重新审视追随美国的国际战略，将日本国家安全保障战略巧妙地融入日美同盟的开放性变革之中，在美国的支持下实现日本安全战略的自主自立。

安倍内阁在小泉内阁的基础上一面继续落实驻日美军重组路线图，一面积极构建三个安全合作框架：建立日澳、日印双边安全保障机制，力倡日、美、澳、印四国安全合作框架。与澳大利亚和印度建立双边安全合作框架，集中体现了安倍内阁的新保守主义安全保障战略。

1. 构建日、美、澳、印四国安全合作框架。安倍晋三在担任首相前夕出版的《美丽的国家》一书中提出：日本与“亲日的民主主义国家印度”和澳大利亚“共有自由、民主主义、基本人权、法治的普遍价值观”，“如果能够举行日美澳印四国（亚洲和大洋州的民主三国 G3 和美国）的首脑或外相级别的会晤，特别是从战略的观点，协商如何为在亚洲与其他国家共有这一普遍价值观做贡献而进行合作，是非常好的一件

---

① “安倍访美能让日美同盟正常化吗？”《日本经济新闻》社论，2007 年 4 月 16 日。

② “首脑会谈与 2＋2：对伊拉克、朝鲜未深入讨论”，《朝日新闻》2007 年 5 月 3 日。

③ “2＋2：强化同盟背后的不信任”，《朝日新闻》2007 年 5 月 2 日。

④ 亚历山大·热宾：“独特的‘无核化’”，俄罗斯《独立报》2009 年 2 月 2 日。

事。日本有必要为此发挥领导作用。"[①] 安倍担任首相后，积极倡导四国协商在亚洲普及"价值观"等战略设想，被包括日本媒体在内的国际舆论界视为"构筑中国包围网"，在麻生太郎外相提出的日本在欧亚大陆外围打造"自由与繁荣之弧"的"价值观外交"中占据核心位置。2007 年 1 月，麻生外相在夏威夷举行的日美外长会谈中建议"加深日美澳印四方对话"，美国国务卿赖斯回应说"需要研究"，并未作出积极回应。[②] 5 月，日、澳、美、印四国官员应日方要求举行了会谈。对此，澳大利亚官方否定四国结盟对抗中国，称"这些国家的官员正在商讨共同感兴趣的问题"，但四国"无意建立一个新的安全集团"。[③] 8 月 21 日至 23 日，安倍首相出访印度时再次提出四国战略同盟的设想。[④] 法国媒体就此指出，日本在亚洲地区扮演的角色发生变化："日本正在显露出新的战略野心，力图建立更多的伙伴关系，以改变只与美国发展安全关系的局面。"[⑤]

2. 构建日澳双边安保合作框架。自 2005 年小泉内阁执政时期，日澳两国每年分别举行副部长和部长级会议，[⑥] 安倍内阁大力拓展双边安全合作，平均每三个月取得一项重大进展。2007 年 3 月，安倍与澳大利亚总理霍华德会谈，提出希望加强一揽子战略合作关系，日澳首脑在东京签署《日澳安全保障联合宣言》，这是日本首次与美国以外的国家发表安全保障宣言。日澳在联合宣言中表示两国"继续发展反映共同价值与利益的战略伙伴关系"；"包括关于共同关心领域的安全保障的进展加强定期、建设性的交换意见及评估在内，加强日本国自卫队与澳大利

---

① 安部晋三『美しい国へ』文春新書 2006 年 7 月，第 160 頁。

② "谋求新战略第七章：在东亚建设信任共同体"，《朝日新闻》网站 2007 年 5 月，http://www.asahi.com。

③ 澳大利亚外交部高级官员珍妮弗·罗森对参议院一个委员说："这些国家的官员正在商讨共同感兴趣的问题"。四国应日方要求近期举行了会谈。但她坚称，他们无意建立一个新的安全集团"。法新社悉尼 2007 年 5 月 28 日电。

④ 日本首相安倍首访印度主打日印经贸牌，新华网 2007 年 8 月 24 日电。

⑤ [法]"米谢勒·阿利奥一马里在东京和首尔主张建立'欧亚安全伙伴关系'"，《世界报》2007 年 3 月 20 日。

⑥ 加治康男："日美澳军事合作的点与面"，《世界》月刊 2008 年 7 月号。

亚军队及其他安全保障相关当局之间的实际合作，为应对新安全保障上的课题与威胁，相互以及与其他国家共同合作”；日澳加强合作与协商的领域包括：维和、人道主义救援、日本担任联合国常任理事国、越境犯罪、国境安全、反恐、应对大规模流行性疾病等紧急事态，“确保海上及航空安全”，以及“关于亚太地区以及超出这个地区范围的共同战略利益问题”，两国还约定加强外交部与国防部之间的联合对话，每年举行一次外交与国防部长的2+2战略对话。[①] 此外，《日澳安全保障联合宣言》主张两国“共有价值观”，强调通过加强双边合作稳定亚太地区局势，“确保海上及航空安全”，自卫队与澳军在跨国犯罪对策、国境警戒等9个领域进行人员交流和联合训练，朝核、导弹及朝鲜绑架日本人问题也列入双边合作的范围。2007年6月，日澳外交与国防部长举行2+2协商并联合发表文件，确认两国应对的“共同课题”是：共同应对伊拉克、阿富汗、朝鲜的核开发与导弹威胁问题；共同支援东帝汶和太平洋岛国确保长期性、可持续性的开发”；“再次重申两国将关于多领域的安全保障课题继续合作”，推进重要战略情报的互换等。[②] 日澳2+2协商确立的“共同课题”囊括两国各自的战略关切，进一步充实了日澳之间安全保障合作的内容。2007年9月，安倍首相与霍华德总理举行会谈，发表《实施日澳安全保障联合宣言的行动计划》和《日澳气候变化与能源安全保障合作联合声明》。[③]《实施日澳安全保障联合宣言的行动计划》规定，日澳在亚太地区安全等问题上加强政策协调，在美日澳三边关系框架内加强日澳合作，两国通过修改2003年签署的日澳防务交流备忘录，实现国防部长每年会晤一次，扩大军事技术和情报交流，制定国际维和合作的年度细化措施，两国在反恐领域开展合作并

① 日本外務省：「安全保障協力に関する日豪共同宣言」平成19年3月13日。http://www.mofa.go.jp/mofaj/area/australia/visit/0703_ks.html。

② 日本外務省：「日豪外務・防衛閣僚協議共同発表2007」。http://www.mofa.go.jp/mofaj/area/australia/visit/0706_kh.html。

③ 日本外務省：「気候変動とエネルギー安全保障に関する更なる協力のための日本とオーストラリアの共同声明」平成19年9月9日，http://www.mofa.go.jp/mofaj/area/australia/0709_ks.html。

"探讨国境安全领域内两国之间合作的可能性"。[①] 安倍内阁执政期间，日澳合作关系实现全面快速发展，双方达成的安全合作协议，不但使日本在东帝汶特别是太平洋岛国拓展战略空间的活动得到澳大利亚的认可，日本还试图在与中韩俄存在领土争议的"国境"问题上争取澳方的合作。澳大利亚则在参与东亚共同体建设和朝鲜半岛安全等问题上得到日本的大力支持，澳方一直担忧被东亚一体化进程排除在外。可以认为，日本在推行新国家安全保障战略方面迈出非常重要的一步。日澳两国确定在实施防止大规模杀伤性武器扩散的海上安全拦截检查（PSI）问题上进行合作，以及"超出这一范围的合作"的目标，[②] 对于扩大日澳双方在亚太地区的军事存在具有极其重要的战略意义。与此同时，日澳共同表示支持美国在亚太地区的存在，麻生外相在会见澳大利亚外长时强调，日美澳战略对话是处理亚太地区及全球课题的重要而有效的框架，避免引起美方的猜忌与不满。

3. 建立日美澳三边安全协商机制。2006 年 3 月，安倍内阁建立日美澳三国外长级战略协商机制以后，在 2007 年 5 月进行的日美"2+2"磋商中提出，日美两国与澳大利亚推进安全保障与防务领域的合作：日本提出"基于共有民主价值和利益，包括安全保障与防卫领域在内，在地区及世界范围内进一步加强美日澳三国之间的合作"，[③] 美方赞同这一建议并将其列入日美同盟的"共同战略目标"，认为日美澳三边安全合作将更加有利于促进亚太地区的"民主和开放"。"同盟＋澳"的合作模式堪称推进日美同盟的开放性变革的首例成果。日美澳合作弥补了美澳同盟关系的不足。阿米蒂奇报告Ⅱ就曾提出，美澳联盟的主要问题在

① 日本外務省：「安全保障協力に関する日豪共同宣言を実施するための行動計画の主要な要素」平成 19 年 9 月，http：//www.mofa.go.jp/mofaj/area/australia/0709_kk.html。

② 日本外務省：「日豪共同ステートメント『包括的かつ戦略的な安全保障・経済パートナーシップ』」。http：//www.mofa.go.jp/mofaj/area/australia/visit/0806_ks.html。

③ 日本外務省：「共同発表日米安全保障協議委員会『同盟の変革：日米の安全保障及び防衛協力の進展』2007 年 5 月 1 日，http：//www.mofa.go.jp/mofaj/area/usa/hosho/2plus2_07_kh.html。

于：美方更重视全球问题，而澳方努力在地区利益与全球利益之间寻求平衡，存在着防御部队的规模和防御开支不对称等问题。[①] 2007 年 4 月 12 日，日美澳在东京举行会议，决定把日美澳三国外交与国防部门的局长级 2+2 协商机制化，每年关于弹道导弹防卫系统举行两次工作协商会议。

4. 发展日印双边安全合作框架。日本虽然早在 1952 年与印度建立外交关系，此后双边关系长期保持在较低水平上。2000 年 8 月森喜朗首相访问印度之后，两国关系的发展进入快车道。2005 年 4 月小泉首相访印，促进日印关系进一步升温。至安倍内阁执政，出于对抗中国崛起的需要，日本对印外交受到前所未有的重视。时任外相麻生太郎在“构建‘自由与繁荣之弧’——拓展日本外交的地平线”的外交政策讲演中这样阐述日印关系：“日印关系与日中关系比较相当逊色”——日中每年人员来往达 417 万人，日印之间仅有 15 万人；中国有 8 万名留学生来日本，印度只有 400 人，日中间每周直航飞机有 676 个航班，日印间只有 11 个航班，“必须在今后几年内谋求戏剧性的改善”。[②] 2006 年 12 月，印度辛格总理应邀访问日本，安倍首相与辛格总理一致同意建立日印“战略性全球伙伴关系”。2007 年 8 月，安倍首相率领包括大批经济界高层人士在内的代表团访问印度。安倍首相在印度议会发表题为“两个海洋的交往”的讲演，表明日本“欢迎印度崛起”的立场，主张日印两国之间的伙伴关系是“共有自由与民主主义、尊重基本人权的基本价值与战略利益的结合”，“日本与印度的结合将会成长为包括美国和澳洲的、覆盖整个太平洋的巨大网络，一个开放而透明，人与物、资本与智慧自由来往的网络”。安倍首相特别强调说：“同为海洋国家的日本，是将生死攸关的利益托付给海上通道安全的国家。”“现在，日本外

---

① 第 2 次アーミテージ報告：「米日同盟、2020 年に向けアジアを正しく方向付ける」、2007 年 2 月 16 日 http://www.kyodo－center.jp/ugoki/kiji/070216armitage.htm。

② 外務大臣麻生太郎「『自由と繁栄の弧』をつくる、拡がる日本外交の地平」、日本国際問題研究所セミナー講演、平成 18 年 11 月 30 日、http://www.mofa.go.jp/MOFAJ/press/enzetsu/18/easo_1130.html。

交在称为‘自由与繁荣之弧’的地带到处推进各种设想。日本与印度的战略性伙伴关系的的确确是这一活动的关键。”[①] 8 月 22 日，日印发表《关于日印新领域战略性全球伙伴关系路线图的联合声明》，决定两国在政治、安全保障和防务领域进行合作：“日印两国首脑认识到，日印两国在亚洲太平洋与印度洋地区的海上通道的保安与安全，在与跨国犯罪、恐怖、海盗及大规模杀伤性武器扩散的斗争中共有利益，双方对各自有关当局作出指示，研究未来两国在安全保障领域内合作的方向，至印度总理访日时提交报告。”双方“将在各种层次上深化和扩大战略对话”，加强防务交流。同日，安倍首相和辛格总理还发表《日本国政府与印度共和国政府加强环境保护及能源安全保障合作的联合声明》，[②]为日本的节能技术进入印度市场铺路。为了表达日本对日印安全合作的重视，两天后，日本防卫相小池百合子访问印度，与印度国防部长安特尼举行会谈，关于日印两国加强保障马六甲海峡的海上运输通道安全，从人员和技术方面促进防务交流等达成一致意见。此外，双方还表示：“继续注视”中国连年增加国防费用的问题。[③] 这不能不令人联想到舆论界的评论——日本要与印度联合遏制中国，2007 年度的日本《防卫白皮书》表述说：日本“关于中国军力近代化的发展方向的担心正在增强”。[④]

安倍内阁在建立日印安全保障合作框架的同时，积极协助日本企业开拓印度市场加强经济合作。日本准备帮助印度建设一条 1483 公里的“德里－孟买工业走廊”，两国政府和企业将联手修建走廊沿线的道路、电站和港口，鼓励日本制造商在沿线工业区内建造工厂。这条工业走廊

---

① 「インド国会における安倍総理大臣演説『二つの海の交わり』」Confluence of the Two Seas 平成 19 年 8 月 22 日 http：//www.mofa.go.jp/mofaj/press/enzetsu/19/eabe_0822.html。

② 日本国内閣総理大臣安倍晋三、インド共和国首相マンモハン・シン「日本国政府とインド共和国政府による環境保護及びエネルギー安全保障における協力の強化に関する共同声明」2007 年 8 月 22 日。

③ 「日印防衛会談：シーレーンの安全確保へ連携強化で一致」、『毎日新聞』、2007 年 8 月 24 日。

④ 日本防衛省平成 19 年版『日本の防衛』、防衛白書、第 49ページ。

贯穿印度北部和西部的多个邦，覆盖一条高速货运铁道、9个面积为2000平方公里的工业园区，沿途设有3个大型港口和6个机场。建成后有望在7年内引进900亿美元的外资。然而，印度在日本企业的海外投资中所占比重很小，2006年日本对印度的投资额仅5.15亿美元。不过印度官方对此比较乐观，预测随着印度经济的发展，从2006年开始，5年内日本对印投资会逐渐增长到55亿美元。① 如果上述建设"德里—孟买工业走廊"的宏大设想能够实现，不仅日本海外投资及销售市场的格局会发生很大改变，而且，印度有望成为日本在亚洲最大的商品销售市场之一，从长期经济发展战略看，对于日本经济的可持续发展具有极其重要的意义。

安倍内阁在亚太构筑"海洋国家"的"价值观同盟"，在"多层次安全对话"的名义下，进一步丰富了小泉内阁安全保障战略的内涵，通过创设日澳、日印、日美澳、日美澳印四个安全保障合作框架，实现日本安全战略的多元化，改变了战后国家安全和外交完全依附美国的状态。安倍内阁的国家安全战略的实质是战略扩张：通过建立日澳全面安全合作机制，日本在太平洋岛国扩大战略空间的举措得到澳大利亚的认同；日本建立日印安全合作机制的核心是共同维护两国海上通道安全的共同利益，两国的安全与防务合作为日本提供了从太平洋到印度洋的"跳板"，与此同时也满足了极欲介入马六甲海峡安全问题的印度的愿望。日美澳印四国安全合作框架，虽然因澳、美两国态度消极而休眠，但日澳和日印两个双边关系、日美澳三边合作都在不断充实之中，为四国框架在适宜的环境下复苏奠定了基础。安倍内阁不但在亚太地区构建安全保障框架，而且将日澳和日印之间的安全保障合作载入日美安全委员会的"2+2"联合声明，将日本的战略扩张融入日美同盟的开放性变革之中，以增加新安全合作伙伴的方式进一步强化日本在日美同盟关系中的对等地位。

鉴于2000年和2007年的两份阿米蒂奇报告及美国政要多年来反复

---

① "日本首相安倍首次访问印度主打日印经贸牌"，新华网2007年8月24日电。

催促日本解除行使集体自卫权的法律制约，2007年4月25日，安倍首相正式宣布成立由前外交官、退役自卫队高级将领、企业界人士和学者等组成的首相私人咨询机构“重建安全保障的法律基础恳谈会”（简称安倍恳谈会）。安倍恳谈会由国际海洋法法庭的法官、原日本驻美大使柳井俊二担任主席、包括原防卫厅参谋长联席会议主席西元彻也、东京大学教授田中明彦、NPO法人冈崎研究所所长、前日本驻泰大使冈崎久彦等委员在内共有13人组成。安倍首相出席2007年5月18日召开的首次会议下达具体指示：冷战以后，日本周围的安全环境更加严峻，“我作为总理大臣背负着构筑更有实效的安保体制的责任”。安倍首相迫切希望恳谈会解决其一贯主张的四个问题：“第一，在公海上，由于联合训练等原因，我国自卫队舰艇在美军舰艇附近行动的情况下，即使美军舰艇受到攻击我国自卫队舰艇什么也不做，出现这种状况好吗？第二，如果同盟国美国因弹道导弹受害甚大，必定对我国自身的防卫造成深刻影响。即便如此，技术能力问题另当别论，即使在雷达捕捉到可能飞向美国的弹道导弹的情况下，我国也不能拦截，出现这种状况好吗？”第三，“参加国际维和活动（PKO）时使用武器的问题。例如，在共同参加PKO等活动的其他国家的部队或部队成员受到攻击的情况下，为了实施救援赶到现场以后，完全有可能发生需要救助同伴而使用武器的情况。出现只有我国工作人员不能这样做的状况好吗？”第四，“支援参加PKO等活动的其他国家的‘后勤支援’问题。关于补给、运输、医疗等自身不相当于行使武力的活动，被课以不得‘与行使武力一体化’的条件，一如既往进行这种‘后勤支援’好吗？”[①] 安倍首相在连发4个质问之后特别指示说：“请讨论如何解释（宪法）。”[②] 显然，安倍设立恳谈会的目的是通过修改政府发布的宪法解释，为实现部分行使集体自卫权提供法律依据，作为重构国家安全保障战略的法律基础。由于恳

① 「平成19年5月18日第1回会合における安倍晋三総理（当時）の冒頭発言の概要」、『「安全保障の法的基盤の再構築に関する懇談会」報告書』、平成20年6月24日。http：//www.kyodo－center.jp/ugoki/kiji/080624.htm。

② “安倍首相表示变更宪法解释意向——集体自卫权”，《每日新闻》2007年4月26日网络版。

谈会多数成员平素的观点接近安倍首相的一贯主张，舆论普遍认为恳谈会研究的结果会全面反映安倍的政治意图。

经过一年多的研究讨论，2008 年 6 月 24 日，安倍恳谈会提交咨询报告。报告的前言部分这样阐述日本面临的安全环境和新威胁：冷战时期的安全保障环境与冷战结束后有很大差异，冷战刚刚结束时的情况至今又发生了变化，特别是出现直接针对日本的新威胁——朝鲜开发核武器和导弹，“我国正在被迫紧急应对多种威胁”。报告关于安倍首相提出的四个研究题目总结出以下结论：(1) 保卫日美共同活动的美国军舰，对于维护加强与盟国之间的相互信赖关系不可或缺。按照行使个别自卫权及自我防护、基于自卫队法第 95 条的武器防护等规定，迄今的宪法解释及先行法律规定，允许“作为条件反射的效果保卫美军舰艇”，因此，自卫队只能在极其例外的情况下保护美国舰艇，实际上也不能应对导弹对舰攻击。因此，有必要允许在这种情况下行使集体自卫权。在与我国的安全保障密切相关的情况下，有限地行使集体自卫权。(2) 拦截可能飞向美国的弹道导弹。导弹防御系统建立在日美之间空前紧密的合作基础上，事实上不可能从中切割仅防卫我国的部分。虽然拥有拦截飞向美国的弹道导弹的能力却不将其击落，会从根本上动摇我国安全保障的基础——日美同盟，因此必须绝对避免。以往根据个别自卫权和警察权应对的想法不可能解决这个问题。所以，在这种情况下不得不行使集体自卫权。另外，在这种情况下行使集体自卫权防御弹道导弹，基本上在公海或更靠近我国的地方进行，自然不同于在外国领域内积极使用武力。(3) 我国人员不能救援受到攻击的共同参加 PKO 等活动的他国部队或工作人员违反常识，可能成为国际社会谴责的对象。应该在宪法第 9 条中纳入参加联合国 PKO 等国际维和活动，在自我保护之外，允许为（受到攻击的）参加同一活动的他国部队和工作人员提供警卫，以及为完成任务而使用武器。但是，这并不意味着自卫队的部队以战斗任务作为主要任务参加这种活动。(4) 关于支援参加 PKO 等活动的国家的“后方支援”被课以不得‘与行使武力一体化’的条件，从宪法不禁止我国参加集体安全保障的角度可以根本解决这个问题。应该停止用宪法来衡量本来不属于行使武力的“后方支援”活动与支援对象国行使武力的关系的做法，综合研究我国国民接受对象国活动的政策是否妥当，判断利弊作出决定。

安倍恳谈会报告表明了“关于安全保障环境与宪法第 9 条的基本认识”，认为 21 世纪安全保障环境的特点是核武器等大规模破坏性武器和弹道导弹扩散，国际恐怖主义蔓延，威胁多样化。国际社会加强共同应对安全问题，联合国安理会的判断受到重视，根据联合国决议广泛开展国际维和活动。但是，日本目前的相关宪法解释都是不同时期的特定历史条件下的产物。战后初期、冷战期间及冷战以后，亚洲的安保环境各不相同，冷战以后与现在的情形也不一样。冷战后发生的巨大变化改变了日本的安全环境，随着日本国际地位的提高，国际责任也在增加，包括宪法解释在内的安全保障的法律基础必须适应这些变化而不断研究。以往政府解释宪法第 9 条是为了保卫国民“行使必要和最小限度的实力”，不适合剧烈变化的国际关系和日本的国际地位，应该重新解释宪法第 9 条。不但应该行使个别自卫权，而且应该不禁止行使集体自卫权和参加联合国的集体安全保障。① 安倍恳谈会报告建议在不修改现行宪法本身的前提下，通过修改政府发布的宪法解释，限于前述四种情况允许行使集体自卫权，确立新安全保障战略的法律基础，实现日美联合部署的弹道导弹防御系统承担防卫美国的任务，在公海上保卫美国军舰，通过双向防卫加强日本在同盟体制中的对等地位，在海外派兵之际不受海外用兵的严格限制，在支援美军事活动中实现日美“共有力量”的目标；在联合国的国际维和活动中，放宽自卫队使用武器的标准，提高自卫队的国际地位发挥更大的作用。然而，2007 年 9 月安倍晋三突然因“健康”原因辞去首相职务，经自民党内协商，稳健的保守主义政治家福田康夫出任首相，新保守主义安全战略随之进入调整期。2008 年 6 月，安倍恳谈会提交上述咨询报告，这时不仅安倍内阁已经下台 9 个月，距离福田康夫辞去首相职务也只有 3 个月的时间。毋需赘言，这份

① 『「安全保障の法的基盤の再構築に関する懇談会」報告書』、平成 20 年 6 月 24 日 http：//www.kyodo－center.jp/ugoki/kiji/080624.htm。

全面贯彻安倍指示的报告被福田内阁束之高阁。[①] 安倍首相辞职 2 个月前日本举行了参议院选举。自民党在改选的 121 个席位中仅获得 37 席，加上未改选的席位总共拥有 83 个席位，民主党大获全胜，自民党自 1955 年成立后首次失去参议院第一大党的地位。从此，日本进入主要执政党自民党和在野第一大党民主党分别主导众参两院的“扭曲政治”时期。

① 「安保法制懇：前首相退陣で宙に浮いた報告書、近く提出へ」、『毎日新聞』2008 年 1 月 5 日。

第九章

“资源外交”加强综合安全保障战略

“资源外交”是能源资源与外交紧密结合的产物，是以确立稳定获取能源和有色金属等稀有资源的国际供求关系为目的的国家安全保障战略及其实践活动，主要包括日本与资源供给大国、资源需求大国、地区及全球性框架组织之间的外交及经济活动。日本在中亚和中东地区建立高层战略对话机制，与资源供给大国发展“多层次的经济合作关系”，同时努力改善地区安全环境，争取实现能源资源供给的稳定化和多元化；具有发展与地区大国之间的合作带动其他国家，发挥本国的资金和技术优势实现产销国之间经济互补，在配合美国地区战略的同时确保日本利益等显著特点。

第一节 构建“三位一体”资源战略体制

21 世纪日本政府推行的“资源外交”是 20 世纪日本综合安全保障战略的进一步深化与扩展。如前所述，20 世纪 80 年代的日本政府汲取两次石油危机的教训，实施“综合安全保障战略”。“综合安全保障战略”从大平内阁的战略规划（《综合安全保障战略报告》）起步，至铃木内阁通过《安全保障会议设置法》成立由各政府部门最高行政长官组成的“安全保障会议”，正式成为日本国家安全保障战略。“综合安全保障战略”的权威解释是，世界正在进入综合运用武力、思想、政治、外交、经济力量进行博弈的新时代，对日本构成威胁的不仅有军事因素，还有能源、粮食等经济因素，所以日本国防应该实现两个目标——军事安全保障与经济安全保障。为此，必须综合运用政治、军事、外交、经济、文化等各方面的力量，在亚太地区掌握主导权。新保守主义政治家中曾根康弘担任首相后，在努力推行质量建军的同时扩大对外经济合作，把日本与中东国家改善关系保障能源稳定供给作为综合安全保障的重点。21 世纪后，小泉和安倍内阁不断推进针对资源供给大国的“资源外交”，保障资源和能源的稳定供给，进一步丰富了综合安全保障战略的内涵。

日本作为世界第二经济大国和世界第三民用核电大国，对能源和资源的需求程度堪称世界第一。因为日本是一个资源和能源极度匮乏的国度，经济发展的对外依赖程度远远高于其他发达国家。20 世纪中期以后，日本大企业凭借资金优势，“在中东地区确立了稳定的能源供给关系”，因此日本政府几乎从不参与民间企业进口能源的活动。进入 21 世纪以后，国际形势的变化直接影响日本企业获取石油资源——美国发动伊拉克战争以来，中东地区安全局势始终没有好转，各种恐怖暴力活动直接或间接影响原油生产和出口，对日本形成能源安全威胁。此外，大规模的自然灾害也在破坏国际能源市场的稳定。例如，2005 年飓风“卡特林娜”给美国石油设施造成严重损失直接导致石油价格上涨。石油价格的大幅波动不仅造成“投机资金大量流入能源市场”，[①] 而且还

① 日本经济产业大臣二阶俊博：“2006 年版能源白皮书发刊词”，http：//www.meti.go.jp。

出现了“资源民族主义”，即资源供给国加强本国资源管理限制出口。[1]日本政府认为，导致近期国际原油价格一再攀升，威胁日本资源稳定供给的另一个主要原因是中国、印度等经济迅速发展的新兴大国的能源需求激增。预计今后世界石油需求量将从2003年每天7920万桶，增加到2030年的每天1.154亿桶，中国和印度及其他亚洲发展中国家占增加份额的40%以上，上述因素导致原油价格不断刷新历史最高记录，给日本带来前所未有的不利影响，大大增加了获取能源的难度。[2] 此外，许多国家为满足经济发展的需要利用核能发电，扩大了核能资源的需求，也对日本确保核能资源形成一定压力。

近年日本能源保障形势严峻。首先，日本民间企业扩大能源供给的投资活动受挫，甚至有媒体危言耸听：日本“在资源争夺战中日益陷入困境”。2006年9月一个悲观的传闻终于变成了现实：俄罗斯自然资源部收回投资总额达200亿美元的“萨哈林－2号”油气田项目的生态许可证，导致日本每年天然气总需求量的10%、总共400万吨以上的天然气供给计划落空，两大贸易巨头三菱商事和三井物产分别在这个项目中占据20%和25%的股份。此前，东京电力等8家日本企业已同三菱商事和三井物产签订每年购买天然气400万吨、约20年的合同，购买天然气的数量约占日本天然气总需求量的10%。俄罗斯政府取消“萨哈林－2号”项目使日方签下的合同难以兑现，对日本能源供给计划形成较大压力。其次，2010年前后，日本从阿拉斯加等地购买天然气的合同到期，需要寻找替代天然气源。[3] 再次，日本利用核能的风险加大。2007年7月，地震导致柏崎核电站放射性物质泄漏，国际原子能机构应邀赴日进行安全评估造成一定的社会影响，地震学家建议在日本

---

① “以技术为武器确保资源——经济产业相谈日本的资源外交”，《产经新闻》2007年5月12日。

② 日本经济产业省日本资源能源厅能源企划室：《平成17年度能源报告》（能源白皮书2006），经济产业大臣二阶俊博：“2006年版能源白皮书发刊词”，http://www.meti.go.jp。

③ “‘萨哈林－2’项目环境许可被收回”，《产经新闻》2006年9月20日。

现有的55座核电站中关闭三分之一，日本国民对利用核能更加谨慎。[①]如果关闭核电站必然用石油发电取代，这一前瞻性的需求预期也在一定程度上提高了日本保障能源稳定供给的门槛。除能源之外，日本企业生产高新科技产品需要稀有金属资源，在激烈竞争的国际市场上能否稳定进口稀有金属直接影响国民经济的发展。这些国内外因素使日本朝野产生强烈的能源资源危机感，认为日本很难按照以往的方式稳定供给，必须重新规划能源资源战略。

资源匮乏的日本一向未雨绸缪，小泉政府鉴于复杂多变的国际形势不断冲击世界能源市场，早在2003年10月就制定了能源基本计划，分散日本的资源供给来源，在中东地区通过多种渠道筹措石油和天然气，通过扩大直接投资等广泛开展合作，与主要产油大国深化双边合作关系，推行综合资源战略。2006年5月，日本经济产业省资源能源厅公布《新国家能源战略》，[②]把资源从“一般商品”提升为“战略物质”加强国家调控，要求加强与能源储量丰富的国家之间的关系，扶持国内实力雄厚的能源公司全力获取海外能源，至2030年将日本自主开发原油的比例从15%提高到40%，把稳定获取资源提升为国家战略。小泉政府从整顿原有的能源开发机构着手，全面加强资源战略体制，决定政府培育“健全”的能源开发企业——“核心开发企业”。“核心开发企业”必须具备以下条件：第一，资产规模和资产结构能够承受国际竞争、能够获得优良的上游权益；第二，具备能够高效开采、生产、运营的经营力量和技术力量。2002年小泉政府根据《特殊法人等整顿合理化计划》，公布《石油公团及金属矿业事业团法》，《独立行政法人石油天然气及金属矿物资源机构法》，决定解散对日本石油企业进行直接投资而严重亏损的政府外围机构——日本石油公团，限制风险投资，将风险投资出资比例限定在50%以下，由金属矿业事业团统一接管日本石油公团的研发和国家石油储备业务；然后，把国家石油储备作为“国家

① ［英］利奥·刘易斯：“科学家解释核电站面临地震威胁，日本陷入核危机”，《泰晤士报》网站2007年7月19日。

② 日本经济产业省《新国家能源战略》，http：//www.meti.go.jp。

直辖事业”委托给民间企业管理，解散8大国家石油储备公司。2004年2月，小泉政府又宣布成立“独立行政法人石油天然气及金属矿物资源机构”（COLUMN），“实行确保自然资源特别是供给基础薄弱的石油、液化石油气、天然气以及有色金属的稳定供给业务，支撑我国的经济发展”。就这样，“独立行政法人石油天然气及金属矿物资源机构”继承日本石油公团的资产和债务，成为日本实施资源战略的核心机构。2005年5月石油公团正式宣布解散。

在整顿资源开发机构的基础上，小泉政府建立由三个相关方互相配合、从四个角度协调推进资源战略的体制：（1）核心开发企业独立开拓资源事业。（2）政府积极开展资源外交。（3）独立行政法人“石油天然气、金属矿物资源机构”（COLUMN）提供“战略支援”。（4）政府为重要项目提供国家金融支援。这就是日本目前正在运作的“三位一体”资源战略体制。[①] 即：核心开发企业主要从事资源开发的前期开拓性工作，“独立行政法人石油天然气及金属矿物资源机构”对具有战略意义的重点项目提供支持，日本政府则从外交与金融方面提供支援，三方相互配合重点突破，不失为官民协作的创新之举。其中，日本政府的资源外交发挥着非常重要的作用。

第二节　日本对中亚地区的资源外交

日本共有55座核电站运转发电，每年需要大量的铀资源，2005年日本的铀需求总量达9500吨，保障铀资源的稳定供给同样事关国计民生。世界铀矿资源大部分集中在中亚地区。所以，近年来中亚成为日本获取石油天然气、核能及有色金属资源的重点，在小泉和安倍内阁的资

① IEA：“Energy Balance or OECD Countries（2002－2003）”，IEA：《Oil Information（2005）》，转引自日本资源能源厅《能源白皮书2006》，http://www.meti.go.jp。

源外交中占据越来越重要的地位。哈萨克斯坦的铀储量在全球铀矿资源排行榜上位居第二，乌兹别克斯坦排在第十位，两国都是日本获取铀资源的主要国家。苏联解体后，1991 年中亚国家纷纷宣告独立，日本开始重视与包括哈萨克斯坦和乌兹别克斯坦在内的中亚五国加强外交和经济合作关系。1992 年 1 月日本与哈萨克斯坦和乌兹别克斯坦建立外交关系。1997 年桥本龙太郎首相发表“欧亚大陆外交战略”，日本把中亚地区作为欧亚大陆外交战略中的一环，推行与中亚国家为对象的“丝绸之路地区外交”政策，加强与中亚各国进行政治对话、经济合作及“创造和平的合作”。1997 年 7 月，日本众议员小渊惠三率领“与俄罗斯、中亚对话代表团”访问中亚时，到访哈萨克斯坦和乌兹别克斯坦。日本注重耕耘与中亚各国之间的双边关系领域，援助中亚国家修建道路、机场、发电站，帮助培养医疗和教育人才，至 2004 年累计援助额达 2800 亿日元，在 OECD 开发援助委员会（DAC）下属的主要国家提供给中亚地区的政府开发援助中，日本约占 30%。[①] 不过，在对外战略布局上，日本在这个时期仍将中亚地区作为对欧尤其是对俄战略安排的一部分。

随着美国和俄罗斯在中亚地区战略竞争加剧，北约东扩压缩俄罗斯的战略空间，中亚地区的战略地位不断提高，日本对中亚投入更多的外交资源。2001 年小泉内阁执政后，日本积极推行以中亚能源资源储量丰富的国家为主要对象的外交及经济合作，中亚地区成为仅次于中东的日本资源外交的重点。2002 年 7 月，日本与乌兹别克斯坦建交 10 周年之际，小泉首相与来访的乌兹别克斯坦总统共同签署《日本国与乌兹别克斯坦共和国友好、战略伙伴关系与合作联合声明》，日方表示为促进乌方社会民主化和经济自由化，继续支援乌方政府改革，乌方则希望吸引日本投资，表示支持日本担任联合国安理会的常任理事国。两国关于经济领域的合作集中在贸易投资与科技投资合作上，乌方决定将为日本

---

① 日本外務省：「麻生外務大臣演説、中央アジアを『平和と安定の回廊』に」、平成 18 年 6 月 1 日，http://www.mofa.go.jp/mofaJ/press/enzetsu/18/easo_0601.html。

资本参加投资“创造最大限度的有利条件”。[①] 此后，双方分别设立“日本乌兹别克斯坦经济委员会”和“乌兹别克斯坦日本经济委员会”，负责推进两国之间的经济交流与合作。

在中东地区安全局势恶化威胁日本能源稳定供给的新形势下，日本将中亚地区石油和天然气储量丰富的国家作为实现能源供给多元化的对象，重点开拓新的能源来源。日本不但在中亚地区获取原油、铀矿的开采和购买权益，而且积极参与建设中亚资源的输送管道，构筑连接中亚与日本的能源通道。例如，根据里海南部位于阿塞拜疆的3个油田产量分享的协议，日本伊藤忠石油勘探公司、日本国际石油开发公司分别获得该项目3.92%和10%的股份；日本国际石油开发公司还持有哈萨克斯坦的卡沙甘油田8.33%的股份。这两大石油公司同时加入修建巴库—第比利斯—杰伊汉油气管道的财团，分别持股约3.4%和2.5%。这条输送油气的管道不但连接阿塞拜疆里海地区的多个油田，而且能够输送哈萨克斯坦生产的石油。2004年日本政府旗下的日本国际合作银行为建设这条油气管道提供了5.8亿美元的贷款，[②] 由此可见小泉政府资源外交的资金支持力度。2004年8月，日本外相川口顺子访问中亚各国并出席日本主办的第一届“日本＋中亚外长会议”，哈萨克斯坦、乌兹别克斯坦、塔吉克斯坦、吉尔吉斯斯坦、土库曼斯坦5国外长出席会议，日本在会上发布加强经济合作，帮助各国培养人才等方面的计划，宣布在3年内接受1000名来自中亚国家的研修生。“日本＋中亚外长会议”标志着日本对中亚地区推行的资源外交战略，从耕耘双边关系进入到聚拢多国拓展多边关系的新阶段。正如小泉内阁外相麻生太郎所言：“2004年8月中亚＋日本的对话框架是要拥有多国间的聚会”，其背景是“共同认识到中亚地区具有越来越重要的战略性”。从此，中亚地区在日本国家综合安全保障中凸显重要地位，日本与中亚国家之间的

---

① 首相官邸：『日本国とウズベキスタン共和国との間における友好、戦略的パートナーシップと協力に関する共同声明』東京、2002年7月29日，http：//www.kantei.go.jp/jp/koizumispeech/2002/07/29seimei1.html。

② 久根正树：“日本加入能源竞争”，引自香港《亚洲时报》在线网站，2006年8月4日。

经济合作进入快速发展的新时期。

2006年6月1日，麻生外相在东京召开第二届“日本＋中亚外长会议”前夕，在日本记者俱乐部发表题为“把中亚变成‘和平与稳定的走廊’”的讲演，这是小泉政府首次系统阐述日本的中亚战略。麻生外相在讲演中谈到，日本关注中亚地区的首要理由是“反恐”和稳定地区局势。其次，“中亚以里海沿岸为中心是地下资源丰富的地方”。中亚原油产量占世界原油总产量的2%以上，但是如果今后建成石油输送管道后产量有望增加一倍。2%大致相当日产量160万—170万桶，包括阿塞拜疆在内整个里海沿岸地区的原油日产量约为200万桶，“这在日本每天进口的原油总量中占三成到四成，决不是一个小数字”。此外，“天然气的年产量约1300亿立方米，相当于我国进口量的1.6倍”。因此，虽然日本目前还没有从中亚进口石油和天然气，但它们都是国际商品属于统一的国际市场。这就是说，“中亚作为稳定的供给源，对于世界市场的整体稳定是不可缺少的。另外，中亚也可以在中东和欧佩克（OPEC）发生问题时成为缓冲地带，所以，日本没有理由不关注中亚的情况”。由于中亚国家没有出海口，陆路和航空运输也不发达，虽然资源丰富却难以出口资源。因此，日本提出在中亚修建一条经由阿富汗、巴基斯坦连接海洋的“南方通道”，日本很早以前就援助巴基斯坦修建一条从靠近阿富汗边境的白沙瓦通往港口城市卡拉奇的高速公路。① 中亚地区在日本能源外交中具有三方面的战略意义：第一，中亚是日本确保核能资源的主要地区。第二，中亚是日本从中东地区获取能源的补充和后备地区。第三，中亚是紧急情况下的“缓冲地带”。上述三个方面的战略定位充分表明日本对中亚地区的深谋远虑，决定日本对中亚地区大力加强资源外交。

2006年6月，日本在东京举行第二届“日本＋中亚外长会议”，哈萨克斯坦、乌兹别克斯坦、吉尔吉斯斯坦、塔吉克斯坦出席了这次会

---

① 日本外務省：「「麻生外務大臣演説、中央アジアを『平和と安定の回廊』に」平成18年6月1日，http：//www.mofa.go.jp/mofaJ/press/enzetsu/18/easo_0601.html。

议，曾参加第一届会议的土库曼斯坦未派代表参加。在这次会议上，日本呼吁采取联合行动在中亚地区打击毒品走私、减少贫困、倡导人权及加强贸易往来，遏制恐怖主义，保障这一地区的石油供给安全。麻生外相与四国外长拟定并通过了一份“行动计划”。根据这一计划，日本将为塔吉克斯坦援建公路基础设施，以便连接阿富汗与中亚南北地区的“南方通道”，这条内陆交通网将在很大程度上改善中亚油气资源的运输条件。为此，日本特别邀请阿富汗外长以观察员身份出席第二届“日本＋中亚外长会议”。[①] 日本与四国外长还一致同意将来寻求进行“高层首脑会晤”的可能性，同意在联合国改革问题上进行合作，中亚四国支持日本担任联合国安理会的常任理事国。[②] 两个月后，2006 年 8 月28～30 日，小泉纯一郎首相访问哈萨克斯坦和乌兹别克斯坦，这是日本首相有史以来首次出访中亚地区。小泉与哈萨克斯坦总统纳扎尔巴耶夫举行会谈并共同签署《促进原子能领域合作备忘录》和《进一步发展日本国与哈萨克斯坦共和国之间的友好、伙伴关系与合作的联合声明》。日哈《促进原子能领域合作备忘录》规定，两国将在和平利用核能领域加强交流与合作，关于日本企业参加哈萨克斯坦的铀矿开采、向日本市场提供更高层次的铀加工产品等进行合作；日本采取必要措施，促进哈萨克斯坦引进轻水反应堆所需要的人才交流、双方专家及相关机构的定期对话等。[③]《进一步发展日本国与哈萨克斯坦共和国之间的友好、伙伴关系与合作的联合声明》宣布，加强两国之间的全面合作关系，哈方感谢日本支援其“社会民主化和促进市场经济化以及拥护人权的努力”，日方表示继续提供适当的支援；哈方欢迎日本民间企业、石油天然气及金属矿产资源机构（JOGMEC）、国际合作银行（JBIC）、日本贸易保

---

① 久根正树：“日本加入能源竞争”，香港《亚洲时报》在线网站，2006 年 8 月 4 日。

② “日宣布援建中亚能源通道，中亚四国支持日‘入常’”，中新网 2006 年 6 月 5 日电。

③ 日本外務省：「原子力の平和的利用の分野における協力の促進に関する日本国政府とカザフスタン共和国政府との間の覚書」、2006 年 8 月 28 日，http：//www.mofa.go.jp/MOFAJ/kaidan/s_koi/kaz_uz_06/kaz_o.html。

险（NEXI）积极参与哈萨克斯坦的石油、铀及其他天然资源的勘探、开采及加工，一致认为两国在能源资源领域内的合作具备“战略性的展望”，表明进一步发展相互合作的意愿。双方积极评价日本企业及机构参加卡沙甘油田开发项目取得进展。纳扎尔巴耶夫总统表示，今后将为日方“继续成功参与勘探、开采及加工哈萨克斯坦的石油、铀及其他天然资源的大型项目采取有效措施”，并对引进日本先进技术，在石油化工、机械制造、电子技术、冶金及农产品加工领域引进日方的直接投资显示出浓厚的兴趣。日哈两国除在地区和国际事务中加强合作——例如，哈方表示一贯支持日本担任联合国安理会的常任理事国，支持解决朝核及朝鲜绑架日本人质问题——以外，决定全面发展文化、教育、旅游、保健、社会保障、体育及青年团体等方面的交流。日方表示继续提供政府开发援助，帮助哈方培养技术人才。2004 年 8 月，小泉政府提出 3 年内接受 1000 名中亚国家研修生到日本学习深造的计划。2005 年 7 月双方技术合作协定生效，日本人才开发中心为哈方培养行政官员及企业人才做出了贡献。在提前实现上述计划的基础上，小泉首相表示将继续扩大培养人才的计划，今后 3 年内接受 2000 名中亚各国的研修生和留学生去日本学习，扩大文化及人员往来。[①] 截至 2007 财年，日本累计向哈萨克斯坦提供无偿援助约 59.48 亿日元，有偿资金援助约 887.88 亿日元，提供技术合作约 110.4 亿日元。[②] 日本作为哈萨克斯坦的重要资金和先进技术的来源，在哈方的外交和经济发展战略中占据十分重要的位置。

2006 年 8 月 28 日，小泉首相应邀首次访问乌兹别克斯坦，获取乌方的铀资源及支援乌方的民主化是小泉此行的两个主要目标。8 月 29 日，小泉首相在与乌兹别克斯坦总统卡里莫夫的会谈中强调，“民主化、

---

① 日本外務省：「日本国とカザフスタン共和国との間の友好、パートナーシップと協力の一層の発展に関する共同声明」、2006 年 8 月 28 日。http://www.mofa.go.jp/MOFAJ/kaidan/s_koi/kaz_uz_06/kaz_s.html，“小泉首相与哈萨克斯坦发表共同声明合作开发铀矿”，《每日新闻》2006 年 8 月 28 日网络版。

② 日本外务省：“哈萨克斯坦基本资料”，http://www.mofa.go.jp/mofaJ/area/kazakhstan/data.html。

保障人权、市场经济化会带来真正的稳定，日本将对乌兹别克斯坦为此而进行的努力进行援助”，小泉不仅介绍日本战后经济发展的成功经验，还敦促乌兹别克斯坦与美国和欧盟改善关系。卡里莫夫总统表示乌方应该学习日本经验，今后继续努力实现民主化。[①] 日乌两国联合发布新闻公报，宣布根据2002年日乌首脑签署的《关于日本国与乌兹别克斯坦共和国之间的友好、战略关系与合作的联合声明》，在已有的基础上进一步加强经济贸易合作，两国首脑一致认为，“铀矿的开采及交易可能成为两国合作的有前途的领域”，并且对日本将在2006年秋向乌方派遣“复数经济代表团”为两国经济合作开拓新契机表示欢迎和期待。乌方感谢日本提供人才等方面的援助，并且重申一贯支持日本成为联合国安理会的常任理事国。[②] 法新社就小泉首相此次访问报道说，小泉首相宣布将对乌兹别克斯坦提供280万美元的教育拨款，但是双方没有宣布达成能源协议。在总统府举行的联合新闻发布会上，卡里莫夫说，乌兹别克斯坦准备向日本提供铀、石油、天然气和其他矿产资源，他欢迎日本对乌兹别克斯坦的所有领域投资。[③] 小泉政府对中亚地区的资源外交，有效地运用了资金和技术优势，拓展了对中亚铀矿等稀缺矿产资源的投资。仅以日本对乌兹别克斯坦的政府开发援助为例，日本、美国、德国、法国、瑞士都是向乌方提供援助的发达国家，在2002～2007年的6年间日本对乌提供的ODA援助有3年位居第一，另外3年间被美国超过占第二位。[④] 日本政要访问中亚的频率和级别也在同步提高。这些都为安倍内阁继续推进资源外交打下了坚实的基础。

---

① 日本外務省：「小泉総理のカザフスタン及びウズベキスタン訪問概要と評価」平成18年8月31日，http://www.mofa.go.jp/Mofaj/kaidan/s_koi/kaz_uz_06/gh.html。

② 日本外務省：「日・ウズベキスタン共同プレス・ステートメント」2006年8月29日タシケント，http://www.mofa.go.jp/MOFAJ/kaidan/s_koi/kaz_uz_06/uz_s.html。

③ 引自“小泉访问乌兹别克斯坦能源背后多重考虑”，中国日报网站2006年8月30日。

④ DAC/International Development Statistics，日本外务省“乌兹别克斯坦基本资料”http://www.mofa.go.jp/mofaj/area/uzbekistan/data.html。

安倍首相执政后，在小泉内阁的基础上继续推行资源外交取得显著成效，并且贴上了安倍内阁的政治符号，带有“价值观外交”的色彩。为了提高日本与哈萨克斯坦之间的能源合作水平，2007 年 4 月，安倍内阁经济产业相甘利明率领包括日本商社、电力、资源公司首脑人物在内的 150 人的代表团出访哈萨克斯坦，深化双方在核能领域的广泛合作。通过这次访问，日本资源厅、与核能有关的政府及民间的 29 家日本企业与垄断哈萨克斯坦铀矿资源的国营核能公司等签署了 24 份合同，日方参与哈方的铀矿开采和提炼，提供核能技术，哈方保证每年提供日本需求总量 30%以上的铀。[①] 日本在中亚地区的资源外交由首相或主管大臣亲自挂帅积极推进，重点投放资金、技术及外交资源，帮助政府精心培育日本核心企业获取稀有资源的上游权益，参与当地的大型矿产资源开发项目，在中亚地区的能源资源领域越来越凸显优势地位。

自小泉政府确立新能源战略以来，日本官民合力实施资源外交，不仅在中亚地区获得大型项目的稀有资源开采权益，而且还努力通过倡导反恐、打击跨国犯罪等非传统安全的合作，保障能源运输安全，在重点投放日本政府开发援助等外交资源的同时，通过帮助培训中亚国家的政府职员，接纳研修生和留学生，积极促进文化及人员交流、学习日语等等，为深化日本与中亚主要能源资源供给国之间的长期合作关系夯实了基础。与此同时，日本也收获了政治外交领域的成果，争取到中亚国家与日本在联合国安理会的改革中进行合作，支持其担任安理会的常任理事国。日本虽然倡导民主化、人权和市场经济化，但与美国强行推进民主化的做法不同，从不采取强制性措施，而是通过提供政府开发援助等“奖励刺激”的方式加以诱导，因此在中亚地区树立了良好的形象。安倍内阁外相麻生太郎将日本的这一做法形象地比喻为“日本为开始没有终点的马拉松赛跑的民主主义国家担任伴跑人”。[②]

---

① “确保铀需求 3 成，日本与哈萨克强化合作”，《朝日新闻》2007 年 5 月 1 日网络版。

② 外務大臣麻生太郎：「『自由と繁栄の弧』をつくる、拡がる日本外交の地平」日本国際問題研究所セミナー講演、平成 18 年 11 月 30 日，http://www.mofa.go.jp/MOFAJ/press/enzetsu/18/easo_1130.html。

第三节 日本对中东地区的资源外交

中东地区在日本资源外交中占据极其重要的地位。日本经济产业大臣二阶俊博在《2006 年日本能源白皮书》中强调："能源是日本经济、产业的生命线，其稳定供给是国家的重要课题。"[①] 来自中东地区的石油占日本石油进口总量的 89%，与日本相比，其他 5 个发达国家对中东石油的依赖程度远比日本低得多：美国对中东石油的依赖程度为 24%；法国为 25%；意大利为 32%；德国的依赖程度较低，为 10%，英国最低为 6%。[②] 可见日本经济的"生命线"系在中东地区并不夸张。

日本政府十分忧虑中东地区安全局势恶化危及本国的能源安全。美国对伊拉克发动"反恐"战争以来，伊拉克国内安全局势始终没有得到根本改善；伊朗核问题引起国际社会的广泛关注和忧虑；解决巴以冲突实现中东地区和平的前景难测；恐怖、暴力活动频繁，严重扰乱中东地区秩序。美国在中东推行"民主化"的高压政策引起"伊斯兰社会"越来越大的不满和抵制；另一方面，阿拉伯国家内部也存在各种不稳定因素，许多国家的领导人高龄化，失业问题严峻，各宗教派别之间存在严重对立，贫困、人权、地区经济发展差距加大等问题互相影响，中东地区安全及非传统安全形势错综复杂。日本担心这些问题恶化直接影响国际能源市场稳定，对日本形成能源安全威胁。此外，随着天然气在能源结构中的比重增加，凸显中东国家供给天然气的重要性。日本意识到不仅中东产油国，主要天然气供给国也应该列为日本能源外交的重点。

针对上述情况，小泉政府改变以往仅由民间企业获取能源的惯例，

---

① 经济产业大臣二阶俊博："2006 年版能源白皮书发刊词"，引自日本经济产业省网页（http：//www. meti. go. jp）。

② IEA："Energy Balance or OECD Countries（2002—2003）"，IEA：《Oil Information（2005）》，转引自日本资源能源厅《能源白皮书 2006》，http：//www. meti. go. jp。

根据中东形势的发展以及能源需求的结构性变化调整中东战略，制定中长期的资源外交战略。日本资源能源厅提出：日本必须预防中东地区纷争和恐怖活动可能造成的危害，为稳定资源供给提供安全保障；“遏制”中东国家“管理本国资源”、“限制外资等政治性干预”，“消除制约投资的要因”；为培养能源产出国与消费国之间“相互依存的共赢意识”“酿成信任和亲日感情”，日本有必要官民联合，在加强外交努力的同时，充分利用技术和专门知识等方面的强项，支援能源供给国培养人才建设国家。日本将在以下领域提供强项支援：教育、职业培训、振兴产业、整备基础设施、开发水资源、支援“符合国情的民主化及市场经济化”、支援赴日留学和进修，通过提供情报、器材、训练、研修等加强能源供给国的警备和治安能力；日本协助中东国家纠正其国内及其与周边国家之间的地区经济发展差距；日本为与能源供给国家之间开展广泛合作做出贡献。① 以此作为日本政府在中东地区推行资源外交的行动指针。

沙特阿拉伯是日本资源外交的主要对象。2007 年沙特阿拉伯已经确认的原油埋藏量多达 2643 亿桶，是日本最大的原油进口国，2007 年日本原油进口总量中的 28%来自沙特阿拉伯。日本一向非常重视与沙特之间的关系，截至 2006 年，日本接受沙特 1894 名研修生进行人才培训，并且向沙特派遣了 789 名专家实施技术援助，至 2009 年日本向沙特提供无偿资金援助 3.83 亿日元，日本与法、德两国同为沙特的主要援助国，2007 年日本提供的援助仅次于法国，位居主要援助国的第二位。② 日本与沙特之间一直保持着良好的关系，政要人物频繁往来。日本对沙特外交的成果在很大程度上应该归功于小泉首相的资源外交。

2003 年 5 月下旬，小泉首相出访中东国家埃及和沙特阿拉伯。这是日本首相十余年来首次访问埃及，对沙特阿拉伯而言，小泉是自 1997 年桥本龙太郎首相之后，时隔 6 年到访的第一位首相。小泉首相

---

① 日本资源能源厅能源企划室《平成 17 年度能源报告》（能源白皮书 2006），引自日本经济产业省网页（http：//www.meti.go.jp）。

② 日本外務省：「サウジアラビア王国基礎データ」，http：//www.mofa.go.jp/mofaJ/area/saudi/index.html。

先后与埃及总统穆巴拉克、沙特阿拉伯皇太子阿卜杜拉和国王法哈德进行会谈。小泉首相向埃及提供超过 2 亿美元的有偿和无偿援助，为埃及建设输电网、风力发电及上水道设施；帮助沙特阿拉伯培养修理汽车的人才，在海水淡化等水资源领域进行合作。小泉首相在会谈中提出创设“日本一阿拉伯对话论坛”的建议，请对方推荐埃及和沙特阿拉伯的参加者，并表示将来要把论坛的参加者扩大到包括伊拉克在内的其他阿拉伯国家，[①] 至 2007 年，“日本—阿拉伯对话论坛”多边对话活动已经举行过 4 次。2006 年 4 月，沙特阿拉伯皇太子苏尔丹正式访问日本，双方一致同意“面向构筑战略、多层次的伙伴关系促进对话”，双方发表联合声明，沙特保证继续稳定供给日本石油。[②]

为了稳定中东局势保障国际石油市场稳定运行，小泉政府试图在中东热点问题上展开斡旋推动中东和平进程，在不断爆发武装冲突的巴以问题上显示“日本存在”。2006 年 7 月 11～15 日，小泉首相访问以色列、巴勒斯坦和约旦 3 国。继村山首相 1995 年访问之后，11 年间没有日本首相访问这些国家。小泉首相此行试图在中东地区安全的焦点问题上寻求突破，声称日本在这个地区“没有负面遗产”，因此能够发挥独特的作用，促进通过对话谋求和平，“实现以色列和巴勒斯坦共存共荣”。小泉首相站在“中立国”的立场上展开斡旋，在耶路撒冷与以色列总理奥尔默特会谈时说：“我们衷心希望以色列在采取行动前，考虑各国在中期和长期共存和繁荣的重要性。”奥尔默特答曰：“我听到了小泉首相的各项愿望，但是我们的立场是鲜明的，我们得为此承受苦难。”小泉同巴勒斯坦自治政府总统阿巴斯举行联合记者会时颇为无奈地承认：“同美国和欧盟比起来，日本的影响力是很小的。”小泉首相向巴勒斯坦表明将提供 3000 万美元的人道主义援助，帮助改善医疗、卫生和就业等问题，1993 年至 2007 年，日本援助巴勒斯坦累计约 9 亿美元。

---

① 日本外務省：「小泉総理大臣のエジプト及びサウジアラビア訪問」（訪問の概要）平成 15 年 5 月 25 日，http：//www. mofa. go. jp/mofaj/kaidan/s _ koi/us—me _ 03/es _ gh. html。

② 日本资源能源厅能源企划室《平成 17 年度能源报告》（能源白皮书 2006），引自日本经济产业省网页（http：//www. meti. go. jp）。

小泉还向约旦提供1200万美元的无偿援助。小泉首相此次中东之行的主要目的是向巴、以、约三国提出日本政府解决巴以冲突的一项建议，争取三国的支持与合作，即日本提供援助在约旦河谷地区创建“和平与繁荣走廊”的设想：日本与巴勒斯坦、以色列、约旦建立4国协商会议机制，运用日本政府的开发援助，开展区域内经济合作，兴建农业区并促进物流，培养巴以两国间的合作关系增强互信等。[①] 但是，由于以色列为了解救被虏士兵向黎巴嫩真主党势力展开猛烈的攻击行动，小泉首相在中东的斡旋及援助之举没有引起国际社会的普遍关注。设在东京的“发展中经济体研究所”的中东问题研究员青山弘之认为：“如果日本想继续通过提供财政援助的形式参与中东事务，那么它就必须参与中东一些制定框架的政治过程。”[②]

安倍首相上台后继续对中东地区加大资源外交的力度，同时也对推动中东和平进程表示出较大兴趣。安倍首相提出，日本有必要与中东国家建立“新型合作伙伴关系”，即“构筑超出石油的多层次的关系，创建‘日本与中东的新时代’”。[③] 也就是说，日本与中东能源大国之间不但要建立“稳定的资源供应关系”，而且需要提升为“多层次的经济关系”。2007年4月末至5月初，安倍首相亲自率领以日本经团联会长御手洗富士夫为首的180名日本经济界领军人物出访埃及、沙特阿拉伯、阿联酋、科威特和卡塔尔——这五个国家提供日本原油进口总量的75%，是日本维系国民经济“生命线”的重要组成部分——从经济合作、政治对话、外交斡旋、人才培训及教育、文化交流五个领域同时推进资源外交。安倍首相与沙特阿拉伯国王及皇太子等举行会谈并发表联

---

① 日本外務省:「『平和と繁栄の回廊』創設構想」、平成18年7月。「小泉総理のイスラエル、パレスチナ自治区及びヨルダン訪問（概要と成果）」、平成18年7月15日。http://www.mofa.go.jp/mofaj/kaidan/s_koi/mdeast_06/gs.html。

② “小泉展开中东援助外交舆论称日本影响力难提升”，中新网2006年7月16日电。

③ 日本外務省:「安倍総理の米国？中東諸国訪問に関する内外記者会見」、平成19年5月2日。http://www.mofa.go.jp/mofaj/kaidan/s_abe/usa_me_07/kaiken.html。

合声明，双方表明进一步发展能源合作关系的意愿，沙特阿拉伯方面保证继续为日本提供稳定的石油供给。双方认为，经济关系是两国关系“向战略关系发展”的主要动力，双方的政府及民间部门应尽最大努力全面发展经济关系。为此，两国领导人决定启动设立特别工作组的进程，最大限度地运用两国的金融、制度资源及包括技术在内的可能利用的资源，促进两国产业增加投资机会。[①] 2007年5月1日至3日，日本还与沙特阿拉伯联合举办了第二届亚洲能源产出国与能源消费国之间的对话活动，促进相互理解。此后，日本首相虽然没有再访此地，但于2008年5月、2009年1月和5月三次派遣首相特使访问沙特阿拉伯，特别是2009年上半年，卸任首相安倍晋三和福田康夫作为“首相特使”相继到访，[②] 对于保持日本与沙特阿拉伯之间的密切关系起到了重要促进作用，足以证明日本对中东大国资源外交的重视程度。

概括日本在中东地区的资源外交，下述三个方面令人瞩目。其一，日本与中东国家建立多边和双边高层战略对话机制。2007年5月安倍首相与埃及总统穆巴拉克就两国定期举行外长级战略对话达成一致，与沙特阿拉伯国王阿卜杜拉就强化外长级高端政治对话达成共识，将小泉首相2003年5月倡导设立的“日本一阿拉伯对话论坛”升级为“日本一阿拉伯会议”。日方将这一高端对话框架誉为“中东版达沃斯会议”寄予厚望，拟邀请阿拉伯各国政要和财界人士与会，[③] 作为日本与阿拉伯国家的精英层相互沟通的机制，为实现建立“多层次合作的新型伙伴关系”发挥重要的舞台和桥梁作用。与此同时，日本对于“缺乏理性对话经验的海湾国家”，采取通过互派文化交流团体打开沟通渠道，开展“理性对话”，力争使资源外交覆盖全部中东地区。其二，日本全方位推

① 日本外務省：「サウジアラビア王国と日本国の間の共同声明」、平成19年4月，http：//www. mofa. go. jp/mofaj/kaidan/s _ abe/usa _ me _ 07/saudi _ sei. html。

② 日本外務省：「サウジアラビア王国基礎データ」，http：//www. mofa. go. jp/mofaJ/area/saudi/index. html。

③ 山内昌之：“安倍中东之行旨在构筑灵活和多层次关系”，《日本经济新闻》2007年5月10日网络版。

进与海湾国家之间的经济合作。海湾合作委员会的六个成员国（沙特阿拉伯、阿拉伯酋长国、阿曼、巴林、卡塔尔、科威特）向日本提供进口原油总量的70%，日本希望与这些国家缔结自由贸易协定（FTA）深化能源合作，力求在爆发战争等紧急情况下确保对日优先供给原油。[①]日本通过租借冲绳县国家储备基地的一部分给沙特阿拉伯石油公司，国际合作银行向阿联酋的阿布扎比国家石油公司提供巨额融资等方式稳定石油交易，确保日本在紧急时期优先购买石油的权利，进一步扩大日本自主开发原油的权益。此外，日本与沙特阿拉伯进行投资谈判；与阿联酋和科威特的租税条约谈判已经进行两轮；与卡塔尔和阿联酋建立了部长级联合经济委员会；多方努力稳定石油和天然气供给；日本注重与能源出口大国及其组织之间提升经济合作的水平，为保障中东地区对日能源供给稳定创造有利条件。其三，小泉首相推销解决巴以冲突的“和平与繁荣走廊”设想之后，安倍首相也很重视稳定中东局势的国际合作，积极参与处理中东热点问题：（1）安倍政府继续支援伊拉克战后重建，航空自卫队支援美军的空中运输活动延期2年；增加资金援助，提供50亿美元援助帮助恢复伊拉克的能源设施，并且削减伊拉克60亿美元的债权；2007年4月邀请伊拉克总理马利基访问东京，日伊两国宣布建立“长期战略伙伴关系”，日本向伊拉克提供5.1亿美元的新贷款，用于水利和供电设施建设，日伊双边关系稳定发展，日本争取伊拉克石油资源收获甚丰。同年5月，麻生外相还在埃及参加稳定伊拉克周边国家外相扩大会议，扩大日本在中东地区的“存在”。（2）关于伊朗核问题，在美国的压力下，日本国际石油开发总公司——日本政府是其最大股东，出资比例占29%——将已经获得的伊朗阿扎德甘油田75%的权益中的大部分（占65%）转让给伊朗国营石油公司；[②]安倍政府改变1979年伊斯兰革命以来日本与美国和欧洲拉开距离，与伊朗保持良好

---

① 久根正树：“日本加入能源竞争”，香港《亚洲时报》在线网站，2006年8月4日。

② “日本让出伊朗油田主导权，海外能源战略受挫”，《青年参考》2006年10月16日。

关系的一贯政策，与美欧站在一起公开要求伊朗停止铀浓缩活动。[①]（3）参与稳定中东局势促进巴以和平进程。安倍政府继续推进小泉首相2006年7月提出的建立“和平与繁荣走廊”的设想，积极参与中东和平进程，2007年3月在东京首次举行以色列、巴勒斯坦、约旦与日本的四方部长级会谈，麻生外相宣布日本将提供1260万美元（约合14.87亿日元）的无偿援助，改善巴勒斯坦的医疗和就业问题。由巴以双方政府高官及民间人士参加的第三次“培养互信会议”也在东京同期举行。日本倡议在约旦河西岸创建农业区，促进巴勒斯坦实现经济自立，表示将派调查团前去考察并召开实务者协商会议，选择农业区的候选地。[②]

可以认为，日本在中东地区展开全方位的资源外交，通过建立高端战略对话机制，缔结深化经济合作的协定，与中东国家发展多层次的经济合作关系。日本改变长期以来单一的能源进口结构，增加天然气贸易，实现能源供给的稳定化、多元化。另一方面，日本通过参与伊拉克重建、调解巴以冲突等中东热点问题，从政治、外交、经济角度促进地区稳定，改善能源安全环境，减少能源出口国的变数，抑制能源出口国加强管理本国资源限制外来投资的倾向。日本通过人才培训、文化交流、技术合作、提供资金等途径，培养阿拉伯国家的“亲日感情”，深化日本与中东能源供给国之间“相互依存”的经济合作。

第四节　日本对亚洲地区资源外交的特点

除中亚和中东地区两大主要能源资源供给地外，日本还决定促进开

---

① “麻生外相：如果继续核开发将导致对伊关系恶化”，《每日新闻》2007年7月22日网络版。

② “中东四方会谈：首次在日本举行和平会议”，《每日新闻》2007年3月14日网络版。

发亚洲、大洋州、俄罗斯的能源，努力实现资源供给多元化。如日本的资源外交对美国和俄罗斯分别采取了不同政策。日本非常重视俄罗斯具有成为日本重要能源供给国的“潜在性”，决定积极开展对俄资源外交，加强符合双方利益的“相互依存”关系，促进日俄之间开展“能源对话”。日本与美国之间在国际核能管理领域、合作并支援开发能源技术、配合美国稳定中东局势等方面进行合作，促进能源消费国与能源产出国之间的对话。

日本政府微观与宏观相结合的资源外交相得益彰、未雨绸缪，为应对石油供给地的突发事态投入了大量的外交资源，有效加强了能源资源安全保障，与此同时，资源外交对于扩大日本的外交影响，提高国际地位，也在持续产生正面作用。日本资源外交具有以下特点：1. 日本资源外交统合能源与外交领域，具有全面、高效、一举多得的特点。例如，日本对中亚国家的资源外交，不无瓦解俄罗斯地缘政治优势之嫌，因而得到美国的大力支持，“认为它是缓解俄罗斯对南高加索地区实施能源控制的一种方式”。[①] 然而，日本在与中亚能源资源供给国积极合作的同时，也努力与俄罗斯培育“相互依存”关系，始终保持注重经济合作不干预地区政治的低姿态。实际上，日本在资源外交中采取支援中亚国家实现“民主化”和“市场经济化”的政策，与美国的中亚战略互为表里。2. 加强与地区大国之间的合作关系，带动其他国家。日本努力促进与中东地区的政治大国——沙特阿拉伯建立全面战略合作伙伴关系，1995 年以来，日本政府与沙特阿拉伯合作研究最先进的石油精练技术，两国合办石油化工企业。2005 年 6 月，沙特阿拉伯阿拉莫克公司向日本昭和壳牌石油公司注入资本，双方直接签订原油交易合同。日本与沙特阿拉伯以发表联合声明的方式，一再确认沙特保证继续稳定供给日本石油。[②] 日本不仅与沙特阿拉伯举行投资谈判，不断深化经济合

① 久根正树：“日本加入能源竞争”，香港亚洲时报在线网站，2006 年 8 月 4 日。

② 日本资源能源厅能源企划室：《平成 17 年度能源报告》（能源白皮书 2006），引自日本经济产业省网页（http：//www. meti. go. jp）。

作关系，而且与其协商共同参与中东和平进程，努力提升非经济领域的相互依存和共赢关系，全面加强战略合作。沙特阿拉伯为日本在中东地区创设多边对话机制“日本一阿拉伯会议”发挥了重要的促进作用。3. 日本发挥资金和技术优势，政府与民间企业紧密合作，与资源供给国构建经济互补关系。日本针对资源供给国基本不具备产业基础的现状，充分利用其资金和技术强项，达到长期获得资源的目的。如日本以提供核能技术方式，争取到哈萨克斯坦为日本提供年需求总量30％以上的铀；通过提供官方巨额融资，保障日本在紧急情况下向阿联酋的阿布扎比国家石油公司优先购买石油的权利等，都是官民联手推进资源外交的成功实例。4. 注重改善资源供给关系的国际环境。日本资源外交的范围几乎囊括所有地区及全球性框架组织，从节能、促进资源产出国与资源消费国之间的对话等角度，改善国际能源市场的宏观环境；从与国际原子能机构的合作的角度，促进建立地区能源应急机制，发挥建设性作用。5. 日本资源外交符合美国的战略利益，但并未完全满足美方要求。即使在重大问题上，日本也没有无条件服从美国的战略安排，而是采取对美协调关系与资源外交紧密结合的原则立场，在配合美国实施中东战略的同时全力获取能源。日本对伊拉克的资源外交与支援美军“反恐”战争紧密结合，既成为对美承担军事同盟义务的最大亮点，也是获取伊拉克石油资源的重点投入，二者都取得显著效果。在美国战略排序相对次要的问题上，日本适度与美国拉开距离：日本在中亚宣称打造“自由与繁荣之弧”，承诺作为“民主主义国家的伴跑人”，在国际社会中追求三大目的——本国的生存与稳定、繁荣、国家利益，表明不干涉各国内政的政治立场。在中东，日本则以推动地区“和平与繁荣”为口号，不强调推行“民主价值观”，并未完全按照美方的对日要求行事——美方希望日本“根据战略需要分配软力量，如开发援助，以对付日趋严重的极端主义并提供替代它的思想主张”。① 因此，日本的资源外交活动一方

① 第2次アーミテージ報告：「米日同盟、2020年に向けアジアを正しく方向付ける」、2007年2月16日，http：//www.kyodo－center.jp/ugoki/kiji/070216armitage.htm。

面具有配合美国中东政策重点的性质，另一方面也有与美国“不即不离”的特点，日本在掌握其“生命线”的中东地区不能不顾忌伊斯兰国家的政治、宗教和国民感情。

随着气候变暖问题逐渐升温，日本资源外交涵盖节能领域成为新亮点。与中亚和中东相比，亚洲地区总体上被日本划归“资源需求国”，日本与亚洲国家的合作主要集中在核能、新能源、绿色能源技术、石油储备及应对紧急情况的区域内能源通融方面。日本与IEA、G8等全球性框架组织之间的合作更侧重于协调宏观外交关系，在亚太地区合作框架内拓展节能合作的平台，作为日本亚洲资源外交的重点。在日本经济发展战略中，亚太地区的发展中国家特别是中国和印度是日本节能技术最有潜力的市场，是牵引未来日本经济增长的主要动力源。

2007年1月，安倍首相在菲律宾宿务举行的东亚首脑峰会上表示，日本将在节能和新生物燃料领域接受1500名各国研修生，派出500名专家援助“无污染利用煤炭”，日本宣称其主导东亚峰会通过了《能源安全保障宿务宣言》，各国一致同意在设定节能目标和在生物燃料等新能源领域加强合作。《每日新闻》就此评论说，安倍首相上述表态的背景是，靠日本的“看家本领”——节能等高新技术做出贡献以提高日本在亚洲的“存在感”。[①] 2007年5月，安倍政府发表2006财政年度《能源白皮书》，宣布日本将利用多年积累的节能技术和核能技术，在防止全球气候变暖方面“发挥主导性作用”。《能源白皮书》提出，20世纪70年代发生石油危机后，日本钢铁行业投入约3万亿日元用于开发和使用节能技术，使企业的能源利用效率提高了35%。同时，采取开发和推广使用核能和天然气以及推进能源多元化等措施，日本对石油的依赖程度显著下降，1973年石油在日本能源结构中的比例为77%，至2005年下降到50%。目前，日本的能源利用率约为欧盟和美国的2倍，在减少温室气体排放方面取得了良好效果。在节能领域确立了国际领先地位。为了实现安倍首相提出的“在2050年以前将全球温室气体排放

① 「東アジアサミット：日本主導、エネルギー安保宣言、支援具体化が課題」、『毎日新聞』2007年1月17日。

量减少一半”的目标，日本应该凭借其在节能领域的先进技术优势，在与其他国家的合作中发挥重要领导作用，应该构筑有关温室气体减排的“新国际框架”。[①] 为此，日本在地区及全球性框架组织内积极推行节能环保外交，在东盟与中日韩（ASEAN＋3）、亚太经合组织（APEC）等地区框架内，积极与亚洲国家加强合作，“培养和加强相关国家对相互依存关系和追求共同利益的重要性的认识”，加强能源需求国之间的应急合作机制建设。在IEA、八国集团峰会（G8）等框架内，开展关于节能和稳定能源市场等方面的合作。[②] 日本对中国和印度等新兴资源消费大国则采取“风险对策”，即加强培养和稳定能源市场、开展能源合作符合相互利益的共识，奠定节能及能源紧急通融合作的基础。日本对“亚洲需求国”的对策包括，充分利用东盟与中日韩三国的合作框架，开展核能、新能源、绿色能源技术等能源多元化的合作，引进和普及节能、环保技术，支援促进节能、环保领域的制度建设，合作推进开发项目，整备基础设施，健全石油储备制度，创建和加强紧急情况下亚洲需求国之间的合作体制。在国际原子能机构（IEA）的框架内，构筑紧急情况下互相通融能源的亚洲地区框架。2007年6月，日本首先与韩国签署了石油储备共享协议，在发生紧急情况时做到两国的石油储备互通有无。

从整体上看，自安倍内阁以来节能环保领域在资源外交中发挥越来越大的作用，福田和麻生内阁也提出了各自的节能环保新倡议。但是，就日本资源外交的特性——以确立稳定获取能源和有色金属等稀有资源的国际供求关系为目的的国家战略及其活动——而言，“后安倍”时期日本历届内阁在应对气候变暖问题上的作为，重在凸显日本的外交影响和扩大国际形象，福田和麻生首相在任期间没有访问过中亚和中东，两届内阁在开拓和获取能源资源方面的付出与小泉和安倍内阁的努力不能

---

① 日本资源能源厅能源企划室：《平成17年度能源报告》（能源白皮书2006），引自日本经济产业省网页（http：//www.meti.go.jp）；日本政府发表2006财年能源白皮书，新华网2007年5月25日。

② 日本资源能源厅能源企划室：《平成17年度能源报告》（能源白皮书2006），引自日本经济产业省网页（http：//www.meti.go.jp）。

同日而语。当然，这并不意味着福田和麻生首相不愿有所作为，资源外交的对象有限，“后安倍”时期的首相坐享其成也是理所当然的，毕竟这不是一个能够周而复始的过程。

日本资源外交对中日关系影响深远，对中国形成前所未有的挑战。首先，在日本资源外交的战略定位中，无论在资源消费大国还是在地区及全球性框架组织的层面上，中国都是日本节能及能源储备、能源需求应急机制建设等领域的重要合作对象。对于意欲输出节能技术的日本企业、有意改善中日关系的日本政府而言，全面推进中日两国间的合作关系无疑是双赢的选择，有利于进一步增强两国之间的战略互信，增进两国国民之间的感情。其次，从获取资源的角度看，中日作为资源消费大国在全球范围内展开竞争是客观事实。中亚和中东将成为中日竞争获取能源和资源的主要地区。资源外交与国家主权、地缘政治等方面的因素缠绕在一起，今后可能给中日关系带来更多变数，在上海合作组织成员国的所在地——中亚地区也是如此。所以，包括运输资源的海上通道安全等方面的问题已经成为当今中日外交、政治、安全领域中不可或缺的一部分。中日能否在获得资源方面合作，对于全面改善和提升两国之间的战略互惠关系具有极其重要的意义。当然，两国间外交、政治、安全领域合作的进步，也会促进资源合作的深化与提高。再次，在日本资源外交中，东海问题的政治意义远远超过能源需求。日本不但从法制和体制上做好争夺海洋权益的准备，而且千方百计为实现其以“中线”划分东海专属经济水域作铺垫。2007 年 4 月，在“共产党和国民新党的共同助推”下，日本国会通过《海洋基本法》，① 设立担当大臣统辖政府各部，成立由首相担任本部长的综合海洋政策本部，“建立基于战略角度应对‘有事’的体制”，② 彰显对华强硬姿态。近年来，中日东海争端的政治性炒作愈演愈烈，对于两国关系的健康发展十分不利，中日之

① “日海洋基本法成立　首相统辖海洋战略”，《读卖新闻》2007 年 4 月 21 日网络版。

② “旨在确保海洋权益的海洋基本法将于今天宣告成立”，《朝日新闻》2007 年 4 月 20 日网络版。

间若能开展获取能源的互利合作，有利于淡化东海争议使之相对化。当前，避免掺杂国内政治因素冷静妥善地处理东海问题，营造有利于解决问题的客观环境尤其重要。中日两国应该为促进国际资源市场的稳定与繁荣，促进环保和应对气候变暖共同发挥建设性作用。中日在资源问题上应该努力培养互信和双赢的共识，通过发展两国资源领域特别是在获取能源的上游权益上的合作与协调关系，变互相竞争为互利合作，化挑战为机遇，是近期实现难度最大、但并非全无可能的理想目标。

第十章

“新福田主义”应对地缘政治难题

进入21世纪，新保守主义安全保障战略的规划与实施历时近9年，“后小泉”时期日本政局持续动荡，新保守主义国家战略在欠缺连贯性和组织协调性的状况下，分别由小泉、安倍、福田和麻生四届内阁不断推进。其间，保守主义稳健派执政的最后一抹亮色——福田内阁没有否定前任的既定目标，福田首相对外战略的亮点“新福田主义”，与其说是修改前届内阁的战略，不如说是对它的补充和完善。因此，应该将福田内阁的轨迹视为调整而不是否定。这个不断完善的过程至2009年9月麻生内阁下台暂时告一段落。

第一节 四大地缘政治难题困扰日本列岛

有评论认为，在小泉和安倍政府期间，日本与印度之间的安全关系“开始转暖”，“但是在2007年福田康夫就职以后就失去了势头，福田政府对印度不是很感兴趣，而是想关注中国和东南亚”。[①] 2008 年 5 月 22 日，福田首相发表了人们期待已久的“新福田主义”——题为《太平洋成为“内海”之日——共同走向未来亚洲的五项承诺》的政策演讲，表明在继承“老福田主义”思想遗产的基础上，“新福田主义”与东盟建立“共享未来理想、共同思考和共同行动的伙伴关系”；与此同时，宣布日本的亚太外交战略的核心是“加强日本与美国的同盟关系作为亚太地区的公共财富”。[②] 福田政府调整安倍内阁在亚太构建“海洋国家”的“价值观同盟”的安全战略：将战略重心转移到东南亚地区，实现日本的东南亚战略与太平洋战略的对接。新福田主义是日本应对亚太国际格局新变化的战略设想。美国金融危机的负面影响不但重挫美国经济而且降低了美国的国际影响力，“金砖四国”在危机中的作用提高了新兴大国在国际经济秩序中的地位；迅速崛起的中国、印度在亚太地区国际关系中发挥越来越重要的作用；东盟在政治安全上崛起，亚太地区国际格局中出现了一支平衡大国博弈的中小国家的生力军；澳大利亚等环太平洋国家积极发展对华关系，经济互惠关系深入发展，为中国与亚太各国在政治安全领域的合作奠定了牢固的物质基础；这些因素促进了亚太地区国际关系格局多元化。

亚太国际关系格局的变化引起了日本的高度重视，包括朝野两大党在内，各方智库及学者纷纷构思日本的亚太战略。前首相中曾根康弘的意见颇具代表性：今天的日本“陷入了被金砖四国，特别是被中国赶超的困境”。日本外交在坚决维护日本国家利益方面显得越来越软弱，甚至被世人称之为“没有脸面的外交”。“这种现象的危害，在日本仍具有经济大国实力的今天也许还不明显。然而，当 10 年后日本的 GDP 被中国超越，或者 20 年后被印度超越，日本丧失了经济大国地位之时，那

① ［澳］普南得拉·贾殷：“东京加深与印度的关系”，香港《亚洲时报》在线，2008 年 10 月 25 日。

② 「福田内閣総理大臣スピーチ、太平洋が『内海』となる日へ—『共に歩む』未来のアジアに5つの約束—」，http: //www. kantei. go. jp/jp/hukudaphoto/2008/05/22asia. html。

就不光是‘脸面’，恐怕甚至‘身体’都无人理睬了。”① 还有人警告说，在美国眼中，日本列岛和台湾地区可能被“当成配角”看待，“日本被美中台湾化的趋势日益明显”。② 实际上，日本并未陷入“被中国赶超的困境”，日本的忧虑在于不能转变战略思维方式从而难以破解四个地缘政治难题：其一，东盟共同体建设弱化日本对东盟的影响；其二，日本推进日美同盟“亚太地区公共财富化”即日美同盟“亚太化”，与东亚正在形成的地区性安保机制之间的矛盾；其三，东亚合作的架构之争——“10＋3”与“10＋6”合作框架之间的矛盾；其四，中美日“不对称的三角关系”发生变化。“中国威胁”是前三个难题中的“潜台词”，第四个难题则是贯穿日本亚太战略的主旋律。新福田主义及福田内阁在亚太地区推行的外交战略主要是应对四大地缘政治难题的对策。

新福田主义应对的第一个地缘政治难题是东盟共同体建设弱化日本对东盟的影响。“新福田主义”发表时，东盟共同体建设进入各国通过《东盟宪章》的最后冲刺阶段，而且各国正在协商将东盟共同体从“对话场所”转变为解决区域政治与安全问题的“行动机构”。日本一向把东南亚视为自己的“后院”。“老福田主义”主张日本与东南亚各国建立“对等的伙伴关系”受到各国的欢迎。进入21世纪后，小泉内阁在大力提升日美关系的同时恶化日本与东北亚国家的关系，也没有充分重视东盟与中日韩三国之间的“10＋3”合作；安倍内阁一边加大外交投入，在亚太地区创设包括日美澳印“四国同盟”在内的“多重安全对话框架”，一边接替小泉在中东和中亚地区重点推进“资源外交”，未能同步发展日本与东盟之间的关系。新福田主义在继承“老福田主义”的思想遗产的基础上，宣称日本与东盟建立“共享未来理想、共同思考和共同行动的伙伴关系”，公布对东盟的一系列援助承诺，实际上是对此前历届政府对外战略的拾遗补缺。东盟的“功能转型”以及东亚国际格局的变化是日本加大力度耕耘东南亚的关键动因。中日关系持续回暖，减少

① 中曽根康弘：「福田首相に「国益」の守護者たる自覚はあるか」，『正論』2008年8月号。

② “日本被美中台湾化的趋势日益明显”，《选择》月刊，2008年11月号。

了东盟国家在中日之间进行选择的困扰。与此同时，东盟也对中日两个地区大国合作处理东亚国际关系问题产生危机意识，担心东盟可能被“大国之间的外交埋没”。新加坡总理李显龙敦促其他东盟成员国的外长说：如果不加速和深化东盟的一体化，东盟恐怕要沦落为“东南亚地区的配角”。另外，东盟对在六方会谈架构的基础上构筑东北亚安全保障机制的动向也抱有警惕。[①] 因此，2008 年 7 月 20 日开幕的东盟外长会议，在会议轮值主席新加坡外长杨荣文的主导下，重点讨论东盟从“对话场所”转变为“行动组织”的“功能转型”问题。7 月 24 日，杨荣文还在与美国务卿赖斯的会晤中表示“东盟与美国的关系是地区政治安全架构的重要支柱”，[②] 凸显东盟与美国之间的安全合作，强调东盟准备加强维护地区安全的功能。

近年来，日本朝野把东南亚视为与中国争夺“亚洲地区主导权”的主战场，对中国与东盟迅速密切经贸关系的“10＋1”合作感到焦虑。小泉内阁大张旗鼓地发动争取联合国安理会常任理事国席位的外交攻势之时，除新加坡外其他东盟国家都不予支持，令日方大为震惊。如果东盟的作用从“对话”转变为“行动”，日本对东盟的影响及日本在东南亚地区的存在就有可能边缘化。所以，针对东盟的“功能转型”议题，新福田主义提出积极参与、提供各种援助的具体承诺，加大与东盟在各个领域的合作力度提高合作水平，以图解决东盟共同体的建设弱化日本对东盟影响的问题。对照 2008 年 7 月 24 日东盟外长会议结束后发表的联合声明及相关情况，可见日本的承诺与会议的主要议题几乎全部“对号入座”。东盟会议的主要议题之一是地区合作救援自然灾害与灾后重建。日本提供政府援助与东盟及亚太各国进行防灾合作，实现亚洲各国紧急援助机构的网络化，实际上是承诺建立以东盟为主要受益方的紧急救灾体制。东盟会议的议题之二是区域内反恐合作等安全问题，包括提

① 「ASEA.、『対話』から『行動』へ、日中修復に危機感」，『產経新聞』2008 年 7 月 24 日。

② “东盟与对话伙伴分别举行‘10＋1’外长会议”，《新华网》2008 年 7 月 24 日，http：//news. china. com/zh _ cn/news100/11038989/20080724/14985466. html。

高马六甲海峡沿岸国的反恐训练水平，酝酿在马六甲海峡举行成员国的联合军事演习等，是东盟“功能转型”的焦点之一。日本要求参加维护马六甲海峡等海上通道安全的反海盗和反恐活动，而且要求“与以东盟为首的各国进一步合作”。日本媒体一语道破了日本政府的真实意图：“活用东盟框架，希望美国和澳大利亚等国参加。”① 东盟会议的议题之三是东盟成员国批准《东盟宪章》及人权机构的权限问题。这是引起争议的另一个焦点。《东盟宪章》原定于 2008 年内生效，但在本届会议召开时仍未得到菲律宾、印尼及泰国的批准。东盟从奉行“不干涉内政”的原则转向筹备设立干预成员国内政的人权机构，各国围绕是否赋予人权机构以制裁权问题产生意见分歧。菲律宾和印尼赞成赋予制裁权，缅甸则对之强烈反对，柬埔寨、越南和老挝也持否定态度。本次会议最终决定设立商讨人权机构功能问题的筹委会。② 福田首相在此次会议召开前宣布“坚决支持东盟共同体的建设”——通过“基于普遍价值的东盟宪章”；“如果不能确立更好的统治结构——即确立透明而民主的、依据法律的统治”，“就不能化解社会混乱防患于未然”。③ 福田政府一如既往地强调“民主”，但在涉及价值观的敏感问题上回避直接批评某个国家，既照顾部分亚洲国家反对干涉内政的一贯态度，也表明日本希望东盟共同体实现“民主与法制”的原则立场。东盟会议的议题之四是东盟联合国维和专家组的活动。东盟联合国维和专家组成立后，从事监督停战、派遣文职警察监督选举以及战后重建等维和活动，今后将实现各国共享维和情报，进一步提高活动效率。④ 福田政府已经承诺，日本将运

---

① 「ARF、海上安保が焦点に…マラッカ海峡で合同演習も」、『毎日新聞』2008 年 7 月 21 日。

② 「ASEA.、外相会議開く、事務局機能強化など共同声明」、『毎日新聞』2008 年 7 月 21 日。

③ 「福田内閣総理大臣スピーチ、太平洋が『内海』となる日へ—『共に歩む』未来のアジアに5つの約束—」，http://www.kantei.go.jp/jp/hukudaphoto/2008/05/22asia.html。

④ 「ARF、シンガポールで開幕、『対話から行動へ』脱皮狙う」、『毎日新聞』2008 年 7 月 24 日。

用在柬埔寨和东帝汶的维和经验，从事培养维和专家的教育活动。[①] 福田政府在东盟外长会议前后相继发表与会议议题相对应的各项承诺，宣称将与东盟共同发展紧密合作关系，把日本和东盟的合作提高到与中韩合作同等重要的地位，这是为了密切配合东盟共同体的建设，推动东盟落实“普遍价值观”，突出日本建设地区非传统安全机制的作用，避免日本在东盟功能转型的过程中被边缘化，以此应对东盟共同体建设弱化日本对东盟影响的难题。

新福田主义应对的第二个地缘政治难题是，日美同盟推进“开放性变革”与东亚正在形成的地区性安保机制之间的矛盾。小泉内阁积极支援美国“反恐”，在与布什政府度过日美关系的“蜜月”期之后，安倍内阁在日美同盟的开放性变革中积极构筑日本的“后战后”国家安全体制，加强日印、日澳、日本与北约的安全合作关系，在构建日美澳三国的外交与安全协商机制、日美澳印多边“安全对话框架”等“以同盟为基调的合作”方面取得显著进展，划时代地扩大了日本的军事存在。然而，日美澳印“安全对话框架”却因澳大利亚陆克文政府的退出而消亡，[②] 建立“共享价值观”的安全伙伴关系的活动也随着安倍下台而退居幕后。新福田主义提出将日美同盟作为“亚太地区的公共财富”，赋予美日同盟前所未有的“公共性”和“公益性”，把双边军事同盟关系扩展为亚太地区的“稳定设备”。

另一方面，东盟向安保机制转型初见端倪。同时，解决朝核问题的六方会谈框架作为协商东北亚地区安全问题的机制获得越来越多的认同。2008 年 7 月 23 日，美国国务卿赖斯在新加坡与日本外相高村正彦会谈中，提出“希望讨论东北亚和平安全机制的原则”问题，显露出

---

① 「福田内閣総理大臣スピーチ、太平洋が『内海』となる日へ—『共に歩む』未来のアジアに5つの約束—」，http：//www. kantei. go. jp/jp/hukudaphoto/2008/05/22asia. html。

② 「中国けん制の連携しぼむ、日米豪印の戦略対話消滅へ」、『日本経済新聞』2008 年 2 月 16 日。

“把六方会谈发展为长期性的东北亚安全保障机构的想法”。① 赖斯还在美国《外交》季刊7、8月号发表《新世界的美国现实主义》一文中主张：“在为实现可核查的无核化而努力的今天，六方会谈是合作与协调的场合……当事国正准备通过建立东北亚和平与安全保障机构，进而使迄今为止的合作制度化。”② 对此，日本媒体评论说：“美国对谈论东北亚安全保障问题态度积极”，③“东北亚和平与安全保障机构能否发挥作用取决于美中两国的合作”。“美国对日本无动于衷”，“东北亚和平与安全保障机构的主角是中国，美国只是适当地帮了帮手。如果将来东北亚地区安全能够得到保证，那么，其职能最终也许会扩大到整个亚洲”。④如果中国发挥重要斡旋作用的六方会谈框架转变为东北亚或整个亚洲的安保机制，东盟也具备东南亚的安保机制的功能，美日同盟的军事存在势必受到影响，并且摇撼日本在亚洲的地位。福田政府承诺加强日美同盟作为“亚太地区的公共财富”，把双边军事同盟关系扩展为亚太地区的“稳定设备”，干扰东盟和六方会谈框架转化为安保机制的进程，保障日美两国在亚太地区的军事存在。因此，它既有助于消除美方对于东盟及东亚一体化进程排除它的担忧，也具有威慑中国崛起的战略意义。事实上，日本已经用日美同盟的“亚太化”与六方会谈框架的安保机制化相抗衡。在前述日美外长的会晤中，高村用“弄清朝鲜无核化的进程非常重要”，希望赖斯说服朝鲜“在日朝关系上能有看得见的进展”，回应赖斯讨论东北亚安全机制的提议。这表达了日本的立场，即下一阶段的六方会谈也不应该构建地区安保框架。⑤ 不难预测，日本今后将继续排斥亚太地区在日美同盟之外形成新的安保机制，力图以美日同盟覆盖

---

① 「日米外相会談：高村外相『ポスト6カ国協議』構想に難色」，『毎日新聞』2008年7月23日。

② “日美同盟‘无用论’抬头”，《选择》月刊，2008年9月。

③ “美国对谈论东北亚安全保障问题态度积极”，《日本经济新闻》，2008年7月24日。

④ “日美同盟‘无用论’抬头”，《选择》月刊，2008年9月。

⑤ 「日米外相会談：高村外相『ポスト6カ国協議』構想に難色」，『毎日新聞』2008年7月23日。

亚太，实现日美共同主导亚太安全事务的战略目标。

新福田主义应对的第三个地缘政治难题是，东亚合作的架构之争——“10＋3”与“10＋6”合作框架之间的矛盾。东盟与中日韩三国之间的合作已经显现实际效果，这表明“10＋3”框架有利于开展实质性的互利合作。日本一向主张东亚合作应向美澳新等“民主国家”开放，以前曾提出以参加东亚峰会的16个国家为主体、构筑名为“东亚自由经济圈”的经济合作框架。东亚各国尚未就此形成一致意见。新福田主义提出构筑“太平洋网络”的对策，以图解决美澳新等国参与东亚合作框架的问题。“太平洋网络”内涵十分丰富。其中，亚太各国间的合作关系最终将达到“太平洋成为内海”的紧密程度。同时，亚洲向太平洋地区“开放”，日本支援贯通印度支那的“东西走廊”的建设，促进湄公河流域的发展中国家向美澳新等环太平洋的发达国家开放；在此基础上，实现包括“东盟的内陆国”在内的亚洲向太平洋地区开放。① 在这一“太平洋网络”中，无论东亚国家还是环太平洋国家，既无“主体”与“客体”之分，也无“东亚合作”与“环太平洋合作”之别，它们都是其中的组成部分。“太平洋网络”的基调仍然是日本一贯主张的“10＋6”合作框架。与过去不同的是，日本设想借助美日同盟的“亚太化”在这一框架中占据仅次于美国的核心地位。福田政府实现日美同盟的亚太化、构筑太平洋网络的战略，既能保障日美两国在亚太地区的军事存在，确立日本在东南亚及亚太地区的领导地位，也有助于消除美方对于东盟及东亚一体化进程排除它的担忧，具有平衡中国崛起的地缘政治意义。

此外，福田政府构筑“太平洋网络”还有一个重要目的，为日本国家经济发展战略构建一个亚太国家合作的平台。2007年日本政府提出应对气候变暖问题与日本经济增长相结合的战略设想，2008年5月，日本经济产业省和环境省公布《亚洲经济和环境共同体设想》作为新经

① 「福田内閣総理大臣スピーチ、太平洋が『内海』となる日へ—『共に歩む』未来のアジアに5つの約束—」，http：//www.kantei.go.jp/jp/hukudaphoto/2008/05/22asia.html。

济增长战略：“在广阔的亚洲地区——包括东盟、日、中、韩、印、澳大利亚和新西兰，形成以经济及环境为轴心的共同体”，加强与亚洲各国的经济联系，向世界推广日本的节能技术，力争在2030年将亚洲“环境经济”的市场规模扩大4.7倍，从现在的64万亿日元增至300万亿日元。日本国际合作银行将向相关节能基金提供资金和债务担保，接纳亚洲国家更多的研究和技术人员。[①] 毫无疑问，日本运用节能和环保技术的优势，在治理全球气候变暖方面重点投放外交资源，是日本与各国实现互利双赢的战略选择。不仅如此，日本还可以发挥敦促美国进行节能减排的作用，同步实现日本向新兴大国输出节能技术与经济增长，有利于日本占领治理全球性问题的国际道义高地，巩固日本在尖端科技领域中的优势，增强日本的综合实力特别是软实力，保障日本在亚太地区新一轮经济增长中扮演重要角色。《亚洲经济和环境共同体设想》是日本政府主管机构确定的新经济增长战略，日本十余年来一向强调环太平洋经济合作的框架与日美军事同盟关系互为表里，是日本“以日美关系为基轴”的对美协调外交的重要组成部分。

新福田主义面临的第四个地缘政治难题是，中美日“不对称的三角关系”发生变化。即中日美之间不对称的三边关系发生不利于日本的变化，日本唯恐被边缘化。必须指出，中日美三边关系发生不利于日本的变化，既有“中国威胁”的阴影也有美国对亚洲政策的因素，此外，还包括日本精英层的冷战思维，划分出中朝俄三国——“拥有核武器的朝鲜、向海洋发展的中国、以能源为基轴扩大干预东北亚事务并重新增强海军力量的俄罗斯”——与日美韩三国之间的战略对峙格局。事实上，中国在日本国家战略中的定位发生了微妙的变化，中国不再是“或敌或友”，而是“亦敌亦友”的多重身份——中国对于日本来说，既是事实上的“军事假想敌”，也是“经济合作伙伴”和“外交竞争对手”。因此，针对中国的战略构思必然并用遏制、合作+竞争三种战术，谋求日

① 「経済産業省、環境省、『アジア経済・環境共同体』構想」，2008年5月版，http：//www.env.go.jp/press/file _ view.php? serial = 11475&hou _ id = 9759。

本国家利益的最大化，同时最大限度地保障美国的战略利益。2008年9月10日公布的日本国际论坛关于《第32次政策建议：重新调整日美关系与日本的前进方向》的阶段性研究，即是探讨应对中国的“多重身份”的战略设想之一，[①] 由此可见当时日本民间的战略研究氛围。

日本国际论坛的政策研究者们认为，日本亚太战略的“轴心”是活用日美同盟，由日美同盟衍生出五个安全保障合作框架：其一，以日美同盟为“国防手段”；其二，将日美同盟作为日本海洋战略的核心；其三，创设日美同盟“拉拢”中国的对话场所——日美同盟与中国加强合作的战略对话；其四，把日美同盟扩大到“共有价值观的国家群”；其五，构筑日美韩三边战略合作框架，抗衡中俄朝三国。具体内容如下：1. 以日美同盟为中心防卫日本国土。日本在防卫国土的层次上把中国与俄罗斯和朝鲜并列为“威胁”，视为事实上的假想敌。加强日美同盟，继续依赖美国的核保护伞，应对“周边事态”等战争威胁，作为日本领土及其“周边”的“国防手段”之一，同时，继续加强日本的防卫力量。2. 将日美同盟作为日本“海洋战略”的核心。不仅防卫海上通道，而且防卫与邻国存在领土争议的孤岛、海洋权益、海洋资源，加强海上警备行动。此外，与亚太各国合作应对海盗问题，为维持航路、通道闸门的安全展开联合巡逻和警戒等。日本在太平洋必须拥有“作为太平洋的主要国家生存下去的不可或缺的主导权”。3. 创设日美同盟“拉拢”中国的对话场所——日美同盟与中国加强合作的战略对话。设想“同盟+中”，“拉拢中国酿成互信”，明确“东亚安保机制的方向是促进对话”，这个机制与“日美同盟共存”并对同盟发挥“补充”作用。[②] 2008年10月著者访日期间，在与防卫省智库防卫研究所及民主党方面的交流中，日方对中国能否与日美同盟加强关系都表示出高度关注，日本朝野探询日美同盟与中国展开三边战略对话的可能性，尤其希望中国

---

① 日本国際フォーラム：「第32政策提言、『日米関係の再調整と日本の針路』」第一回政策委員会概要，http：//www.jfir.or.jp/j/pr/outline/32_1.pdf。

② 「第32政策提言、『日米関係の再調整と日本の針路』」第一回政策委員会概要、http：//www.jfir.or.jp/j/pr/outline/32_1.pdf。

加入美国总统乔治·W. 布什2003年提出的、旨在防止大规模杀伤性武器及相关设备扩散的“防扩散安全倡议”（PSI）。他们提出一个颇有说服力的理由，如果在地区安全保障的层次上仅将中国视为“假想敌”构筑安保同盟并使其具有“反华性质”，“无论东盟还是澳大利亚、印度都不会参加。既便美国也未必同意”。所以，需要打造一个包括中国在内的战略对话的框架或平台。4. 把日美同盟扩大到“共有价值观的国家群”。加强日美同盟，作为谋求“海洋国家”的日本利益的“外交手段”。因为，“以两国间的同盟为轴心维持亚洲稳定的状态发生变化，进入多边安保合作是历史的必然”，日本应通过“价值观外交”“构建发展国际关系的框架”：“将日美同盟扩大至共有价值观的国家群，以日美同盟为轴心发展多边合作框架”。日本尤其要与澳大利亚、新西兰、东盟各国和印度联合起来。为此，首先加深日澳两国的战略合作，在安全领域内构筑紧密的合作关系，在此基础上再把两国关系发展为日美澳三边关系。日美澳印四国战略合作关系虽然“由于美国担心刺激中国而仍然停留在设想阶段”，但是为了将以日美同盟为轴心的安保体制的对象从亚洲伸向中东，“印度参加进来比澳大利亚还要重要，日本应该持续向美澳印三国发出呼吁”。5. 构筑日美韩三边战略合作框架，抗衡中俄朝三国。日本反对六方会谈框架成为东北亚的安全保障机制，理由是“用不成熟的对话框架不能维持地区安保”，亚洲多边安保合作与对话的局限性不在于“多样性”，“而在于中朝这样的不能共有价值观国家的军事强大，阻碍实质性的安保合作”。“亚洲的现状是，不具备像欧洲那样构筑多国合作框架的状态”。所以，日本应该推进日美韩之间的战略合作，“制订日美韩防卫合作指针”，“根据朝鲜半岛统一的设想制订联合作战计划”。此外，有必要重新确认2005年10月发表的《日美同盟：为了未来的变革》，对于同盟的性质“重下定义”。日本修改《周边事态法》，就核遏制与美国坦率地交换意见，制订核遏制战略及日美合作的方法。这是日本一改处置“周边事态”的模糊战略，明确规定“美日同盟＋韩”处理朝鲜半岛危机的战略设想。不难看出，上述由日美同盟衍生的五个安全保障框架设想，主要是针对中国的“多重身份”量身定制，对中国进行战略遏制和战略竞争的侧面远远大于合作。这既是中日战略互信缺失的证明，也是日本为防止形成“美中共治”的局面，决心“付出必要的成本和牺牲”，“在非单极、非多极、多元化的国际关系”中，为保障日本国家安全而提出的政策选择。① 值得注意的是，它大大超越了安倍“价值观外交”、“新福田主义”的外交方针，是新保守主义“摆脱战后体制”的战略目标的扩大与延伸。但是，这种战略设想对全球化形势下各国政治经济利益超越国界相互渗透的现实缺乏基本认识，尤其忽视了亚太地区各国必须联合应对金融危机、气候变暖、粮食危机等全球性问题的共同利益诉求，更重要的是，根本没有把中日领导人共同签署《中日关于全面推动战略互惠关系的联合声明》放在眼中，仍在探讨遏制中国的策略，中日联合宣言已经明文记载不将对方视为“威胁”。这种战略意图对改善日本在“不对称的中日美三边关系”中的不利地位毫无裨益。

实际上，日本对如何巧妙地利用中日美三边关系不乏战略性的研究论证。例如，新福田主义所倡导的日美同盟的亚太化，即借助日美同盟实现日本军事大国化的战略目标。日本一方面希望形成美日对中国的2∶1态势，倚重美国牵制中国崛起；另一方面也希望形成日中对美国的2∶1态势，在金融和经贸领域牵制美国，以便在中美日三方的博弈中确保日本的国家利益，避免出现“美中主导亚太”或“美中共治”亚太，日本被边缘化的结局。

第二节　“新福田主义”的可行性及局限性

进入21世纪后，日本的亚太战略的规模不断扩张。如果将“价值观外交”的作品——日美澳印四国“安全对话框架”等安全保障合作框架视为若干个“点”，那么新福田主义把日美同盟作为“亚太地

① 「第32政策提言、『日米関係の再調整と日本の針路』」第一回政策委員会概要，http：//www. jfir. or. jp/j/pr/outline/32＿1. pdf。

区的公共财富”的目标则是从“点”扩大到“面”。目前还有建议说，仅仅加强日美两国之间的“线”也不充分，“应该思考加强其世界性的‘面’”。但是，思考应对日本地缘政治难题的战略对策之际，不能不考虑地缘政治关系的制约及其可行性。众所周知，亚太地区是世界上国际关系最复杂的区域之一，从拥有霸权地位的超级大国到快速崛起的新兴大国、发展中的小国应有尽有，并且都在不同程度上面临传统安全与非传统安全问题。因此，国际力量的对比不断发生变化，区域内的双边和多边合作机制纵横交错。日本企图通过扩展美日同盟关系建立亚太地区的安全机制，通过统合亚洲各国的紧急救援机构建立非传统安全机制，以掌握地区事务的主导权，结果势必冲击既有的国际合作机制。

首先，分析日本在亚太地区构建安全保障机制的可行性。日本在亚太地区继续推进美日同盟的“开放性变革”，把双边军事同盟的覆盖范围从局部扩展到全局，意味着区域内所有国家都要容许两国军力干预亚太地区的安全问题，而且迄今反对非马六甲海峡沿岸国介入这一海上通道“咽喉”的相关东盟国家必须转变立场，依靠亚太地区的“稳定设备”日美同盟，而不是今后具备安全保障功能的东盟共同体。就日本防务战略而言，此举将使自卫队等同美军，使日本的军事存在超越其冷战前后的主要活动范围，即从20世纪80年代协助美军防卫“关岛以西、菲律宾以北”的1000海里的水域、90年代模糊地理概念的“周边”，扩展到整个亚太地区。这是日本《关于2005年以后的防卫计划大纲》将“海外派兵”提升为自卫队的主体任务以后，[①] 首次表明的自卫队承担主要任务的地理范围。可以说，日本已经描绘出战后最大的军事和外交战略的扩张蓝图。

但是，亚太地区除了美日同盟以外，还有美韩军事同盟及美国与其他国家之间各种类型的双边或多边军事合作关系，为美国在亚太地区的军事存在提供多重保证。相关各国能否接受日本重新整合亚太安全机制

---

① 「平成17年度以降に係る防衛計画の大綱」（平成16年12月10日安全保障会議、閣議決定），http：//www.kantei.go.jp/jp/kakugi/kakugi－2004121010.html。

令人置疑。东盟共同体建设在“冲刺”阶段发生功能转型，预示着东盟决定发挥左右区域安全局势的作用。东盟的态度显然与日本借助美日同盟进行战略扩张的意图相差甚远。另外，六方会谈框架如果发展成为东北亚地区的安保机制，无疑将增加包括美日在内所有参加国的发言权和影响力。在六国框架中，姑且不论朝鲜与日本关系紧张、中韩俄三国与日本存在领土争议，即便出于海上运输通道可能受美日联合遏制的担心，其他国家似乎也不希望看到日本伴同美国主宰亚太地区的安全事务。何况，韩国也与美国长期保持着军事同盟关系，是否允许美日同盟覆盖亚太并不乐观。因此，上述战略目标能否实现，与其说是亚太各国是否有意改变多种安保机制并存现状的问题，不如说是这些国家是否愿意接受日本扮演“公共警察”角色的问题。总之，用日美同盟“亚太化”推进同盟的“开放性变革”，应对东亚正在形成的地区性安保机制并非易事。

其次，分析日本建立亚太非传统安全机制的可行性。从福田到麻生首相，日本提到过许多全球性的非传统安全问题，从气候变化、人口爆炸性增长、禽流感蔓延，到水资源匮乏、石油和粮食价格暴涨等国际社会关注的热点，承诺促进亚洲各国紧急援助机构实现网络化，以此作为日本构建亚太非传统安全机制的着力点。为了实现这一构想，福田政府提供5.74亿日元加强亚洲的禽流感防疫工作；2008年4月在东京举办协商亚洲禽流感对策的国际会议时，中国、印尼等亚洲20个国家和地区的参加者决定建设信息共享的数据库。[①] 一旦日本构建亚太非传统安全机制成功，亚洲尤其东盟国家将成为主要受益者，有助于消除这些中小国家对日本实施战略扩张的疑虑。

日本支持东盟共同体建设的主要目的之一，是促进东盟中的非“民主”和非“市场经济”国家通过发展与开放融入“太平洋网络”。实际上，日本是想通过援助，促进东盟国家接受“普遍价值观”的改造，进

① 「鳥インフル、防止策でアジア諸国連携、東京で国際会議」、『毎日新聞』2008年4月22日、「鳥インフルエンザ国際会議」、『読売新聞』2008年4月23日。

而实现亚洲对太平洋地区开放，确切地说是统合亚太地区。日本将东盟作为构筑亚太地区非传统安全机制的立足点，作为构建“太平洋网络”的前进基地。可以认为，经过日本软实力的长期浸透，东南亚地区已经形成有利于日本构筑非传统安全机制的国际环境。不过，中韩两国能否与日本紧密合作也是不可忽视的重要因素。

再次，分析建立应对全球性气候问题与实现日本经济战略的合作框架的可行性。日本已经在节能环保方面占据优势，能够最大限度地发挥节能和治理环境污染等方面特长，实现与合作对象的双赢。进入2008年，日本上市企业的收益连续两个季度递减，工矿业和制造业拉动日本经济增长乏力。日本将应对气候问题与拉动日本经济增长的国家发展战略相结合，创建包容“10＋6”框架的“太平洋网络”，不失为内外受益的综合对策。不过，亚洲发展中国家与环太平洋发达国家之间存在巨大的经济差距，加上地理、人文、国际关系等方面因素的影响，一个较大规模的合作框架的实效性可能有较大的局限性。如果没有东盟、中韩印等国家的积极参与，很难设想日本主导构建的合作架构能够覆盖整个亚太地区。再者，即使在得到各地区合作组织（例如东盟）或各国的大力协助，在构建成功的合作框架中，日本也难以独自享有“核心”地位。所以，只有平等互利、富有成效的合作架构，才能真正符合各国和平发展的共同利益。2008年前后，东盟国家之间已经形成共识，反对日本在亚洲推行孤立中国的“价值观外交”。在日本某智库举行的“日本与东盟的对话”活动中，东盟向日方明确表示“10＋3”是构筑东亚共同体的基础，要求“日本应该支持东盟对外关系的指针——不希望在日本或中国之间进行选择”，“否则将使东盟内部更加复杂、构筑东亚共同体功亏一篑”。日本媒体将此视为东盟对日本的“警告”。[①] 东盟一方的与会者认为，“日本缺乏真正独立的外交和安保政策。这在对美国抱有猜疑心的东盟国家中引起问题。例如，日本试图通过‘民主主义同盟’的想法孤立中国的认识，使几个打算积极推进构建东亚共同体的东盟国家

① 「シンポジウム『日・ASEAN対話』」，『読売新聞』2008年10月1日。

担心。”[①] 东盟的这一立场意味着日本在排斥中国的前提下难以构筑东亚共同体，否则日本将成为东盟内部矛盾的“制造者”或东亚共同体建设的“破坏者”，导致日本在东南亚的存在萎缩。上述事实从另一个角度证明，和平发展的中国没有被东盟视为“威胁”，东盟国家在构建东亚共同体之际需要中国。另外，东盟方面的上述共识还与日本积极推进的“10＋6”框架或“太平洋网络”不相一致。

包括新福田主义在内，日本朝野的亚太战略设计大大超出“掌握东亚一体化进程的主导权”的范畴。日本似乎没有充分估计东盟的发展壮大、中印等国在国际政治经济体系中的影响，没有充分认清美国需要中国作为“利益攸关方”发挥更大作用等形势，因而抱有过高的主观期望。世界和平发展的大潮流呼唤亚太各国积极参与共同治理、创建“和谐亚太”，用一个国家的“国际贡献”换取“国际领袖”地位的打算既落伍了，更不可能收到实效。结论非常简单——如果日方转变战略思维，把中国真正作为在东北亚乃至亚太地区安全保障领域的战略合作伙伴，不但以上列举的四大地缘政治难题可以迎刃而解，而且可以节约日本为创建由日美同盟衍生的安保框架的成本，促进中日美及亚太各国之间关系和谐。

综观福田内阁执政一年间对外关系领域的实践，可以说，在推动日澳关系发展方面贯彻了新福田主义实现日本的东南亚战略与太平洋战略对接的战略意图。2008 年 6 月 12 日，福田首相与陆克文总理发表《日澳全面战略性安全保障与经济伙伴关系联合声明》，其中有关地区合作框架的内容占据很大篇幅，联合声明提出为了使东亚峰会“基于开放性和普遍价值观发展”，日澳首脑欢迎各种与“地区经济整合”有关的建议：（1）“澳方注意到日本以补充健全其他地区机制的方式，创设亚洲已有的紧急援助机构之间的网络的想法。日方注意到，澳大利亚进行提高有关地区救灾机制的可行性研究，就此与日本紧密协商的想法。”

① 第 7 回『日・ASEAN 対話』，『「東アジア協力に関する第二共同声明」後の日・ASEANパートナーシップの展望』会議資料（2008 年 9 月 24－26 日）。http：//www.gfj.jp/jpn/dialogue/30/cp.pdf。

(2) 关于"地区经济统合"问题："两国首脑欢迎包括东亚全面经济合作（CEPEA）的民间研究、设立东亚、东盟经济研究中心（ERIA）、关于地区金融合作的主导作用、面向亚太地区自由贸易圈（FTAAP）的长期目标的选项和展望的研究在内的、'APEC为了加强地区经济统合的主导作用'这一面向地区经济统合的主导作用。"(3) 关于美国主导下的APEC："两国首脑注意到，两国参与了APEC的创立，讨论了加强APEC作为区域内主要的地区组织，与此同时，注意到APEC在地区经济统合中可能发挥的作用。"(4) 关于"亚太地区的将来"："两国首脑谈到，福田首相有关亚太地区的将来的提议、以及陆克文总理就包括地区组织在内的地区的将来形态交换意见的建议，强调为探讨更加妥当地应对地区内部的共同课题，在地区内关于亚太地区的将来继续进行讨论很重要"。[①] 这些颇为绕口的词句寓意深刻，表明以下几个问题：第一，福田首相构筑亚洲紧急救援机构的设想提上日澳战略对话的日程并且得到澳方的回应。第二，日澳首脑在主导地区经济一体化的框架问题上提出，两国欢迎研究多种选项和展望，赞成继续关于地区内的共同课题进行讨论，APEC只是其中的一项。第三，日澳仅仅从"地区经济统合"的角度上"注意到"APEC可能发挥的作用。第四，日澳首脑会谈关于讨论亚太地区的将来存在共识，地区合作组织问题是其共同关心的问题。其微妙之处在于，日澳首脑虽然讨论将APEC"作为区域内主要的地区组织"，但是两国仅认为它可能在地区经济统合方面发挥主导作用，并未把它定位为推进地区合作的唯一的组织。福田首相对"亚太地区的将来"提出了新建议，陆克文总理建议就"包括地区组织在内的地区的将来形态交换意见"，强调继续在地区内讨论的重要性，这意味着日澳两国首脑协商了包括美国主导下的APEC在内的所有能够全面应对"地区共同课题"的、促进亚太共同体建设的地区合作框架问题，构筑"日澳全面战略性安全保障与经济伙伴关系"。

---

① 日本外務省：「日豪共同ステートメント『包括的かつ戦略的な安全保障・経済パートナーシップ』」，2008年6月，http://www.mofa.go.jp/mofaj/area/australia/visit/0806_ks.html。

日澳两国之间的战略合作新动向立即引起美国的警惕，美国立即着手纠正日澳偏离其以APEC引领亚太地区合作的做法。福田首相与陆克文总理发表《日澳全面战略性安全保障与经济伙伴关系联合声明》两周之后，2008年6月27日，日美澳三国举行第三次部长级战略对话，主要围绕人道救助和救灾、反恐对策、在东南亚地区进行三边合作等议题展开。此次战略对话会议发表的《日美澳战略对话联合声明》宣称：三国为应对大范围的传统及非传统安全问题而加强合作，“三国之间的合作是为了支持、补全在既存的地区框架内的活动和加强三国所建立的框架。”[①] 不言而喻，“既存的地区框架”、“三国所建立的框架”都是APEC的代名词。显而易见，美国对日澳两国研究亚太未来地区组织、设计亚太地区发展形态的动向采取了抑制措施。此后，日本在地区合作方面谋求战略自立的势头有所减弱，在2008年10月发表的《关于推进日印战略性全球伙伴关系的联合宣言》中，两国首脑仅抽象地约定“应该将两国关系发展为将来的地区框架的支柱”，双方欢迎设立“东亚、东盟经济研究中心（ERIA)”，并且“提到”预定于12月提出的关于东亚全面经济合作（CEPEA）的研究报告。[②] 不仅如此，美方的意图还直接反映到2008年12月18日发表的日澳两国“2＋2”磋商的联合声明中。双方强调，两国关于“美国新政府参与地区事务的重要性达成一致”，“一致认识到确保美国对亚太地区的参与对于地区的和平与稳定是重要的。从这个观点出发，日美澳战略对话（TSD）是有益的框架，今后与美国新政府合作，在部长及工作级别层面上积累三边合作”。[③] 上述事实表明，日本探索在APEC之外建立地区共同体框架的努力，因违背美国领导亚太经济共同体的意图而受挫。

---

① 日本外務省：「日米豪戦略対話共同ステートメント」平成20年6月27日，http：//www.mofa.go.jp/mofaj/area/jau/0806_ky.html。

② 日本外務省：「日印戦略的グローバル・パートナーシップの前進に関する共同声明」，2008年10月22日，http：//www.mofa.go.jp/mofaj/area/INDIA/visit/0810_gpks.html。

③ 日本外務省：「第2回日豪外務・防衛閣僚協議（『2＋2』)」平成20年12月18日，http：//www.mofa.go.jp/mofaj/area/australia/2plus2/0812_gai.html。

福田内阁是进入 21 世纪后历届日本内阁中唯一没有刷新安全保障战略的一届内阁。福田康夫首相没有设立专门研究安全战略的咨询机构，在制定外交政策方面注意倾听有识之士的意见。2007 年 12 月初，福田首相设立“外交政策学习会”，作为外交政策咨询机构。外交政策学习会由防卫大学校长五百旗头真担任主席，共有前首相辅佐官冈本行夫、前驻华大使谷野作太郎、东京大学教授田中明彦、政策研究大学院大学副校长白石隆等外交和国际经济方面的 13 位专家组成。外交政策学习会不设定研究课题也不撰写专题报告，根据福田首相的需要专门讨论外交问题、提供参考意见。与会者无论从政治立场、外交经验，还是关于国际关系的“平衡理念”方面，都比较接近福田首相的一贯立场，不同于安倍恳谈会的部分知名“鹰派”成员。外交政策学习会从 2007 年 12 月 9 日至 2008 年 9 月 5 日共召开 7 次会议，内容包括进一步发挥政府开发援助（ODA）的作用，加强日本与非洲的关系问题，朝鲜半岛、日美关系、中日关系和日印关系等等。从讨论问题的排序来看，中日关系受到重视，被列入首次会议的讨论内容。与会者认为，“良好的日中关系对于亚洲及世界的稳定和繁荣很重要”，“关于环境问题和节能等国际社会共同的课题，日中之间有深化合作的余地，而且应该从这一观点期待日中关系的发展”。[①] 从受重视的程度来看，日印关系首屈一指。最后一次召开的第七次会议，关于日本与印度的合作等问题展开 2 个半小时的专题讨论。与会者提出，日印关系在战后经过短暂的停滞时期发展到现在日印互相关注的程度，是加强双边关系的机遇。预计至 2050 年，印度将成为与美、中并立的三个经济大国。在政治和安全保障方面，日本与印度“共有民主主义和法制价值观”，是对阿富汗、中亚乃至海上通道安全有影响的力量，在国际舞台上占据重要位置，加强日印关系很有意义。也有意见提出，中印贸易是日印贸易的 2 倍并且持续增长，“不应该出于为牵制中国而接近印度这种表面上的理解去发展

---

① 首相官邸：「外交政策勉強会第 1 回会合」(概要)，http://www.kantei.go.jp/jp/singi/gaikou/dai1/1gaiyou.pdf。

日印关系，有必要在理解印度的成熟的基础上加强日印关系”。[①] 上述讨论内容一方面认同安倍内阁大力发展日印安全保障合作关系的战略，同时也试图纠正其“拉印制中”的偏颇之处。但是，这一理性的观点究竟能否反映到日本对外政策上不得而知，当月福田康夫辞去了首相职务。

将新保守主义的安倍内阁与稳健的保守主义的福田内阁对比分析，两届内阁国家安全战略的差异值得回味：首先，二者尽管存在是否以价值观为尺度选择安全合作伙伴的差异，但是关于在亚太地区推行“普遍价值观”问题，二者间的差异仅仅在于推广的力度和外露的色彩不同而已。第二，二者的重点实施地区虽然不一样，这恰恰形成了互补关系。二者分别以澳印、美国、东盟为主要对象推行包括“普遍价值观”的战略对策，结果却是殊途同归，形成日本亚太战略的全局，均指向日本在亚太地区的主导地位。第三，二者分别在安全与非传统安全领域构筑地区合作框架——安倍在与“海洋国家”建立安全合作框架，福田内阁试图在包括东盟内陆国家在内的地区经济、救灾等领域构筑新的地区合作框架——安倍与福田政府实际上是为了建立日本领导下的地区合作框架进行分工合作，共同构筑日本的多层次安全保障机制。安倍和福田内阁的这些努力，在东盟向东南亚安全保障机制转型初见端倪，布什政府有意将中国发挥重要作用的六方会谈作为东北亚地区安全问题的协商机制的形势下，起到排斥在亚太地区形成日美同盟之外的新安保机制的作用，在地区外交与安全领域与中国展开战略竞争，以实现日本领导或日美共同主导亚太安全和区域合作框架建设的战略目标。从宏观角度审视，安倍与福田内阁在制定和推行国家安全战略方面的努力，适应“9·11”事件以后国际安全形势的演变，促进了将安全与非传统安全融为一体的日本新国家安全观的形成。

---

① 首相官邸：「外交政策勉強会第 7 回会合」(概要)，http：//www.kantei.go.jp/jp/singi/gaikou/dai7/7gaiyou.pdf。

第十一章

麻生内阁与“多层次安全保障战略”

2008年9月，热衷于“价值观外交”的新保守主义政治家麻生太郎担任日本首相。麻生首相执政之初发表的言论，颇有继承福田内阁重视亚洲外交的韵味。9月25日，麻生首相出席联合国大会发表演讲，宣称日本将“与基本价值相同的各国联合，向有强烈要求的国家传播日本的经验”——传播引导日本战后发展至今的“经济繁荣与民主主义”路线；与此同时，强调日本“一面把日美同盟作为不变的基轴，一面努力与亚洲邻国加强关系”，把对日本与东盟“推进多层次的合作关系”的重视程度等同于中韩两国。① 这些表态似乎与新福田主义的标识“加强日美同盟与亚洲外交共鸣”的原则一脉相承。然而，麻生首相的政策宣示旋即纠正了世人的猜想。

9月29日，麻生首相在第170届日本国会上发表施政方针演讲，将日美同盟关系列为日本外交战略排序的首位，称“加强日美同盟是

① 「第63回国連総会における麻生総理大臣一般討論演説」、平成20年9月25日、ニューヨーク，http://www.kantei.go.jp/jp/asospeech/2008/09/25speech.html。

通常情况下的首要原则”，表明继承安倍和福田内阁重视中韩两国的外交姿态，推进福田内阁全面促进东盟实现“民主与法制”的政策，支援“年轻的民主主义国家”普及民主价值观和“日本经验”，日本将“为了我国信奉的宝贵价值在年轻的民主主义国家生根不吝惜援助”，[①] 以此作为与新福田主义相区别的外交特色。三个月过后，随着“选举看守内阁”的色彩逐渐淡化，麻生内阁的外交方针越来越显露出回归安倍内阁“价值观外交”的倾向。2009 年 1 月，麻生首相在第 171 届国会上底气十足地宣布：日本必须为“创建新秩序做出贡献”，日本将通过“与中国的战略互惠关系，与韩国的成熟的伙伴关系，为亚洲和世界的和平与稳定做贡献”，与此同时，“拥有世界第二位经济规模的日本，必须为创造世界经济的新规则而做出积极贡献”，“为了实现国际社会的和平与稳定，日本必须参与建设新秩序。……正如‘自由与繁荣之弧’所表明的那样，我积极支援以自由、市场经济、尊重人权等作为基本价值的年轻的民主主义国家的努力”，[②] 向国内外表明麻生内阁立场坚定地推行价值观外交，积极参与建设“国际新秩序”的决心。

第一节　“国际新秩序”与“中美共治”博弈

麻生内阁的对外战略是迄今日本新保守主义国家安全战略的延续。麻生首相任期内，正值美国布什政府和澳大利亚陆克文政府积极改善对华关系之际，客观环境不利于日本推进对中国实行战略遏制的双边安全

① 「第 170 回国会における麻生内閣総理大臣所信表明演説」、平成 20 年 9 月 29 日，http：//www.kantei.go.jp/jp/asospeech/2008/09/29housin.html。

② 首相官邸：「第 171 回国会における麻生内閣総理大臣施政方針演説」平成 21 年 1 月 28 日，http：//www.kantei.go.jp/jp/asospeech/2009/01/28housin.html。

合作。麻生内阁在太平洋地区继续推进日澳安全合作。2008 年 12 月 18 日，日澳举行第二次“2+2”磋商并发表联合声明，两国修改了《日澳防务合作备忘录》，规定双方将在国际维和活动中加强合作，充实军事演习的内容，实现情报共享；两国一致认识到“日美澳三国合作的重要性”，“在以日美同盟和美澳同盟为基础进行政策对话的基础上，有效地综合三国各军种的能力，在人道和灾难救助等领域进行具体合作”。两国不仅关于东亚的安全保障问题交换意见，而且就美国新政府参与东亚地区事务的重要性达成一致。①

日本与印度之间的安全保障合作机制化是麻生内阁“价值观外交”的集中体现。“热衷于印度”的麻生首相在担任安倍内阁外相期间，就“站在发展和加强日印关系的最前线”。② 担任首相后，麻生把提升日印安全保障合作关系放在首要位置，2008 年 10 月 22 日，麻生首相与印度总理辛格在东京共同签署《日印战略性安全保障合作联合宣言》。这是继日澳安保宣言之后，日本与非同盟国家签署的第二份安全合作宣言。日印联合宣言“确认”两国通过 10 个领域的安全合作，落实“对民主主义、开放的社会、人权、法制的共同决心”——从交换关于亚太地区形势、长期战略及国际问题的情报，到两国在东亚峰会等亚洲多边框架内进行合作，以及双边海上保安当局之间的合作。宣言强调维护海上通道安全是两国的共同利益，包括两国海上保安当局的联合演习在内，今后日印两国将在多种框架内继续推进维护海上安全、海上治安、保护海洋环境等方面的合作；日本宇宙航空研究开发机构（JAXA）将与印度宇宙研究机构（ISRO）在灾害监控方面开展合作；两国还将共同努力争取担任联合国安理会的常任和非常任理事国。双方确定的日印安全保障合作框架涉及外交、防务、非传统安全三个领域。防务领域的安全协商机制尤其具有多层次、大范围的特点：（1）两国国防部长、副

① 日本外務省「第 2 回日豪外務・防衛閣僚協議共同ステートメント」2008 平成 20 年 12 月 18 日，http：//www.mofa.go.jp/mofaj/area/australia/2plus2/0812_ks.html。

② ［澳］普南得拉・贾殷：“东京加深与印度的关系”，香港《亚洲时报》在线，2008 年 10 月 25 日。

部长及局长之间进行协商；(2) 两国各军种的最高长官之间开展交流活动；(3) 日本海上自卫队与印度海军之间举行“参谋级别的谈话”；(4) 包括日印及多国间演习在内，各军种之间开展交流活动；(5) 印度国防大学和日本防卫研究所互派留学生和研究人员；(6) 实施印度国家安全顾问与日本对口负责人之间的协商；两国共同努力构建广泛而深入的安全保障合作机制。①除《日印战略性安全保障合作的联合宣言》外，麻生首相与辛格总理同时还签署了《推进日印战略性全球伙伴关系的联合宣言》，在两国政府的共同努力下，大幅提升了2007年8月安倍内阁执政期间日本与印度建立的“日印战略性全球伙伴关系”。事实证明，加强日印安全合作是麻生政府对外战略的重点，是日本多层次安全保障体系的重要支柱。

2008年恰逢每隔5年调整日本防卫战略、制定2010—2015年度的新《防卫计划大纲》的关键时期。麻生内阁组织有识之士研究国家安全战略问题，以便指导制定下一个5年防卫计划大纲。中国的综合实力不断强大，国际影响力随之显著提高，美国在全球范围内的影响力相对下降，是日本审视国家安全战略时最主要的课题。美国不但在对伊战争中凸显国际道义缺失和武力解决问题的局限性，而且由于引发全球性金融危机并因此受到重创，削弱了其单极霸权地位。在中国取代日本成为美国的最大债权国的情况下，包括布热金斯基等权威人士在内，美日两国不断有人主张“中美共治”论、“日美同盟无用”论，在中日美三边关系中，日本越来越感到被边缘化。例如，美国国际经济研究所所长伯格斯坦在美国《外交》季刊上发表倡导美中建立“两国集团（G2）”的文章，②日本民间智库日本国际论坛在相关研究中提出：“日美同盟正在面临平稳的危机，因为与日美同盟相关的许多业务停滞或后退，日本开始

---

① 日本外務省：「日本国とインドとの間の安全保障協力に関する共同宣言」http：//www. mofa. go. jp/mofaj/area/INDIA/visit/0810 _ ahks. html.

② 「日中対話：新段階に入った日中関係」報告書、グローバル・フォーラム主催、第12ページ，http：//www. gfj. jp/jpn/mailmagazine. htm。

担心美国没有维持与日本之间的同盟的意愿和决心。”[①] 另外，中美关系的显著改善也使日本感到担忧，中日美之间不对称的三边关系正在发生不利于日本的变化：中美在经济特别是金融领域形成类似冷战时期美苏之间的“相互摧毁”般的依赖关系，中美关于台湾问题上增加互信，两国政府在反对台湾“入联公投”问题上立场一致，台湾问题在中美关系中所占的比重大幅降低；中美通过六方会谈框架在东北亚安全问题上加强合作，2008 年 7 月美国务卿赖斯在新加坡向日方表明将六方会谈作为长期性的东北亚和平安全机制化的愿望等。日方普遍认为，“后布什”时期的美国政府会更加不受美国迄今处理对外关系惯例的束缚，仅从实际利益优先考虑国与国之间的关系，这将使坚持朝核与绑架问题一揽子处理方式的日本“受到冷落”。中国作为美国最大的债主必然受到空前的重视，日本必须在新国家安全战略中提出相应的对策，朝野智库纷纷献计献策，从各个角度研究规划日本国家战略。

在上述背景下，2009 年 1 月麻生首相设立私人咨询机构“安全保障和防卫力量恳谈会”（简称麻生恳谈会）。小泉首相设立的同名咨询机构已在提交《未来的安全保障与防卫力量设想——“安全保障与防卫力量恳谈会”报告》后结束使命。麻生恳谈会的成员包括庆应义塾大学教授青木节子、早稻田大学亚太研究科教授川胜（植木）千可子、东京大学教授田中明彦、北冈伸一、京都大学教授中西宽、前驻美大使加藤良三、原防卫事务次官佐藤谦、原防卫厅参谋长联席会议主席竹河内捷次、东京电力公司会长胜俣恒久（任主席）共 9 人。麻生恳谈会汲取小泉恳谈会和安倍恳谈会制定的两份报告的精华，参考“新福田主义”和福田首相“外交政策学习会”的讨论意见，在召开 12 次研究会议、3 次视察陆海空自卫队基地的基础上，于 2009 年 8 月 4 日向麻生首相提交了《“安全保障和防卫力量恳谈会”报告》（简称麻生恳谈会报告），阐述日本国家安全保障战略设想。

---

① 「第 32 政策提言、『日米関係の再調整と日本の針路』」第一回政策委員会概要，http：//www.jfir.or.jp/j/pr/outline/32_1.pdf。

综观麻生恳谈会报告，有一条主线贯穿始终，这就是如何应对中国的不断强大与美国的相对弱化。换言之，中国和美国的综合实力的变化是构筑日本新安保战略的两个决定性因素。报告评估了当今国际安全形势及其走势，认为朝鲜、中国和俄罗斯对日本的安全环境构成主要影响。其中，“朝鲜发射弹道导弹和重启核试验，中国以经济力量为背景持续增强军事力量，使安全保障上的课题复杂化”。报告关于中国在日本国家战略中的定位有三重性质。其一，“应该欢迎”中国作为日本经济合作的伙伴、日本和世界经济发展的“贡献国”发挥作用，认为“中国在经济、政治、军事等各个方面迅速变化，对日本来说有不少令人满意的变化”，如中国向国际社会开放、国内稳定、个人自由比以前增加，中日在多个领域进行合作。特别是中国在经济上是日本最大的贸易伙伴，两国“共有各种各样的利益”。鉴于“中国经济的发展为世界和日本经济做出了贡献”，报告提出“今后日本应该欢迎中国经济继续发展”。此外，在安全和外交方面，中日两国在朝鲜核开发等问题上也是相互合作的重要伙伴，中日战略对话定期举行，继续努力“确立战略互惠关系”。其二，中国同时也是日本的竞争对手。“中国虽然在有些情况下也成为日本的竞争对手，但建设性的竞争对于地区和两国的发展带来好影响”。报告不但没有负面评估中日之间的竞争，而且基本肯定两国的“建设性的竞争”。与以往相比较，这是一个值得注意的积极姿态。其三，中国是日本军事防范的对象。中国的发展变化令“地区”和日本担心：(1) 中国军事力量伴随经济发展迅速增强，“迄今没有充分公布军事力量的实际状况”，“增加新军事力量的意图和规模不透明”；中国公布的国防预算表明，其军费连续 21 年保持两位数的增长；中国从多个国家获取武器的整体计划虽然明确，但中国将来获得多少架战斗机等中长期的计划还不清楚。(2)“不清楚中国海军、空军在日本领海、专属经济水域和周边海空领域频繁活动的目的。”(3) 中国关于安全保障政策的决定过程、党与军队的关系也有许多不透明之处。(4) 台湾海峡发生武力纷争的可能性降低，政治上的稳定应该欢迎。但是，“不能否定中国对台湾使用军事力量的可能性，中国在台湾对岸增加部署短程弹道导弹的倾向也没有大的变化”。[①] 总之，报告认为，应该欢迎中国在经济上为日本和世界经济的发展做出贡献，但中国也是最令日本感到担忧和防范的对象，中国是在“日本领海”及周边进行“不明目的”的活动、并有可能在台湾海峡行使武力的日益强大的力量，必须在政治和安全上防范和约束中国。

麻生恳谈会报告提出一个前所未有的判断——美国的单极统治特别是在全球安全领域中的地位已经发生变化，美国控制世界的力量由于新兴大国的崛起相对下降。报告认为，过去美国用保障任何国家都能与国际社会接轨的方式“提供国际公共产品，支撑着今天的国际体系”。但是，“将来美国或许不能再单独提供与以前同一水平的国际公共产品”。报告提出：“被称为‘单极时代’的美国的影响力也发生了变化”，首先是美国自身的因素导致美国的影响力下降，反恐活动和对伊战争等增大了美国的军事负担，美国国内及国际社会都在批判美国的单边主义行动，降低了美国的威信，经济危机又对美国施以“追加打击”。美国内部和国际社会普遍认为，美国不会像以往那样积极干预国际安全保障。另外，“中国、印度等新兴国家的崛起也使美国的力量相对下降。”麻生恳谈会报告对美国现状的评估与5年前相比截然不同——2004年小泉恳谈会报告为制定现行“防卫计划大纲”而评估美国在国际社会的地位的时候，曾经确认“美国作为唯一的超级大国对世界和平发挥了巨大作用”。

麻生恳谈会报告判断说，美国的相对弱化给国际安全带来巨大的负面影响：迄今为止，美国在军事上控制着国际公共空间，“美国以控制国际公共空间的方式提供国际公共产品，保障世界各国在公海自由航行”，“但是，由于新兴国家力量的增大，在特定的区域内产生了拒绝美国介入的动向。这意味着美国继续作为‘世界警察’采取行动伴随着超过以往的成本，美国存在着对照本国利益仅进行选择性干预的可能性”。美国减少对世界安全的干预，将给世界安全、地区稳定和日本的安全带

① 安全保障と防衛力に関する懇談会：『「安全保障と防衛力に関する懇談会」報告書』，2009年8月，http：//www.9joren.net/9jou－now/9jou－now（18）.htm。

来三个方面的巨大影响：第一，“国际公共产品持续不足，将导致失败国家和有破坏志向的国家或集团蔓延，存在降低世界安全保障水平的危险”。另外，“中国、印度等新兴国家可能对国际体系和发达国家制定的规则不满。重要的是，促进新兴国家成为不破坏国际体系的一方，转到支持体系的一方，成为负责任的利益攸关方”。“第二，亚太地区正在发生充满生机的变化，也存在着潜在的不稳定的要因”。“如果认为与美国强大的保障意志无关、上述要因也会减少的认识扩散开来，也将造成亚太地区不稳定。”“第三，这些也将影响日本的安全。日美同盟巩固，在很大程度上依赖美国保证防卫日本……但是，中东、阿富汗、巴基斯坦等其他地区的形势发展，可能降低美国能够向亚太地区投放军事资源的水平。”另外，“认为美国减少干预的看法扩散开来也会降低抑止力，也可能成为其他国家攻击日本的诱因”。①

鉴于可能出现上述情况，麻生恳谈会报告提出，在迄今美国努力主导提供国际公共产品的基础上，需要欧盟与日本等主要国家共同应对国际性问题，共同参与提供国际公共产品，弥补美国影响力的缺失，重要的是在安全保障领域稳定海上交通、宇宙、控制空间的使用，“使那些与国际社会为敌的国家和集团不能限制其他国家使用”。这是日本在国家战略规划中首次如此明确表述日本“创造国际新秩序”的目标：第一，日本要与欧盟等主要大国共同提供“国际公共产品”，补充美国影响力的不足；第二，创造国际新秩序的重点是安全保障领域，保障的主要对象是海上交通、宇宙、控制空间的使用；第三，创造国际新秩序的目的则是“防止与国际社会为敌的国家和集团妨害国际公共空间的使用”，约束并促进中国和印度等新兴国家成为支持现有国际体系的负责任的利益攸关方。为了实现这个目标，日本需要改变迄今为止在国际安全事务中的“抑制姿态”，发挥协助美国承担维护全球安全责任的积极作用，因为“日本迄今为止与美国合作从经济、金融等方面支撑着国际体系”。“开放的海洋国家日本，因海上和空中运输通道安全而得到莫大

① 安全保障と防衛力に関する懇談会：『「安全保障と防衛力に関する懇談会」報告書』，2009年8月，http：//www.9joren.net/9jou—now/9jou—now（18）.htm。

利益。运输通道的安全受到威胁将对日本的经济利益构成显著危害。因此，今后日本有必要与其他国家合作，补全迄今美国承担的保证国际社会安全的作用。日本多年持续监视周边的海空领域，这一点能够确保日本在国际社会安全方面担负更为积极的作用。”①

日本今后如何协助美国维护国际体系及国际公共空间安全？麻生恳谈会报告的建议是，维护国际体系需要成立一个新的“核心集团”，日美两国是其首要成员——“维护和构筑国际体系，成为核心的几个国家有必要作为核心集团加强合作。现在，还不存在核心集团。有必要以日美为首的数国形成能够迅速决定意见并采取行动的组织体。这个核心集团与G8，包括印度、中国、巴西等新兴国家的G20，联合国各成员国之间扩大联系很重要”。显然，麻生恳谈会报告描述的领导国际体系的核心集团既不包括G8的所有成员国，也不包括中国、印度和巴西。上述报告内容与其说反映了日本对美国单极统治地位弱化感到担忧，莫如说表明了日本决心与美国一起发挥领导世界的核心作用，明示防范中印等新兴大国改革现有国际体系的立场。

第二节　构筑“多层次安保战略体系”

麻生恳谈会报告开宗明义：日本至今“没有明文化的国家安全保障战略”，因此导致政府的各项政策欠缺整合性，屡屡不能有效推进对外政策和安全保障政策，“本报告的目标是规划安全保障战略”——即根据日本的安全保障理念、目标以及日本周边安全环境的变化、亚太地区和国际形势的演变，规划日本防卫力量的发展方向和作用。与盟国的安保合作，构筑地区和国际安全保障框架，以及相应的法律建设，推出新“日本安全保障战略”——构筑日本“多层次安全保障体系”。麻生恳谈

① 安全保障と防衛力に関する懇談会：『「安全保障と防衛力に関する懇談会」報告書』，2009年8月，http：//www. 9joren. net/9jou－now/9jou－now（18）. htm。

会报告提出，通过四种方法构筑“多层次安全保障体系”：（1）日本自身努力；（2）与盟国合作；（3）地区合作；（4）国际社会合作。以日本防卫力量的发展规划为例：（1）通过日本自身努力，抑止日本及日本周边的事态并有效应对；（2）通过与盟国合作——与美国进一步加强合作并恰当地分担责任；（3）通过地区合作，努力使地区环境和秩序更加稳定；（4）与国际社会合作，改善全球安全环境，以此类推。

麻生恳谈会报告按照构筑“多层次安保战略体系”的战略设想调整日本国防方针与建军方向，指导制定未来5年防卫力量的发展蓝图——新《防卫计划大纲》：

1. 自卫队弹道导弹防御系统。报告提出，应对弹道导弹除落实已有计划外，日美应研发新型海基拦截导弹，并且就包括攻击敌国导弹基地在内的战斗力和作战步骤进行恰当的组合和分担作用：“导弹防御系统是日本应对导弹能力的最重要的支柱。切实推进列入现行计划中的宙斯盾舰的导弹防御能力、地对空导弹部队引进PAC－3，与此同时，应促进日美联合开发新型海上发射型拦截导弹（SM－3集群IIA）。”日美应该在“共有威胁认识”的同时，“站在互相分担作用和作战步骤的共同理解上，恰当地组合依靠导弹防御排除攻击与依靠打击力量抑止。”即日美两国首先要统一认识，确定威胁日美双方的国家或力量。在此基础上，恰当地组合两国的反导军力，分担依靠反导系统应对弹道导弹攻击或依靠“先发制人”打击抑止弹道导弹攻击的责任。报告首次涉及新保守主义议员在国会内外积极讨论日本是否应该拥有“先发制人”攻击敌人导弹基地能力的问题：“关于导弹防御系统的补充——攻击敌人基地的能力——或依靠打击力量进一步提高抑止功能的问题，本恳谈会认为，以日美共同应对为前提，一面与美国就恰当地分担作用进行协商并具体化，一面需要考虑研究日本适当的装备体系、运用方法、费用与效果。”报告建议与美国协商分担导弹防御的责任，同时应该考虑研究日本整备攻击敌方基地的反导力量的具体问题，在这个关乎是否坚持“专守防卫”原则的敏感问题上，麻生恳谈会报告破天荒地采纳新保守主义右翼政治家的观点，提出比历届首相恳谈会的研究报告更为激进的政策建议。此外，报告还提出，日美需要加强应对弹道导弹必须的情报功能以实现互补，提高“对日美双方都有加强情报能力的功能”。

2. 防御岛屿问题。包括与邻国存在领土争议的岛屿在内，“岛屿部的防御”是麻生恳谈会规划军力配置的重点。报告提出，自卫队除应对“朝鲜的特种部队和国际恐怖组织以日本为目标的破坏、杀伤等工作”外，“确保周边海空领域及离岛、岛屿的安全”是重要目标——日本周边海域内存在领土争议和未划定的专属经济水域，日本应该“谋求和平解决及确立根据国际法利用海洋的秩序，必须防止以实力单方面地变更现状”。“为了确保岛屿部的安全，在研究重新配置陆海空部队的同时，应该提高部队紧急展开的能力。”从日本媒体报道防卫省计划在靠近中国台湾的与那国岛部署自卫队的情况来看，“确保周边海空领域及离岛、岛屿的安全”，“防止以实力单方面地变更现状”的主要对象是针对中日之间的领土争议及海洋权益纠纷问题。

3. 构建地区安全保障框架。麻生恳谈会报告用很大篇幅详细阐述了如何构筑“亚太地区安全保障框架”的设想。报告强调日本必须改变自我抑制状态，有责任为在亚太地区建立“一揽子安全保障框架”做出积极贡献——“迄今为止，日本关于地区安全保障有抑制倾向。但是，今后将为了构筑更加稳定的地区关系，在安全保障方面也有责任做出贡献。”报告认为，在亚太地区建立一揽子安全保障框架并不容易且需要时间，实际上可以采取先易后难的办法，“分为若干个层次，从可行的领域进行合作”，构筑多层次的合作关系，将来把它们有机地连接成一个整体。构筑“亚太地区的安全保障框架”的重要课题是中国：“对于地区的稳定而言，把中国作为建设性的成员统合到国际体系和地区性框架之中是重要课题”。其重要性在于，“构筑中国与其他国家协调、为地区稳定作贡献的机制，同时，通过地区的规范和框架，使中国理解采取非协调行动的成本”。这就是说，日本要把中国整合进美日等国建立的国际体系和地区安保框架内，使中国只能发挥建设性的作用，通过地区的规范和框架，使中国认识到如果采取非协调性的行动将会付出难以承受的成本。

麻生恳谈会报告明确提出构筑亚太地区安全保障框架的具体途

径：（1）实现美国的盟国和友好国家——日本、韩国、澳洲、菲律宾等“网络化”，“以此能够继续确保美国的参与，促进同盟国之间的安保合作。加深这些国家之间的联系，共有地区稳定的战略目标。”（2）“在东北亚有日美和美韩两个同盟，有必要通过加强日美韩三国合作体制，谋求日韩加强协作关系。有必要把日美韩的防卫工作协商升格为内阁成员级别的防卫磋商，确立担心地区安全、围绕课题进行合作应对的态势。”（3）“与此并行，有必要在地区内努力构筑多国间安全保障合作框架”：“在与美国的同盟发挥实效的前提下，为多层次担保地区稳定，长期构筑一揽子、多国间的地区安全保障框架不可或缺。建立一揽子框架，为那些不属于美国盟国的国家酿成互信做出贡献，有望缓和安全保障的困境。有必要建成多个国家容易参加的非排他性的、有处理纷争能力的强大而牢固的组织”。（4）将 ARF 与东盟＋3、以日印战略性全球伙伴关系为基础的日印合作、G20 的成员国日本、韩国、中国、澳大利亚、印度、印尼等合作框架，连接成多层次的安全保障合作框架。即“必须把已有的多国间的框架 ARF 与其他框架连接成多层次的安保合作框架”。ARF 有必要超越单纯的协商框架，致力于构筑处理纷争的机制；东盟＋3、以日印战略性全球伙伴关系为基础的日印合作、G20 的成员国日本、韩国、中国、澳大利亚、印度、印尼的合作等，以各自的合作关系为基础，形成多层次的地区框架。此外，报告提出实现构筑一揽子安保合作框架设想的具体步骤：第一，从救灾领域着手：“为了功能性地构筑地区合作框架，有必要在救灾领域进行合作体制的组织化”，“通过救灾活动建立地区军事、救援组织的联系与合作，有望加强地区安全保障框架的基础。”报告认为日本具有很强的救灾能力，地区各国期待日本在这一领域发挥领导作用。第二，重点加强日本对 ARF 的领导——“日本应该积极领导 ARF 等框架，为促进设定军事力量透明化、禁止用实力改变现状等可能达成一致的目标而努力，以这种形式为地区稳定做贡献。作为区域内酿成各国互信的有效手段，相互参加、视察有关人道主义援助、救灾、反恐对策、管理海洋的演习，进行各种多国间的联合训练，可能成为将来多国间合作框架的萌芽。日本应该重视东盟各国的主体性，提高对这种训练的认同感，进行适当的支援。”[①] 归纳麻生恳谈会报告关于构筑“亚太地区的安全保障框架”的上述设想，主要分为4个层次：（1）以美国的盟国和友好国家形成的日韩澳菲四国“网络”；（2）构建日美韩三国合作体制；（3）构筑非排他性的、有处理纷争能力的多国间地区安全保障框架；（4）以“日本积极领导的ARF”（10＋日）框架为纲，将“东盟＋3”、日印合作、G20的成员国（日、韩、中、澳、印、印尼）等合作框架连接成多层次的安全保障合作框架。具体分为两个步骤：第一步骤是通过日本擅长的救灾活动，从功能性建设起步，形成日本的领导地位；第二步骤是重点加强日本对ARF的领导，加强日本对东盟加强反恐、管理海洋等功能建设的支援，在条件成熟的情况下，以“东盟＋日”为纲，整合“东盟＋3”等其他合作框架，“纲举目张”完成日美共同领导的亚太地区的新秩序建设。日本防范中国扩大国际影响、确立日本领导亚太地位的战略意图一目了然。

4. 修改“专守防卫”的国防基本方针，重建安全保障法制。麻生恳谈会报告在继承小泉、安倍恳谈会报告的基础上，试图从法律上彻底铲除1957年发布、50年来未曾修改的《国防基本方针》，理由是它“在决定日本现实的安全保障政策方面未能成为充分而具体的指针”，应该重建“多层次合作安全保障体系”的法制。

日本“防卫政策的基础”由三部分组成：1957年发布的《国防基本方针》，1987年通过的《关于整备今后的防卫力量》的内阁决议，防卫厅每年编写的《防卫白皮书》。其中，发挥关键作用的是1987年的内阁决议《关于整备今后的防卫力量》。这是中曾根内阁决定撤销防卫费占GNP1％限制的第二年，为应对国内外谴责日本走军事大国道路、批判日本“复活军国主义”，以内阁决议的方式对《国防基本方针》作出进一步的解释，以此制定约束日本防卫力量的“决策基础”。《关于整备今后的防卫力量》包括四项方针：第一，专守防卫；第二，不成为威胁其他国家的军事大国；第三，确保文官节制；

---

① 安全保障と防衛力に関する懇談会：『「安全保障と防衛力に関する懇談会」報告書』，2009年8月，http：//www.9joren.net/9jou—now/9jou—now（18）.htm。

第四，坚持无核三原则。尽管四项方针在实际运作中早已被架空，日本官方仍然以此作为应对质疑的标准答案。麻生恳谈会报告提出，《国防基本方针》“不能充分说明日本在积极解决国际性课题的过程中‘日本要做什么’”的问题。制定“专守防卫”的国防目标之时也未预料到“威胁全球化、超国家主义化和弹道导弹的扩散”，1957年至今，环绕日本的安全保障环境发生了巨变，同时“日本的主体条件也从国际体系的受益者，变为担负国际体系的参与者，根据这个变化，制定对国民和国际社会有说服力和透明性的安全保障政策必不可少”。所以，日本需要“有机地组合四个层次——保卫日本安全，发现和防止威胁，以维护和构筑国际体系为目标，为了和平与安全更加积极地运用包括防卫力量在内的日本的力量”。

麻生恳谈会报告关于“多层次合作安全保障体系”法制建设的着力点仍然是部分行使集体自卫权问题：第一，整备“应对弹道导弹攻击的法律基础”；第二，防护共同活动的美军舰艇；第三，参与国际维和活动时使用武器问题；第四，修改“武器出口三原则”。实际上，这些都是此前已经提出的建议，只不过在继承并表明“坚决支持”的同时，进一步加强立法必要性的说明，同时梳理归纳历届内阁首相的观点并提出新建议。其中，解决“拦截飞向美国的导弹”和“防护共同活动的美军舰艇”的立法问题，是安倍恳谈会报告提出的建议，麻生恳谈会报告再次提起予以坚决支持，强调这是“作为同盟国应该完成的任务”——朝鲜弹道导弹的射程包括关岛和夏威夷等美国部分领土，使日美蒙受共同威胁，导弹防御系统依靠日美紧密协作运用。此外，关岛、夏威夷是日本受到攻击时美军前来支援的基地，所以拦截飞向美国的导弹是保障日本安全的需要，应该“用可能的手段进行拦截”，“修改从前关于集体自卫权的解释”。关于防护美军舰艇的问题，在敌方尚未对日本发动武力攻击的状况下，如果在公海上与自卫队舰艇一同活动的美军舰艇受到攻击，自卫队应该能够进行防护，因此“有必要整备包括修改关于集体自卫权的解释在内的适当的法律制度”。

自卫队参加国际维和活动时使用武器的法律依据是历任新保守主义首相努力解决的重点课题。麻生恳谈会报告在归纳先行研究的基础上提出建议：为使自卫队能够更加积极地参加支援“失败国家”和联合国的维和活动，“关于国际维和合作活动的方针与制度”应采取一揽子解决方法，“从扩大自卫队能够参加的活动的范围出发，尽早制定规定自卫队维和活动的国际框架、参加活动的范围、使用武器的标准，国会的干预形态等的永久性法律”。这项建议将自卫队参加国际维和活动的四个方面的问题归纳成一个关于自卫队参加国际维和活动的全面和永久性的法律问题。这四个方面的问题是：（1）自卫队参加维和活动的国际框架（是美国要求的还是以联合国决议为依据的维和活动）；（2）维和活动的范围（提供何种程度的后勤支援、是否参加战斗等）；（3）携带及使用武器的标准；（4）国会事先审议还是事后审核。麻生恳谈会报告把涉及外交和防卫等领域的四个问题归纳为日本永久性海外派兵的立法问题，改变了此前零敲碎打谋求突破禁区的姿态，堪称简明扼要。

5. 修改“武器出口三原则”。这个设想早在小泉执政时期已经提出过。“武器出口三原则”是1967年佐藤内阁提出的“重要国策”，宣称日本不向三类国家出口武器及技术，即共产党国家、联合国决议禁止出口武器的国家、国际纷争的当事国或存在这种可能性的国家。1976年三木内阁又追加了一条“政府见解”：“向以上三原则限制对象以外的国家出口武器也要慎重”。于是，日本据此宣布“事实上全面禁止出口武器和技术”。但事实并非如此。1983年1月14日，中曾根内阁官房长官针对美国政府提出的互相交流防卫技术的要求，曾经公布过一项内阁决议：政府经过反复慎重地研究，决定“回应美国提出的要求，作为相互交流的一环，开辟向美国提供武器技术的道路，为使提供武器技术具有实效，包括提供符合‘必要部件’的武器在内。在提供武器技术之际，无须遵循武器出口三原则”。[①] 1983年11月，中曾根内阁与美国政府签署武器技术转让备忘录，允许日本私人企业参加美国“星球大战计划”的研究工作。1987年日本还与美国签署了政府级联合研究协议，日本成为继英国、德国、意大利、以色列之后第五个参加这一研究计划

① 日本防衛庁平成15年版：『日本の防衛』（防衛白書）、資料30－31、第347－348ページ。

的西方盟国,[①]“武器出口三原则”从此打开了缺口。2004年12月3日，小泉政府决定在日美联合开发和生产导弹防御系统领域解除“武器出口三原则”的限制，此外关于“支援反恐和反海盗对策等项目”,“将按个案研究做出结论”，为日本与美国以外的国家共同开发和生产武器提供了可能的空间。[②]12月10日，内阁官房长官细田博之发表谈话说，除按“特殊事例”处理研发部署导弹防御系统与“武器出口三原则”的关系之外，日本还将按照“原则上个案核准”“在以美国为中心的多国之间联合开发和生产武器；作为恐怖主义和海盗对策，向发展中国家出口旧军舰等”。[③]同日，小泉首相提出：严重依赖船运石油的日本，或许可以向东南亚国家出售武器以打击海盗行为。[④]按照美日政府于2005年达成的协议，日本三菱重工与美国洛克西德马丁公司签订有关授权制造第三代“爱国者”导弹（PAC—3）的协定后，PAC—3实现日本国产化，不仅能够为弹道导弹防御系统提供稳定供给拦截导弹的保证，而且还具备了日本取消武器出口限制后对外输出的条件。

可以说，修改“武器出口三原则”是日本国内外因素使然。国际因素是日美联合研制和部署导弹防御系统的需要，消除“反导武器一体化”的障碍，有利于实现日美两军之间“统一情报与指挥运作”。2004年8月，防卫厅决定与美国共同开发搭载“宙斯盾”系统的弹道导弹驱逐舰的中枢系统,[⑤]名存实亡的“武器出口三原则”仍使日美之间不能名正言顺地部署双向防卫的反导系统。如果解除对美出口限制，日本可以直接向美军提供武器和美国急欲得到的尖端军用技术，提高日美两国军队及军工技术的合作水平。从日本国内因素来看，修改武器出口三原

① 方连庆等主编《战后国际关系史1945—1995》（下），北京大学出版社2004年，第679～680页。

② “武器出口三原则：MD例外处理达成一致，政府联合执政党反恐对策个别判断”,《朝日新闻》，2004年12月5日。

③ “武器出口三原则：细田官房长官谈话，导弹防卫除外”,《每日新闻》，网络版，2004年12月11日。

④ 法新社东京12月10日电。

⑤ “防卫厅方针：日美研究宙斯盾舰中枢系统技术”,《朝日新闻》，2004年9月1日。

则的主要推动者和受益者都是既生产民用产品也制造武器装备的军工企业。日本军工企业集团一直企盼抢占世界军工市场，分割出口武器及军事技术的巨大利润蛋糕。包括丰田和三菱等跨国企业巨头在内，日本经团联等大企业联合团体、自民党内的“国防部会”等方面都为解除武器出口限制进行着不懈的努力。正如《泰晤士报》的一篇评论所言：“日本准备靠武器赚钱”，“取消禁令，标志着日本将与战后遵循的和平主义彻底决裂，它作为全球军事强国的新时期也即将开始……还将使三菱和川崎等工业巨头得以进入一个战后一直对它们关闭的市场”。① 如今，武器出口三原则在 20 多年前部分失效的基础上“网开三面”，除了作为“特殊事例”处理的导弹防御系统，“原则上个案核准”的包括自卫队淘汰的军舰等大件武器得以出售外，只剩下禁止向“共产党国家”等被日美两国严加防范的国家出口武器及技术。日本不但在这一点上严以律己，还要求其他国家向己看齐：2004 年 12 月 7 日，日本首相辅佐官川口顺子向出席欧安会的各国外长表示，“日本从亚洲的安全保障方面考虑”，不希望欧盟解除对中国的武器出口限制，此前川口还在与瑞典和西班牙外相的双边会谈中正式表达了同一意向，② 一再表明日本政府敌视中国的立场。麻生恳谈会报告虽然老调重谈但也不乏新意，称武器出口三原则将使日本在全球的军事技术发展中处于落后地位，妨碍日本获得尖端军事技术，削弱日本的防卫力量。应该考虑根据具体情况突破这一限制，例如参与国际武器研发和生产合作，共同开发的武器部件从合作国出口到第三方，用于支持反恐和反海盗的活动……。

从宏观角度审视麻生恳谈会报告，可见它在修改防卫方针政策的同时，力图扭转日本的防卫观念——从“存在性抑止”转变为“活动性抑止”。即从靠防卫力量的“存在”达到“抑止”敌人的目的，提高到通过平时防卫力量的“活动”达到同一目的。例如，平时进行搜集情报、

① 利奥·刘易斯：“日本准备靠武器赚钱”，[英]《泰晤士报》，2004 年 12 月 4 日。

② “川口辅佐官要求 EU 继续禁止向中国出口武器”，《每日新闻》，2004 年 12 月 8 日。

警戒监视、侦察（ISR）活动和“应对侵犯领空”，实施提高快速反应的训练，以表明日本对安保问题毫不疏忽的姿态，“在平时显示物理性地阻止武装特工侵入和侵害岛屿部主权的能力”，形成有效的抑止力量。“为此，需要进一步充实首相官邸迅速决策的功能，防御部队有适当的权限等包括指挥通讯系统在内的硬件和包括法制在内的软件。”①

综上所述，麻生首相恳谈会的报告归纳并提升了小泉、安倍、福田、麻生四届自民党政府的外交与安保战略，形成一个相对完整的国家战略规划——构筑多层次安全保障体系，代表了21世纪新保守主义“后冷战”时期国家安全保障战略。然而，2009年8月4日这份报告问世时，麻生首相为期一年的执政生涯进入尾声，已在两周前宣布了解散众议院实行大选的日期。不久，民主党赢得选举上台执政，决定重新审视日本国家安全保障战略。

① 安全保障と防衛力に関する懇談会：『「安全保障と防衛力に関する懇談会」報告書』，2009年8月，http：//www.9joren.net/9jou—now/9jou—now（18）.htm。

第十二章

21世纪靖国神社问题的演化与中日关系

参拜靖国神社是新老保守主义政治家争取右翼力量支持、巩固或夺取政权的政治需要，对于力图打破自民党内论资排辈的晋级秩序跻身权力中枢的新保守主义者而言，尤其具有提高知名度和政治地位的重要意义——通过参拜争取日本遗族会、“神道政治联盟”以及日本自卫队和军工产业等方面的支持，吸引公众的注意力以扩大社会影响。21世纪的历任新保守主义首相在这一点上大同小异。靖国神社问题的政治结构发生变化必然改变日本首相参拜靖国神社持续引发外交风波的局面。

第一节　靖国神社问题的结构性变化

靖国神社是维系自民党、遗族会、靖国神社及神道宗教体系之间关系的政治纽带，自民党与各方之间的联系盘根错节，有着长期相互扶持、互为政治资源的利害关系。如前所述，1869－1946年以靖国神社为代表的神社神道是日本天皇制国家机器的重要组成部分，中央有陆海军直接掌管的靖国神社，各地设立由地方官厅管辖的护国神社，通过神道祭祀为天皇而死的“忠君爱国”者，发挥为战争服务的重要作用。对外战争的战殁者大部分死于天皇制军国主义发动的侵华战争，天皇“钦定”战死者的合祭名单并在合祭时“亲拜”，是靖国神社与天皇之间的政治纽带，靖国神社是日本遗族会与天皇制意识形态之间的桥梁。

日本遗族会成立于1953年，其最主要的目的是改善战争遗族的待遇，要求首相和内阁成员参拜靖国神社。遗族会组织庞大，覆盖全国，1957年领取相当于政府抚恤金的“公务扶助费”的遗族有154万人。遗族会通过自民党将其干部送入国会，遗族会的前身“日本遗族厚生联盟”的事务局长德永正利曾经担任参议院的议长，可以说是遗族会与自民党相互利用的政治交易的有力证明。遗族会的地方组织是自民党的“拉票机器”，动员战死者的亲属支持自民党候选人，是自民党的主要选举对策之一。2001年小泉纯一郎在竞选自民党总裁之际访问遗族会，随后就在选举纲领中提出当选后“8・15”参拜靖国神社的竞选公约，由此可见遗族会与自民党总裁选举之间的密切关系，这种利益结合已经持续了半个多世纪。随着遗族会成员的老龄化，2005年以阵亡者遗孀为主的领取“公务扶助费”的遗族减少到15万人，遗族会在选举中的拉票能力不断下降。以参议院选举为例，1980年遗族会的干部板垣正竞选参议员获得成功，各地遗族会机构为其汇集的选票约有92万张，然而，2004年遗族会的专务理事水落敏荣当选参议院议员时，遗族会仅为其拉到17万张选票，即使排除选举制度变革的因素，遗族会拉票能力锐减也是不容否定的事实。在这种情况下，2005年1月，遗族会设立“终战60周年特别委员会”，试图依靠第二代遗族——阵亡者的子女振兴组织，扩大“慰灵事业”，以褒奖阵亡者活动为中心加强遗族会的活动能力。第二代遗族是一个庞大的群体，2005年共有159万战争阵亡者的子女领取了名曰“特别唁慰金”的抚恤金，这个数字是领取“公务扶助费”的第一代遗族的10倍。[①] 在自民党和公明党联合政府的

---

① 「日本遺族会存亡の危機、再建策を検討」、『読売新聞』，2005年5月21日。

努力下，国会通过延长10年继续向阵亡者子女支付“特别唁慰金”的法案，所以他们必然要通过支持自民党候选人进行回报。自民党参加竞选需要遗族会组织会员投票，遗族会要改善或延续遗族的经济待遇，必须通过选举将其干部送进国会，依赖自民党及其政府在国会通过相关法案。参拜靖国神社则是新老保守主义政治家面向社会公众表明立场的政治舞台。

“宗教法人神社本厅”网罗日本各地90%的神社，二战以后有8万所神社归其统辖，形成遍布日本列岛的“神社金字塔”，靖国神社位于这座金字塔的顶点。明治维新后，日本政府强制推行神道国教化，神道在日本民众的宗教意识中占据重要位置。然而，神社本厅的活动并不局限于宗教领域。1969年神社本厅成立“神道政治联盟”，提出“期望以神道精神，确立日本国家政治之基础”的政治纲领。1970年，即神社本厅成立“神道政治联盟”的第二年，部分自民党议员成立“神道政治联盟国会议员恳谈会”，作为神道政治联盟在政界的代言人。为了回报自民党为其代言谋利，神道政治联盟全面支持自民党，双方互为政治资源紧密合作。棉贯民辅、古贺诚、平沼赳夫、町村信孝、青木干雄等人都曾担任“神道政治联盟国会议员恳谈会”的会长和副会长。此外，前首相森喜朗出任这一议员团体的顾问，安倍晋三担任事务局长，麻生太郎、中川昭一、石破茂、河村建夫等新保守主义政治精英都是“神道政治联盟国会议员恳谈会”的骨干，至2000年5月15日恳谈会成立30周年之际，这一政治团体的成员增加到228名，约占自民党众参两院议员总数的60%。森喜朗首相的重大失言之一“神国讲话”，就是在神道政治联盟成立30周年的庆祝大会上发表的贺辞——2000年5月15日，森喜朗以内阁总理大臣身份出席庆祝大会并发表致辞说，“要使广大国民知道，日本国的确是以天皇为中心的神的国家，在这种愿望下我们活动了30年”。[①] 无独有偶，2005年12月5日，小泉内阁执政时期自民党干事长武部勤口出惊人之语：“日本是一个以天皇为中心的国家。它

① 木佐芳男：《何谓“战争责任”——德国的过去没有清算》，第2页。

的民族特性就是每个人都愿意支持这个核心。”[①] 以“国防帮”议员为代表的自民党政客，尤其与自卫队及相关军工企业、社团有着紧密联系，这部分社会力量形成自民党牢靠的社会基础。参拜靖国神社早已成为自民党政客验证、宣示加强军备的政治仪式，表明其不会改变自民党与遗族会、神道政治联盟、靖国神社之间的长期合作互利关系。所谓“出于个人心情”、“家族习惯”参拜靖国神社的托词都不能掩盖其争取选票的实质。这种状况决不是自民党内若干反对参拜靖国神社的政治家，以及势单力薄的非自民党首相所能改变的。在事关政权更迭的关键时期，或日本与邻国间外交关系的敏感时期，日本政要参拜靖国神社以争取遗族会、神道政治联盟、自卫队及军工产业等各方势力支持的现象尤为突出。特别是那些试图打破自民党内论资排辈的晋级秩序的新保守主义者，大多把参拜靖国神社作为提高个人政治影响的有效手段。反复参拜靖国神社的小泉纯一郎与放弃直接参拜供奉祭品的安倍晋三和麻生太郎三位首相的相关活动都证明了这一点。自民党、遗族会、靖国神社及神道宗教体系之间的利害关系之紧密，相互扶持的历史之长久，使日本复杂的政治斗争因为掺杂宗教因素而愈发复杂化。

自小泉首相每年参拜靖国神社导致中日首脑中断互访、韩日首脑停止“穿梭访问”，靖国神社问题给日本东亚外交带来的负面影响有目共睹。2005年下半年，小泉首相的任期进入倒计时阶段，靖国神社问题从媒体热炒的“日本与中韩对决的外交问题”，发展为裹挟日本政界、宗教界及大众传媒的综合性政治问题，致使靖国神社问题发生结构性变化。

1. 靖国神社问题演变为自民党内的争权斗争。从2005年下半年开始，靖国神社问题成为自民党内新老保守主义争夺“后小泉”政权的集结号，形成继续推进参拜、靖国神社与反对参拜的两派力量。拥护小泉参拜、坚持对邻国采取强硬立场的一派是以森派和亀井派为主的国会议员，他们在2005年6月28日正式成立“希望和平思考真正的国家利

① “自民党干事长声称日本以天皇为中心”，新华社2005年12月6日电。

益、支持参拜靖国神社年轻议员之会”。该团体由众议员松下忠洋担任会长，以自民党代理干事长安倍晋三和亀井派事务总长古屋圭司为核心，中坚人物包括亀井派所属前文科省副大臣小岛敏男，前厚生劳动省副大臣卫藤晟一等人，成员大多为少壮派新保守主义议员。有63名当选5次以内的自民党国会议员出席了成立大会，两周后入会议员增加到116人。“希望和平思考真正的国家利益、支持参拜靖国神社年轻议员之会”的主要目的是对抗主张应该慎重对待参拜靖国神社问题的自民党资深议员，呼吁支持参拜活动。临近8月，小泉首相的支持者要求其兑现“终战纪念日参拜”的竞选诺言，小泉内阁官房长官安倍晋三公开表示：“希望下任、下下任首相也要参拜靖国神社”，意欲把靖国神社问题作为下任自民党总裁选举的焦点，为自己竞选总裁创造条件——2005年，小泉首相、麻生外相和安倍官房长官无一例外地参拜了靖国神社。然而，在当年9月的众议院选举中，“希望和平思考真正的国家利益、支持参拜靖国神社年轻议员之会”的首任会长落选，事务局长古川祯久脱党，共有21名会员离开组织，此后该团体的活动基本处于“休眠”状态。不过，2006年自民党制定的“运动方针”仍然决定继续开展参拜靖国神社运动。日本主要领导人的上述举措不仅伤害了邻国民众的感情，同时也引起越来越多的日本政界人士的反对。右翼政客及媒体煽动说，首相停止参拜就是“向中韩屈服”，极力鼓噪日本必须坚持强硬态度。

自民党内反对小泉首相参拜的一派是以高村派和山崎派为主的稳健的保守主义政治家。他们以原自民党干事长加藤纮一和原自治相野田毅（山崎派）为核心，2005年7月12日正式成立“靖国神社问题学习会”并举行第一次会议，包括下任总裁的竞争者高村派的首领、前外相高村正彦、前农林水产相大岛理森（高村派）等政要在内的27名国会议员出席了成立大会，原副首相后藤田正晴作为大会主讲强调：“请小泉首相重新考虑参拜”，多数成员认为应该要求首相考虑中韩等邻国的反应自我约束。会后，野田毅在记者招待会上批评安倍等人说：“把我们要求首相自我约束参拜一事断罪为‘中国的同伙’

的做法是在煽动国家主义。”① 2005年11月9日，前自民党副总裁、三崎派首领山崎拓组建超党派国会议员团体“思考国立追悼设施之会”并担任会长，集结自民党、公明党和民主党的130名国会议员，执政党与在野党双方的国会议员共同探讨建立国立追悼设施问题。②

临近小泉首相下台，自民党内围绕靖国神社问题的对立越来越凸显争夺总裁职位的内斗色彩。4月6日“希望和平思考真正的国家利益、支持参拜靖国神社年轻议员之会”结束“休眠”恢复活动，在新任会长、众议员今津宽的领导下，这个聚集约120名会员的新保守主义议员团体，决定组织成员参观靖国神社的展示馆“游就馆”，开展针对“中国和韩国的战争纪念馆”的“学习活动”，声称“我们作为战后出生的一代，与中国和韩国互相碰撞想法很重要。靖国神社问题的解决策略就是用参拜来争取周边国家的理解”，③ 高调主张通过继续参拜靖国神社的方式，达到使反对参拜的邻国接受这一行为的目的。2006年6月，山崎拓领导的“思考国立追悼设施之会”提出建议：“设置使国内外的人们能够没有隔阂地表达哀悼诚意的设施”，试图通过集结党内批评安倍支持小泉参拜的力量，形成拥护福田康夫竞选自民党总裁的政界基础。小泉执政以来屡屡引发外交风波的靖国神社问题，演化为自民党内分别支持安倍、福田的两大派系之间的矛盾。小泉首相在2006年“8·15”参拜靖国神社兑现竞选公约之后，来自欧美及亚洲国家的批评愈发尖锐，对安倍及支持参拜的新老保守主义势力的国际压力显著增加，在国际舆论批评小泉参拜靖国神社一边倒的形势下，除4月间完成参拜的安倍晋三回避对首相参拜作出直接表态外，有意参加自民党总裁竞选的谷垣祯一在内阁成员恳谈会上提出，需要解决合祭甲级战犯的影响与改善亚洲外交的课题；麻生太郎外相提出靖国神社“非宗教法人化”的私

① 「靖国参拝推進派 VS 慎重派」、『読売新聞』，2005年7月17日。

② 《东京新闻》2005年11月10日。

③ 「靖国参拝：首相支持の若手国会議員の会、活動再開へ」、『毎日新聞』，2006年4月6日。

人方案；[①] 自民党前干事长、日本遗族会长古贺诚建议研究将靖国神社“非宗教法人化”等，种种迹象表明，“后小泉”时期有望解决参拜靖国神社导致东亚外交僵局的问题。

2. 天皇与靖国神社之间的政治纽带断裂。2006—2007 年，日本媒体相继披露与靖国神社合祭甲级战犯有关的重要文件，一份证明已故昭和天皇对合祭甲级战犯一事的态度，另一份证明日本政府在合祭甲级战犯过程中发挥了重要作用。靖国神社问题由于“一位已经去世的天皇在坟墓中发话了”，[②] 改变了小泉内阁的舆论导向——中韩批评日本首相参拜靖国神社，小泉首相“不屈服压力”继续参拜。

著者在“战后围绕靖国神社的政治斗争”一节中谈到，昭和天皇从 1945 年 11 月 20 日至 1975 年 11 月 21 日，先后 8 次参拜靖国神社，但在合祭甲级战犯后停止参拜，靖国神社及其支持者一再通过宫内厅请求天皇恢复参拜，始终未能如愿。最新披露的资料证明，昭和天皇停止参拜的原因是，靖国神社合祭甲级战犯违背了天皇的意愿。日本经济新闻社从获得的前宫内厅长官富田朝彦的笔记中得知，1988 年昭和天皇对靖国神社合祀甲级战犯表示“强烈不快”，他对时任宫内厅长官富田朝彦说：“因此自那以后我就没有参拜。这是我的意愿。”[③] 2006 年 7 月 20 日，《日本经济新闻》披露了记录上述天皇讲话的富田笔记的内容，《朝日新闻》随即提出，“这可能成为未来首相向右翼支持者提供回避靖国神社的借口”。[④] 当日，小泉内阁官房长官安倍晋三面对记者不断追问他对富田笔记的看法，气急败坏地回答说：“无可奉告”，“毫不掩饰他对披露昭和天皇讲话引起的争议感到焦虑”。[⑤] 富田笔记披露的昭和

① 「小泉首相、靖国神社に昇殿して参拝」、asahi. com，《朝日新闻》网络版 2006 年 8 月 15 日。

② “父母和子女共同思考战争——分清‘侵略’和‘责任’”，《朝日新闻》社论，2006 年 8 月 13 日。

③ “昭和天皇曾不满合祀甲级战犯，小泉称参拜靖国神社不受影响”，《日本经济新闻》，2006 年 7 月 20 日。

④ “父母和子女共同思考战争——分清‘侵略’和‘责任’”，《朝日新闻》社论，2006 年 8 月 13 日。

⑤ “昭和天皇的态度将给安倍造成压力”，《读卖新闻》，2006 年 7 月 21 日。

天皇的态度，对积极支持参拜靖国神社、否定远东国际军事法庭审判的右翼阵营形成很大压力。《读卖新闻》认为，“昭和天皇的态度将给安倍造成压力”，被远东国际军事法庭处以绞刑的甲级战犯、前日本陆军大将坂垣征四郎之子、日本遗族会顾问坂垣正颇为不满地表示，他对为何偏偏在这个时候拿出前宫内厅长官的笔记“感到蹊跷”。[①] 只有小泉首相若无其事地对记者说，天皇对战犯的看法不会影响他参拜靖国神社的决定。[②] 第二天（7月20日）凌晨，发布独家新闻的《日本经济新闻》社遭到燃烧瓶的袭击。[③] 当天出版的主流媒体《读卖新闻》、《朝日新闻》、《每日新闻》、《日本经济新闻》一齐刊载社论，主张“分祭”甲级战犯或建立国立追悼设施，敦促小泉首相停止参拜。《读卖新闻》发表题为“昭和天皇的心意”的社论，指出“富田笔记可以说给分祭甲级战犯的讨论投下了一枚深水炸弹”，国家可以考虑修建国立追悼设施，或者扩建千鸟渊战死者墓园。《朝日新闻》的社论题目是“昭和天皇的话语重心长”，指出“建立一个能够让人们悼念死者的场所不用中韩两国来说，而是应由日本人自己来解决的问题。这才是天皇讲话带给我们的启示”。《每日新闻》发表社论“靖国神社合祭甲级战犯不合适”，指出宗教法人靖国神社即便在历史观和战争观方面与天皇的看法不同，这也是它的自由。如果仅仅是对战争中的阵亡者表示感谢和哀悼之意的设施，为何在国内外引起那样强烈的反响？其最大的原因是里面祭祀着甲级战犯，“在目前状态下，首相参拜靖国神社就是不合适”。《日本经济新闻》题为“应当尊重昭和天皇的想法”的社论指出：靖国神社内合祭着甲级战犯，这无论对内对外都很难得到理解。不仅中韩反对参拜，就连欧美国家的舆论也越来越严厉。“我们衷心企盼以小泉为首的政治家们能够切身感受昭和天皇这片心意的历史背景，采取切实行动。”右翼媒体《产经新闻》在社论中发出警告：“分开祭祀有可能被政治利用。”7月25日，民主党代表小泽一郎会见记者，批评小泉首相主张参拜是

① “甲级战犯遗属不满”，《日本经济新闻》，2006年7月21日。
② 美联社援引共同社消息，东京2006年7月20日电。
③ 共同社东京2006年7月21日电。

“个人自由”等一系列言论，指出：“他根本不理解这件事的本质，没有见识。”① 东京理科大学教授三土修平认为：靖国神社的宫司松平永芳擅自合祭甲级战犯，合祭之后才向天皇报告，违反了明治时代以来的传统——为天皇而死者须经天皇批准才能祭祀，“合祭违背了天皇的意思”。② 富田笔记释明了昭和天皇停止参拜靖国神社的原因，证明合祭甲级战犯违背了天皇的意愿，这对靖国神社及其参拜者、天皇制意识形态的拥护者等无疑是一个沉重的打击。可以说，天皇与靖国神社之间的政治纽带基本断裂。然而，昭和天皇的态度并未对接替小泉的有力候选人安倍晋三及其支持者产生较大的负面影响。8月6日，《东京新闻》公布对自民党403名国会议员进行支持动向调查的结果，有190多名议员决定投票给安倍晋三。

两周后，日本《东京新闻》又披露了一个对靖国神社不利的历史事实——靖国神社违反战时军部制定的合祭阵亡者的规定。1944年7月15日，时任日本首相兼陆军大臣的东条英机以陆军大臣身份发出有关《靖国神社合祭调查及呈报规定》的密函，对于靖国神社的合祭对象作出规定：只有在发生国家战役和事变之际为国捐躯者才能“给予此神圣无比之恩典”，战殁、战伤死者以外的人要得到合祭待遇，须按“特别合祭呈报”方式处理，而且必须符合3个条件，即在战地因霍乱、疟疾等流行病而死者，在战地因非重大过失但负伤、生病而死者，在战地以外从事有关战役的特殊勤务者。从这份东条密令可以看出，军方规定的合祭标准相当严格，按此规定，战后处死的甲级战犯显然不具备合祭资格。但是，靖国神社在战争时期并未执行东条密令编写合祭名簿。战后又因为战殁者遗属的要求，大幅放宽了合祭标准，1959年开始合祭乙丙级战犯，1978年合祭了甲级战犯。③ 上述报道进一步凸显靖国神社无论在战时还是战后均未遵循合祭规定擅自决定合祭的事实，进一步瓦解

---

① “小泽指责小泉首相‘没有见识’”，共同社东京2006年7月25日电。

② 「特集：靖国問題を考える（その3上）座談会、終わらない戦争、象徴」、『毎日新聞』，2006年8月15日東京朝刊。

③ “日报披露‘东条密令’，甲级战犯无资格进入靖国神社”，中央社东京2006年8月6日电。

了靖国神社与天皇及军方之间政治关系。

3. 日本政府在合祭甲级战犯的问题上背负违宪之嫌。小泉内阁执政时期，靖国神社问题严重恶化日本的邻国外交。在国会的要求下，负责为国会提供审议资料的日本国立国会图书馆从 2006 年 1 月围绕靖国神社问题展开调查，靖国神社和日本厚生劳动省提供了相关资料。2007 年 3 月 29 日，国会图书馆向国会提交厚达 1200 页的《新编靖国神社问题资料集》。新编资料集表明，1956 年日本厚生省关于阵亡者合祭到靖国神社问题制定了指导纲要，此后厚生省与靖国神社一直断断续续进行协商并详细确定了合祭的标准，每次协商都是厚生省派人到靖国神社的社务所内进行。[①] 资料显示，1958 年 4 月 9 日在靖国神社召开的会议上，厚生省表示希望神社方面“研究”乙级和丙级战犯的合祭问题；1966 年厚生省为合祭被远东国际军事法庭判处死刑的甲级战犯，向靖国神社送交了战犯名单——“祭神名票”。1969 年 1 月 31 日，厚生省与靖国神社举行会议，确认作为“法务死殁者”的 12 名甲级战犯和 10 名“内地未决死殁者”“可合祭”，厚生省指示“避免对外发布”。此后，靖国神社的总代会才于 1970 年决定合祭甲级战犯。实际合祭的甲级战犯共有 14 人，在远东国际法庭宣判前死在拘留所的前外务大臣松冈洋右、前海军大臣水野修身可能被列入“内地未决死殁者”。共同社就此报道说，资料显示当时的厚生省从 1958 年开始与靖国神社方面多次进行协商，并为实现合祭积极施加了影响。厚生省要求靖国神社“能否不引人注目地合祭”乙级和丙级战犯，主导了合祭。尽管资料未明确记载日本政府主导合祭，但仍可从字里行间看出政府在背后主导的痕迹。[②] 过去人们已经知道，厚生省 1966 年 2 月把包括甲级战犯在内的名单交

① “国家曾积极参与靖国神社战犯合祭问题”，《读卖新闻》，2007 年 3 月 29 日。

② “日媒体：资料显示日本政府主导了甲级战犯的合祭”，中新网东京 2007 年 3 月 29 日电神社（援引共同社消息）。“靖国合祭战犯内幕资料曝光，今提交日本国会”，中新网 2007 年 3 月 29 日电。

给了靖国神社，并不了解合祭之前的过程。[①]

新公布的历史事实为分祭论者提供了有力支持——如果国家参与了合祭，也能够参与分祭。《新编靖国神社问题资料集》在2007年3月安倍内阁执政时期公布，关于靖国神社问题的讨论继续升温，山崎拓在山崎派议员大会上再次提出，过去认为靖国神社单独实施了合祭的看法曾经占上风，现在不如说是厚生省积极推动了合祭。政府的确负有责任，如果能够分开祭祀，安倍首相也可以参拜靖国神社而不惹起外交事端。古贺诚再次对记者表示，可以讨论分祭等问题。[②] 此外，还有很多人质问厚生省的做法是否违背宪法规定的“政教分离”原则。安倍首相极力淡化政府行为的作用：“我不认为存在任何问题，决定合祭的是靖国神社，原厚生省只是提供了靖国神社索取的资料。”安倍内阁官房长官盐崎恭久也向媒体表示，当时的厚生省管理原日军的人事资料，仅仅履行了“日常职责”，“最终决定权在神社手中，政府没有施加任何强制性的影响。”但是，这些解释难以抹去厚生省在靖国神社合祭甲级战犯问题上的责任。不难看出，靖国神社主动向国会图书馆提供资料的动机在于：第一，反击对靖国神社违背天皇意愿的指责，证明合祭甲级战犯由政府指导；第二，证明靖国神社从前是国家机构，战后依然与政府存在特殊关系。正如日本茨城大学名誉教授大江志乃夫所指出，原厚生省掌握合祭甲级战犯的主导权，靖国神社事实上处于“国营”状态，有违反宪法规定之嫌。靖国神社通过揭露政府主导合祭的真相，使合祭战犯的事实正当化，在支撑靖国神社的人力和财政的旧日军遗属高龄化、日本国内关于分祭甲级战犯或新建国立追悼设施的呼声不断高涨的情况下重新获得国家支持。

4. 靖国神社与甲级战犯遗属之间分歧加大。靖国神社合祭甲级战犯引起昭和天皇的反感，日本政府为促成合祭积极施加影响背负违宪之嫌。在社会舆论不利于靖国神社及官方的情形下，两位甲级战犯之孙通

---

① “国家曾积极参与靖国神社战犯合祭问题”，《读卖新闻》，2007年3月29日。

② “分开祭祀论趋于活跃”，《每日新闻》，2007年3月30日。

过媒体表明态度。据共同社 2006 年 7 月 30 日报道，时任东条内阁外相兼拓务大臣东乡茂德之孙东乡和彦在接受《现代月刊》采访时，呼吁小泉首相的接班人应当宣布暂停参拜靖国神社，清除靖国神社“游就馆”内肯定日本过去发动战争的历史观的陈列资料，将靖国神社变成一个纯粹的追悼设施。被处以绞刑的 7 名甲级战犯中唯一的文官、前首相广田弘毅之孙广田弘太郎在接受《朝日新闻》采访时说，靖国神社合祭甲级战犯之前并没有征求遗属的意见，他和他的家族反对靖国神社祭祀其祖父。① 但是，东条英机的遗属态度强硬，坚决反对靖国神社将其祖父之灵迁出分祭到其他设施内。

5. 国内外民众的诉讼活动牵制日本首相的参拜活动。日本国内以及日本侵略战争的受害国的民众起诉日本首相参拜靖国神社的诉讼活动，对一意孤行每年参拜靖国神社的小泉首相产生了一定的牵制效果。其中，中国、韩国等二战期间的受害民众及其遗属或在日本提起诉讼，或与日本民众联合起诉，台湾原住民族的诉讼活动尤其引人瞩目。台湾原住民族是日本军国主义殖民统治台湾 50 年的受害者，在靖国神社供奉的亡灵中共有 2.8 万名台湾死者，其中包括 2000 多名被称为“高砂义勇队”的台湾少数民族死者。1941 年日本侵略者强征台湾少数民族青年入伍，组成“高砂义勇队”，充当日本侵略战争的炮灰。“高砂义勇队”被派遣至条件最为恶劣的南方作战，死伤惨重；日本战败后，其阵亡士兵的亡灵也被合祭在靖国神社。为了掩盖这段历史，日本还销毁了“高砂义勇队”的相关资料。近年来，台湾省战殁者遗属认为，日本殖民者用高压和欺骗手段强征的“高砂义勇队”在战争中不过充当了日本军国主义的奴隶和炮灰，日方将其亡灵与侵略、奴役台湾 50 年的日本军国主义者的灵位供奉在一起，是对战争受害者与加害者的混淆，自己祖先的亡灵依然被捆绑在日本殖民统治和侵略战争的耻辱柱上。② 中国台湾省战殁者遗属代表高金素梅和“高砂义勇队”的遗属们为了“把这

① “日本甲级战犯之孙呼吁下届首相暂停参拜靖国神社”，新华网东京 2006 年 7 月 31 日电。

② 《人民日报》2009 年 8 月 17 日。

段被殖民的历史告诉全世界，要求日本政府能够真正的面对、反省这段历史，负起历史责任”，发起了“还我祖灵”运动，多次要求靖国神社停止合祭其祖先灵位。从2002年开始，在许多日本爱好和平的朋友和人权律师的协助下，他们控告日本政府、小泉首相及靖国神社，要求小泉首相停止参拜，188名来自台湾原住民族的原告，共在日本8个地区提起了诉讼。原告们提出的赔偿要求是象征性的每人1万日元（约88美元）。2005年9月30日，大阪高等法院宣判，认定小泉首相参拜靖国神社属于“公务”性质，违反宪法原则。台湾原住民认为，大阪高等法院的判决“不仅是原告团和律师的胜利，更是所有日本爱好和平、维护日本和平宪法的人民的胜利”。因为判决认定小泉首相参拜并没有侵害原告的权益，所以他们决定提起新诉讼，“要求靖国神社将高砂义勇队牺牲者除名”。除了进行诉讼活动外，2002年8月，高金素梅和几位日本统治台湾时期高砂义勇队的遗属第一次来到靖国神社，要求停止供奉高砂义勇队的战死者，靖国神社方面竟然说：“英灵已经与神化为一团火球再也分不开了。”2005年3月3日，中国台湾省战殁者遗属代表高金素梅、韩国战殁者遗属代表李熙子、日本战殁者遗属代表以及6桩“小泉参拜靖国神社诉讼案”原告团代表共同前往靖国神社，强烈要求将他们的祖先及亲人的灵位移出靖国神社，但遭到拒绝。随后，他们前往首相官邸要求面见小泉首相，并提出让他停止参拜，仅有一名普通工作人员一言不发地接待了他们。① 同年6月，高金素梅和50多位族人到靖国神社抗议，要求“停止合祭，还我祖灵”。这一次他们被大批日本警察阻挡在距离靖国神社的数百米之外。② 2009年8月，高金素梅带领约50人的“还我祖灵队”再次赴日，11日他们进入靖国神社在正殿前高唱“安魂曲”，抗议靖国神社拒绝他们归还祖灵的要求，并与随后赶来的靖国神社的人员及日本警察产生肢体冲突，几位成员因此受轻

① “强烈要求小泉停拜靖国神社，中日韩战殁者遗属要求移出亲人灵位”，新华社东京2005年3月3日电。

② 台湾原住民族部落工作队制作：《合祭除名，我们不是日本人》，高金素梅发行，2006年版，第3～11页。

伤。台湾原住民族维护民族尊严的正义活动在日本产生了较大的社会影响。

2004 年 2 月至 2006 年 6 月，至少有 13 桩起诉小泉首相参拜靖国神社违反宪法的诉讼案，详见下表。

小泉纯一郎首相参拜靖国神社问题诉讼一览表①

日　期	判决法院	关于参拜是否违宪的判断	公务参拜或私人参拜判断
2004 年 2 月	大阪地方法院一审判决		公务
3 月	松山地方法院一审判决		
4 月	福冈地方法院一审结案	违宪	公务
5 月	大阪地方法院		私人
11 月	千叶地方法院		公务
2005 年 1 月	那霸地方法院		
4 月	东京地方法院		
7 月	大阪高等法院		
9 月	东京高等法院		私人
9 月	大阪高等法院	违宪	公务
2006 年 3 月	松山法院		
6 月	日本最高法院		

（注：列表空白处为判决不涉及该项判断）

以上列表显示，只有 2004 年 4 月福冈地方法院的一审判决和 2005 年 9 月大阪高等法院的二审判决判定小泉首相参拜靖国神社属于“公务”，违反宪法政教分离的原则，其余 11 次判决都回避了是否违宪的法律判断，有 2 次判决判定小泉参拜属于私人性质，这意味着小泉首相没

---

① 小泉纯一郎首相参拜靖国神社问题诉讼一览表根据以下资料制作：「解説：靖国参拝訴訟・最高裁判決『お墨付き』判断は早計」、『毎日新聞』，2006 年 6 月 23 日東京夕刊。

有违宪。必须指出，日本各级法院先后作出13次判决，没有一次判定小泉参拜符合宪法规定，这就留下了首相参拜“违宪的嫌疑”。其中，日本最高法院审理的上诉案的原告是居住在关西地区的278位日本和韩国阵亡者的遗属等人，原告提出“由于首相参拜，侵害了遗属不受公（国家）权干涉，自己决定如何祭祀阵亡者的权利和利益”，象征性地要求国家和首相赔偿每位原告1万日元。他们提起诉讼的目的是要求最高法院作出首相参拜是否违宪的最终判断。但是，2006年6月23日，最高法院第二小法庭宣布的判决援引从前的判例——只要没有被强制参加宗教仪式就不能认定侵害利益——以“仅以宗教上的感情受到侵害，不能说法律上的利益受到侵害”为由，驳回了原告的主张。即最高法院在否定发生损害原告利益的前提下，没有承认原告的请求，从而得出驳回请求的结论，因此不再需要判断首相参拜靖国神社是否违反宪法的问题。① 就这样，日本最高法院关于历代首相参拜靖国神社的首次判决，根本没有正面回应日本国民希望其作为“宪法守护者”发挥作用的要求。而在1997年，日本最高法院曾经裁决“爱媛玉串费诉讼”一案，判定爱媛县在靖国神社的例行祭祀活动时公费支付玉串费“具有宗教意义”，产生支援和助长特定宗教的效果，因此判定爱媛县当局违反宪法规定。

冷战以后多桩涉及参拜违反宪法的诉讼案件和各级法院的裁决，对小泉首相的参拜活动形成一定程度的牵制。小泉首相采取模糊“公务”参拜与“私人”参拜的战术，2001年8月13日首次参拜靖国神社后，宣称“小泉纯一郎首相参拜了”，寓意此行为公务性质的参拜，至2004年，每年他都进入靖国神社的正殿并且登记“内阁总理大臣”。2004年4月福冈地方法院对小泉参拜靖国神社一案作出违宪判决之后，小泉不得不表明自己是出于“私人立场”参拜。2005年9月30日，大阪高等法院宣判小泉首相“公务”参拜违反宪法，这是日本司法史上高等法院

---

① 「靖国参拝訴訟：最高裁、憲法判断示さず、上告棄却『権利侵害ない』」、「解説：靖国参拝訴訟・最高裁判決、『お墨付き』判断は早計」、『毎日新聞』，2006年6月23日東京夕刊。

首次判决首相参拜靖国神社违宪，日本各大报当日晚刊皆以头条新闻报道，翌日早刊又全部发表社论评论这次判决的意义。虽然内阁官房长官细田博之对记者表示："小泉纯一郎首相已经说过，他参拜靖国神社纯粹是私人行为。我对今天的判决结果表示遗憾。"但是，小泉10月间第5次参拜时改穿西服，也没有进入靖国神社的正殿。① 可见大阪高院的判决结果产生了一定的牵制作用。日本龙谷大学的宪法学者平野武教授就小泉第5次参拜评论说：小泉首相把参拜作为公约，不同于因亲属发生不幸去宗教设施祭祀，小泉首相如果强调私人参拜，要么撤回公约，要么在参拜时采取不引起媒体瞩目的措施，即使从穿和服改穿西服参拜，也不会被看成接近私人参拜。② 2006年小泉下台前在兑现其竞选承诺"8·15"参拜靖国神社时，乘坐公车，登记内阁总理大臣小泉纯一郎，着晨礼服进入正殿，但不用神道"二鞠躬二击掌一鞠躬"的礼仪，改用一鞠躬，用3万日元的献花费代替供奉玉串费，③ 以不遵循神道礼仪的办法规避违宪，同时用公车和登记公职的方法表明其公务参拜的姿态，以回报支持其当选的各方政治力量。

小泉反复参拜靖国神社的行为使日本在东亚特别是东北亚地区完全陷于孤立境地。据2005年3月日本朝日新闻社与韩国东亚日报社、中国社会科学院于日本岛根县议会通过"竹岛日"条例后联合进行的三国民意调查：韩中两国高达90%的受访者反对小泉参拜靖国神社；两国反对日本"入常"者均为80%。④ 不可否认，来自国际的批评对日本政府争当联合国常任理事国的外交活动产生了明显的负面影响。小泉首相不止一次地回应反对者说，只有中韩两国反对其参拜，事实并非如此。

---

① 「特集：靖国問題を考える（その1）追悼のかたち、模索、打開策にもハードル」、『毎日新聞』，2006年8月15日。

② 「小泉首相：靖国神社参拝、形式変えて『小泉流』貫く」、『毎日新聞』，2005年10月17日。

③ 「小泉首相、靖国神社に昇殿して参拝」、asahi. com《朝日新闻》网络版，2006年8月15日。

④ "韩国、中国'讨厌日本'达6成，今年3月舆论调查，8成反对常任理事国"，《朝日新闻》，2005年4月27日。

联合国秘书长安南破例要求日本改善因参拜靖国神社和竹（独）岛争议激化而不断冷却的中日和韩日关系。2006年5月17日，安南访问韩国后前往东京，分别与小泉首相、麻生外相和安倍官房长官举行会谈并提出上述要求，但小泉仍然强调“我本人对日韩和日中关系的前景都相当乐观，根本不用担心。我们随时准备着恢复首脑会谈”。共同社发表评论说：“作为联合国的秘书长，除了对交战双方当事国以外，安南还从未这样要求过其他国家。至此，由于首相自己参拜靖国神社所导致的日本在亚洲受到孤立的现状，被更加清晰地勾勒出来。”[①] 6月3日，前首相森喜朗为了实现日本担任联合国安理会的常任理事国与安南举行会谈，要求支持日本，安南再次提出希望中日韩三国能够保持密切的联系以进行合作，双方就日本应该改善处于低谷的日中、日韩关系，致力于共同课题的合作达成一致意见。[②] 6月2日，新加坡总理李显龙在来自22个国家和地区的国防部长参加的“亚洲安全会议”的开幕式上发表演讲时，敦促日本要清算仍让亚洲国家感到痛苦的战争历史，“日本如果清算了过去，与邻国的关系就会发展得更加顺畅”。[③] “8·15”小泉参拜后，中国外长李肇星紧急召见日本驻华大使宫本雄二，代表中国政府和人民向日本政府就小泉首相参拜靖国神社问题提出强烈抗议。韩国外交通商部发表抗议声明，召见日本驻韩大使表示抗议。中国驻日公使（临时代大使）孔铉佑、韩国驻日大使罗钟一分别前往日本外务省，向外务事务次官谷内正次郎转达各自政府的强烈抗议。此外，新加坡外交部发言人发表声明说：“靖国（神社）问题是日本的内政，同时也是国际外交上的悬案事项，引起以中韩为首的亚洲各国的反对，对于密切国家之间的关系、构筑合作关系这一地区共同的利益没有益处。”在二战中日军曾经屠杀华侨的马来西亚华裔民间团体在吉隆坡举行了追悼仪式，会后部分与会者前往日本大使馆递交了抗议信，指责“不要因少数

① 共同社东京2006年5月17日电。

② “安南与森喜朗一致表示日本应改善和中韩两国关系”，中新网2006年6月3日电。

③ “新加坡总理：日本要清算让别国痛苦二战侵略史”，中新网2006年6月4日电。

人的行动，损害日本与马来西亚和东南亚市民的友谊和密切的关系”。澳大利亚外长唐纳则对记者谈到，两周前他访问日本时，曾向小泉首相提出澳大利亚担心供奉甲级战犯将恶化在这个地区的人们的心情。印度尼西亚外长哈桑也在会见记者时表示，这个问题已经反复了多次，不想发表评论。希望日本以面向未来的方式解决，为亚太地区的和平与稳定做出贡献。[①] 俄罗斯外交部官员发表谈话评论说：小泉参拜问题“是与二战历史相关的敏感问题”，强调“不要伤害由于过去日本的行动而受害的人们的感情和尊严，应该慎重对应”。当日，韩国“推进太平洋战争受害者补偿协议会”等 130 个市民团体的 3000 余人还在日本驻韩大使馆附近举行示威，要求小泉首相道歉，中国香港追究日本战争责任、保卫中国钓鱼岛主权的民间组织等 9 个团体先后前往日本驻港领事馆进行抗议。[②] 相比之下，美国政府发言人对此仅仅表示“美国知道亚洲存在复杂的历史问题，这是日本国内问题，美国不打算表态”。——2005 年 11 月，布什总统在日美首脑会谈中曾当面敦促小泉首相改善中日和韩日关系，但小泉首相“再次主张参拜靖国神社的正当性”，此后“布什政府不再涉及靖国问题”。[③] 直至安倍首相陷入“日军慰安妇困境”，美国才重返国际道义高地“敲打”日本右翼势力。

第二节　解决靖国神社问题的方案及其展望

迄今为止，以自民党为主的政治家提出两种解决靖国神社问题的方案。第一种是新建国立追悼设施的方案，第二种是改造靖国神社使其

---

① 「『残念』『苦々しい』東南アジア・豪も批判、靖国参拝」、asahi. com《朝日新闻》网络版，2006 年 8 月 16 日。

② 「小泉首相靖国参拝：『反発』『沈黙』対応分かれ—各国の反応」、『毎日新聞』，2006 年 8 月 16 日。

③ 「首相靖国参拝：各国の反応、米国は『日本の国内問題だ』」、『毎日新聞』，2006 年 8 月 15 日。

“非宗教法人化”的方案，以及分祭甲级战犯的建议。

首先分析第一种方案。新建国立追悼设施的方案包括两项建议：其一是时任小泉内阁官房长官福田康夫设立的私人恳谈会提出的新建国立追悼设施的建议，其二是自民党政调会长中川秀直提出的改造千鸟渊无名战死者墓园的建议，二者都属于建立国立追悼设施的范畴。

2001年8月13日，小泉首相第一次参拜靖国神社后曾发表谈话说：“有必要讨论如何使国内外的人们都能够没有隔阂地献上追悼的诚意。”当年12月，小泉内阁官房长官福田康夫设立了由10名学者和经济界人士组成的私人咨询机构“思考建立追悼、祈愿和平纪念碑等设施恳谈会”，由经团联名誉会长、新日铁公司的董事长今井敬担任召集人。2002年12月“思考建立追悼、祈愿和平纪念碑等设施恳谈会”向福田官房长官提交咨询报告，提出另行建设“追悼与祈求和平的国立无宗教永久性设施”。据恳谈会的成员之一、东京大学教授田中明彦披露，建设新设施追悼的对象“包括民间及战后维和等活动中的死者”，“恳谈会的前提是，靖国神社是宗教法人，用国家设施代替宗教法人毫无道理，因此建议另行建设公共设施。但是，建议未被多数政治家接受，设立恳谈会的福田康夫官房长官也认为‘为时尚早’，‘如果存在这样的意见分歧是不行的’，所以根本没有采取行动。”① 另有消息称，福田出于担忧与中韩恶化关系而建立私人恳谈会一事得到小泉首相的赞同，官方也证实福田官房长官设立恳谈会的目的是“建设国立追悼设施”。

然而，“思考建立追悼、祈愿和平纪念碑等设施恳谈会”的建议遭到自民党右翼和遗族会的强烈反对，他们担心如果建立国立设施“难免威胁靖国神社的存在意义”。此后，小泉首相每年参拜靖国神社并反复重申国立追悼设施不取代靖国神社。2005年8月，平沼赳夫担任会长的“日本会议国会议员恳谈会”等5团体联合发表声明，反对分祭甲级战犯、建立新国立设施。在此情形下，小泉昔日的政治盟友、前自民党副总裁、三崎派首领、众议院议员山崎拓组建超党派议员团体“思考国

① 「特集：靖国問題を考える（その3上）座談会、終わらない戦争、象徴」、『毎日新聞』，2006年8月15日。

立追悼设施之会”，其核心成员包括民主党干事长鸠山由纪夫、公明党干事长冬柴铁三等政界重镇人物，他们向小泉首相发起攻势，要求在财政预算中列入建立国立设施的调查费用。对此，小泉首相始终没有表态回应。他们之所以考虑建立国立设施取代靖国神社，是因为政府不能干涉宗教法人的祭祀权，建立国家有权决定祭祀对象的、悼念包括民间及战后维和活动中的死者在内的新国立追悼设施，是不带任何宗教色彩的公共机构，合祭甲级战犯的靖国神社根本不具备这些必须条件。在自民党内两派对立、山崎拓等与公明党和民主党的部分议员联合反对小泉参拜的情况下，小泉首相改组内阁，任命安倍晋三担任内阁官房长官，12月8日秘密通知安倍不要把国立追悼设施调查费列入政府预算。小泉出于对联合执政党公明党的考虑，同时也不希望在即将召开的东亚峰会上与中韩两国首脑产生新摩擦，直到即将完成预算案时才公布这个消息。12月22日，内阁官房长官安倍宣布，建立国立追悼设施的调查费不列入2006年度的预算方案。安倍断言，小泉任期内国立追悼设施的调查费不可能列入预算，因为存在“舆论分歧”。但是，实际情况并非如此。早在2004年1月《朝日新闻》就发表社论质询“为何不尽快建设追悼设施?”[①] 至2005年6月，就连保守色彩浓厚的《读卖新闻》也发表社论，要求建立无宗教国立追悼设施。2005年10月，《每日新闻》社在小泉第5次参拜靖国神社后进行民意调查，结果表明，多达66%的受访者赞成建设国立追悼设施，反对者为29%；[②] 共同社的调查结果也反映出同一倾向，赞成建设国立追悼设施者高达63.7%，反对者仅为26.4%；《朝日新闻》调查的结果为赞成者占51%，反对者占28%。至2006年3月，《读卖新闻》的主笔渡边恒雄也转变立场，直接批判小泉首相参拜靖国神社，支持建立新追悼设施。无需赘言，小泉首相出尔反尔才是阻止新建国立追悼设施的关键。

此外，自民党政调会长中川秀直提出改造千鸟渊无名战死者墓园的

① 「追悼施設なぜ早く造らないのか」、『朝日新聞』，社説2004年1月8日。

② 「国立追悼施設：調査費先送り、迷走の末、投げ出す」、『毎日新聞』，2005年12月23日。

建议也属于建立国立追悼设施的范畴。中川秀直成立专门研究小组，由政调会副会长武见敬三负责，研究扩充1959年建立的千鸟渊无名战死者墓园。[①] 这是一座埋葬二战中在其他国家阵亡的无法确认身份的军人及军中勤杂人员遗骨的国立纪念墓园，小泉首相执政后每年“8·15”都来此献花表示追悼。2006年6月24日，中川秀直与小泉在首相官邸会谈，中川建议扩建千鸟渊战死者墓园，拆除旁边的公务员宿舍和办公楼，将墓园改造为外国政要也能前往悼念的国立追悼设施，小泉首相仅仅指示中川秀直说：“党内研究”。事实上，小泉即将卸任，“党内研究”显然是针对山崎拓等反对参拜一派而采取的对策，目的是避免靖国神社问题成为下届自民党总裁选举的争论焦点。[②]

与通过建设“追悼与祈求和平的国立无宗教永久性设施”解决靖国神社的第一种方案不同，第二种方案是改造靖国神社使其“非宗教法人化”，以及分祭甲级战犯的建议，尽管二者在改造靖国神社的步骤上存在差异，殊途同归，保留靖国神社是其最终目的。提出靖国神社“非宗教法人化”方案的是时任小泉内阁外相麻生太郎，他与小泉内阁的官房长官安倍晋三同样是小泉首相参拜靖国神社的主要支持者。2006年1月28日，麻生外相在名古屋发表讲演时鼓吹天皇应该参拜靖国神社，因为战死者高呼“天皇万岁”，没有一个人呼喊“首相万岁”，因此，天皇参拜靖国神社是最好不过的。[③] 当年7月20日，《日本经济新闻》报道昭和天皇对靖国神社合祭甲级战犯感到强烈不快的消息后，麻生马上急转弯，于8月8日发表私人方案——改造靖国神社实现“非宗教法人化”。即宗教法人靖国神社首先“自主解散”，经过组建财团法人的步骤，改编为特殊法人“国立追悼设施靖国社”。实现靖国神社除去神道宗教因素并且由国家管理之后，可以不受宪法规定的“政教分离”原则的束缚，由国会讨论祭祀对象，将

① 「特集：靖国問題を考える（その1）追悼のかたち、模索、打開策にもハードル」、『毎日新聞』2006年8月15日。

② “小泉指示研究扩建千鸟渊战死者墓园”，共同社东京2006年6月24日。

③ “日外相再放厥词鼓吹天皇应参拜”，新华社东京1月29日电，《解放日报》2006年1月30日。

来实现分祭甲级战犯，使靖国神社得到国家财政支持存在下去。不难看出，麻生方案与战后自民党一直努力实现的国家管理靖国神社的方案，在恢复国家与靖国神社的直辖关系这一点上有共通之处。上世纪60—70年代，自民党等多次向国会提交《靖国神社国家护持法案》，最终都受到在野党的阻击而成为废案。

但是，靖国神社既要得到国家的特殊扶持又强烈反对非宗教化。其最高负责人、宫司南部利昭曾经表示，靖国神社“总归要还给国家”。但是，如果按照1974年众议院法制局发布的关于靖国神社作为国家机构的条件的见解——（1）拜礼形式自由化；（2）改变神社的象征性建筑物“鸟居”等设施的名称等——加以改造，靖国神社将失去其在神道宗教体系中的特殊地位，所以，南部利昭坚决反对为争取国家管理靖国神社而淡化其神道宗教色彩。2006年5月靖国神社重申：在坚持三原则的基础上可以成为国立追悼设施，所谓三原则即“必须保持名称、设施、仪式”不变。[①] 所以，麻生外相的方案几乎没有可行性，在很大程度上是在为自己竞选自民党总裁“做秀”。

“分祭甲级战犯”的建议同样旨在保存靖国神社，是自民党部分新老保守主义政治家的共识。分祭论并非近期提出的新主张。早在20年前，新保守主义思想的代表中曾根康弘首相就曾试图通过分祭甲级战犯的途径，摆脱首相参拜靖国神社带来的外交难题。1985年中曾根首相在战败日首次公务参拜靖国神社引起邻国强烈谴责，同年10月，为了维持遗族会及神道政治联盟等方面的支持，自民党干事长金丸信就发表倡导分祭甲级战犯的讲话。[②] 1985年10月下旬和11月上旬，自民党领导人通过由前首相岸信介担任会长的“自主宪法期成议员同盟”事务局，两次向靖国神社探询能否停止合祭甲级战犯，但靖国神社方面皆以“一旦作为神祭祀的人，不能从中分离出来”为由予以拒绝。[③] 此后，

---

① 「特集：靖国問題を考える（その1）追悼のかたち、模索、打開策にもハードル」、『毎日新聞』2006年8月15日。

② “昭和天皇曾不满合祭甲级战犯，小泉称参拜靖国神社不受影响”，《日本经济新闻》2006年7月20日。

③ 田中伸尚等『遺族と戦後』、第219，164，229～231，235頁。

中曾根始终没有改变自己的观点。2004年2月15日，前首相中曾根康弘在朝日电视台的节目中提出：为了打开因小泉首相参拜导致中日断绝首脑互访的困境，“建造招魂社，转移战犯之灵是合理的”，况且，1985年时反对分祭战犯的遗属“最近也表示赞成”，认为现在实现分祭能够得到战犯遗属的理解。[①] 2006年11月15日，在自民党前干事长、日本遗族会长古贺诚的建议下，遗族会正式设立研究分祭甲级战犯问题的“学习会”。古贺诚虽然一再倡导分祭，但他对设立学习会最终得出分祭甲级战犯的结论并无把握。遗族会作为靖国神社最大的支援团体采取这一举措，目的是以此举对顽固拒绝政界“非宗教法人化”等变革性措施的靖国神社产生“震动”效果。[②]

靖国神社顽固反对分祭甲级战犯的理由是，用神道仪式一旦将他们合祭成“神”，他们的“灵魂”就留在靖国神社的正殿不能分离，分祭就像用蜡烛将火移往别处，但“原火”仍然留在原处，因此是不可能的。然而，这个说法却受到了极具讽刺意义的挑战。1972年前日本陆军军曹横井庄一从印尼爪哇岛生还，1974年陆军少尉小野宽郎又从菲律宾回到日本。他们得知自己已经被靖国神社合祭之后，早已成“神”的二人现身靖国神社面对自己的“灵魂”。神社方面这样解释道：“虽然举行了招魂仪式，但是，因为他们在战争中没有死去，所以他们的灵魂还没有来。”因此，最初二人就没有被合祭，灵魂也没有留在正殿。就这样，二人的名字留在登记战死者灵魂的“灵玺簿”中，而在使用计算机制作的“祭神簿”数据库内，二人订正为“确认生存”。这样一来，便出现了“合祭灵魂”和“灵玺簿”登记的姓名不相一致的情况，这就是说，已经登记在靖国神社供奉的灵玺簿上的灵魂，还没有完成合祭，尚未进入靖国神社的正殿。民主党代表小泽一郎曾提出：分祭甲级战犯就是“像名牌一样的东西，没有了就可以了”，认为从灵玺簿内删除甲

---

① 「中曾根元首相A級戦犯の靖国分祀提案」、『朝日新聞』2004年2月16日。

② 「日本遺族会：級戦犯分祀の是非など勉強会を設置」、『毎日新聞』2006年11月15日。

级战犯的姓名即可。然而，据说这个办法也会出现一种相反的情况——合祭在靖国神社中的灵魂，在灵玺簿内没有记载，[①] 造成合祭在靖国神社的灵魂没有名字的后果。由此可见，在神道合祭时是否“招魂”到位，靖国神社是唯一的解释者，无论这种解释听起来有多么费解、荒唐。所以，不宜完全排除靖国神社为了图生存，尊重多数遗属的意愿同意分祭甲级战犯的可能。毕竟，合祭甲级战犯是既有悖于昭和天皇的意愿，又有可能将日本政府推入违宪困境的败笔。不过，上述两种方案都在“后小泉”时期因首相停止参拜靖国神社而淡出外交领域。

进一步分析新建国立追悼设施的方案，可以认为存在产生双重“慰灵结构”的可能性。在可预见的范围内会出现以下几种情况：(1) 民主党首相等到国立追悼设施献花，自民党首相等参拜靖国神社。(2) 采取模糊“公务”、“私人”身份战术的自民党领导人，可能既去国立追悼设施献花，也参拜靖国神社或供奉祭品代替参拜。(3) 自民党首相等以不同身份应对——到国立设施履行“公务”，参拜靖国神社宣示“私人感情”。(4) 自民党首相等上台后前往国立追悼设施，下台后参拜靖国神社，等等。即便如此，新建国立追悼设施具有日本政府认定、约束日本首相等权力中枢人物以公职身份前去追悼战死者的重要意义，更重要的是，国立设施的追悼对象绝不会以发动和执行日本对外侵略战争的罪犯为核心，这将在日本国内政治与外交领域起到“试金石”的作用，最终使靖国神社问题逐渐淡出中日、日韩等双边外交领域。能否铲除这一长期破坏中日关系政治基础的毒瘤，有待于中日双方的共同努力。

靖国神社问题缠绕着复杂的政治和宗教因素，祭祀甲级战犯，日本首相、外相及官房长官前去参拜是中国反对的主要原因。如果实现把甲级战犯的灵位移出靖国神社，日本主要领导人参拜靖国神社是否还会对中日关系造成伤害？著者认为，问题的关键在于，第一，参拜靖国神社在“历史认识”问题中占据什么位置？是否是衡量日本主要领导人的

---

① 「特集：靖国問題を考える（その1）追悼のかたち、模索、打開策にもハードル」、『毎日新聞』2006 年 8 月 15 日。

“历史认识”的唯一尺度？第二，参拜靖国神社问题在中日关系中的定位，是否是衡量日本对华政策的唯一标准？考察小泉、安倍、麻生三届新保守主义首相的共性之一——对待日本历史问题的思想意识及其实际表现，可以发现他们并非出于政治信仰，而是出于政治需要。在迄今的四届内阁中，只有稳健的保守主义政治家福田康夫例外，无论出于何种原因都不去参拜。将小泉、安倍、麻生三位新保守主义首相的思想意识及其表现与老保守主义政治家相比较，二者在参拜靖国神社问题上的表现各有异同，可以总结出以下几点规律：首先，二者的共同之处是：（1）宗教信仰并非是否参拜靖国神社的决定因素；（2）出于重整军备及其法制建设的战略需要，加强国家主义意识形态，对抗左翼政治势力；（3）为了迅速提高自己的政治地位，争取右翼力量支持，实现夺取或巩固政权的目的；（4）以参拜行动反击来自国内外的批判；（5）因个人家族成员等私人因素参拜靖国神社。出于上述五个方面的原因，新老保守主义政治家都会亲自参拜或委派代理人参拜。二者之间的不同之处在于：（1）新保守主义政治家往往在位居政府或自民党内要职之后或竞选要职之前，通过参拜靖国神社争取右翼或右倾力量的支持，其夺取或巩固权力的实用主义意图十分明显，小泉纯一郎首相即是一个典型。相对而言，在老一代保守主义政要中不乏一贯支持靖国神社的长期参拜者。（2）新保守主义政治家能够根据现实政治的需要，灵活处理参拜问题——例如，停止参拜；选择不太敏感的时间（避开“8·15”战败日等）参拜；以供奉祭品的形式变相参拜；具有机会主义、实用主义的特点，安倍晋三和麻生太郎两位首相都以供奉盆栽的方式代替参拜。与一贯坚持参拜的老政治家相比，新保守主义政治家比较能够顾及对外关系的大局，尤其是担任首相等国家主要领导职务后，能够从国家的整体利益着眼，审时度势适当调整或收敛个人的政治主张。这也是新保守主义执政模式的一个重要方面。包括中曾根康弘在内，新保守主义领军人物无一例外将靖国神社作为“政治杠杆”和“外交杠杆”使用，所以，有必要从发展变化的角度克服惯性思维，认识到日本领导人不参拜靖国神社仅仅是日本政府发展中日友好关系的一个良好的开端，但参拜与否并不是衡量其“历史认识”的唯一尺度，“历史认识”也不是判断中日政治关系的唯一标准。

小泉执政时期中日关系跌入低谷，参拜靖国神社并非决定性的因素，日本不但在涉及中国核心利益的台湾问题及钓鱼岛领土争议等问题上激化矛盾，而且还在审定通过美化历史的右翼教科书等意识形态领域损害中日关系的政治基础，造成中日关系的整体恶化。无需赘言，日本领导人参拜靖国神社破坏中日关系的政治基础，严重伤害中国人民的感情，但是，不应将此视为衡量中日关系的大局、日本对华政策的唯一标准。影响靖国神社等问题的决定性因素在日本内部，外因只是促进内因变化的条件。换言之，靖国神社问题结构性变化的性质是内政为主，外交为次，所以，摆脱靖国神社问题的困扰“解铃还需系铃人”。应该全面分析中日关系全局与日本官方的“历史认识”的关系，既要看日本领导人在靖国神社问题上的表现，也要考虑中日两国在台湾问题、领土争议、经贸、安全及国际合作等方面的合作或矛盾冲突，从战略互惠的高度作出综合判断，抓住主要矛盾，避免因小失大，最大限度地拓展两国共同利益的空间。

民主党夺取政权取代自民党执政，因其领导核心一向在“历史认识”问题上反对自民党美化侵略历史，呼吁自民党首相应该明确承认奴役“慰安妇”的事实并向受害人道歉。民主党执政对于进一步化解中日、韩日、朝日之间的历史隔阂，改善民间感情是难得的机遇。2009年7月，日本民主党在众议院大选的竞选纲领中提出促进设立不具有宗教性质的新国立追悼设施。8月13日，民主党代表鸠山由纪夫表示：如果民主党执政，将推进取代靖国神社的新国立追悼设施的建设，鉴于天皇不能参拜靖国神社，希望建立国立追悼设施。同日，社民党发表了4年内兴建国立追悼设施的计划。《产经新闻》立即表明反对立场——“靖国神社是日本战死者慰灵的中心设施”，强调“替代设施不能慰灵”。[①] 著者认为，无论新建国立追悼设施还是改造千鸟渊无名战死者墓园，都不可能一蹴而就。不过，曾经导致日本外交孤立，严重恶化中

① 「8月15日の靖国、代替施設では慰霊できぬ」、『産経新聞』2009年8月16日网络版。

日和韩日关系的靖国神社问题，在“后小泉”时期不再成为日本与邻国关系中的“政治杠杆”则是不争的事实。但是，民主党政府若要为解决或促进解决靖国神社问题做出贡献则不得不面对各种难题。例如，自民党下野后，此前自民党内积极主张建立国立追悼设施的一派，可能出于自民党的利益采取为反对而反对的立场，形成自民党坚决反对民主党触动靖国神社的不利局面。又如，靖国神社及其支持者特别是日本遗族会可能继续反对民主党的相关设想。再如，受到民主党自身施政排序——经济高于政治、内政优先于外交、将兑现竞选公约作为头等大事的制约，所以，民主党执政固然是难得的机遇，但目前仍然难以将靖国神社问题提上政治日程。

近年来，靖国神社采取了不少粉饰其美化侵略历史罪行的祭祀政治的手法。如前所述，靖国神社在战后合祭了部分平民死者，但这与其祭祀侵略亡灵根本不能相提并论。靖国神社这样做丝毫不能改变靖国神社宣扬军国主义思想的祭祀政治的本质。靖国神社针对中韩民众极其关注日本首相等参拜问题，从 2006 年 5 月底开始在靖国神社范围向外国游人免费提供中韩英文的导游手册。导游手册由靖国神社的社务所发行，用一张纸折叠而成，在用中、韩、英三种文字标明的《靖国大百科》的醒目位置画上了一只和平鸽。导游手册的主要内容是说明“靖国神社众神之事”，其中罗列了具有代表性的日本平民为了“保卫家园”，“如军人般地奋战”因而成为“祭神”的许多事例，不但只字不提祭祀日本侵略其他国家的战争阵亡者，而且还在最后一句为远东国际军事法庭审判的日本战犯及参与战争的重要人物鸣冤叫屈，表明否定东京审判的真实意图：“另外，尚有在大东亚战争结束时，将战争责任归在一己之身而自尽者。以及在战后由联军（美国、英国、荷兰、中国等国）所主导的审判中，片面地被定罪为‘战争罪犯’，千数十余柱被残酷地结束生命……靖国神社称之为‘昭和殉难者’。”“靖国神社的众神为了日本的独立，为了永世和平，为了祖先留给我们的传统及历史能够代代流传而奋斗并且奉献了宝贵的生命。”除此之外，靖国神社还对“游就馆”内展示的部分内容进行了一些修饰，以此缓和来自美国政要和国际舆论的谴责。

2005年6月25日，靖国神社在“游就馆”旁边为远东国际军事法庭的成员、印度法官帕尔博士树立了一块“表彰碑”，以表彰帕尔在东京审判中“主张日本战犯全部无罪”。靖国神社宫司南部利昭在碑文中写道：“现在，大多数同盟国的复仇热与历史偏见渐渐平息，博士的裁决现在已经被文明世界与国际法学界承认为定论。”1946年远东国际军事法庭审判结束以后，日方曾于1952年、1953年、1966年共3次邀请帕尔访问日本，安排帕尔到日本各地进行演讲。其中，帕尔最后一次访日是1966年应岸信介首相的邀请，来日本出席“东京审判研究会”编写的《共同研究帕尔判决书》一书的发行仪式，帕尔在此次访问中还被岸信介政府授予“勋一等瑞宝勋章”。此外，日本还出版了3册“搭车”帕尔的主张、宣扬“日本无罪论”的书籍。靖国神社为帕尔树碑立传并非首创。1967年帕尔去世以后，日本平凡社的创始人、曾经两次邀请帕尔访日的下中弥三郎就在旅游胜地箱根的芦之湖畔树立了一块“下中弥三郎、帕尔博士纪念碑”，1975年，下中弥三郎又在箱根建成一座“帕尔—下中纪念馆”，1997年位于京都灵山的护国神社树立起第一块“帕尔表彰碑”。[①] 但是，帕尔实际上并非同情日本战犯否定东京审判。帕尔自称，“我不是日本的同情者，也不是反对者”，在提交法庭的意见书中，帕尔在谴责美国领导人的同时，也批评日本领导人“犯了错误”。“帕尔严厉批判日军犯下的南京大屠杀的罪行、日军在菲律宾的残暴罪行，只是认为证明政治领导人直接指示犯罪有困难，所以主张甲级战犯无罪”。帕尔在日本活动期间，时值日本政府积极推动重整军备，帕尔在讲演中批评日本重新武装，呼吁维护和平宪法。但是，日本媒体所报道的帕尔与战犯遗属的会面，以及帕尔安慰战犯遗属的话，则一律凸显帕尔肯定大东亚战争的色彩。[②] 显然，帕尔被日本否定战争责任及东京审判的右翼势力塑造成“亚洲人主张日本无罪”、“甲级战犯无罪”的偶像。附带指出，安倍首相继承外祖父岸信介的做法，2007年访问印度

① 「『日本無罪論』の源泉に」、『朝日新聞』2006年7月12日。

② 中島岳志「彼にとっては『日米同罪』」、「東京裁判パルの実像」、『朝日新聞』2006年7月12日。

期间专程前去拜访帕尔的后人，表达对帕尔的感谢之情，表明其否定远东国际军事法庭判决的政治姿态。然而，无论树碑立传欺骗宣传，还是修改粉饰，日本政要和靖国神社的这些活动都被日本国内外的民众视为欲盖弥彰，丝毫不能改变其美化日本军国主义发动侵略战争罪行的本质。

第十三章

新保守主义首相的“历史认识”与国际制约

纵观进入 21 世纪后日本历届新保守主义内阁首相的一贯政治立场与执政后的表现，不应将小泉、安倍、麻生三位首相的历史观相提并论，可以认为，他们基本上是出于国家战略的需要，站在现实主义的立场上处理靖国神社及其他历史认识问题。

第一节　“历史认识”导致东亚外交困境

小泉首相在竞选自民党总裁前热衷于邮政改革，对参拜靖国神社几乎没有热情可言，而且还反对派遣自卫队出国参加国际维和活动。经历 1995 年和 1998 年两次竞选自民党总裁的失败之后，为了夺取最高权力，小泉在 2001 年第三次竞选自民党总裁之际，顺应当时新老保守主义势力美化日本对外侵略历史、围剿“自虐”史观教科书的政治潮流，利用日本社会呈增长趋势的民族主义思潮，提出“重塑自民党”，推进“政府改革无禁区”，参拜靖国神社，修改宪法行使集体自卫权等激进口号，以全新的“鹰派”形象参加角逐并获得成功。就任之后，小泉首相在5年半的任期内，出于建立战时法律法规体系——“有事法制”的需要，刻意制造日本与东亚邻国之间的紧张关系，不顾中韩等国的强烈反对，不惜以恶化外交关系为代价，先后6次参拜靖国神社，彰显“不屈服中韩压力”的强硬姿态，争取右翼保守主义阵营的支持。

在内政优先于外交、以对美外交为首要的原则下，小泉首相出于政治需要参拜靖国神社，同时也在一定程度上采取了一些“平衡”的办法。例如，小泉首相上任后第一次参拜靖国神社选在2001年8月13日，这个日期接近但避开敏感的“8·15”战败日。10月8日，小泉首相来华进行为期一天的工作访问，一下飞机立即前往日军发动“7·7事变”进行全面侵华战争的地点——北京郊区的卢沟桥，在中国人民抗日战争纪念馆向大型浮雕“血肉长城”鞠躬、献花圈、默哀并参观展览。作为到此参观的第一位自民党首相小泉发表讲话说：“我对因那场侵略战争而牺牲的中国人民表示衷心的道歉。日本将正视和反省过去的历史，不再发动战争。”显然，小泉首相试图以此举“平衡”其参拜靖国神社造成的负面影响。然后，小泉首相飞抵韩国首尔访问，前去参观具有代表性的日本在朝鲜半岛殖民侵略的历史遗址——南大门监狱遗址纪念馆，再次通过“平衡”方式缓解韩国民众对其参拜靖国神社的不满情绪。又如，小泉首相精心选择参拜日期，以免招致民众批判其违反宪法的“政教合一”原则。小泉首相2002年4月21日的第2次参拜选择靖国神社每年例行春季大祭期间，以此满足神社本厅、日本遗族会以及日本军方、军需产业等各方面的要求。第5次参拜的时间是靖国神社每年例行秋季大祭期间，之所以选择2005年10月17日还有一个重要原因，日方一再要求中方2005年4月下旬在雅加达举行亚非峰会时，安排胡锦涛主席与小泉首相会晤，在此之后参拜不会影响实现会晤。小泉首相第3、4次参拜选取2003年的1月14日和2004年的元旦，连续两年早早完成参拜计划同样经过精心算计：2003年的5月31日胡锦涛主席出席俄罗斯圣彼得堡庆典，10月7日温家宝总理出席在印尼巴厘岛举行的东盟与中日韩的“10＋3”领导人会议，10月21日胡主席出席在泰国曼谷举办的APEC领导人非正式会议，2004年11月胡锦涛主席前往圣地亚哥出席亚太经合组织第12次领导人的非正式会议，小泉首相要与中国领导人会晤，参拜日期当然距离会晤越远越好。因反复参拜靖国神社导致中日高层互访中断之后，小泉首相在国际多边活动中与中国领导人会面成了他应对国内外谴责小泉政府“亚洲外交孤立”的唯一方法，他当然不愿失去这些难得的机会。中国领导人为改善中日关系付出了最大努力，胡主席和温总理在多次会晤中重申“以史为鉴，面向未来”，敦促小泉在历史问题上不要做伤害中国人民感情的事情，希望小泉首相以维护中日关系的大局为重。2003年10月20日，在曼谷出席APEC领导人非正式会议的胡锦涛主席会见小泉首相，一年后，胡主席又在参加APEC第12次领导人非正式会议后，于2004年11月21日晚在圣地亚哥下榻饭店会见小泉首相，明确指出目前两国政治关系困难的症结是日本领导人参拜靖国神社问题。小泉首相表示充分理解中方的立场。会晤后他对媒体表示，日本永远不会与中国发生战争，并且表示他对中日双边关系的现状“感到满意”。应日方一再要求，2005年4月23日，胡锦涛主席在雅加达出席亚非峰会时再次会见小泉首相，胡主席提出改善中日关系的五点主张：(1)要严格遵守中日之间签署的三个政治文件；(2)要切实坚持“以史为鉴、面向未来”；(3)要正确处理好台湾问题；(4)要坚持通过对话、平等协商，妥善处理中日之间的分歧；(5)要进一步加强双方在广泛领域的交流与合作，进一步加强民间友好往来，以增进相互了解，扩大共同利益，使中日关系健康稳定地向前发展。小泉首相表示，日方愿根据胡主席提出的五点主张的精神，积极推进日中友好合作关系。日本遵循日中三个政治文件确定的原则的立场没有任何变化。但是，小泉与胡主席会晤成功后，仍然以“个人心情”为由，于10月17日第5次参拜靖国神社。中国民众强烈谴责小泉一意孤行的做法，10月下旬，中方取消了日本外相町村信孝的访华计划，在11月中旬于韩国釜山举行的APEC领导人非正式会议、以及此后的国际多边会议期间，小泉首相失去了借多边会议平台粉饰日本东亚外交孤立的机会。12月15日，在吉隆坡举行的东亚峰会上，小泉首相为了摆脱窘境，抓住《东亚峰会吉隆坡宣言》签字仪式的机会，上演了一幕主动与温家宝总理搭讪的“借笔秀”，结果反被国内外媒体讥讽了一番。

2006年9月26日，小泉在卸任前的最后一个“8·15”战败日参拜靖国神社，向日本遗族会等兑现竞选承诺。卸任后，小泉议员继续参拜靖国神社，维护其“不屈服于外压”的“品牌形象”。事实证明，从小泉为竞选自民党总裁前往遗族会寻求支持，到卸任前兑现“8·15”参拜的竞选承诺，都是经过精心算计的战略性安排。小泉首相反复参拜靖国神社完全是出于政治需要，确切说是出于新保守主义国家战略的需要。小泉首相在处理中日关系中一再使用他所擅长的政治“平衡术”，这种拙劣的表演导致中方对其政治立场的信任荡然无存。必须指出，小泉内阁执政时期，中日政治关系急剧恶化，参拜靖国神社并不是唯一的原因。小泉内阁在台湾问题、钓鱼岛的“日本国有化”问题、文科省审定美化日本侵略历史的右翼学术团体“新历史教科书编撰会”制作的右翼教科书“合格”等诸多问题上，挑战中日关系的政治基础和中国的核心利益，是将中日关系推入谷底的决定性因素。其间，中国民众为反对日本争取担任联合国的常任理事国举行示威游行，日本右翼冲撞中国驻日使领馆等事件，对两国民众之间的感情造成很大的负面影响。当然，也应该看到“政冷经热”时期中日经贸关系稳步发展造福双方的事实。小泉首相不止一次地说过，中国经济的发展对日本不是威胁而是机遇，此后历任日本首相都继承了这一现实主义的判断，这也是应该予以肯定的。

与小泉相比，一贯坚持美化侵略历史、对中朝韩强硬、争取右翼势力支持的新保守主义翘楚——年仅43岁的安倍晋三，可以说是不折不扣的自民党右翼和少壮“鹰派”。在靖国神社和否定远东国际军事法庭的审判、支持右翼学术团体编写美化日本侵略历史的教科书等方面，安倍一直是自民党内以美化日本过去的侵略历史为宗旨的新老保守主义议员团体的骨干，尤其是新保守主义少壮派议员的领军人物。安倍与小泉的“历史认识”并不相同。第一，安倍是在靖国神社问题上倡导以强行突破方式摆脱困境的“希望和平思考真正的国家利益、支持参拜靖国神社年轻议员之会”的领军者，主张以首相连续参拜靖国神社达到邻国接受既成事实的目的。安倍在2001年8月的讲演中强调：“重要的是连续几年进行参拜”，2004年安倍担任自民党代理干事长时，也曾为小泉首相反复参拜靖国神社加油助威，支持安倍的右翼阵营自然期待安倍就任首相后继续参拜靖国神社。自民党原干事长加藤纮一评论说，安倍基本不承认远东国际军事法庭的东京审判，“其靖国神社观比小泉还要苛刻”。第二，在甲级战犯问题上，小泉首相断言甲级战犯是“战争罪犯”，而安倍出于与外祖父岸信介——免于公诉的甲级战犯嫌疑人——的关系，在国会答辩时声称“他们在日本不是罪人”，不承认日本国内将甲级战犯作为“罪人”对待。第三，关于日本的战争责任问题，小泉首相反复讲“不要再次发动战争”，强调“不战誓言”。安倍首相不但从未讲过这些话，而且经常为回避战争责任问题而“保留判断”。这是因为安倍一贯积极推进“行使集体自卫权”和部分行使“交战权”，扩大日本自卫队的活动空间，实现日本防卫战略自立，唯恐强调“不再进行战争”与其历来的立场相悖。2006年“8·15”战败日，安倍会见记者说：“战争的领导者们有最重的责任是个事实。（战争责任）不是历史学家判断的事情吗?”①

与每年参拜靖国神社的小泉首相相比，安倍晋三担任首相一年间不去参拜，可以说是违背其一贯的政治信仰的战术转变，同样也是出于构筑“后战后”国家体制的战略安排。鉴于小泉首相反复参拜严重恶化日本与邻国的关系，遭到国内外舆论批评陷入孤立的前车之鉴，安倍首相没有明确表示是否参拜靖国神社，2007年4月在靖国神社举行春季大祭时，采取自费供奉杨桐盆栽的替代办法。5月8日媒体公布此事后，安倍首相仍然态度暧昧：“我说过了，既不肯定也不否定。”早在20多年以前，中曾根康弘首相就供奉过一株杨桐盆栽，1985年秋季大祭以后，中曾根首相停止供奉杨桐，靖国神社曾向中曾根进行试探，遭到拒绝后不再提起此事。安倍首相时隔22年供奉杨桐受到靖国神社的高度评价：小泉前首相供奉“招魂祭”的灯笼，安倍首相供奉杨桐，“同样是供奉，但宗教意义完全不同。（安倍首相）是以供奉玉串同样的心情供奉的宗教行为。”支持首相参拜的右翼阵营则对安倍首相寄予更大的

① 「『あいまい戦術』の安倍氏、靖国が重責に」、asahi. com《朝日新闻》网络版2006年8月16日。

期待，认为此举是“迈向参拜的一步”。民主党干事长鸠山由纪夫批评说，安倍首相一面声称“私人参拜”，一面登记首相职务“互相矛盾”。日本茨城大学名誉教授大江志乃夫指出：从战前的靖国神社誌来看，供奉杨桐是天皇的特权，比玉串费更重要，可以说是与公务参拜同样的行为，从“政教分离”的观点看存在问题。而国学院大学教授大原康男却以过去的法院判例为依据认为没有问题。① 安倍内阁执政期间，右翼团体“日本会议”的若干成员曾与各位内阁成员的事务所联系，要求大臣们参拜，但在“8·15”参拜靖国神社的内阁成员只有内阁府特命冲绳担当大臣高市早苗一人。② 安倍首相以现实主义态度处理靖国神社问题，为中日关系“破冰”付出了努力。

第二节　“西方”反击“历史修正主义”

自 2005 年 11 月小泉首相在日美首脑会谈中强调其参拜靖国神社的理由之后，布什政府对其继续参拜靖国神社不再发表批评意见，将下任日本内阁作为敲打对象。2006 年 9 月进入小泉首相交接权力的关键时期以后，9 月 14 日，美国众议院国际关系委员会围绕日本的“历史认识”与美国的利害关系——小泉首相参拜靖国神社等历史问题造成与邻国关系紧张、对美国利益产生何种影响等等，举行了一次听证会：“日本与邻国的关系：回到未来”。迈克尔·格林、科特·坎贝尔等参与美国对日决策的权威人士出席听证会作证。此前一天，9 月 13 日，美国众议院外交委员会通过了由 55 位超党派议员联名提出的要求日本承认历史责任的“随军慰安妇议案”。接下来，美国市民团体积极推动在美

① 「靖国神社：首相の例大祭供物問題、論争再燃が必至」、『毎日新聞』2007 年 5 月 8 日。

② 「靖国参拝：焦点は秋季例大祭、首相、難しい判断迫られる」、『毎日新聞』2007 年 8 月 15 日。

国众议院的国际关系委员会、特别是众议院全体大会上通过要求日本政府正式道歉的议案，日本政府也对美国议会加强巡访和游说活动。日本驻美大使馆不惜重金聘请“超级说客”——1994年前担任众院共和党领袖的鲍勃·迈克尔为阻止众院全体会议表决通过这项议案展开巧妙的游说活动。2006年10月，美国众议院国际关系委员会也通过了谴责日本的议案，指出“慰安妇的悲剧是20世纪最大的人身买卖”。10月16日，日本发行量最大的《读卖新闻》发表社论呼吁：“日本政府必须严正反驳”所谓的慰安妇决议，安倍政府当然没有必要继承“误认的事实”、“甚至捏造历史的河野讲话”。①

安倍首相虽然以不表明是否参拜靖国神社的暧昧姿态绕过“靖国神社困境”，但却陷入了“日军慰安妇困境”。时任日本众议院议长的河野洋平在1993年担任宫泽内阁官房长官时曾承认，日本军队参与过强迫妇女加入日军慰安所的活动，此前，人们对日本政府在美国国家档案馆的二战文献进行了为期两年的调查，并走访了当年的慰安妇和日本老兵。因此，日本政府认定，日军当时“直接或间接”地参与了前线慰安所的建立与经营，以及运送慰安妇的活动。② 安倍首相上台之前，曾在1997年5月25日召开的众议院决算委员会的分科会上宣称：“没有证实（慰安妇问题的）强制性的文件。存在着很大的问题点，河野讲话的前提在相当程度上崩溃了。”此外，安倍还对媒体报道慰安妇问题施加压力。据日本媒体报道，2001年1月，时任内阁副官房长官的安倍晋三和自民党政调会长中川昭一，认为日本广播协会（NHK）制作专题片的原版内容——2000年12月“日本军队性奴役罪行妇女国际战犯法庭”在东京举行的“模拟审判”的影像资料——“存在偏向”，要求NHK“以中立立场”对模拟审判进行报道，致使NHK于2001年1月30日播出专题片时，将原始版本删减了4分钟，被删去的内容包括当

---

① 【『慰安婦』決議案】、「日本政府はきちんと反論せよ」、『読売新聞』社説(2) 2006年10月16日。

② “安倍晋三考虑重新调查慰安妇问题”，《日本时报》网站2007年3月8日。

年日本老兵的证词、对裕仁天皇犯下反人道罪的“有罪”裁决和“战争与对妇女的暴力网络”（VAWW－NET）[①] 的名称等。[②] 国际非政府组织“战争与对妇女的暴力网络”作为在东京举行“日本军队性奴役罪行妇女国际战犯法庭”的“模拟审判”的召集者，以对其造成“道义损害”为由起诉参与删改原版重要内容的 NHK 和两家节目制作公司。2006 年 9 月安倍担任首相后，在慰安妇问题上采取现实主义策略，10 月 3 日在众议院全体大会上回答质询说：“关于所谓的随军慰安妇问题，政府的基本立场是继承河野讲话。”然而，内阁官房副长官下村博文却在 10 月 25 日发表讲演称：“我个人认为，河野讲话、随军慰安妇问题应该再研究一点事实。”究其原因，安倍内阁一向争取右翼势力的政治支持，并未采取体现重视美方意图的行动，而是企图用“内外有别”兼顾国内右翼势力与国外批评的“双重态度”来处理历史问题。

2007 年 1 月 21 日，来自日本、韩国、朝鲜、菲律宾、荷兰等国家和地区的社工人员的代表聚集中国台湾地区，讨论 2007 年开展联合行动及实现日本战争赔偿的策略，并且针对日本政府当年准备在联合国安理会再次争取常任理事国席位一事讨论抵制对策，“由于各方代表皆认为，若让日本登上常任理事国席位，将是联合国的耻辱”——“台湾妇女救援社会福利事业基金会国际事务部”主任赖采儿提出：台湾目前仅有 27 位慰安妇幸存者，各方仍会继续努力直到日本政府对受害人谢罪赔偿为止。[③] 1 月 29 日，东京高等法院裁决 NHK 和两家节目制作公司故意删改“日本军队性奴役罪行妇女国际战犯法庭”的“模拟审判”原

---

① 1997 年秋东京召开“战争与对妇女的暴行国际研讨会”，来自 20 个国家的 40 余名人士与会，成立“战争与对妇女的暴力网络”（VAWW－. NET），主要针对历史及现在的战时性暴力问题开展跨国联合行动。1998 年，日本有识之士以召集此次会议的日本执委会为中心成立民间团体“战争与对妇女的暴力网络－日本”（VAWW－. NETJAPAN），时任代表为西野瑠美子和中原道子。http：//www1. jca. apc. org/vaww－net－japan/aboutus/index. html。

② “迫于安倍压力删改‘慰安妇’节目，NHK 被日本法院责令赔偿，”法新社 2007 年 1 月 29 日电。“删改‘慰安妇’节目 NHK 败诉，”新华网，2007 年 1 月 31 日电。

③ “慰安妇问题国际会议在台北举行”，中央社，台北，2007 年 1 月 21 日电。

始版本对后者构成“道义损害”，责令 NHK 赔偿“战争与对妇女的暴力网络”200 万日元，[①] 安倍首相上台前向 NHK 施加压力一事再次引起世人关注。1 月 31 日，日裔美国众议员迈克·本田等 5 位民主党国会议员和史密斯等 2 位共和党议员联名向众议院提交《随军慰安妇决议案》。2 月，作为本田提出慰安妇议案的一个环节，众议院国际关系委员会亚太环境小组请来 3 位原日军慰安妇受害人，举行了有史以来的首次“慰安妇听证会”。美国众议院的慰安妇议案一时成为日本国会讨论的焦点。虽然安倍首相表明继承 1993 年河野洋平官房长官讲话的立场，但日本政府和自民党内否定河野讲话的右翼力量却以美国众议院慰安妇议案为导火索公开表示反对。2 月 14 日，自民党“思考日本前途与历史教育国会议员之会”召开会议，要求修改“河野讲话”，首相辅佐官山谷惠理子出席会议。2 月 16 日，民主党干事长鸠山由纪夫批评说：“如果首相继承（河野）讲话，首相辅佐官山谷惠理子就不应出席自民党要求修改（河野讲话）的会议。”2 月 19 日，在日本众议院预算委员会上，一贯反对河野讲话的自民党议员稻田朋美就美国众议院提出的慰安妇决议案提出质询，安倍内阁外相麻生太郎回答说：“决议案没有根据客观事实，也没有以日本政府采取的措施为依据，是极其遗憾的。”[②] 来自党内的反对使安倍首相“内外有别”的“现实主义应对”策略受到越来越多的质疑。安倍和盐崎恭久官房长官迄今一直以“这是政治家的判断”为由默认这些动向。从 2 月 19 日安倍首相回答记者提问的内容——“我的想法在国会讲过了。美国议案‘重要的还是根据客观事实’”[③] ——不难看出，安倍首相及其亲信、志同道合者分别扮演不同的角色，以满足各方面的政治需要。安倍首相还紧急派遣首相辅佐官世

① “迫于安倍压力删改‘慰安妇’节目，NHK 被日本法院责令赔偿，”法新社 2007 年 1 月 29 日电。“删改‘慰安妇’节目 NHK 败诉，”新华网，2007 年 1 月 31 日电。

② 「従軍慰安婦問題：米決議案、ソフト外交に試練、『河野談話』見直し論再燃も」、『毎日新聞』2007 年 2 月 20 日。

③ 「従軍慰安婦問題：問われる首相のソフト路線、米下院決議案」、『毎日新聞』2007 年 2 月 19 日。

耕弘成、小池百合子赴美巡访宣传，会见美国政要，日本驻美大使也为阻止决议案通过众议院表决积极展开活动。

为了清除影响日本形象的不利因素，反击那些谴责日本、维护遭受日本侵略和奴役的战争受害者权益的美国民间团体，2007 年 3 月 1 日，安倍首相对提交美国众议院的议案要求日本在慰安妇问题上“正式承认、道歉并承担历史责任”一事作出回应：“没有证据证明在慰安妇问题上存在强迫行为。”结果，第二天，在日本访问的美国副国务卿内格罗蓬特就公开表示，征召慰安妇应受到最强烈的谴责，无论日本打算用什么手段掩盖二战期间所发生的事情，美国都不会予以配合。在此情形下，3 月 5 日，安倍首相在参议院预算委员会的答辩中重申承认“河野讲话”，但同时又表示，当时“官厅（警察等）没有进入（受害者）家中带走人，美国众议院的议案没有根据客观的事实”。

从 2007 年 3 月开始，中韩等国的媒体集中报道日本政府在慰安妇问题上的态度，日美两国媒体之间展开舆论战。《读卖新闻》3 月 7 日发表社论，指责提交美国众议院的决议案认定日军有组织地“猎取慰安妇”“充满曲解”，无论日本政府的调查还是历史学家的认识，“都没有发现类似的事实”。《产经新闻》也在当天发表社论，攻击中韩等国的批评“损害了日本的国际形象”。同一天，共同社报道说，据“多位政府和执政党人士透露”，安倍首相表示要围绕二战中从朝鲜半岛强征日军慰安妇问题重新进行调查，承认日军强征慰安妇是 1993 年河野洋平官房长官讲话的前提，“由于出现了新的资料和证言”，因此政府和执政党倾向于认为有必要对“强征”问题再次进行查证。现已制定了委托历史学家组成“有识之士的机构”重新进行调查的方案。自民党国会议员团体“思考日本前途与历史教育之会”决定于 3 月 9 日向首相官邸提交要求重新调查的建议，“目的是要‘制造修改河野讲话的氛围’”。① 民主党干事长鸠山由纪夫立即发出呼吁：“日本必须有勇气面对事实，日本作为加害方制造了巨大的苦难。”“安倍正在露出他的真面目，把日本引向一个危险的方向”，鸠山与其他反对党议员呼吁安倍首相明确承认慰

---

① 共同社东京 2007 年 3 月 8 日电。

安妇事实，并向受害方道歉。朝鲜也在3月7日加入了批评日本的行列，朝鲜外务省发言人说：这是日本“复活军国主义的表现”。3月8日，美联社发自东京的报道说，安倍内阁官房长官盐崎恭久表示，美国媒体歪曲了日本对待二战期间强迫妇女在前线充当慰安妇这个问题的立场，东京很快将对这些报道予以驳斥。“我们正在考虑采取恰当的措施，对没有基于事实或错误理解的报道和评论予以驳斥。”[①] 美国《纽约时报》在3月8日发表题为“拒绝道歉让慰安妇再次受伤”的文章，采访来自不同地区的慰安妇受害者，批判安倍首相的上述讲话“再次揭开了原慰安妇的伤口。”《国际先驱论坛报》也在当日发表了采访原慰安妇的文章，许多媒体借此机会向读者讲述日本政客不愿提及的日军性奴隶的历史事实，揭露被强征的慰安妇的惨痛经历。韩国联合通讯社当日发表题为“安倍是要存心歪曲历史?”的评论，指出安倍企图否认1993年的河野讲话的“不良企图”。更多的美国及欧洲的媒体谴责日本政府：美国《西雅图时报》发表了“安倍让自豪的日本民族蒙羞”的文章；《洛山矶时报》指出“这是日本躲不过去的耻辱”；德国《柏林日报》的标题是“不可教诲的首相”；瑞士伯尔尼报业网站的文章题为“安倍站在战争的脚上对待历史”；路透社分析说，安倍的企图是在支持率下跌的情况下获得保守派更大的支持，正在摸索“回归鹰派”，以迎接7月到来的参议院选举；就连原本不大关注日本问题的爱尔兰、罗马尼亚、卡塔尔、格鲁吉亚和南非的媒体也刊载了批评日本政府的报道。[②] 3月9日，美国驻日大使希弗会见日本记者传递这样的信息：“（安倍）首相表明继承河野讲话是向前看的，不应该给人以倒退的印象。”在强大的国际压力之下，安倍首相于3月11日通过日本广播协会电视台（NHK）表态说：“向蒙受心理创伤、饱经风霜的各位慰安妇表示由衷的道歉。”3月13日，“思考日本前途与历史教育国会议员之会”的会长、原文部科学相中山成彬与内阁官房副长官下村博文在自民党本部会谈，一致同意停止关于重新调查所谓随军慰安妇问题的讨论，当前不再进行调查。

① 美联社东京2007年3月8日电。

② “日本右翼和世界对着干”，《环球时报》，2007年3月9日。

据报道，这个议员团体建议首相官邸对“河野讲话”进行重新调查，并认为官邸接受了建议，但官邸方面却主张“(自民）党说要调查”，双方互相推诿，最后，在自民党政调会长中川昭一的调解下达成一致意见。[①] 3月15日《产经新闻》，载文诬蔑提出慰安妇决议案的本田议员说：“美紧咬慰安妇问题，众议员曾接受华裔人士大量捐款。”[②] 同日，河野洋平在国会内对记者谈到自民党内出现修改自己1993年讲话的动向时表示：“讲话是我用信念发表的，希望继承下去。”[③] 3月24日，美国《华盛顿邮报》继续批评安倍首相“胡说八道”，两天后，安倍不得不在参议院预算委员会上表示：“继承河野讲话。今天，我在此作为首相（向各位慰安妇）表示道歉。”事实证明，安倍首相否认日军征集慰安妇的强制性企图开脱罪责的做法，不仅遭到美国主流媒体的抨击，而且其多方游说的“灭火”措施，也没有扭转美国国会的立场，日本媒体坦言，昔日袒护日本的美国“知日派”一齐加入敲打日本的行列，就连美国驻日大使希弗也没有对安倍首相表示同情。不过，安倍首相道歉后，以“少壮派保守议员代表”自居的内阁官房副长官下村博文再次向记者强调：“军方没有直接参与”强行带走慰安妇问题，竭力抵消安倍首相的表态。安倍首相一方面需要安抚国内一向支持他的右翼力量，这部分势力对安倍上台后避谈修改河野讲话非常不满，因此安倍不能全面否定下村博文的表态；另一方面，安倍又不能不考虑美国议会和国际舆论的强烈谴责，用“内外有别”的手法处理历史认识问题，结果进一步恶化了日本的国际形象。

安倍首相预定2007年4月下旬访问美国与布什总统会晤。为了帮助即将访美的安倍摆脱窘境，3月26日安倍首相在参议院预算委员会道歉后翌日，美国国务院副发言人凯希就向媒体表示肯定首相的道歉，

---

① 「慰安婦問題：当面は再調査せず、首相官邸と議連が一致」、『毎日新聞』2007年3月13日。

② “美紧咬慰安妇问题，众议员曾接受华裔人士大量捐款”，《产经新闻》2007年3月15日。

③ 「慰安婦問題：河野衆院議長『談話は信念をもって発表』」、『毎日新聞』2007年3月15日。

“重要的是日本政府继续在这个问题上努力”。[①] 这个表态意味着美国官方为日美两国针锋相对的舆论战鸣金收兵。4月间，美国众议院内支持本田等人《随军慰安妇决议案》的议员从1月底提交议案时的5人增加到77人。以亚裔美国人为主的民间团体也没有放弃要求日本正式道歉和赔偿受害者的活动。4月3日，韩国“开放的国民党”和民主党、大国家党等所属的47名国会议员，针对安倍首相否认强征日军“慰安妇”的发言，联名向日本发出公开信要求道歉。[②] 安倍首相迫于多方压力，于4月3日晚致电布什总统解释说，自己在慰安妇问题上的“真实想法和发言”没有被“正确报道”，他无意改变日本政府的一贯立场，并说他已经对原慰安妇表示道歉。访美期间，尽管安倍首相再次就此表达道歉之意，美国民间团体仍在《华盛顿邮报》上发表驳斥声明，谴责日军强征中韩等国妇女，要求日本政府正式对原慰安妇道歉。日本右翼势力对此组织反击，6月14日，樱井良子等人在美国《华盛顿邮报》上刊载整版声明，称“没有发现明确显示女性被日军强迫卖淫的历史资料”，有29名自民党国会议员、13名民主党议员、一些记者和“政治评论员”在声明上联名表示赞同。[③] 然而，日本右翼力量的嚣张举动反而引起美方更为强烈的反感，美国民主党人加里·阿克曼反驳说：“慰安妇不愿参与合法卖淫……正如犹太人不愿被送到集中营。”[④] 6月26日，美众议院外交委员会以39票赞成、2票反对表决通过谴责日军二战期间强征慰安妇的议案，要求日本政府以正式、明确的方式承认“慰安妇问题”、进行道歉并承担相应的历史责任。外委会主席汤姆·兰托斯说：东京拒绝正式向原慰安妇道歉令人不安，“战后德国作出了正确的选择，

---

① 「従軍慰安婦問題：官邸に乱れ・批判やまず、首相訪米の際、難題にも」、『毎日新聞』2007年3月29日。

② 韩联社首尔2007年4月3日电。

③ “日本部分人员无视史实，美报刊登广告否定征慰安妇”，中新网，华盛顿，2007年6月14日电。

④ “美国议员吉田激起东京的焦虑”，法新社华盛顿2007年6月26日电。

相反，日本却竭力鼓吹忘掉历史”。[①] 安倍首相对此没有发表评论，仅向记者表示，“坚信日美关系仍然不可动摇”。[②] 6月27日，“代表维护性奴隶受害者权益”的44位日本律师在东京提交了一封写给安倍首相的信，要求采取新的法律措施解决慰安妇问题。至7月19日，有164位美国众议员决定联署即将提交众议院全体会议表决的慰安妇议案，7月30日，美国众议院全体会议通过要求日本政府对二战慰安妇正式道歉的决议。此后，11月8日、11月28日，荷兰众议院、加拿大众议院分别通过要求日本向慰安妇道歉的议案。欧洲议会也在酝酿通过类似的议案。日本外务省急忙通过驻欧洲的日本政府代表部、欧洲议会的所在地法国斯特拉斯堡的日本总领事馆等机构，向欧洲议会的议员展开游说活动，呼吁他们“正确理解慰安妇问题”，全力阻止议案通过。[③] 然而，事与愿违，日本的努力终归徒劳，12月13日，欧洲议会各政治党团代表对“慰安妇”决议案审议后，以54票赞成、0票反对和3票弃权的结果表决通过这项决议，敦促日本政府尽快负起历史、法律和政治责任，正式向被强征为慰安妇的妇女及其家属道歉并给予经济赔偿，决议批评近年来一些日本政客企图淡化和否认有关日本在慰安妇问题上负有责任的1993年的“河野讲话”和1995年的“村山讲话”，同时要求日本政府扭转日本学校教育淡化慰安妇问题的倾向。[④] 在日本社会横行多年的历史修止主义遭遇“西方”国家的无情敲打，巨大的国际道义压力终于使日本的新老保守主义者意识到否定历史事实邪不压正，只能落得“四面楚歌”的境地。此后，日本右翼力量在维护日美同盟、加强日美安全合作应对朝核问题的理由之下，在为日军慰安妇这一人道主义罪行

---

① “美国众议院一委员会通过一项决议，谴责日本在上世纪对妇女进行性奴役”，韩联社华盛顿2007年6月27日电。

② “美国一些议员通过了敦促日本就二战期间日军征用性奴隶正式道歉的决议”，美联社华盛顿2007年6月27日电。

③ 「欧州の『慰安婦』謝罪決議、政府は警戒強める」、『読売新聞』2007年12月8日。

④ “欧洲议会通过决议案要求日本就‘慰安妇’问题道歉”，新华网布鲁塞尔2007年12月13日电。

翻案问题上有所收敛。

但是，日本右翼力量并不甘心，2007年4月25日，无党派众议员西村真悟就南京大屠杀问题在国会向安倍首相提出质询，刚刚经历“慰安妇困境”的安倍首相十分慎重地决定召开内阁会议以书面方式回答质询——承认日军在1937年底进入中国南京城后，曾经杀害非战斗人员及进行掠夺等行为，但称日军杀害的人数难以断定。[①] 6月13日，部分国会议员成立超党派议员联盟，要求中国各地“抗日战争纪念馆”撤下“不合理的照片”。这一议员团体由脱离自民党的前经济产业相平沼赳夫担任会长，自民党前外相町村信孝、政调会长中川昭一、国民新党的代表龟井静香等人担任顾问。[②] 2007年适逢日军占领南京并进行大屠杀70周年，各国都以此事件为题材拍摄影片。因此，“思考日本前途与历史教育国会议员之会”在掀起否定河野讲话政治风波的同时，还声称为阻止“日本不承认的内容在世界上传播”，将讨论有关调查南京大屠杀事件的历史真相问题，并预定于4月公布调查报告。[③] 在日本军方的协助下，几部颂扬二战中进行自杀性攻击的日本军人的电影也在紧锣密鼓地拍摄当中，其中赞扬“神风敢死队”的《我正是为你而死》一片由东京都知事石原慎太郎担任编剧。[④] 这些动向表明，安倍首相用双重态度应对历史问题的现实主义策略，无论在新保守主义群体内部，还是在右翼阵营中都受到较大的牵制，给国际社会留下了强烈的负面印象。

麻生太郎在担任首相以前，与中川昭一和安倍晋三等人同为新保守主义群体的核心人物，并且担任了“日本会议国会议员恳谈会”的第二任会长。2001年5月末，在日本民众团体反对学校选用新历史教科书

---

① “安倍政府承认存在南京大屠杀”，中央社东京2007年4月24日电。

② “日部分议员成立联盟要求中国撤‘反日’照片”，共同社东京2007年6月13日电。

③ “日‘历史调查会’企图否认南京大屠杀”，中央社东京2007年2月9日电。

④ “日本电影表现对神风敢死队员‘勇气’的怀念”，英国《每日电讯报》2007年2月26日。

编撰会的右翼教科书的活动进入白热化阶段，麻生以自民党中央本部政调会长的名义向全国都道府县的自民党本部发出通知，谴责市民从事“干预政治的不正当”活动，指示各地自民党本部进行“监视”，在支援右翼学术团体编撰会的活动中扮演了重要角色。二战期间，麻生太郎的父亲麻生太贺吉在福冈县经营吉隈煤矿，“因其残酷对待战俘而臭名昭著”。吉隈煤矿共奴役了 300 名盟国战俘和上万名朝鲜人。[①] 这些来自英国、澳大利亚等国的强制劳工的幸存者及死亡者家属，至今仍在要求道歉和赔偿。麻生为维护家族的声誉多次发表否定历史事实的言论，甚至出尔反尔，取消接见曾被迫在其家族煤矿服苦役的受害者遗属。麻生担任小泉内阁外相期间，曾经计划于 2006 年 7 月 3 日在大阪的一座寺庙举行悼念 1000 名盟军战犯亡灵的活动，邀请美国、英国、荷兰、澳大利亚和加拿大 5 国驻日大使参加，尽管曾经寄存在这座寺庙中的盟军战俘的遗体早在 60 年前已经移走。人们普遍认为，麻生邀请各国大使参加上述活动是企图缓和对日本政府因拒不全面承认战争罪行而招致众多指责的局面。然而，美国和荷兰大使告知麻生，他们不能参加悼念活动，英、澳、加驻日大使则没有明确答复。澳大利亚的战俘组织反应激烈，指责麻生外相企图利用这次机会作秀，迄今为止，从未有过一位内阁成员从东京经过 3 小时的路程前来悼念过。结果，麻生迫于战俘组织的压力于 6 月底突然取消了邀请，收回已发给 5 国使馆的邀请函，声称麻生太郎将以“私人身份”进行悼念。麻生外相的悼念活动不仅出于担心其家族在战争期间的所作所为可能引发人们调查，而且还试图通过这一活动缓解因小泉每年参拜靖国神社引起的各国的不满情绪，遗憾的是，“一个获得国际社会理解和原谅的激动时刻”并未到来，未能上演的“悼念秀”最终成为“一场闹剧”。[②] 澳大利亚广播公司网站 6 月 30 日报道说，此前，麻生从未出席过每年 8 月为 1000 名盟军战俘举办的

① “取消接见家族煤矿战俘苦工及亲属，麻生出尔反尔拒绝道歉”，英国《每日电讯报》网站 2009 年 6 月 19 日报道，新加坡《联合早报》网站 2009 年 6 月 21 日报道。

② “盟国大使拒绝参加悼念活动”，英国《泰晤士报》网站 2006 年 7 月 1 日载文；澳大利亚《悉尼先驱晨报》2006 年 7 月 1 日报道。

悼念活动。现在，麻生正觊觎日本下任首相之位，但他为此所作的努力却因有消息说其家族的公司曾在自己的煤矿中奴役过包括澳大利亚人在内的盟军战俘而受到严重影响。不仅如此，麻生外相在小泉和安倍内阁任职时期，不但指责中国反对小泉参拜靖国神社的效果“只能是适得其反”，而且还坚决支持李登辉赴日活动，美化日本对台湾殖民统治的历史，声称“台湾的教育得益于日本殖民统治”，极力推行打造“自由与繁荣之弧”的“价值观外交”，鼓吹中国对日本构成“相当大的威胁”等等，在处理中日之间的矛盾上彰显“鹰派”形象。由于麻生在中国民众中的形象不佳，大部分中国媒体对麻生上台可能导致中日关系倒退表示担忧。著者在接受京沪港三地媒体采访时再三指出，麻生首相会以现实主义的态度处理中日关系中的敏感问题，同为新保守主义者、比麻生更“右”、更“鹰派”的安倍晋三担任首相后的表现就是最好的证明。事实证实了著者的判断。

2008年9月麻生担任首相后，同样不明确表态是否参拜靖国神社，当年10月靖国神社举行秋季大祭活动时，麻生以内阁总理大臣的名义自费供奉杨桐盆栽。10月15日，麻生首相在参议院预算委员会回答社民党党首福岛瑞穗的质询时表示：“政府的基本立场是现在也沿袭（河野）讲话”。10月25日，麻生首相出席第七届亚欧首脑会议期间接受中国中央电视台的采访，表示他和其内阁将延续村山讲话的立场，对日本的殖民统治和侵略表示深刻的反省和由衷的歉意，强调中日两国的“共同利益”，称“真正目标是日中共同繁荣。”据报道，日本官方人士曾向中国表示：“虽然首相无法承诺不去参拜靖国神社，但通过不断的互访，就不想去参拜了。”自卫队的高级将领、担任航空幕僚长（空军总参谋长）的田母神俊雄在征文活动中发表美化侵略战争和主张摆脱宪法第九条限制的论文一事曝光后，2008年10月31日，麻生政府对其采取了撤职措施，11月11日，麻生首相还针对毫无反省之意的田母神俊雄指出：“谁都有言论自由。但在文官节制的日本，作为身居航空幕僚长要职的人，他的发言是不合适的。”防卫相滨田靖一也在国会强调：自卫队在历史和修宪等问题上“应该立场明确，不允许有双重标准”。不但如此，11月13日防卫省还采取了修改统合幕僚学校（陆海空三军参谋学院）的历史教育内容及讲师人选的措施，因为田母神俊雄担任校长期间开设了“历史观与国家观”科目，并任用两名“新历史教科书编撰会”的成员担任讲师。麻生内阁在上述历史认识问题上慎重行事，基本没有在中日及韩日之间引起较大的外交风波。尽管如此，《朝日新闻》社在麻生上台40天后进行的民意调查表明，内阁支持率下降至41%，超过37%的支持者。2009年4月21日，麻生访华一周前再次自费支付5万日元向靖国神社供奉杨桐盆栽，这种行为显然是对中国民众欠缺最起码的尊重，伤害了中国人民的感情。4月29日，温总理在与来访的麻生首相会谈时首先提到，历史问题十分敏感，牵动国民感情，希望日方恪守承诺，妥善处理。据媒体报道，麻生首相感到中方的反应“过于严厉”，对其接待的规格也远远不如福田首相的访华之旅。[①] 事实表明，麻生作为日本最高领导人对中日关系中的敏感问题仍然认识不足。

安倍和麻生首相用供奉祭品代替参拜的做法，虽然体现日本领导人在一定程度上重视中日关系，但无论参拜还是供奉，其祭祀侵略战争亡灵的性质并无本质区别。冷战结束后，自1992年宫泽内阁的12名成员在“8·15”参拜靖国神社后，在战败日参拜的内阁成员逐年减少。2009年8月30日众议院大选投票在即，麻生内阁中只有“消费者行政担当相”野田圣子一人在“8·15”前去参拜，麻生首相及其他内阁成员皆采取回避态度。野田圣子虽然得到《产经新闻》的喝彩，但却没有赢得多数选民的支持而落选。

综观小泉、安倍、麻生三届新保守主义政府在靖国神社问题上的表现，可以认为，首相是否参拜靖国神社完全出于政治需要，出于运作政权的战术需要或者出于转变、调整国家战略的需要。2001年以来，在四任自民党内阁中，只有稳健的保守主义政治家福田康夫首相是个例外，无论出于哪方面的原因都没有去参拜或供奉祭品，为中国国家元首

① “温家宝为何要在首脑会谈中谈靖国神社问题?”［日］《东洋经济周刊》2009年5月23日。

时隔10年访问日本营造了有利的政治氛围。2008年5月，胡锦涛主席与福田康夫首相在东京签署中日关系中的第四个政治文件《中日关于全面推进战略互惠关系的联合声明》，中日两国首脑在“破冰”、“融冰”、“迎春”、“暖春”的四次互访活动的基础上，为扩大两国的双赢合作达成了新的共识。

第十四章

“行使集体自卫权”的战略抉择

考察新保守主义鼻祖中曾根康弘的从政足迹，可见其关于日美安保体制、发展日本自主防卫力量以及修改宪法第九条的政治主张随着国内外形势的发展不断深化，但却迂回曲折。一方面，中曾根出于一贯的政治立场在50年代提出“培养独立自主的国民精神”，60年代主张“靠自己力量确保”安全保障，70年代强调“以日美安全保障体制作补充”，80年代推行“建立和充实高质量的防卫力量”，重建战后国家安全体制，自主发展日本防卫力量的政策主张不断深化。另一方面，中曾根出任防卫厅长官和担任内阁首相期间，关于日美安保体制的上述主张转变为“维护日美安全保障体制”，“维护宪法”。卸任以后，中曾根在90年代重新提倡构筑日本新安全战略，修改限制日本军力发展和活动的宪法第九条等等。即中曾根对日美安保体制与现行宪法的态度经过了一个从排斥到容纳再到排斥的过程，从修宪运动的急先锋、力倡修改“麦克阿瑟宪法”，到“维护宪法”，再到倡导修宪。中曾根从政期间的两次自我否定耐人寻味——掌握军权和政权以后的中曾根搁置其政治抱负，充分利用冷战期间的国际形势，在现行宪法的框架内，活用日美安保同盟，稳扎稳打地推行质量建军路线；冷战结束后适应国际形势的新变化，重返新保守主义政治立场实现政治夙愿；可以说，中曾根的从政足迹是日本新保守主义政治模式的一个缩影。

然而，在小泉、安倍、麻生三任首相的安保战略面前，此前的“鹰派”似乎都变成了“相对的鸽派”。小泉首相全面整备战时法律法规体系（“有事法制”），按照美国布什政府的亚太战略布局重组日美同盟，以实现日美“共有力量”的目标，将“专守防卫”转换为防卫本土与“改善国际安全环境”两大防卫目标并列，开通日本防卫力量外向化的道路。安倍首相推行“价值观外交”，在与美国新保守主义划定的“不稳定之弧”基本重叠的欧亚大陆外围打造“自由与繁荣之弧”，在亚太地区推行战略扩张，建立“多层次安全保障”，构建日澳、日美澳、日印、日美澳印四个安全保障合作框架。麻生首相倡导“创建地区新秩序”——构筑约束中国进行“经济贡献”、防范并排斥中国的多层次的地区合作框架，继续加强“多层次安全保障战略”，推进日印、日澳、日美澳之间的安全合作，在吉布提建立日本战后第一个海外军事基地，并积极促进研究日本自卫队拥有攻击敌人基地的能力，在法律形式上完成修改《国防基本方针》。以上三位首相，特别是有“极右翼”之称的安倍和麻生首相还共有新保守主义的战略目标：积极倡导部分解除与美国之间行使集体自卫权的宪法制约；实现弹道导弹防御系统的双向防卫等日美同盟关系对等化；致力于解除武器出口三原则；实现海外派兵恒久化，进一步解除海外用兵的法律制约。

21世纪日本新保守主义政府与20世纪的新保守主义政府之间的最根本的区别在于，以中曾根为代表的20世纪的新保守主义政治家当政后，在日本二战后确立的“战后国家体制”内推行自主的军事及外交战略，可谓“立而不破”。而21世纪的新保守主义政府集中力量打破“战后国家体制”，构筑“后战后国家体制”，可谓“破旧立新”。20世纪的新保守主义势单力薄，21世纪的新保守主义不仅在自民党内聚积了举足轻重的能量，而且在国会议员当中形成横向网络，新保守主义政治势力从自民党延伸至民主党，形成一个年富力强、感召力充沛的政治群体，成功地组建了志同道合的内阁。即便是夹在安倍与麻生内阁之间的福田康夫内阁，也不能扭转新保守主义的国家发展方向，充其量拾遗补缺，将战略重心移向东南亚，实现日本的东南亚战略与太平洋战略的对接；提倡把日美同盟作为亚太各国的“安全保障装置”。

第一节 行使集体自卫权的战略意义

日本新保守主义今后的战略目标是什么？在可预期的范围内，有以下6个课题：第一，修改“政府宪法解释”或修改宪法，与美国之间部分行使集体自卫权；第二，修改武器出口三原则，日本与以美国为首的西方国家联合研制尖端武器，并实现武器出口；第三，进一步放宽参加国际维和军事活动的日本自卫队的武器使用限制；第四，为保证日本防卫力量参加国际维和活动的常态化、永久化实现立法；第五，进一步完善“后战后国家体制”的法制建设，修改20世纪制定的制约或在表面上仍然制约日本军力发展的法律法规，彻底铲除“战败痕迹”，最终实现修宪的目标；第六，继续推进“多层次安全保障战略”，构筑维护日本的海上通道安全的多边或双边安全合作框架，扩大日本在亚太地区、太平洋及印度洋的军事存在，确立日本在上述地区的主导地位。其中的关键是日本能否部分解除行使集体自卫权的自我限制问题。

能否打破行使集体自卫权的法律禁区，是21世纪以来日本安全战略的主要课题，也是提升日美同盟体制的关键。[①] 2000年10月，由阿米蒂奇等超党派日本问题专家制定的美国国防大学、国家战略研究所的报告《美国与日本：迈向成熟的伙伴关系》（INSS报告、又称阿米蒂奇报告Ⅰ）提出：“世界第二位经济大国、装备着强有力的军备、我们的民主盟友日本，是美国干预亚洲之际的关键，美日同盟是美国的世界性安全保障战略的中心”，“能够使美国满意的日美军事同盟体制，只有在日本触及集体自卫权后才能实现”。日本应该突破宪法制约，全面配合

① 详见李秀石：“‘行使集体自卫权’与日本防卫转向”，《现代国际关系》，2003年第6期，第14～18页。

美国的军事行动，实现两国“共有力量”。[①] 以历届前防卫厅长官为首的“国防帮”议员立即做出积极回应，2001 年 1 月，森喜朗首相表示“开始研究有事法制”，时任防卫厅长官山崎拓赴美活动，与美国军方就加强日美同盟进行协调。3 月 23 日，自民党国防部会提出一项建议《我国安全保障政策的确立与日美同盟——面向亚洲太平洋地区的和平与繁荣》：“我党内历来存在‘可能行使集体自卫权’的多数意见，现在应该从正面提起这个问题”，实现日美全面军事合作。[②] 2003 年日本正式引进美国导弹防御系统（BMD）后，能否突破“行使集体自卫权”这一日美“共有力量”的法律障碍越发紧迫。其间，布什、赖斯等美国政要及权威智囊人物再三催促，日本国内政治气候持续升温，2002 年 3—4 月间，已有多达 54%的国会议员支持行使集体自卫权，[③] 远远超过普通民众赞成 35%、反对 32%的水准。[④]

突破“行使集体自卫权”禁区，将彻底颠覆战后日本的防卫战略，否定《日本国宪法》的原则规定，开通美日联合使用武力干预国际纷争的道路，实现美方期待的将日美同盟的功能升级至美英同盟的水平的目标。“集体自卫权”由四个必须条件组成：（甲）本国即使不受到直接攻击，（乙）在与本国有着密切关系的其他国家受到非法攻击的情况下，（丙）将此视为对本国自身的攻击，（丁）能够反击攻击国的权利。日本宪法规定，日本拥有自卫权。关于集体自卫权只有内阁法制局做出的“政府宪法解释”，因其具有相当于宪法的约束作用，其修改也列入修宪范畴。有关集体自卫权的宪法解释发布于 1972 年。1970 年中曾根康弘担任防卫厅长官后，提出“海上歼敌”的防卫目标，日本军力特别是海空自卫队的战斗力迅速膨胀，引起亚洲邻国对日本“复活军国主义”的

---

① INSS 特别レポート：『米国と日本：成熟したパートナーシップに向けて』、2000 年 10 月 11 日，第 1～10ページ。http://www.h5.dion.ne.jp～hpray/shakai/yuujihou/yuujirekisi.htm。

② 福好昌治：“承认行使集体自卫权论浮出水面”，《市民传媒》，2001 年 8 月号，第 16～19 页。《朝日新闻》，2001 年 3 月 23 日晚刊。

③ “国会议员问卷调查”，《读卖新闻》，2002 年 3 月 22 日。

④ “本社全国舆论调查‘宪法’”，《读卖新闻》，2002 年 4 月 5 日。

担忧，日本国内也对军备增长过快提出质疑，1972 年田中角荣上台执政，参议院决算委员会在汇总 1951 年以来多次国会答辩的基础上，在第 69 届国会休结束后的 10 月 14 日提出关于行使集体自卫权的“政府宪法解释”：（1）我国是主权国家，当然拥有国际法规定的集体自卫权；（2）从宪法前文和第 13 条的规定来看，没有禁止为了维护本国的和平与安全、保全其存在的必要的自卫措施。但是，以和平主义为基本原则的宪法，不能解释为无限制地承认自卫措施；（3）宪法规定的能够允许的行使武力，仅限于应对针对我国的急迫、不正当的侵害；宪法不允许以阻止施加于外国的武力攻击为内容的行使集体自卫权。[①] 简单说，政府作出的宪法解释是，宪法承认日本拥有国际法规定的集体自卫权，但不允许行使。

30 余年来，日本政府一向宣称遵守宪法解释，但是，在日美军事合作领域却一直存在着涉嫌违反政府宪法解释的争议，共有 8 种日美防卫合作引起争议：（1）自卫队与美军进行共同军事训练时，日方向美军提供各种物品和劳役。（2）外国非法攻击驻日美军基地以外的日本领域，日美两国联合以武力阻止。（3）外国非法攻击包括驻日美军基地的日本领域，日美两国联合以武力反击。（4）外国仅攻击驻日美军基地，日美联合以武力反击。（5）外国攻击驻日美军基地时，日本保护前来支援的美军舰艇、补给舰船和飞机。（6）美国对与日本没有密切关系、但与美国关系密切的第三国行使集体自卫权时，日本对换防和派遣的驻日美军提供物品和劳役。（7）与日本关系密切的国家（包括美国）受到武力攻击之际，日本提供直接军事支援，提供物品和劳役；对进行军事干预的驻日美军提供物品和劳役支援。（8）在联合国授权下，日本参加预防外交、维和、创造和平活动和军事制裁措施（集体安全保障活动）等国际军事活动。在上述 8 种争议内，第 7 种与中国及东亚地区各国的关

---

① 第 69 届国会休会后参议院决算委员会提出的资料（1972 年 10 月 14 日）。参议院决算委员会公布的这一“政府宪法解释”作为 1981 年国会对稻叶诚一议员的答辩书的原型，至今仍然是日本政府坚持的“宪法解释”。详见前参议院内阁委员会调查室调查员樱井敏雄：“日美防卫合作的进展与集体自卫权争论”，《防卫法研究》，防卫法学会编，1997 年第 21 期，第 32～37 页。

系最为密切。

"与本国有着密切关系的其他国家受到非法攻击"是行使集体自卫权的前提。日本学者这样阐述第7种日美防卫合作——在中国对台湾发动"解放战争"、朝鲜再次对韩国展开"南进"的情况下，日本如果行使集体自卫权将采取以下行动：第一，日本向进行军事干预的美军支援物品和劳役；第二，日本进行直接军事支援，提供物品和劳役。"台湾和韩国对我国来说，在历史、地理、政治和经济方面关系很深，而且是与美国共命运的同盟国。因此，对这些国家行使武力，与日本确保安全有很大关系，符合'本国即使不受到直接攻击（甲）、与本国有密切关系的其他国家受到非法攻击的情况（乙）'；因为这将给我国安全带来很大威胁，所以，能够视为对日本的攻击（丙），是日本行使集体自卫权'反击攻击国（丁）'的典型事例。"自卫队对受到攻击的关系密切的国家进行直接军事干预，提供完成对攻击国作战所必需的战费、物品和劳役，也包含向对该国行使集体自卫权的美军支援战费、物品和劳役。当然，来自"被攻击国的对日请求支援"，是日本进行直接军事支援或通过美军进行间接支援的先决条件。[①] 上述观点表明，可能爆发武力冲突的朝鲜半岛和台湾地区，是日方考虑与美军联合进行军事干预的主要目标。即在美国对这两个地区实施武力干预之际，日本把对美军的攻击视为对本国的攻击而参战，日美联合武力阻止中国"解放台湾"或朝鲜向韩国"南进"，日本拦截攻击美国本土和美军的导弹，保卫美军的舰艇等，这就是日本行使集体自卫权问题的主要战略意图。对中国而言，这意味着日本将在台海冲突中武力干涉中国内政，阻挠中国统一。有分析认为，日本不可能与韩国建立行使集体自卫权的合作关系。理由是韩国在历史上曾经遭受日本长期殖民侵略，国民感情难以接受；美韩同盟战斗力充足无需日本支援；日韩两军之间从未进行过联合训练，缺乏联合

① 吉原恒雄："日美安保条约的再定义与行使集体自卫权"，《防卫法研究》1996年第20期，第46～50页。

作战的基础条件。[①] 台湾地区则不同。陈水扁执政时期，台湾当局想方设法发展对日关系，积极提升政治与军事情报合作，岛内台独势力企图依赖日美同盟“协防台湾”。即使在和平环境中，一旦得到美日能够在台岛进行武装干预的保证，“台独”分子也必然会有恃无恐地从事分裂活动。所以，如果行使集体自卫权，战时，日本将伴随美军参战；平时，日本将对台湾海峡形成战略威慑，助长“台独”势力分裂中国的活动，对我国构成重大安全威胁。这决不是美国单方面的利益所在，更非日本被动“卷入战争”。行使集体自卫权不仅是“日本拥有国际法规定的权利”、“行使国家主权”的内政问题，日本如果不惜动用武力保卫“有着密切关系的其他国家”，势必直接影响地区局势的稳定，危及中国的核心利益，对此不能不提高警惕。

为了打破战后军事禁区，日本原参谋长联席会议主席西原御也，集“鹰派”主张之大成，欲将日本行使集体自卫权的法律覆盖发挥到极限：第一，“对美军（或多国军队、维和部队）的支援与协助的范围”——包括在实施共同行使武力、各种支援和协助行动中受到攻击，在自卫范围内，为排除妨害而进行的日美联合行动、情报及作战支援、协作（向美军提供情报、护卫美军舰艇、扫雷）等，包括“与行使武力一体化”的后方支援和搜索救助活动；第二，“地区范围”——包括对象国领域（就朝鲜半岛“有事”而言，指北朝鲜领域内）、承认接纳的国家的领域（韩国领域）、公海及其上空及我国领域；第三，“事态范围”——包括日本“有事”、“周边事态”、维和及多国间协同训练等。[②] 西原御也的主张表明，在行使集体自卫权的情况下，日本不限于以美国盟国的身份参战，也不受地理区域的限制，可以参加包括国际军事行动在内的一切“集体安全保障活动”，将目前仅限于文职人员参加的国际维和活动，扩展到海外出兵参战，对美军或多国军队、维和部队提供军事支援，以此

① 福好昌治：“承认行使集体自卫权论浮出水面”，《市民传媒》，2001 年 8 月号，第 16～19 页。

② 西原御也：“围绕行使集体自卫权的诸问题”，队友会机关报《队友》，2001 年 6 月 15 日。

提高日本的政治大国地位，实现军事大国化。这是迄今关于集体自卫权适用范围的最大限度的扩张，其中的一部分已经出现在麻生恳谈会的战略规划报告内。

日本行使集体自卫权是美日军力“一体化”的迫切需要。早在1978年制定的《日美防卫合作指针》中就确定了美日两国在三个领域进行合作——平时合作，应对攻击日本的合作，日美在远东共同应对攻击的合作。此后，日美在平时和对日攻击领域进行多项共同研究，但在远东“有事”情况下的对美支援问题，因牵涉行使集体自卫权，日本自民党顾忌当时强大的在野党阵营，始终没有取得进展。① 美方一直对此表示不满。1994年朝鲜半岛局势紧张，美国开始审视日美安保体制的“有效性”，要求日美同盟转变功能，发挥与北约相同的作用。1996年3月，前美国副国务卿助理理查德·阿米蒂奇强调：“至今日美同盟基本是‘政治同盟’，但今后必须是真正的‘安保同盟’。”如果日本不能为美军的作战行动提供必要的物品和劳役，“无疑日美之间会出现很大裂痕”。② 阿米蒂奇要求日本不限定前方后方，无条件支援美军作战。日方立即有人危言耸听：如果不接受美方要求，“美国或者通告废除安保条约，或者条约继续存在，但防卫日本的性能必定名存实亡。”③ 于是，相关专家学者整理分歧意见，参考有关法律文件寻求突破，提出各种假设论证利弊，1996—1997年前后，关于行使集体自卫权问题的研究不断深化。保守主义稳健派元老、前首相宫泽喜一担心年轻政治家不了解宪法和自卫队的历史，过于轻松地对待复杂的现实问题，通过《朝日新闻》忠告说：“我对‘9·11’以后发生变化的年轻政治家的主张感到危险，他们似乎成反比例地与过去我们顾及亚洲人谴责的行为立场渐渐疏远。”④ 这是一位能够顾全整体外交的老一代保守主义政治家暮年发出

① 樱井敏雄：“日美防卫合作的进展与集体自卫权争论”，《防卫法研究》，1997年第21期，第39～40页。

② 《日本经济新闻》，1996年3月15日。

③ 吉原恒雄：“日美安保条约再定义与集体自卫权的行使”，《防卫法研究》，1996年第20期，第50页。

④ 《朝日新闻》，2002年9月10日。

的肺腑之言。

其间，在现实政治中，桥本龙太郎首相鉴于对美“后方支援”问题屡屡引发违反行使集体自卫权的争论，采取了抵制与变通相结合的方法。桥本首相一面抵制“鹰派”势力修改政府宪法解释的要求，一面在对美军事合作中做变通性处理。1997年2月，桥本内阁法制局长表示：“政府不可能从政策出发，基本改变从前的宪法解释。”① 内阁的基本方针是，不修改包括集体自卫权的政府宪法解释，但关注个别自卫权与集体自卫权的“灰色区域”，用“扩大解释个别自卫权”的方法处理。池田外相在国会答辩时表示，这类问题“只要明确不被宪法及其他关系所禁止，就能够在今后重新进行”。② 桥本内阁的决定遭到自民党内鹰派力量的反对，政调会长山崎拓公开谴责政府的做法“过于牵强附会”，“也有改变宪法解释，承认集体自卫权的方法”。③ 不言而喻，在这种情况下制定的《新日美防卫合作指针》与美方的一向要求相距甚远。1999年5月，日本通过《周边事态法》等新指针相关三法，在支援美军活动的法律规定上取得较大突破，但仍然没有达到美国的要求。而且，《周边事态法》还存在法律矛盾，例如，在“应对攻击日本”的规定中，美日能够采取攻击第三国的行动；如果对方反击，美日将采取共同应对反击的行动。这种日美共同行使武力的规定，用宪法规定的“自卫权”是无论如何也解释不通的。因此，日本舆论界批判说，对美支援触及行使集体自卫权的禁区，《周边事态法》违反宪法规定。

第二节 在“宪法禁区”前徘徊

随着新保守主义翘楚进入森喜朗内阁迅速成长壮大，终于在21世

① 140国会众议院预算委员会会议录12号32页（平成9年2月13日）。

② 140国会参议院内阁委员会会议录13号3页（平成9年6月13日）。

③ 山崎拓：“我的集体自卫权思考”，《THIS IS 读卖》，1996年8月号，第203页。

纪初掌握国家权力中枢。2001 年 4 月小泉纯一郎竞选自民党总裁之际，“行使集体自卫权”与参拜靖国神社并列，是其主要竞选承诺之一。小泉首相就任伊始，在众议院接连抨击宪法第九条，倡导“从各种各样的角度研究集体自卫权问题”。4、5 月间，小泉的政治盟友、“YKK 集团”成员之一、自民党政调会长山崎拓出版《修改宪法》一书，提出行使集体自卫权的修宪方案；[1] 有“修宪先锋”之誉的《读卖新闻》于 2001 年 5 月 3 日“宪法纪念日”发表社论，敦促小泉首相“首先决断集体自卫权——期望首相的宪法发言”；[2] 防卫厅咨询机构“防卫战略研究会议”提议放宽“政府宪法解释”关于集体自卫权的限制，[3] 推动修宪的社会舆论持续升温。5、6 月间，前任美国驻日大使弗利、时任大使贝卡、白宫国家安全助理赖斯等美国政界要员一再催促日本通过修宪行使集体自卫权。[4] 美国政要特别是美国驻日大使、美国媒体始终对此保持高度关注，并且在不引发日方反感的限度内适时而巧妙地施加压力。

在国内外一片有利形势下，自民党修宪力量积极推动修宪实现行使集体自卫权。据《读卖新闻》社 2002 年 3、4 月间调查，国会议员中支持“行使集体自卫权”者达 54%，[5] 远远超过普通民众赞成 35%、反对 32%的水平。[6] 自民党宪法调查会一改多年来的消极姿态，发表了囊括右翼主要观点、国家主义色彩浓厚的修宪草案《新宪法草案基本方案》。自民党修宪草案提出：“天皇作为国家元首”，内阁总理“能够发动国家非常事态命令”，日本拥有陆海空三军战争力量，拥有自卫权、集体自卫权，能够参加国际机构的军事活动，并且为实现上述目标设计

---

① 共同社东京 2001 年 4 月 29 日文电。

② “首先决断集体自卫权——期望首相的宪法发言”，《读卖新闻》社论，2001 年 5 月 3 日。

③ 福好昌治：“承认行使集体自卫权论浮出水面”，《市民传媒》，2001 年 8 月号，第 17 页。

④ 《日本经济新闻》，2001 年 5 月 26 日。《朝日新闻》，2001 年 6 月 3 日。

⑤ “国会议员问卷调查”，《读卖新闻》，2002 年 3 月 22 日。

⑥ “本社全国舆论调查‘宪法’”，《读卖新闻》，2002 年 4 月 5 日。

出简易的修宪手续。[①] 与自民党相呼应，民间修宪团体“21 世纪的日本与宪法有识者恳谈会”（原文化厅长官三蒲朱门担任代表的“民间宪法临调”）发表修宪“建议书”，[②] 1969 年成立的老牌修宪团体、前首相岸信介担当首任会长、前防卫厅长官爱知和男为现任会长的“制定自主宪法国民会议”也提出新宪法草案，主张宪法明确记载包括集体自卫权在内的自卫权，拥有“国防军”，积极参加联合国集体安全保障军事行动，天皇作为国家元首等。素有“鹰派”和“鸽派”之称的两位前首相——中曾根康弘和宫泽喜一在日本广播协会（NHK）的讨论节目中进行辩论。中曾根强调：“朝鲜飞机前来攻击美军航母时，日本不能把它击落吗？……用现在的宪法也能够行使（集体自卫权）。”宫泽喜一回应道：“当然要帮助美军”，但是，“美军在加利福尼亚受到攻击的时候”，日本就不应行使集体自卫权，应该限定行使集体自卫权的范围。[③] 据此可以判断，即使在修宪问题上一向态度谨慎的保守主义稳健派宫泽喜一也不再反对日本部分行使集体自卫权，新老保守主义之间缩短了距离。此外，较有代表性的意见还有，前首相森喜朗强调，宪法解释不能适应国际社会的复杂化，应该与时俱变；前防卫厅长官久间章生主张，自卫权为国家和国民所有，不分个别自卫权与集体自卫权；自民党国际局副局长林芳正认为，可以用立法措施行使集体自卫权；民主党国会议员细野豪志强调，考虑到朝鲜问题，应该迅速健全法律允许行使集体自卫权；担任民主党代表的新保守主义者、众议员前原诚司鼓吹：“从安保政策的根本出发允许行使集体自卫权。”共产党等在野党明确表示反对，参议院外交防卫委员会理事、参议员小泉亲司谴责说：上述言论的目的是开辟修宪道路，行使集体自卫权参加美国非法发动的先发制人战争。[④] 普通日本民众用警惕的目光注视着政界动向，2003 年 3 月，日本内阁府进行“自卫队防卫问题舆论调查”的结果表明，日本国民中认为“存

---

① Mainichi Interactive《每日新闻》网络版，2003 年 5 月 3 日。

② Yomiuri on - Line、《读卖新闻》网络版，2003 年 5 月 3 日。

③ Yomiuri on - Line、《读卖新闻》网络版 2003 年 5 月 2～3 日。Mainichi Interactive、《每日新闻》网络版，2003 年 5 月 3 日。

④ 《朝日新闻》2003 年 5 月 3 日。

在被卷入战争的危险者”上升到43%，达到战后有调查以来的最高水准。这个事实表明，政界关于是否解除日本行使集体自卫权制约的争论使近半数的民众感到担忧。

2003年前后，突破行使集体自卫权禁区的攻势达到高潮。当时，小泉内阁新保守主义政治当道，最大的在野党日本民主党的防卫政策与自民党趋同。“有事法制”以赞成者占90%以上的压倒优势通过国会表决的事实证明，日本正处于加强国家战时体制优先于加强国民权利、民族主义思潮压倒民主主义意识的政治氛围之中。市民团体发出抗议：“执政党与民主党在国会外协商，民主主义在国会内死亡。”正如两党之间“有事法案”的协商人、自民党前防卫厅长官久间章生与民主党代表前原诚司二人坦言：“民主党在外交和安保问题上与自民党没有多大不同”（前原诚司），“年轻的‘国防议员’正在越过自民党和民主党的界限”（久间章生）。[①] 自民党右翼特别是新保守主义势力在修宪、篡改教科书、处理日本与中、朝、韩之间的外交争端等问题时立场强硬，在党内外合纵连横扩大势力。民主党一方也刻意显示具备“掌权能力”，能够担负国家安全的责任，惟恐落后于自民党。坚持走和平发展道路的社民党、共产党等在野党派势单力薄，工会与市民团体的组织能力及政治影响今不如昔。相反，《读卖新闻》等主流媒体、形形色色的右翼组织积极推动制造对外强硬的社会舆论，在修宪和行使集体自卫权问题上推波助澜。在这种政治环境中，赞成修改宪法的日本国民逐渐增多。

不过，修宪并不等于行使集体自卫权。以下分析证明，赞成修宪的日本国民中的多数人并不支持新保守主义行使集体自卫权彻底转变防卫战略的主张。《朝日新闻》社持续进行的全国舆论调查表明，从1997年到2006年的10年间，日本国民赞成修宪者持续增加，2004年4月增至53%，首次超过半数，到2006年出现徘徊。同期，反对修宪者虽然连年减少，但仍然停留在1/3左右。2006年赞成修改宪法第九条的国民增加到43%，反对者降到42%，二者仅仅相差1个

---

① 《朝日新闻》2003年5月15日。

百分点。认为有必要在宪法内明确记载自卫队的国民高达62%，反对自卫队入宪者仅为28%。但是，在62%的赞成在宪法内记载自卫队的国民中，有64%的人赞成用“保留宪法第九条增加记载自卫队新条款”的方法实现自卫队入宪，赞成修改规定放弃战争权利的第九条实现自卫队入宪者仅为31%。[①] 由此可见，多数日本国民支持修改宪法，特别是赞同宪法给予自卫队应有的法律地位，但大多数国民仍然不赞成修改宪法第九条，只有近1/3的人赞成修改第九条，将自卫队写入宪法（详见下表）。

朝日新闻社民众宪法意识调查表（1997—2006）[②]

《朝日新闻》社舆论调查	赞成修宪	反对修宪	赞成修改宪法第九条	反对修改宪法第九条	为增加知情权等修宪	赞成自卫队写入宪法	保留第九条增加自卫队条款
1997年4月	46%	39%	20%				
2001年4月	47%	36%	17%	74%	24%		
2004年4月	53%	35%	31%	60%	26%		
2005年4月	56%	33%	36%	51%			
2006年4月	55%	32%	43%	42%		62%（反对占28%）	64%

2006年以后，随着美国对伊战争长期化，美军迟迟不能稳定伊拉克国内安全局势，事实证明布什政府发动伊拉克战争“师出无名”，日

---

① 「憲法9条『変える』43%、『変えぬ』42%、世論調査」、asahi. com《朝日新闻》网络版，2006年5月3日。

② 著者根据《朝日新闻》2001年5月2日、2004年5月1日、2006年5月3日发表的调查结果制作。

本公众支持修宪者逐渐减少，反对修宪的民众增多。2007年4月，日本共同社关于修宪问题的民意调查结果显示，反对修改宪法第九条者为44.5%，支持修改第九条者为25%。5月，共同社就行使集体自卫权问题再次展开民意调查，有62%的受访者认为应该维持现状，这一比率较4月上升7.4%，认为应当修改“政府宪法解释”行使集体自卫权者下降5%，仅为13.3%。[①]

日本民众维护和平宪法的“草根”活动蓬勃发展，印证上述民意调查数据的准确性。“保卫九条之会”即具有代表性的实例。2004年著名作家大江健三郎成立民间团体“保卫九条之会”，主要通过举行演讲会的方式开展活动。至2005年10月，“保卫九条之会”在各地通过“草根串连”发展到1280个。此后一年间又猛增4倍，2006年5月在全国共组建了4700个团体。参加这个团体的市民自发举办学习会，探讨日本“有事”法制与保卫和平宪法第九条等时政问题。据统计，“保卫九条之会”从2004年7月起共在12个城市举行了13场讲演会，共有4.38万人出席，所有讲演会场都挤满了听众。前往大阪市参加讲演会的听众竟然多达会场可容纳人数的3倍。2006年5月9日，在大宫市举行的讲演会预定召集3000名听众，市民踊跃报名，4月初报名额已满。[②] 事实证明，日本民众坚持走和平发展道路的民族良知对小泉内阁推行新保守主义国家战略发挥了不可忽视的影响。

美国不仅制定了世界上第一部近代宪法，也是现行日本宪法的“生身之母”。美国在“9·11”事件后的所作所为对日本民众产生了很大影响。美国肆意践踏国际法、公然无视联合国权威发动对伊战争的强权政治，不但动摇了日本战后以联合国为中心的外交轨道，也给日本国民造成巨大的心理冲击，许多人认为，当今国际政治中已经不

---

① “多数日本人认为没必要修改有关集体自卫权的宪法解释”，新华网东京2007年5月13日。

② 「草の根『九条の会』、全国に4700拠点」、asahi.com《朝日新闻》网络版，2006年5月2日。

存在正义与真理。特别是在朝鲜承认绑架日本人、试射导弹并开发核武器等“朝鲜威胁”论盛行的情况下，行使与美国之间的集体自卫权问题从修宪与护宪之争骤然上升至迫在眉睫的外交和安全问题。自民党与当时最大的在野党民主党之间关于日美同盟关系的政见分歧逐步减少，民主党主张建立“自立、对等、成熟的同盟关系”，以联合国为中心开展协调外交；自民党则一贯坚持以日美同盟为基轴，同时也重视国际协调的立场。如何与布什政府的单边主义保持距离，以及保持多大距离更符合日本的国家利益，是朝野双方在防卫问题上的大同与小异。共产党、社民党、由旧总评和联合系统的工会所组成的“和平论坛”、宪法学者组织的“全国宪法研究会”等团体展开蓬蓬勃勃的护宪活动，批判试图解除行使集体自卫权制约的动向是修改宪法第九条、颠覆宪法“和平原则”的重大问题。现行《日本国宪法》的第九条第一款规定：“日本国民真诚希求基于正义与秩序的国际和平，永远放弃以国权发动的战争和以武力威胁或行使武力作为解决国际争端的手段”；第二款规定：“为达到前项目的，不保持陆海空军及其他战争力量。不承认国家的交战权。”如果日本行使集体自卫权，就能够绕过宪法对“以国权发动”战争的限制，通过集体自卫权的途径，实现“以行使武力作为解决国际争端的手段”参加战争。这意味着行使集体自卫权能够恢复宪法中“永远放弃”的“交战权”。因此，行使集体自卫权将根本改变宪法的和平性质，否定和架空宪法第九条。右翼政治势力特别是“国防帮议员”制定的修宪方案，之所以一面宣称“永远放弃战争”、保留第九条第一款，一面要求行使集体自卫权，其原因就在于此。毫无疑问，这是关乎日本今后国家发展道路的关键。行使与美国之间的集体自卫权，日本就能够在朝鲜半岛、台湾地区以及其他发生“周边事态”的区域进行军事干预；在全球范围内，如果发生可能影响日本能源供给、海上运输通道安全以及危及日本国民生命财产的武力冲突，日本行使集体自卫权将有两个选择——其一，作为美国的盟国无条件或限定条件跟随美军参战；其二，作为联合国成员国，接受联合国授权，参加多国部队进行的维和与军事制裁等集体安全保障活动。这将是日本防卫的重大转变：从保卫日本领土的“专守防卫”、威慑来犯之敌，彻底转变为与美国共同作战，保卫与日本“有着密切关系的其他国家”，武力威慑没有攻击日本企图的国家；从“文职维和”转变为拥有高科技的武器装备、训练有素的日本正规部队在全球范围内进行武装干预和“军事制裁”，拓展日本的军事存在，朝着实现日本军事大国化的目标跃进。

就结果而言，小泉首相在任5年多的主要作为集中在完善战时法律法规体系方面，在突破海外派兵禁区，向战火纷飞的伊拉克派遣自卫队、配合美军重组日本基地、实现“日美共有力量”等方面可谓肆无忌惮。但是，小泉首相在行使集体自卫权、彻底转变日本战后和平发展方向问题上并未迈出关键的一步。小泉首相采取与桥本龙太郎首相同样的“舍名求实”的策略，在不解除行使集体自卫权法律限制的前提下，通过实际运作的方法涉足“禁区”，接连越过数十年来政府宪法解释的限制。列举事实如下：（1）2002年12月，将“宙斯盾”导弹驱逐舰开赴印度洋支援美军反恐，日美双方在军舰上设立海上联合司令部，积累自动传输数据、情报和指挥系统“一体化”的实战经验。[①]（2）2003年2月25日，按照《反恐特别措施法》派往印度洋的海上自卫队补给舰，在途中为开赴伊拉克战场的美军“小鹰”号航母“间接提供燃料”。（3）4月30日，自民党干事长山崎拓等人“鼓励”奉命支援美军在阿富汗反恐的“雾岛”号“宙斯盾”舰全体官兵，然而，该舰的停泊地并不在印度洋，而是进入波斯湾靠近迪拜的富查伊拉。[②]（4）4月15日，日本决定派遣政府文职人员参加美国防部领导的伊拉克重建和人道主义援助办公室（ORHA），同时发表新“政府见解”，刷新此前的“政府宪法解释”。2003年4月15日，小泉内阁法制局第一部长宫崎礼壹在参议院外交防卫委员会上发表新“政府见解”称：“关于伊拉克的事态，因为日本不是行使武力的当事者，在与宪法第九条的关系方面没有问题。”舆论界立即批判小泉内阁的新“政府见解”违背宪法放弃日本行使“交

① 《每日新闻》网络版2002年12月7日。

② 《日本经济新闻》2003年5月9日。

战权”的规定。关于“交战权”的政府宪法解释发布于半个世纪以前。1956年3月2日，内阁法制局长林修三在众议院内阁委员会上宣布：交战权是“国际法上在战争状态下交战国所拥有的权利。包括例如进行占领行政、或者缉捕中立国的船舶等权利。因此，在现行宪法之下，我国不承认这种意义上的交战权”。[①] 小泉内阁派遣官方人员参加美国防部领导的伊拉克重建和人道主义援助办公室，属于“占领行政”，是“交战权”的重要组成，而小泉内阁法制局发布的新“政府见解”却认定此举并不违宪，突破了日本遵守了半个世纪的宪法制约，事实上与美国同样作为伊拉克的“交战方”采取行动。就这样，小泉首相以实际行动坚决支持美国对伊战争，以这类务实性举措满足美方要求日本行使集体自卫权的迫切希望。2003年2月5日，小泉首相在经济领域回天乏术，内阁支持率不断下降的情况下，面对朝野双方的新保守主义政治力量力图突破行使集体自卫权禁区的强大攻势，在参议院明确宣布不考虑修改关于集体自卫权的政府宪法解释。[②] 这一表态令美方非常失望，美国副国务卿阿米蒂奇利用朝鲜试射导弹之机宣称，美国将行使集体自卫权保卫日本，[③] 再次向小泉首相施加压力。2004年10月，小泉首相设立的私人咨询机构“安全保障与防卫力量恳谈会”提交了关于整备日本防卫力量的战略规划报告，报告仅在“附言”部分提出建议：“尽早梳理关于行使集体自卫权的讨论。”[④] 小泉内阁把行使集体自卫权这一美方急迫要求的、实现日美“共有力量”的最大难题，留给了年富力强的新保守主义领军人物安倍晋三。

2006年9月，出身显赫政治世家，素有“鹰派”、“极右翼”之称的安倍晋三担任首相，拉上新保守主义群体中志同道合的“朋友”组成内阁。安倍内阁选择修改“政府宪法解释”这一相对简单的方法，处理

---

① 《朝日新闻》2003年5月13日。

② Yomiuri on - Line，《读卖新闻》网络版2003年3月7日。

③ 阿米蒂奇表示，“如果朝鲜对日本发动导弹攻击，我们将对同盟国的攻击视为对美国自己的攻击，对朝鲜采取对抗措施”。时事社通讯，2003年2月27日。

④ 「安保防衛懇：対テロ『弾力的防衛力を』武器輸出3原則を対米緩和——報告書まとめ」、『毎日新聞』，2004年10月5日。

小泉内阁留下的行使集体自卫权的政治遗产。倘若通过修改宪法条款的途径寻求突破，既要履行国民投票、争取大多数国会议员赞成等法律程序，又要耗费数年时间，而且还欠缺大多数国民支持的必须条件。中曾根前首相曾经说过，“只要小泉首相说一句‘能够行使集体自卫权，改变解释’”，这一难题即可迎刃而解。具体做法是，由内阁法制局出面，否定1972年发布的“政府宪法解释”，或者通过国会答辩的方式肯定行使集体自卫权的活动等。但是，安倍首相并未把这个棘手的问题放在施政首位。直至2007年4月25日，安倍首相才正式宣布成立由13名退役自卫队将领、前外交官、学者和企业界人士等组成首相私人咨询机构“重建安全保障法律基础恳谈会”（简称安倍恳谈会），研究在利用日本导弹防御系统摧毁攻击美国的导弹、日本对攻击航行在公海上的美军舰船的行为实施应战等四种情况下，日本可否行使集体自卫权问题。2007年4月26日，安倍首相会见记者时表示，他已经指示有关部门研究能否修改宪法解释的问题，预计秋季提交报告。美国媒体闻风而动，第二天就有评论见诸报端，赞赏安倍首相的这一做法是“为世界做贡献的负责任的政治家应该考虑的事情”。然而，安倍内阁法制局却说并未接到安倍首相的指示。历届首相都曾在国会答辩时提出过修改政府宪法解释的问题，内阁法制局一贯持消极态度，[①] 这已是日本政治的常识。因此，安倍通过首相私人咨询机构进行研究的做法，充其量是提出战略规划及政策建议，距离内阁法制局修改政府宪法解释还有一定距离。5个月后，安倍首相突然于2007年9月“因病”辞职。此后，虽然安倍恳谈会最终提交了战略报告，并且全部赞同安倍的主张，作出在前述四种情况下日本皆能行使集体自卫权的结论，但是，时过境迁，福田内阁把安倍恳谈会的报告束之高阁。[②] 福田康夫首相对记者表示：“我从未说过修改解释等等，因为报告写完了，所以就结束了。”日本媒体就此评

① 「安倍首相、憲法解釈変更の意向示す、集団的自衛権」asahi. com《朝日新闻》网络版，2007年4月26日。

② 「安保法制懇：前首相退陣で宙に浮いた報告書、近く提出へ」、《每日新聞》，2008年1月5日。

论说，福田首相否定安倍前首相的做法，为安倍恳谈会的报告加上了封条。

2008 年 9 月，“政治贵族”家庭出身的新保守主义翘楚麻生太郎接替福田康夫出任首相。组阁之初，麻生首相也曾表示应该修改集体自卫权。9 月 26 日，麻生首相就任后在纽约发表“基本上应该改变政府宪法解释”的言论，[①] 10 月 3 日，麻生首相又在参议院答辩说：“尊重以往的政府解释”，对这个问题应该进行充分讨论。[②] 他在一周之内出尔反尔，从积极进取转为慎重行事，使国内右翼和美国方面对麻生首相的期望变成了失望。2009 年 1 月，美驻日大使希弗离任前会见记者时，再次催促日本修改禁止行使集体自卫权的政府宪法解释，以便于运用日美两国的导弹防御系统。[③] 同月，麻生首相设立私人咨询机构“安全保障和防卫力量恳谈会”（简称麻生恳谈会），对新防卫计划大纲及防卫战略问题进行研究，其中包括行使集体自卫权问题，2009 年 8 月 4 日恳谈会向麻生首相提交报告。麻生恳谈会报告全面支持安倍恳谈会报告提出的关于行使集体自卫权的四项建议，并以“朝鲜导弹威胁”为例进一步阐述说：在朝鲜向美国方向发射导弹，或在公海上执行反导警戒任务的美国军舰遭导弹攻击的假设下，出于强化日美同盟的考虑，“应该行使集体自卫权”，日本自卫队应该获许拦截朝鲜导弹，自卫队舰艇应能为美舰提供护卫，为此有必要做修改宪法解释等法律方面的准备。[④] 为了赢得众议院大选，麻生首相指示制定自民党的竞选纲领，宣示海上自卫队将继续在印度洋执行供油任务，正面强化日美同盟，修改政府宪法解释，“采取必要手段使日本可以拦截飞向美国的弹道导弹”，制定向海

---

① 「麻生首相：集団的自衛権『憲法解釈変えるべきだ』見直しを明言」、『毎日新聞』，2008 年 9 月 26 日東京夕刊。

② 「麻生首相：集団的自衛権『政府解釈を尊重』、《毎日新聞》，2008 年 10 月 3 日。

③ “美大使希望日本修改宪法解释以行使集体自卫权”，人民网东京 1 月 14 日电。

④ 安全保障と防衛力に関する懇談会『「安全保障と防衛力に関する懇談会」報告書』，2009 年 8 月。http：//www.9joren.net/9jou—now/9jou—now（18）.htm。

外派遣自卫队的永久性法律，凸显自民党以日美安保体制为“外交支柱”的施政方针。8月13日，即解散众议院实施大选的10天前，麻生首相在日本TBS电视台表明日本可以行使集体自卫权的观点：“如果保卫日本的盟国——美国的舰艇受到朝鲜的攻击，自卫队的舰艇能够予以防护，这很重要。”① 这是麻生首相在卸任之前所作的最后努力。麻生恳谈会报告直至麻生内阁进入下台倒计时阶段才提交首相、麻生首相直到下台前夜才公开表明日本能够行使集体自卫权的做法证明，麻生与小泉、安倍采取了同样的对策——将这个“烫手的山芋”传给下任首相。自小泉在2001年竞选自民党总裁时提出应该行使集体自卫权的口号以后，历任新保守主义首相在这个重大问题上，无一不是上台前积极，上台后消极，下台后积极，美方对此也无计可施，无可奈何。因此可以判断，美国主导下的日美同盟升级目标——“美英同盟化”不会在短期内实现。

无论稳定执政的长期政权，还是“1年1相”的短命内阁，日本新保守主义政府都在与美国行使集体自卫权这一重大问题上，采取态度积极行动消极的对策。究其原因，与自民党联合执政党的公明党，当时的在野第一大党民主党及社民党、共产党，以及多数日本国民皆持坚决反对立场，小泉内阁集中精力整备战时法制；安倍内阁推行“价值观外交”实施对外战略扩张，构筑多层次安保框架；自民党政府连年进行防卫战略扩张疏于内政，不仅国民生活越来越贫困化，以遗失国民的养老金纪录为代表的执政失误导致民怨鼎沸，至麻生内阁上台，自民党已经在参议院失去多数议席，执政环境空前恶化，自民党“得过且过”，为了维护内阁支持率，历任首相都不想推行激化矛盾容易遭到普遍反对的政策，唯恐因行使集体自卫权问题造成更多的负面效应。更重要的是，在这个关乎日本国家命运的问题上，日本军方也存在消极意见。鉴于美国深陷伊拉克战争泥沼的教训，自卫队不愿跟随美军到处“反恐”，尤其是向“地球的背面”派兵。这从另一个角度证明，美方设计的日美同

① 「麻生首相：集団的自衛権行使『可能にすべきだ』」、《每日新聞》，2009年8月13日。

盟的“全球化”、日美“共有力量”的同盟升级版本并不完全符合日本的国家利益。日本经济近年增长乏力，财政赤字居高不下，日本不情愿在与己无关或关系不大的地区承担日美军事同盟的风险。这也是福田康夫内阁在“新福田主义”中提出日本同盟“亚太化”而不是“全球化”的原因之一。1996 年日美达成冲绳普天间机场搬迁协议以后，至今历时 14 年仍无较大进展，日本地方自治政府及民众反对等因素阻碍新保守主义势力实现其既定的战略目标。这些因素必然对强化日美同盟造成不利影响。

另一方面，新保守主义和形形色色的右翼势力积极推动的修宪运动在安倍新保守主义内阁执政期间取得阶段性胜利。2007 年 5 月 14 日，在国会外日本民众的抗议声中，自民党和公明党等以 122 票赞成对 99 票反对的优势在参议院表决通过规定修宪手续的《国民投票法》，民主党（除一人投赞成票外）、共产党、社民党、国民新党等均投下反对票。众议院于 2005 年 9 月设立“宪法调查特别委员会”，对国民投票法的立法问题总共进行约 41 小时的调查活动，执政党从 2006 年 5 提出国民投票法案后，合计审议约 58 小时。该法案在众议院的调查与审议总共耗费约 100 小时，但在参议院的审议时间仅有 53 小时 30 分便付诸表决。由于在野党坚决反对未经充分审议匆忙表决这项法案，因此，采取了《国民投票法》生效后 3 年内冻结提出和审查修宪草案的措施，即至 2010 年不能向国会提交修宪方案并进行审议。但是，将从下届国会开始在众参两院设立宪法审查会，这意味着国会从此进入讨论修宪问题的新阶段。

现行日本宪法第 96 条规定，修宪的必须条件是，提出修宪方案需要众参两院各自获得 2/3 议员的支持、半数以上的国民投票赞成。在此问题上，安倍首相立场鲜明，呼吁以记载修改宪法第九条的 2005 年自民党新宪法草案为基础修改宪法。然而，与自民党联合执政的公明党却反对修改宪法第九条，共产党和社民党则反对修宪手续的立法，批判“整备修宪法制是通向修改和平宪法第九条的里程碑”，自民党与民主党之间的协调关系也因此而破裂，[①] 随着自民党在 2007 年夏参议院选举中惨败，安倍首相随后"因病"辞职，福田内阁调整内政外交，自民党修宪势头渐弱。预计民主党执政期间修宪问题暂时不会取得明显进展。

---

① 「国民投票法が成立、自、公両党の賛成多数で参院で可決」、asahi.com《朝日新闻》网络版，2007 年 5 月 14 日。

第十五章

新保守主义战略与中日战略合作

回顾21世纪日本新保守主义安全保障战略的制定及实施过程，如果说小泉内阁是它的起点，麻生内阁则是它的终点；展望未来，麻生内阁或许只是它的中断点。超党派的新保守主义政治群体也散布在取代自民党执政的民主党内，目前作出非自民党政府一定会背离自民党政府的新保守主义战略的结论为时尚早。但是，如果把分析视野扩大到冷战以后，能够发现一个耐人寻味的问题——自民党内阁规划并实施的新保守主义安全保障战略，实际上部分继承和强化了15年前非自民党内阁制定的安全战略规划的主旋律。

第一节　非自民党内阁“樋口报告”的启示

20世纪90年代中期自民党短暂下野，为日本适应苏联解体后国际格局的变化、调整冷战时期延续下来的防卫与外交战略提供了契机。1994年日本7党1派组成联合政府执政期间，细川护熙首相组建私人咨询机构“防卫问题恳谈会”（简称细川恳谈会），研究新形势下的防卫战略并指导制定下一个五年军备发展计划《防卫计划大纲》。细川恳谈会由朝日啤酒公司的会长樋口广太郎担任主席，秩父水泥公司会长诸井虔任代理主席，成员包括青山学院大学教授渡边昭夫，上智大学教授猪口邦子，经团联特别顾问、原驻美大使大河原良雄，东京银行会长、原大藏省财务官行天丰雄，“NTT 特别参与”、原参谋长联席会议主席佐久间一，东京海上火灾保险公司顾问、原防卫厅事务次官西广整辉，神户制钢公司副会长、原通产省事务次官福川伸次共 9 人。细川恳谈会自 1994 年 2 月 28 日召开首次会议，至 8 月 12 日结束研究提交报告。其间，日本政权二度易手，细川首相下台后，羽田孜担任首相，不久，羽田首相又被村山富市首相取代，自民党在让出首相职位等条件下与社会党联合重返执政党地位。因此，细川、羽田、村山三位首相都在细川恳谈会上作过指示。在举行 20 次研究会议的基础上，细川恳谈会提交了题为《日本的安全保障与防卫力量的应有状态——面向 21 世纪的展望》的战略规划报告（简称樋口报告）。

樋口报告提出，冷战后虽然美苏结束对峙国际安全环境有所改善，但是，导致局部武装冲突的原因多样化，预测可能存在四种危险：第一，以美国为中心的大国关系失去协调；第二，国际社会难以有效解决地区纷争；第三，武器及军事技术扩散；第四，经济贫困和对社会不满等因素可能诱发局部武力冲突，使发生冲突的国家丧失统治能力。报告尤其担心美国难以维持其对亚太地区进行军事和政治干预的水平，认为美国“也许会根据其财政上的考虑以及对军事局势的判断，对其在亚洲的态势进行调整，美国在亚洲的军事存在形式也会有所改变”。所以，报告提出日本为了准备应对上述危险必须保持不失时机灵活应对的态势，“在这个意义上说，日本面临更加困难的安全保障环境”。

樋口报告认为日本面临比冷战时期更为困难的安全保障环境的主要原因，是俄罗斯和中国从传统上的“大陆国家”，开始具有“海洋国家”的性质：亚太地区特别是东北亚和西太平洋地区集中了美国、俄罗斯和中国三个世界军事大国的利益，美、俄、中三个拥有核武器的国家“强烈关注西太平洋”。“俄罗斯和中国传统上是以欧亚大陆为基础的大陆国家，但随着经济活动的扩大，开始具有放眼太平洋的海洋国家的性质”。报告认为亚洲地区安保合作机制尚不成熟，主要军事大国的利害关系错综复杂，亚太地区的安全保障“潜在着正反两方面的可能性”。报告非常重视中国对日本安全环境的影响——中国的问题在于，虽然中国为实现现代化倾注了最大的能量，但仍然存在“台湾问题、香港的地位、内陆与沿海地区的经济差距等尚未解决的问题”，“不能轻视围绕散在于中国大陆沿岸的岛屿领有权存在利害关系的国家之间的纷争发展为军事冲突的危险”。樋口报告在重视中国对日本安全构成负面影响的同时，预测美国难以维持迄今干预亚太地区事务的水平，根据这个判断研究制定日本在亚太地区的国家安全保障战略，提出日本建立地区安保合作框架、构筑国际新秩序的战略设想。

樋口报告主张，为了构筑国际新秩序必须纠正日本被动承担安全保障责任的做法，今后，日本应该“作为国际秩序的制定者”，“实行能动的、建设性的安全保障政策”，“摆脱被动的安全保障责任，今后作为能动的秩序形成者采取行动”。“被动”与“能动”虽然只有一字之差，但却表明日本试图转变国家安全战略，从在防卫与外交领域实施完全追随美国的战略、在日美同盟关系中担任辅助性的配角，转变为不以美国马首是瞻、推行自主的安全保障及外交政策，在美国难以维持干预亚太地区安全局势力度的情况下，构建符合日本主导下的国际新秩序。

如何变“被动”为“能动”，承担安全保障的责任？樋口报告提出，在后冷战时期的新形势下，日本应该全方位地开展多边安全保障合作，与此同时，调整日本的防卫力量，按照以下三个原则制定新安全保障政策和发展防卫力量的方针：(1) 在世界和地区范围内实行多边安全保障合作政策；(2) 充实日美安全保障关系的功能；(3) 加强情报能力，保持以迅速处理危机能力为基础的可靠高效的防卫力量，为提高应对不透明的国际形势所导致的各种威胁的能力，将现有的27.4万人规模的自卫队缩小至24万人，强化统合运用陆海空自卫队的态势，提高机动能力和快速反应能力。在世界和地区范围内实行多边安全保障合作政策是樋口报告战略设想的首要原则，这将改变日本战后对美一边倒的政策，形成日本安全保障与外交合作的多元化，将在很大程度上降低美国对日本的控制和影响，日美同盟关系势必趋向弱化，这也是日本不想看到的。因此，樋口报告的第二项原则规定，充实日美安全保障关系的功能，确保美国继续为日本的安全保障承担责任。两项原则表面上似乎互相矛盾，实际寓意深远——第一项原则涵盖世界与亚太地区，日本在此范围内推行多边安全保障合作政策，发挥自主、能动、建设性的作用，构建国际新秩序，实现日本安保合作的多元化政策。第二项原则“充实日美安全保障关系的功能”主要涵盖日本本土，日本需要继续依靠日美同盟提供军事保护特别是核保护伞。第三项原则规定今后防卫力量的建军方向是“以迅速处理危机能力为基础的可靠高效的防卫力量”，如前所述，假裁军换来日本自卫队后冷战时期武器装备的现代化。

樋口报告的核心是关于多边安全合作政策的战略设想。报告主张日本应该积极参与两个领域的多边安全合作：其一是参加联合国集体安全保障活动；其二是参加亚太地区的安保合作。樋口报告提出：首先，“以美国为中心”、“多边合作”是联合国集体安全保障机制的两大要素，联合国安全保障机制应该加强“以美国为中心的多边合作”，确保美国能够一如既往地对世界特别是亚太地区进行军事干预，为日本积极参加联合国集体安全活动提供支持。其次，樋口报告力主日本应在亚太地区广泛开展多边安全保障合作，并且把东盟地区论坛（ARF）作为日本地区安全保障合作的重点——“ARF 已经开始在参加国之间举行安保对话，日本最初积极参与设立 ARF，今后也要全神贯注地参与 ARF 的发展”，开展“政府间的对话”。此外，日本也要与亚太安全保障合作会议（CSCAP）等民间团体进行对话。日本将把最近启动的这一民间对话作为“各国政府对话机制的补充”，通过这类平台，与中、俄、中南半岛各国及朝鲜等难以得到军事政策情报的国家开展对话，增加亚太地区安全保障环境的透明度。尤其要注重推进东北亚和西太平洋地区的多边安全保障对话。在东北亚和西太平洋地区已经开始出现多边安全保障对话的兆头，例如，有准民间层次的日、美、中、韩俄五国论坛，但还没有包括朝鲜。目前，日本应在政府层次上与韩、中、俄之间分别促进双边军事交流，相互提高透明度。日本通过上述活动，在亚太地区推行合作性安全保障政策：在地区合作中相互公开武器转移和获得武器、配置军事力量、军事演习等方面的情报，设立提高透明度的区域性制度，提出设立防止海难、海上交通安全、维和活动的合作框架等等。[①] 客观地说，樋口报告提出的战略设想并未根本改变日本与美国结盟，接受美国包括核保护伞在内的军事保护的既定战略。因为日本希望美国能够对世界和亚太地区保持目前的军事干预的水平。但是，这是非自民党政府的咨询机构研究在冷战以后制定的第一份日本国家战略报告，日本不但要以东盟地区论坛为中心构筑日本主导下的多边安全机制，而且将“多边安保合作”放在高于“日美安保合作”的位置上，显露出自主防卫的倾向。日本试图构建能够保障日本国家安全的亚太地区国际秩序的新框架，扩大日本在联合国集体安全活动中的参与度，并调整日本防卫力量的建军方向，以适应后冷战时期不确定因素增加、安全环境复杂化等形势变化的需要。毫无疑问，樋口报告试图转变日本防卫和外交以“日美同盟为基轴”的战略设想被美方视为“离经叛道”。

此外，还有两个不应忽视的因素：一是不能忽视日本在80年代进入经济发展的时期，产生经济大国必然谋求政治大国地位的战略需要。二是东、西两大阵营在意识形态领域的对峙局面瓦解之后，摆脱追随美国的政策不再被视为“左派”或“革新”阵营的主张，但对美一边倒政策仍然是自民党内的主流保守主义力量的既定方针。取代自民党执政的细川内阁的咨询机构制定国家安全战略必然试图转变迄今的战略轨道。此外，樋口报告提出的战略设想与以中曾根为首的自民党内新保守主义力量的政治目标部分重叠。所以，从美国和自民党主流的角度上看，樋口报告显露出“对美离心倾向”，从反对日美安保条约的民众的角度上看，樋口报告体现了日本自主的防卫和外交政策，从新保守主义政治家的角度上看，樋口报告不过是万里长征的第一步。站在中国的立场上，或许有人首先会肯定日、美之间拉开距离有利于多极化国际格局的形

① 「日本の安全保障と防衛力のあり方 - 21世紀へ向けての展望 - 」1994年8月12日、『世界と日本』日本政治・国際関係データベース、東京大学東洋文化研究所　田中明彦研究室。http：//www. ioc. u－tokyo. ac. jp/～worldjpn/documents/indices/JPSC/index. html。

成，但是，不能不看到樋口报告事实上是后来日本制造“中国军事威胁”论的源头之一，在后冷战时期日本关于中国的战略定位上留下一个负面的“路标”。

冷战结束，美、苏两个超级大国之间的军备竞赛告一段落，在军事上互相较量进行战略遏制势头缓和下来，为日本参加国际维和活动提供了机遇。樋口报告建议：在没有主要大国进行军事对峙的现状下，日本必须积极利用“这一历史性的机会”，积极参加国际维和活动，使用外交、经济、防卫等一切手段追求“能动的建设性的安全保障政策”。解决安全保障问题不能像从前那样仅仅使用军事手段，应该运用包括经济、技术援助等在内的多种手段，采取综合性的措施。例如，国际安全合作的重要领域包括维和活动的民生部门、战乱结束后的和平建设等等，日本在这些领域尤其能够做出有意义的国际贡献。日本应该利用政府开发援助（ODA）进一步发挥非政府组织（NGO）的作用。[①] 显然，樋口报告关于日本参与国际维和活动的建议，重点放在经济、技术援助和文职维和活动上，与以中曾根康弘为代表的积极倡导海外派兵的新保守主义战略设想之间存在很大区别。

第二节　中日战略合作任重道远

以15年前制定的樋口报告为起点，重新审视日本最新的国家安全保障战略设想——2009年8月麻生首相的咨询机构提交的《“安全保障和防卫力量恳谈会”报告》（麻生恳谈会报告，又称川胜报告），可见中国仍然是恶化日本安全环境的主要国家，日本与中国在“共有各种各样

① 「日本の安全保障と防衛力のあり方－21世紀へ向けての展望－」1994年8月12日、『世界と日本』日本政治・国際関係データベース、東京大学東洋文化研究所，田中明彦研究室。http：//www. ioc. u－tokyo. ac. jp/～worldjpn/documents/indices/JPSC/index. html。

利益”的同时，也是日本的竞争对手和防范的对象。麻生恳谈会报告提出中国让亚太地区和日本担心的4点理由：(1) 中国军事力量伴随经济发展迅速增强，“迄今没有充分公布军事力量的实际状况”；(2)“不清楚中国海军、空军在日本领海、专属经济水域和周边海空领域频繁活动的目的”；(3) 中国关于安全保障政策的决定过程、党与军队的关系也有许多不透明之处；(4)“不能否定中国对台湾使用军事力量的可能性，中国在台湾对岸增加部署短程弹道导弹的倾向也没有大的变化”。在上述四项理由中，如果日方能够正视中日在钓鱼岛群岛问题上存在领土争议、两国的专属经济水域（EEZ）尚未划界的事实，而不是一门心思将争议领土和两国重复划线的专属经济水域作为没有争议的“日本领土”，恶意制造中国军事威胁的话，第二项理由“中国海军、空军在日本领海、专属经济水域和周边海空领域频繁活动”是根本不能成立的。其他三项理由除了老调重谈中国军事透明度，在党、军关系上无中生有，在台海两岸关系上无视事实以外，毫无新意可言。

对照出自非自民党内阁的日本安全保障战略设想，重读麻生恳谈会报告提出的“多层次安全保障战略体系”规划，不难发现两份战略规划报告虽然相隔了15年，但二者摆脱“追随美国”的军事与外交政策的战略思维如出一辙，日本在亚太地区自主构建安全保障框架的目标基本相同，二者同样判断并且担忧美国在亚太地区的军事存在弱化，同样负面评估中国对日本安全保障环境可能造成的负面影响，麻生恳谈会报告只是增加许多对新形势的分析，关于中国的战略定位更趋全面，把中国纳入日本领导下的亚太地区安全保障框架的战略设想更加迫切和成熟。换言之，麻生恳谈会报告在期望中国作为日本最大的贸易伙伴、为日本及世界经济多做贡献的同时，也将中国视为日本地区内最有威胁力的战略竞争对手，视为日本掌握东亚和亚太地区领导权的主要障碍，所以要通过构建多层次的地区安全保障框架约束中国。两份报告最根本的区别在于，以自民党为主的新保守主义内阁制定的战略设想已经不再顾忌邻国的担忧，公然主张应该研究日本拥有攻击敌人基地的能力问题，呼吁部分解除与美国之间行使集体自卫权的限制，一揽子解决自卫队海外派兵常态化和海外用兵的法制建设问题。

再次回顾和反思15年间日本国家防卫战略的变化，可见其根本性的转变发生在21世纪初新保守主义掌权后的小泉内阁，目前结束于麻生内阁，在安倍内阁时期形成高潮：(1) 小泉内阁全面整备战时法律法规体系（有事法制），按照布什政府的亚太战略布局重组日美同盟，以实现日美“共有力量”的目标，2004年制定的《防卫计划大纲》将“专守防卫”转换为防卫本土与“改善国际安全环境”两大防卫目标并列的外向型安全保障战略。(2) 安倍内阁在“共有价值观”的名义下，谋求“多层次安全保障”，构建日澳、日美澳、日印、日美澳印（目前“休眠”）四个安全合作框架，“编织对华包围网”；设立研究部分行使集体自卫权的首相咨询机构等，是历届新保守主义内阁中，在地区层次上构筑安全保障“新秩序”、实施对外战略扩张成果最多的一届。(3) 福田内阁在东南亚构筑日本领导下的、以东盟为主要受益方的非传统安全框架，衔接日本的东南亚战略与太平洋战略，就其结果而言，不外乎是为前任内阁的新保守主义安全保障战略拾遗补缺。福田首相同时鼓吹日美同盟“作为亚太地区的公共财富”，意欲在亚太地区确立日本仅次于美国的领导地位，与安倍内阁的战略扩张战略的大方向保持一致。(4) 麻生内阁继续加强“多层次安全保障战略”，以强化日印安全保障合作为重点，继续推进日澳、日美澳之间的安全合作，“创建地区新秩序”——构筑约束中国进行“经济贡献”、防范并排斥中国的多层次地区安保合作框架。同时，在国家安全保障战略规划中，集日本新保守主义“鹰派”主张之大成，积极倡导研究日本拥有攻击敌人基地的能力，呼吁部分解除与美国之间行使集体自卫权的限制，解除武器出口三原则，在法律形式上完成修改《国防基本方针》，并在吉布提建立日本战后第1个海外军事基地。

必须指出，麻生恳谈会报告不仅具有集日本新保守主义“鹰派”主张之大成的性质，更重要的是它建立在自小泉执政以来历届政府在过去9年间已经取得的安保战略成果的基础之上，即麻生恳谈会报告的大部分战略设想已经落实。日本至今仍在奉行“先做后说”、“只做不说”的行为准则。所谓“先做后说”，指小泉内阁早已将“改善国际安全环境”列入日本防卫目标，使“专守防卫”名存实亡，但是，直至麻生恳谈会报告，才以“建议”的形式主张修改《国防基本方针》，在法律上彻底清除它的痕迹。所谓“只做不说”，指海上自卫队根据 2009 年 7 月生效的《海盗对策法》开赴亚丁湾，名曰打击索马里海盗，为日本及其他国家的船只护航，但却在索马里的邻国吉布提建立军事基地，用来安置 P—3C 反潜巡逻机和其他军事设备，同时修建营房供自卫队成员居住，迈出了日本自卫队实现海外驻军的第一步。因此，可以说，麻生恳谈会报告是对 21 世纪以来日本历届政府推行的国家安全保障战略的归纳、充实和条理化，完成了新“多层次安全保障战略体系”的最后一道工序。新保守主义政府构建“后战后国家体制”，重在扩张地区战略，疏于国计民生，并没有给日本经济的发展与国民生活水平的提高带来福音，最终，在麻生首相的咨询机构发布“多层次安全保障战略”的收关之作以后失去了政权。

令人遗憾的是，从细川至麻生内阁，包括非自民党政权在内的 15 年间，中国始终没有被视为日本的战略合作伙伴，这种状况直到近年仍无明显改善，不能不说有悖于中日两国首脑达成的共识——全面推进中日之间的战略互惠关系。小泉内阁以来，日本在与邻国之间存在的领土主权争议及海洋权益纠纷问题上彰显强硬姿态，特别是围绕中、日存在领土争议的钓鱼岛问题实施日本“国有化”政策，针对中、日存在海洋权益争端的东海问题加强国内立法。安倍内阁执政时期，2007 年 4 月 20 日，日本通过《海洋基本法》和《海洋建筑物安全水域设定法》。《海洋基本法》的主要内容包括：内阁新增设“海洋大臣”一职，负责推进海洋资源开发和利用；推进开发专属经济水域（EEZ），防止外国在 EEZ 内实施侵犯主权的活动；确保海上运输，确保日本籍船舶的数量及培养日本籍船员等。《海洋建筑物安全水域设定法》则授权国土交通大臣，在海洋探测设施等作业场所周围设置半径为 500 米的“安全水域”，禁止未经许可的船只靠近。有媒体发表评论说：“首相和海洋大臣应发挥强大的领导力，协调各部门的利益，战略性地应对东海油气田开发和竹岛（韩国称‘独岛’）问题。”4 月 21 日《读卖新闻》宣称：“当日本企业在专属经济水域内进行采掘试验并遭到中方妨碍时，海上保安厅可依据此法采取应对措施。”日本全面加强与邻国之间存在领土主权争议及海洋权益纠纷的对策，在很大程度上影响中、日之间增进战略互信，迟滞双边外交关系的提升，更重要的是，破坏了东海问题协商解决所必须的政治氛围。

如前所述，日本新保守主义安全保障战略聚焦海洋，在日印、日澳、日美澳、日本与东盟的安全合作框架或合作关系中，推进以维护海上通道安全为核心的海洋战略取得显著进展。同时，日本也没有忽视宇宙空间。2008 年 5 月，日本国会通过《宇宙基本法》，2009 年 6 月 2 日，由麻生首相担任本部长的日本宇宙开发战略本部制定了为期 10 年的《宇宙基本计划》，基本内容包括今后将在“安全保障”、“培育产业”等 6 个领域内，从目前以研发技术为中心的阶段，向重视利用宇宙空间的阶段推进，从 2009—2013 年度开发约 34 颗军民两用的卫星，相当于目前日本卫星的 2 倍，宇宙开发和利用与防卫省积极合作，开展安全保障领域内的早期预警性能研究，如具有能够早期探测发射弹道导弹功能的传感器等，并将“载人航天活动纳入视野”。[①] 宇宙空间的开发和利用将成为日本进行国际合作的新增长点，2008 年 10 月，麻生首相与印度总理辛格共同签署的《日印战略性安全保障合作联合宣言》规定，日本宇宙航空研究开发机构（JAXA）与印度宇宙研究机构（ISRO）在灾害监控方面开展合作；[②] 2009 年 5 月俄罗斯总理普京访日时提出，俄日两国有在开发宇宙等领域内进行合作的可能性。可以说，囊括非传统安全领域的日本新保守主义安全保障战略稳步实施，正在逐步显现实效。

近年来，日本在安全保障问题上的主体意识显著提高，颇为世人关注。例如，2008 年 10 月，东京财团政策研究部发布题为《新日本安全保障战略——多层次协调的安全保障战略》的政策建议报告提出，日本

---

① 宇宙開発戦略本部決定『宇宙基本計画——日本の英知が宇宙を動かす』、平成 21 年 6 月 2 日、http：//www.kantei.go.jp/jp/singi/utyuu/keikaku/keikaku_honbun.pdf。

② 日本外務省「日本国内閣総理大臣麻生太郎・インド共和国首相マンモハン・シン『日本国とインドとの間の安全保障協力に関する共同宣言』」、2008 年 10 月 22 日、http：//www.mofa.go.jp/mofaj/area/INDIA/visit/0810_ahks.html。

过去以日美同盟作为安全保障政策的基轴，在地区安全保障方面有动辄采取“孤独的抑止性行动”的倾向。今后有责任朝着构筑更加稳定的“地区安全保障秩序”的方向发展，为主导地区安全保障做出贡献。[①] 2009年10月“日本国际论坛政策委员会”公布的政策建议报告《积极的和平主义与日美同盟的应有形态》也提出：日本必须从“消极的和平主义”、“被动的和平主义”提高到“能动的和平主义的水平”；[②] 麻生恳谈会报告明确主张：“为了和平与安全，更加积极地运用包括防卫力量在内的日本的力量”。[③] 不可否认，日本防卫领域的巨大变化使包括中国在内的亚洲邻国担忧。从日本军事力量存在的角度观察日本防卫战略的覆盖范围，在21世纪日本“多层次安全保障体制”下，日本的军事存在已经远远超越冷战前后——从20世纪80年代协助美军防卫“关岛以西、菲律宾以北”的1000海里的水域，90年代模糊地理概念的“周边”，扩展到整个亚太地区，并且正在向连接中东地区乃至非洲大陆的海域延伸，打造从陆地、海洋到太空的立体安全保障体系。

令人感到忧虑的是，日本安全战略主体性的提高与强烈的对华战略竞争意识互为表里。伴随中国综合实力的增强和海外利益的扩大，维护海上运输安全的重要性与日俱增。当前，中国对海上通道的依赖达到前所未有的程度，随着海外市场的拓展，海外务工、留学等群体的迅速膨胀，维护包括海外利益在内的不断扩大的国家利益，业已成为中国走和平发展道路的最重要的保障，中国在国际维和与维护海上通道安全的活动中做出了积极贡献，中国海军在亚丁湾海域的依法护航活动受到国际社会的高度评价。中、日两国出于对海上通道安全的高度依赖，理应为维护海上运输安全而共同努力，从共同利益出发增进多边和双边框架下

---

① 『新しい日本の安全保障戦略——多層協調的安全保障戦略』、東京財団2008年10月8日発行。

② 日本国際フォーラム第32政策提言「積極的平和主義と日米同盟のあり方」、日本国際フォーラム政策委員会2009年10月、http：//www.jfir.or.jp/j/pr/pdf/32.pdf。

③ 安全保障と防衛力に関する懇談会『「安全保障と防衛力に関する懇談会」報告書』2009年8月。http：//www.9joren.net/9jou—now/9jou—now（18）.htm。

的安全合作，而不是否定对方的利益，将对方维护利益的合法行动视为“威胁”并加以防范。但是，日美两国却以种种借口加强对华防范与战略遏制。日本既有与美国共同的战略目标，也有日本自身的国家战略安排。日本对华竞争、防范和战略遏制的一面远远多于对华合作。日本不但拥有亚洲首屈一指的海上军事力量，而且事实上把中国视为假想敌，对中国进行防范和战略遏制是其构筑多层次安全保障战略的主要目标之一。因此，日本后冷战时期的国家安全保障战略，不仅具有既不完全依赖美国、也不希望与美军“共有力量”的一面，同时，也具有不愿跟随美国的对华协调政策，助长中国扩大地区存在的一面。在 2009 年 11 月 3—4 日举行的“第五届北京—东京论坛”上，数位日本著名学者一致认为，当前日本社会的一个共同现象是“反美”与“反华”共生。所以，必须打破“反美”必然“亲华”的认识误区。

自安倍内阁与中国建立中日战略互惠关系以来，中日之间战略合作的现状可以概括为以下三点：第一，中日合作以多边为主、双边为辅：东盟＋中日韩、东亚峰会、亚太经济合作组织（APEC）、朝核问题六方会谈等框架下的多边合作机制，远远多于中日战略对话等双边机制。第二，经济合作占据中日合作的绝大部分，也是中日建交后持续扩大和增量的部分，即使在两国政治关系的低谷——小泉内阁时期，依然强劲发展。第三，近年中日防卫交流、司法合作、食品安全合作机制、能源开发等领域的合作逐步拓展、加强，为发展双边战略合作奠定了基础。但是，这些并非真正意义上的战略合作。就合作的层级与质量而言，仍然是有“互惠”无“战略”，中日之间战略互信严重缺失是其主要原因。

第三节　民主党选战前的“模糊”战术

民主党在 2008 年 7 月的参议院选举中重挫自民党占据优势地位后，在 2009 年 8 月 30 日举行的众议院大选中又赢得压倒性胜利，从原有的 115 个议席一举增加到 308 个议席，自民党的席位锐减至 119 席，2009

年9月16日，日本改朝换代，以民主党为主要政党，联合社会民主党和国民新党的鸠山联合内阁宣告诞生。民主党政府执政后面临关乎日本国家发展道路的重大战略抉择，这也是“后金融危机时代”的中日关系所面临的四个课题：第一，中国的不断强大与美国的相对弱化；第二，在美国加强美中战略合作、美韩同盟关系升级等因素的作用下，日美同盟关系相对弱化；第三，随着中国海外市场的迅速拓展，海上通道安全已经成为中日两国高度关切、必须保障安全的焦点；第四，民主党政权如何处理自民党政权国家安全保障战略的政治“遗产”及大量的前期投入，形成有民主党特色的国家战略。破解这些难题，都需要民主党政权转变日本根深蒂固的防范与遏制中国的战略思维，实现中日之间真正的战略合作。前述自民党政权的战略安排既不适用于后金融危机时代的国际社会，也有悖于中日战略互惠关系，与民主党政府特别是鸠山首相坚持的“友爱”理念、与胡锦涛主席倡导的“和谐世界”相距甚远。鸠山内阁宣布重新审视国家战略，其中包括2010年以后的新防卫计划大纲。如今，中国“经济威胁”论在日本几乎没有市场，但根深蒂固的中国“军事威胁”论仍然左右着不少人的战略构思。民主党制定的国家安全保障战略能否改变冷战至今中国在日本国家战略中的负面定位有待观察，民主党政府执政并不能为日本新保守主义安全保障战略划上句号。据日本财务省公布的数据，日本政府的债务曾在2008年3月底一度达到历史最高水平849.24万亿日元，截至2008年底，债务余额仍高达846.69万亿日元。民主党政府为了兑现在2009年8月众议院大选中提出的改善民生的竞选纲领，不得不全力以赴开源节流，缩减不必要的政府开支，自民党政府累积下来的巨额债务已经成为制约日本安全战略持续扩张的重要因素之一。

在日本有望建立自民党与民主党“竞争上岗”执政的政治体制的今天，考察冷战后日本新保守主义安全保障战略的演变过程，分析日本“后战后国家体制”的内容，颇为令人深思。日本的政治精英们已经完全翻过了“吉田保守主义”的历史的一页，我们既不能用“复活日本军国主义”来评估当前日本安全保障战略的扩张，也难以用简单划分“鸽派”和“鹰派”、“左翼”与“右翼”的范畴来区分日本政界的各种力量。在中日关系全面深化、特别是经济合作关系空前紧密结合的今天，日本安保战略的主要方面在于防范与遏制中国，成为中日全面推进战略互惠关系的“短板”。在多达70%的日本国民认定自己正在“贫困化”的社会背景下，高举改善国计民生、“友爱”外交的旗帜，实现夺权理想的民主党，能否延续自民党政府的新保守主义战略倍受瞩目。

著者曾在民主党联合政府成立之际提出应该从三个角度观察鸠山新政府：

其一，用历史唯物主义的视角考察日本历任首相的政治立场，可见无论其属于“左”“右”哪个阵营，就任首相后无一例外地修正政治方向：在上个世纪，自民党中曾根康弘上任后，从积极鼓吹修宪转为“护宪派”；一贯坚持自卫队“违宪”的社会党党首村山组阁后，自卫队立即“合法化”。近9年来，在竞选中高喊修宪与解除“行使集体自卫权”限制的小泉纯一郎，就任首相后并未兑现其选举承诺，安倍、麻生首相在靖国神社等问题上的表现也与其上台前大相径庭。究其原因，日本国家战略轨道使然。一己之见或一党之见不能等同于国家战略。船到桥头自然直，无论它从哪个方向来。倡导“友爱”精神的鸠山首相也不会改写这一历史规律。

其二，从辩证唯物论的角度，全面、综合地考察民主、自民两党政府的国家战略，可见改朝换代后的日本不会改弦更张：首先受制于国际公约的限制，鸠山内阁不能不继承由日美同盟、日澳、日印安全合作框架等构成的多重安全架构——日本媒体称其为“中国包围网”，新政府选择的余地仅在于消极与积极之间。日本国民赐予民主党上台一试身手的机会，民主党需要兑现承诺回报选民，其施政排序必然是内政优先于外交，经济重于安全。其次宇宙开发、导弹防御系统、海洋战略、领土争议等皆有先期大量投入和战略连续性，东北亚安全形势没都变，民主党内外借口“中国军事威胁”要求增加军费者未减，这些因素都影响中日战略合作。第三，鸠山首相提出有条件“减排25%的”的目标，与安倍内阁扩大“环境经济”市场的新经济增长战略同轨；其建设东亚共同体的设想也与“新福田主义”互补；因此，近期内民主党政府的战略决策不会改弦更张。

其三，中日双方都有必要从发展变化的角度，用前瞻性思考克服惯性思维。不参拜靖国神社仅仅是新内阁发展中日友好关系的一个开端，但参拜与否不是衡量其“历史认识”的唯一尺度，历史认识也不是判断中日关系的唯一标准。迄今，民主党内的“亲台湾派”多于“知华派”，在“藏独”“疆独”问题上也做过不利于中日关系的事。如果民主党对中国维护国家统一和安全的核心利益缺乏应有的重视，不能区分作为在野党彰显“人权”与作为一国政府干涉他国内政的界线，这也不过是此前自民党政府“价值观外交”的翻版。

至2010年3月16日民主党执政整半年。对照民主党的竞选纲领和鸠山政府的执政实况，以下几个问题颇为微妙。第一，国际舆论对鸠山政府提出的建设“东亚共同体”的内容及其涵盖倾注了丰富的想象力，至今却“只闻楼梯响不见人下来”。据称，不明确具体内容的原因是出于“战略上的考虑”。第二，各国高度关注鸠山政府如何发展“对等的日美关系”。2009年11月13日，日美首脑会谈后会见记者，鸠山首相就此回答记者提问说：“奥巴马总统也讲到日美关系当然应该是对等的。在这个文脉上，支援阿富汗问题或气候变暖对策问题，还有废除核武器问题等等，基本上是用对等的思考提出来的。这就是说，从自己的一方提起各种议题。”[①] 显然，“对等”并不意味着日本要与美国分庭抗礼。第三，停止日本自卫队在印度洋为美军等补给燃油的活动是民主党竞选的“招牌”之一，鸠山内阁上台后马上兑现承诺，从印度洋断然撤回海上自卫队的舰艇，性急的媒体们立即欢呼此举意味着日本今后“脱美入亚”，但鸠山首相说：与最初提供燃油支援相比，最近的供油支援越来越少，在补给舰撤回前的一个月内停留在一艘船加一次油，“究竟发挥多大作用呢?”“在思考为海上阻止恐怖活动提供后勤支援具有多大意义之际，有更多的日本式的支援方法，例如，救济阿富汗人摆脱贫困，开展新的治安活动，对原塔利

① 首相官邸：「日米首脳共同記者会見」、平成21年11月13日、政府インターネットテレビ http：//www. kantei. go. jp/jp/hatoyama/statement/200911/13usa _ kaiken. html。

班士兵进行训练使其掌握新职业技能等等。因此下定决心与其进行补给支援活动，不如准备进行其他的一揽子支援活动”。奥巴马总统则对鸠山内阁承诺在5年内援助阿富汗50亿美元、援助巴基斯坦10亿美元给予高度评价，赞扬此举在稳定阿富汗和巴基斯坦安全局势的“广泛的协作中”“强调了日本卓越的作用”。[①] 在阿富汗及巴基斯坦继续反恐是“奥巴马新政”的重点，而且，美国早就要求日本介入阿富汗问题，自民党政府始终没有采取令美方满意的举措，鸠山政府承诺提供瓦解塔利班势力维护社会治安稳定的援助，对于遭受金融危机重创的美国而言可谓雪中送炭。第四，美军在日本冲绳的普天间基地的迁移问题一直是各国媒体高度关注的焦点。日美双方的“安保帮”一再危言耸听，散布民主党政府会“瓦解日美同盟”的言论，并四处奔走“拯救”。但是，从2010年1月中旬美、日两国政府纪念缔结《日美安保条约》50周年的活动及成果来看，日美同盟不但依旧牢不可破而且与时俱进，能够解决21世纪的各种问题——从恐怖威胁到气候变暖，双方反复强调的“继续”一词寓意深远。鸠山首相在纪念讲话中指出：“可以说，日美安保体制不仅对于我国一国的防卫，对于整个亚太地区的和平与繁荣也继续是不可缺少的。我认为，在依然存在不稳定、不确定因素的安全保障环境中，按照日美安保条约，美军的存在给地区各国带来巨大的安心，因此，今后它也将作为公共财产发挥作用。”[②] 鸠山首相的上述讲话与福田康夫首相将日美同盟作为“亚太地区的公共财产”的倡议何等相似。日美安全保障协商委员会的“2＋2”联合声明也表明了同一宗旨。2010年1月19日，日本外相冈田、防卫相北泽与美国国务卿希拉里·克林顿国防部长盖茨发表《日本国与美利坚合众国相互合作及安全保障条约（日美安保条约）签署50

① 首相官邸：「日米首脳共同記者会見」、平成21年11月13日、政府インターネットテレビ http：//www.kantei.go.jp/jp/hatoyama/statement/200911/13usa_kaiken.html。

② 首相官邸：「日本国とアメリカ合衆国との間の相互協力及び安全保障条約（日米安保条約）の署名50周年に当たっての内閣総理大臣の談話」平成22年1月19日。http：//www.kantei.go.jp/jp/hatoyama/statement/201001/19danwa.html。

周年日美安全保障协商委员会联合声明》，双方一致认为“日美同盟在东亚提供所有东亚国家发展和繁荣的基础——和平与稳定”，“日美同盟能够继续谨慎而弹性地应对21世纪显现的一切威胁，应对地区及全球的持续性的课题”。与此同时，联合声明关于中国的部分也更加积极，如“内阁成员欢迎中国在国际场合中发挥负责任的建设性作用，日本及美国强调为发展与中国之间的合作关系而努力”等。[①] 著者认为，日美同盟“谨慎而弹性地应对”21世纪的各种课题，日、美“强调为发展与中国的合作关系而努力”的政策宣示，反映出鸠山政府与中美两国发展“等腰三角形”关系的外交方针，是民主党政府凸显“对等的日美关系”的又一个政治标识。第五，从最近的日本与印度之间的关系来看，鸠山内阁沿着自民党政府的战略轨道推进日印关系。鸠山首相访问印度之行及其相关政府文件表明，民主党政府继承并充实自民党政府构建的“共有共同的价值观和战略利益的日印战略性全球伙伴关系，[②] 推进日印两国之间的“战略性合作机制”建设。[③] 由此可见，国与国之间签署的联合声明等国际条约在正常情况下不可能单方面废弃或修改，自民党政府缔结的国际条约继续对民主党政府构成制约。鸠山政府通过揭穿日美安保“核密约”敲打自民党，证明自民党执政“不透明”“欺骗国民”，以提高国民对民主党政府的支持率。与此同时，冈田外相在众议院外务委员会上答辩说：如果不允许搭载核武器的美军舰艇进入日本港

① 日本外務省：岡田外務大臣・北澤防衛大臣、クリントン国務長官・ゲイツ国防長官「『日本国とアメリカ合衆国との間の相互協力及び安全保障条約』（日米安全保障条約）署名50周年に当たっての日米安全保障協議委員会の共同発表」平成22年1月19日。http：//www. mofa. go. jp/mofaj/area/usa/hosho/anpo50/kh_1001. html。

② 日本外務省：日本国内閣総理大臣鳩山由紀夫・インド共和国首相マンモハン・シン「鳩山由紀夫総理大臣とマンモハン・シン・インド首相による共同声明～日印戦略的グローバル・パートナーシップの新たな段階～」2009年12月29日 http：//www. mofa. go. jp/mofaj/area/india/visit/0912_02. html。

③ 日本外務省：日印間の「安全保障協力に関する共同宣言」に基づく安全保障協力を促進するための「行動計画」（骨子）平成21年12月29日 http：//www. mofa. go. jp/mofaj/area/india/visit/actionplan_09. html。

口就不能保卫日本的安全，这个问题“应该由当时的内阁判断，现在不能束缚将来。”① 冈田外相一面明言坚持“无核三原则”，一面暗示日本继续置身于美国核保护伞下的“模糊战略”，无非是为了使国民对民主党政府的安保政策放心。至于民主党政府的国家安全战略规划是否与自民党新保守主义战略分道扬镳，必须等到 2010 年底下一个 5 年防卫力量发展计划即新《防卫计划大纲》）出台才能有一个初步的答案。2010 年 7 月参议院选举之前，民主党在“东亚共同体”、日本安保战略规划等涉及日本未来国家发展道路的敏感而关键的问题上，将会继续采取“模糊”战术，以最大限度争取政治观点各异的选民支持。所以，仅凭上述事实尚不足以判断民主党政府与自民党政府在国家安全及外交战略等方面的异同。

毫无疑问，与新保守主义政治力量占据主导地位的自民党政府相比，民主党执政下的中日关系迎来相对有利的发展环境。中日双方都应珍惜这个难得的机遇。当然，民主党政府的对华战略有待于进一步观察，就目前而言，民主党政府的决策机制还不成熟，原本作为国家战略决策中枢的“国家战略局”迟迟没有立法，现有的“国家战略室”不具备相应的地位和权威。有评论认为，民主党的“国家战略局”立法方案仅规定“战略局长”和“战略官”由国会议员担任，在法律上没有规定担当大臣，难以实现“摆脱官僚”“政治主导”的既定目标。② 鸠山内阁执政时期，民主党干事长小泽一郎的权势炙手可热，党内外对民主党决策机制与鸠山内阁之间的关系颇有微词——“党高政低”，甚至有媒体将鸠山内阁称为鸠山由纪夫与小泽一郎二人主政的“鸠山、一郎内

① 「岡田外相：『時の政権が判断』、米国の核艦船立ち寄り要求」。『毎日新聞』2010 年 3 月 17 日网络版。http://mainichi.jp/select/seiji/news/20100318k0000m010083000c.html。

② 屋山太郎『脱官僚』が泣く鳩山政権の混乱』『産経新聞』2010 年 3 月 11 日网络版。http://sankei.jp.msn.com/politics/policy/100311/plc1003110239002-n1.htm。

阁”。①继鸠山出现政治资金违规运作问题后，小泽的政治资金问题持续发酵，2010年1月13日，包括石川知裕众议员在内的小泽的三位前秘书被东京地方检察机构以涉嫌违反《政治资金规正法》的名义逮捕并起诉，小泽两次被传至东京地检特搜部说明情况等等，但目前未被起诉。

2010年5月28日，日美安全保障协商委员会发表联合声明，就美军普天间基地的搬迁问题达成基本共识。鸠山内阁经过7个多月的努力和反复交涉后，不得不对美妥协。由于鸠山内阁违背民主党将普天间基地迁至冲绳县外或国外的竞选承诺；背弃与社民党和国民新党达成的联合执政协议；罢免拒绝在内阁决议上签字的社民党党首福岛瑞穗的内阁大臣职务（消费者、少子化对策、食品安全及男女平等事务担当相），导致社民党于5月30日宣布退出联合政府；以及政治资金丑闻的负面影响等因素，导致内阁支持率跌至19%。为了修复民主党的“清廉”形象，挽回背弃众议院竞选纲领的负面影响，走出政治资金丑闻的阴影，以全力投入7月举行的参议院选举，6月2日鸠山首相和小泽干事长辞职。7日，民主党众参两院议员选举新党首菅直人担任日本第94任首相，庶民出身的菅直人成为日本第61位首相。8日，“菅直人号”新内阁以年轻化、“与小泽保持距离”的新形象正式起航。民主党的“断臂求生”之举，将其支持率拉升至68%，有55%以上的民众认为民主党执政联盟会获得参议院的多数席位（共同社民调）。然而，在此政局动荡时期，存在许多不确定因素，菅直人内阁能否在完成“选举内阁”的使命后继续掌舵，还必须妥善解决协调党内派系关系、落实日美基地搬迁共识、确立民主党今后的方针路线、特别是解决日本经济增长等难题，预计民主党政府的国家发展战略在参议院选举后会逐渐明朗化。在这种形势下，尤其需要用发展变化的眼光看民主党政府，观察日本各路政治势力的合纵连衡。

① 「検証鳩山・一郎政権」、『日本経済新聞』2009年9月17日、9月18日、9月19日、「総力取材『鳩山・一郎内閣』どこよりも早い徹底『身体検査』」、『週刊文春』第51巻第36号、文藝春秋、2009年9月。

在来自美国政治精英的“中美共治（G2）”论的带动下，日本学者也发表了关于中国发展前景的戏剧性的展望，有论文预测中国经济规模不仅即将超过日本，还将在20年后的2030年超越美国成为世界第一经济大国；也有学者呼吁必须看到日本在失去世界第二经济大国地位的同时，东亚地区的主导权也将掌握在中国手中的现实。姑且不论他们采取怎样的应对方略，2009年日本财务省的贸易统计初值显示，中日之间的经济关系已经上升到一个更高的阶段：日本全年对华出口额为10.2391万亿日元，中国超越美国成为吸收日本产品的最大市场。事实上，不少在华日资企业的利润填补日本总公司的亏空，支撑其渡过金融危机。现在，许多国家都在努力搭乘中国经济飞速增长的快车，中国巨大且不断增长的消费市场在日本重振经济的发展战略中占据越来越重要的地位，这是任何人都不能忽视的现实。中国领导人反复强调从大局出发全面推进中日战略互惠关系。在经济相互依存关系不断深化的基础上，中日之间如能加强政治与军事合作增进战略互信则造福双方。能否求同存异，避免因小失大，验证民主党政府的智慧与魄力，期待民主党为增进中日友好合作做出更大贡献，民主党政府的国家发展战略能够体现中日全面战略互惠关系，开启真正的中日战略合作的新时代，造福中日两国人民，造福地区和世界。

引用文献资料目录

1. 中日文著作

毛里和子：《中日关系——从战后走向新时代》，徐显芬译，社会科学出版社，2009 年中文版。

安部晋三：『美しい国へ』文春新書 2006 年 7 月。

张广宇：《冷战后日本的新保守主义与政治右倾化》，北京大学出版社，2005 年版。

方连庆等主编：《战后国际关系史 1945—1995》（下），北京大学出版社，2004 年版。

吴寄南：《日本新生代政治家》，时事出版社，2002 年版。

田中伸尚：『靖国の戦後史』、岩波書店，2002 年版。

高增杰主编：《日本的社会思潮与公民情绪》，北京大学出版社，2001 年版。

薛君度、陆忠伟主编：《颠簸的日本》，时事出版社，2001 年版。

米庆余主编：《国际关系与东亚安全》，天津人民出版社，2001 年版。

俵义文：《彻底验证危险的教科书》，学习之友社，2001 年版。

苏智良：《日本历史教科书风波的真相》，人民出版社，2001 年版。

木佐芳男：《何谓“战争责任”——德国的过去没有清算》，中央公论社中公新书，2001 年版。

刘江永：《彷徨中的日本》，天津人民出版社，2000 年版。

“给教科书真实与自由”，联络会编：《彻底批判〈国民的历史〉》，大月书店，2000 年第 2 版。

迈克尔·格林（Green，M. J.）等主编：《美日联盟：过去、现在与将来》（U. S. －Japan Alliance：Past，Present，and Future Copyright © 1999 by Council no Foreign Relations，Inc.）华宏勋等译，新华出版社，2000 年版。

浅井基文：《日本新保守主义》，新华出版社，1999 年中译本。

《日美关系资料集 1945—97》，东京大学出版会，1999 年版。

吉见义明：《随军慰安妇》，岩波书店，1999 年第 11 版。

历史研究会编：《大东亚战争的总结》中译本，新华出版社，1997 年版。

紫水、效时：《警惕日本军国主义》，金城出版社，1997 年版。

王振锁：《日本战后五十年（1945～1995）》，世界知识出版社，1996 年版。

田中伸尚、田中宏、波田永実：『遺族と戦後』、岩波書店，1995 年版。

吴廷璆主编：《日本史》，南开大学出版社，1994 年版。

藤田宽：《幕末的天皇》，讲谈社，1994 年版。

中曾根康弘等著：《冷战以后》，东方编译所编译，上海三联书店出版，1993 年版。

小沢一郎：『日本改造計画』，講談社，1993 年版。

《日本近代思想大系》卷 5，“宗教与国家”，岩波书店，1988 年版。

藤原彰：《日本军事史》下卷（战后篇），1987 年版。

大江志乃夫：《靖国神社》，岩波书店，1986 年版。

村上重良：《靖国神社》，岩波书店，1986 年版。

靖国神社编：《靖国神社百年史》资料篇下，原书房，1984 年版。

斋藤荣三郎：《中曾根首相的思想与行动》，商务印书馆，1984 年中译本。

大嶽秀夫：『日本の防衛と国内政治』，三一書房，1983 年版。

国民教育研究编：《教科书问题——今日的焦点及其历史》资料教科书问题 100 年，劳动旬报社，1982 年第 5 版。

吉田茂：《激荡的百年史——我们的果断措施和奇迹般的转变》，世界知识出版社中译本，1980 年版。

藤田省三：《天皇制国家的统治原理》，未来社，1978 年版。

井上清：《天皇制》，东京大学出版会，1977 年版。

秦郁彦、袖井林二郎：《日本占领秘史》下卷，朝日新闻社，1977 年版。

国立国会图书馆调查立法考察局编：《靖国神社问题资料集》，东京 1976 年版。

山口县教育会编：《吉田松阴全集》第 6 卷，岩波书店，1935 年版。

藤原彰编：『民衆の時代へ』、『日本民衆の歴史 11』、三省堂，1976 年版。

中野好夫、新畴成晖：《冲绳战后史》，岩波书店，1976 年版。

児玉幸多：『日本の歴史』别冊、年表・地図、中央公論社，1972 年版。

日本历史大辞典编辑委员会：《日本历史大辞典》第七卷，河出书房新社，1971 年版。

日本宫内厅藏版：《孝明天皇纪》，吉川弘文馆，1968 年版。

靖国神社编：《靖国大百科》，靖国神社社务所发行，中韩英文版。

台湾原住民族部落工作队制作：《合祭除名，我们不是日本人》，高金素梅发行，2006 年版。

日本防衛省防卫研究所《东亚战略概观 1986—1997》。

日本防衛省平成 19 年版『日本の防衛』(防衛白書)

日本防衛庁平成 17 年版『日本の防衛』(防衛白書)。

日本防衛庁平成 15 年版『日本の防衛』(防衛白書)。

2. 日文杂志

《历史学研究》1982 年 3 月第 502 期。

《日本史研究》264 期。

《人文学报》，1981 年第 2 期。

《先驱者》月刊 2001 年 7 月期。

『季刊戦争責任研究』第 38 期（2002 年冬季期），第 40 期（2003

年夏季期)，第43期（2004年春季期)。

《市民传媒》2001年2月期，8月期，2002年2月期、4月期。

《国际问题》1999年3月期，2001年2月期。

《防卫法研究》1996年第20期，1997年第21期。

《军事研究》1999年4月期。

《Voice》2003年第9期。

《This is读卖》1996年8月号，1997年5月临时增刊。

《选择》月刊2008年11月号。

《世界》月刊2008年7月号。

3. 引用中日等国报纸

《每日新聞》、《朝日新闻》、《读卖新闻》

《日本经济新闻》、《东京新闻》、《日本时报》、《产经新闻》、《防卫研究所新闻》、《朝云新闻》（朝雲ニュース)、队友会机关报《队友》、《东洋经济周刊》。

新加坡《联合早报》、澳大利亚《悉尼先驱晨报》、俄罗斯《独立报》、法国《世界报》、英国《每日电讯报》、英国《泰晤士报》、英国《独立报》、德罗斯《总汇报》、《世界周报》、《环球时报》等。

4. 引用电讯消息

新华社、中新社、美联社、时事通讯社、共同社、路透社、法新社、韩联社、中央社等。

5. 引用日文文献资料

「140国会众议院预算委员会会議録12号」(平成9年2月13日)，13号（平成9年6月13日)。

日本外務省「共同発表日米安全保障協議委員会」、2005年2月19日 http：//www. mofa. go. jp/mofaj/area/usa/hosho/2+2 _ 05 _ 02. html

日本外務省「日米同盟：未来のための変革と再編」、2005年10月29日、http：//www. mofa. go. jp/mofaj/area/usa/hosho/henkaku _ saihen. html

日本外務省「ライス国務長官、ラムズフェルド国防長官、麻生外務大臣、額賀防衛庁長官『再編実施のための日米のロードマップ』」、平成18年5月1日、http://www.mofa.go.jp/mofaj/kaidan/g_aso/ubl_06/2plus2_map.html

日本外務省「安全保障協力に関する日豪共同宣言　平成19年3月13日」http://www.mofa.go.jp/mofaj/area/australia/visit/0703_ks.html

日本外務省「日豪外務・防衛閣僚協議共同発表共同発表2007」

http://www.mofa.go.jp/mofaj/area/australia/visit/0706_kh.html

日本外務省「気候変動とエネルギー安全保障に関する更なる協力のための日本とオーストラリアの共同声明 平成19年9月9日」

http://www.mofa.go.jp/mofaj/area/australia/0709_ks.html

日本外務省「安全保障協力に関する日豪共同宣言を実施するための行動計画の主要な要素　平成19年9月」

http://www.mofa.go.jp/mofaj/area/australia/0709_kk.html

日本外務省「日豪共同ステートメント『包括的かつ戦略的な安全保障・経済パートナーシップ』」（2008年6月）

http://www.mofa.go.jp/mofaj/area/australia/visit/0806_ks.html

日本外務省「日米豪戦略対話共同ステートメント 平成20年6月27日」http://www.mofa.go.jp/mofaj/area/jau/0806_ky.html

日本外務省「第2回日豪外務・防衛閣僚協議（『2＋2』）平成20年12月18日」

http://www.mofa.go.jp/mofaj/area/australia/2plus2/0812_gai.html

日本外務省「日印戦略的グローバル・パートナーシップの前進に関する共同声明」2008年10月22日

http://www.mofa.go.jp/mofaj/area/INDIA/visit/0810_

gpks. html

日本外務省「共同発表 日米安全保障協議委員会『同盟の変革：日米の安全保障及び防衛協力の進展 』2007 年 5 月 1 日」

http：//www. mofa. go. jp/mofaj/area/usa/hosho/2plus2 _ 07 _ kh. html

日本外務省「ライス国務長官、ラムズフェルド国防長官、麻生外務大臣、額賀防衛庁長官：『再編実施のための日米のロードマップ』平成 18 年 5 月 1 日」

http：//www. mofa. go. jp/mofaj/kaidan/g _ aso/ubl _ 06/2plus2 _ map. html

日本外務省「岡田外務大臣 北澤防衛大臣 クリントン国務長官 ゲイツ国防長官『日本国とアメリカ合衆国との間の相互協力及び安全保障条約』

（日米安全保障条約）署名 50 周年に当たっての日米安全保障協議委員会の共同発表」平成 22 年 1 月 19 日

http：//www. mofa. go. jp/mofaj/area/usa/hosho/anpo50/kh _ 1001. html

日本外務省「日本国内閣総理大臣鳩山由紀夫・インド共和国首相マンモハン・シン『鳩山由紀夫総理大臣とマンモハン・シン・インド首相による共同声明～日印戦略的グローバル・パートナーシップの新たな段階～』」2009 年 12 月 29 日 http：//www. mofa. go. jp/mofaj/area/india/visit/0912 _ 02. html

日本外務省「『日印間の安全保障協力に関する共同宣言』に基づく安全保障協力を促進するための『行動計画』」（骨子）平成 21 年 12 月 29 日

http：//www. mofa. go. jp/mofaj/area/india/visit/actionplan _ 09. html

日本外務省「外務大臣麻生太郎『自由と繁栄の弧』をつくる、拡がる日本外交の地平」日本国際問題研究所セミナー講演、平成 18 年 11 月 30 日 http：//www. mofa. go. jp/MOFAJ/press/enzetsu/18/easo

_ 1130. html

日本外務省「日本国内閣総理大臣麻生太郎 インド共和国首相マンモハン・シン『日本国とインドとの間の安全保障協力に関する共同宣言』」、http: //www. mofa. go. jp/mofaj/area/INDIA/visit/0810 _ ahks. html

日本外務省「インド国会における安倍総理大臣演説『二つの海の交わり』Confluence of the Two Seas 平成 19 年 8 月 22 日」

http: //www. mofa. go. jp/mofaj/press/enzetsu/19/eabe _ 0822. html

日本外務省「日本国内閣総理大臣 インド共和国首相『日本国政府とインド共和国政府による環境保護及びエネルギー安全保障における協力の強化に関する共同声明』2007 年 8 月 22 日ニューデリー」

http: //www. mofa. go. jp/mofaj/kaidan/s _ abe/iim _ 07/india _ sm _ y. html

日本外務省「日本国内閣総理大臣安倍晋三 インド共和国首相マンモハン・シン『新次元における日印戦略的グローバル・パートナーシップのロードマップに関する共同声明』2007 年 8 月 22 日ニューデリー」

http: //www. mofa. go. jp/mofaj/kaidan/s _ abe/iim _ 07/india _ rm. html

首相官邸「途上国支援に関する『鳩山イニシアティブ』」2009 年 9 月 12 日。http: //www. kantei. go. jp/jp/kakugikettei/2009/091216hatoyamainitiative. pdf

首相官邸「第 173 回国会における鳩山内閣総理大臣所信表明演説」平成 21 年 10 月 26 日

http: //www. kantei. go. jp/jp/hatoyama/statement/200910/26syosin. html

首相官邸「日印首脳会談共同記者会見」平成 21 年 12 月 29 日

http: //www. kantei. go. jp/jp/hatoyama/statement/200912/29india _ kaiken. html

首相官邸「新成長戦略基本方針発表に係る鳩山総理大臣発言」平成21年12月30日

http://www.kantei.go.jp/jp/hatoyama/statement/200912/30seichosenryaku.html

首相官邸:「日米首脳共同記者会見」、平成21年11月13日、政府インターネットテレビ

http://www.kantei.go.jp/jp/hatoyama/statement/200911/13usa_kaiken.html

首相官邸「日本国とアメリカ合衆国との間の相互協力及び安全保障条約(日米安保条約)の署名50周年に当たっての内閣総理大臣の談話」平成22年1月19日

http://www.kantei.go.jp/jp/hatoyama/statement/201001/19danwa.html

首相官邸「安全保障の法的基盤の再構築に関する懇談会」「平成19年5月18日第1回会合における安倍晋三総理(当時)の冒頭発言の概要」、「『安全保障の法的基盤の再構築に関する懇談会』報告書平成20年6月24日」

http://www.kantei.go.jp/jp/singi/anzenhosyou/index.html

首相官邸「福田内閣総理大臣スピーチ、太平洋が『内海』となる日へ——『共に歩む』未来のアジアに5つの約束 —」、http://www.kantei.go.jp/jp/hukudaphoto/2008/05/22asia.html

首相官邸「外交政策勉強会第1回会合」(概要)

http://www.kantei.go.jp/jp/singi/gaikou/dai1/1gaiyou.pdf

首相官邸「外交政策勉強会第7回会合」(概要)

http://www.kantei.go.jp/jp/singi/gaikou/dai7/7gaiyou.pdf

首相官邸「第63回国連総会における麻生総理大臣一般討論演説」、平成20年9月25日、ニューヨーク http://www.kantei.go.jp/jp/asospeech/2008/09/25speech.html

首相官邸「第170回国会における麻生内閣総理大臣所信表明演説」、平成20年9月29日、http://www.kantei.go.jp/jp/asospeech/

2008/09/29housin. html

首相官邸「第 171 回国会における麻生内閣総理大臣施政方針演説」平成 21 年 1 月 28 日 http：//www. kantei. go. jp/jp/asospeech/2009/01/28housin. html

首相官邸「安全保障と防衛力に関する懇談会」『「安全保障と防衛力に関する懇談会」報告書』2009 年 8 月。http：//www. kantei. go. jp/jp/singi/ampobouei2/200908houkoku. pdf

首相官邸『宇宙基本計画——日本の英知が宇宙を動かす』、宇宙開発戦略本部決定、平成 21 年 6 月 2 日、http：//www. kantei. go. jp/jp/singi/utyuu/keikaku/keikaku _ honbun. pdf

首相官邸「平成 17 年度以降に係る防衛計画の大綱」（平成 16 年 12 月 10 日安全保障会議、閣議決定）http：//www. kantei. go. jp/jp/kakugi/kakugi－2004121010. html

首相官邸「安全保障と防衛力に関する懇談会」「『安全保障と防衛力に関する懇談会』報告書一未来への安全保障・防衛力ビジョン一 2004 年 10 月」

http：//www. kantei. go. jp/jp/singi/ampobouei/dai13/13siryou. pdf

防衛問題懇談会「日本の安全保障と防衛力のあり方 - 21 世紀へ向けての展望 - 」、1994 年 8 月 12 日、『世界と日本』日本政治・国際関係データベース、東京大学東洋文化研究所　田中明彦研究室

http：//www. ioc. u　－　tokyo. ac. jp/～　worldjpn/documents/texts/JPSC/19940812. O1J. html

日本环境省「経済産業省、環境省、『アジア経済・環境共同体』構想」、2008 年 5 月版

http：//www. env. go. jp/press/file _ view. php? serial＝11475&hou _ id＝9759

「INSS 特別レポート：『米国と日本：成熟したパートナーシップに向けて』、2000 年 10 月 11 日（第 1 次アーミテージ報告）」

http：//www. h5. dion. ne. jp～hpray/shakai/yuujihou/yuujirekisi. htm

「第 2 次アーミテージ報告：『米日同盟、2020 年に向けアジアを正し

く方向付ける』」、2007年2月16日http：//www.kyodo－center.jp/ugoki/kiji/070216armitage.htm

『新しい日本の安全保障戦略－－多層協調的安全保障戦略』、東京財団2008年10月8日

http：//www.tkfd.or.jp/research/news.php?id＝331

日本国際フォーラム「第32政策提言、『日米関係の再調整と日本の針路』」第一回政策委員会概要、http：//www.jfir.or.jp/j/pr/outline/32_1.pdf

第7回『日・ASEAN対話』、『「東アジア協力に関する第二共同声明」後の日・ASEANパートナーシップの展望』会議資料（2008年9月24－26日）。

http：//www.gfj.jp/jpn/dialogue/30/cp.pdf

グローバル・フォーラム主催「日中対話：新段階に入った日中関係」報告書、http：//www.gfj.jp/jpn/mailmagazine.htm

日本国際フォーラム政策委員会：日本国際フォーラム第32政策提言「積極的平和主義と日米同盟のあり方」、2009年10月

http：//www.jfir.or.jp/j/pr/pdf/32.pdf（日本国际论坛网站）

6. 网上资料来源（日本网站）

（1）日本参议院网站

http：//www.sangiin.go.jp/

（2）日本外务省网站

http：//www.mofa.go.jp/

（3）日本首相官邸网站

http：//www.kantei.go.jp/

（4）日本环境省网站

http：//www.env.go.jp/

（5）日本经济产业省网站

http：//www.meti.go.jp

（6）日本国际问题研究所网站

http：//www. jiia. or. jp/

(7) 日本国际论坛网站

http：//www. jfir. or. jp/

(8) 日本东京财团网站

http：//www. tkfd. or. jp/

(9)"儿童与教科书全国网络 21"网站

http：//WWW. ne. jp/asahi/kyokasho/net21/

(10) 新历史教科书编撰会网站

http：//www. tsukurukai. com

(11)"日本会议"网站资料

http：//www. nipponkaigi. org/

(12) 安部晋三网站

http：//www. s－abe. or. jp/

(13) 東京大学東洋文化研究所田中明彦研究室《日本政治、国际关系》数据库 http：//www. ioc. u－tokyo. ac. jp/～worldjpn/documents/indices/JPSC/index. html

7. 网上资料来源（中国网站）

人民网日本版、中新网、新华网、中新网、香港亚洲时报在线等。